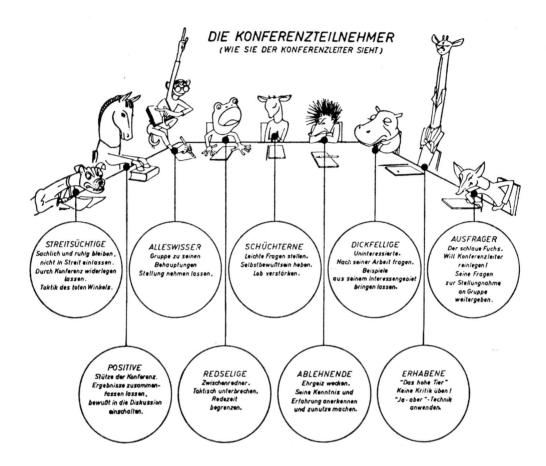

Ernst Goette
Jürgen-Wolfgang Goette

Interpretationen für den kritischen Deutschunterricht

Didaktische und methodische Hinweise zum „Kritischen Lesebuch"

Kleine Bücherei für Schule und Praxis
Begründet von Friedrich Hutkap †

Ernst Goette ist Studiendirektor am Studienseminar in Braunschweig

Jürgen-Wolfgang Goette ist Oberstudienrat an der Friedrich-List-Schule in Lübeck.

© 1977 by MERKUR VERLAG RINTELN
6., überarbeitete und ergänzte Auflage 1984
Nachdruck, Vervielfältigung oder sonstige Wiedergabe – auch auszugsweise – ist, abgesehen von den gesetzlich begründeten Ausnahmefällen der §§ 53 und 54 des Urheberrechtsgesetzes vom 09.09.1965 in der Fassung vom 10.11.1972, nur mit Genehmigung des Verlages gestattet.

Gesamtherstellung:
MERKUR VERLAG RINTELN Hutkap GmbH & Co. KG, PF 1420, 3260 Rinteln 1

ISBN 3-8120-**0181**-0

INHALT

Vorwort 9
Didaktisch-methodische Anmerkungen zum „Kritischen Lesebuch". 10

1. SCHULE UND ERZIEHUNG
Übersicht 21
Bertolt Brecht, Fragen eines lesenden Arbeiters 22
Max von der Grün, Fragen und Antworten 26
Adolf Hitler, Zur Erziehung der Jugend 28
Alexander S. Neill, Die Schule Summerhill 31
Johann Wolfgang Goethe, Die drei Ehrfurchten 34
Kurt Tucholsky, Herr Wendriner erzieht seine Kinder 35
Bertolt Brecht, Legende von der Entstehung des Buches Taoteking auf dem Weg des Laotse in die Emigration 37
Hermann Kant, Die erste Schulstunde 39
Eva Windmöller, Ein Land von Musterschülern 42

2. DEUTSCHUNTERRICHT
Übersicht 44
Wolfgang Borchert, Lesebuchgeschichten 45
Bertolt Brecht, Die Literatur wird durchforscht werden 47
Hans Magnus Enzensberger, ins lesebuch für die oberstufe 49
Paul Schallück, Deutschstunde 51
Wolf Wondratschek, Deutschunterricht 55
Richtlinien für den Deutschunterricht 56
Rudolf Walter Leonhardt, Argumente für und gegen Hausaufgaben 59

3. JUGEND UND SOZIALISATION
Übersicht 62
Thomas Mann, Tonio Kröger und Hans Hansen – zwei Freunde 63
Heinrich Mann, Abdankung 67
Franz Kafka, Brief an den Vater 69
Wolfgang Borchert, Nachts schlafen die Ratten doch 71
Alfred Andersch, Der Junge 73
Ulrich Plenzdorf, Echte Jeans 76
Udo Lindenberg, Cowboy-Rocker 78
Hermann Rauhe, Schlager als Lebenshilfe 80

4. EMANZIPATION DER FRAU
Übersicht 82
Walther von der Vogelweide, Herzeliebez frouwelîn 83
Theodor Fontane, Effi Briest 86
Arthur Schnitzler, Fräulein Else 88
Bertolt Brecht, Der Augsburger Kreidekreis 90
Bertolt Brecht, Die Seeräuber-Jenny 94
Erika Runge, Hausfrau Erna E., Bottroper Protokoll 96
Simone de Beauvoir, Ehe 99

Esther Vilar, Liebe 100
Leonie Lambert, Wir leben in der Großfamilie 102
Kincade, Jenny Jenny 103
Silvia-Roman, Liebe und Glück 104

5. LEHRJAHRE UND HERRENJAHRE
Übersicht 108
Georg Weerth, Der Lehrling 108
Hans Fallada, Aus dem Leben eines Verkäufers 111
Leitsätze für Lehrlinge 114
Berufsausbildungsvertrag 116
Floh de Cologne, Rechte und Pflichten des Lehrlings 119
Walter Benjamin, Bürobedarf 121

6. WERBUNG UND KONSUM
Übersicht 122
Werbesprüche und Plakate 122
Vance Packard, Die geheimen Verführer 125
Willi Bongard, „Hurra – die Reklame ist abgeschafft!" 127
Ingeborg Bachmann, Reklame 128
Hans Magnus Enzensberger, Das Plebiszit der Verbraucher 131
Wolfgang Hildesheimer, Eine größere Anschaffung 133

7. TECHNIK UND INDUSTRIELLE ARBEITSWELT
Übersicht 135
Marie Luise Kaschnitz, Die alten und die neuen Berufe 136
Stefan Andres, Das Trockendock 137
Karl Marx und Friedrich Engels, Bourgeoisie und Proletariat 140
Jürgen von Manger, Drei Maireden 143
Henry Ford, Das Fließband 145
Günter Wallraff, Am Fließband 146
Max von der Grün, Die Entscheidung 149
Dieter Forte, Ein Tag beginnt 151
Heinrich Böll, Anekdote zur Senkung der Arbeitsmoral 153

8. VERKEHR
Übersicht 155
Robert Musil, Der Verkehrsunfall 155
Erich Kästner, Im Auto über Land 158
Horst Krüger, Auf deutscher Autobahn 159
Kurt Kusenberg, Schnell gelebt 160

9. LANDSCHAFTEN – STADT UND NATUR
Übersicht 162
Friedrich Engels, Die großen Städte 163
Joseph von Eichendorff, Mondnacht 164
Theodor Storm, Meeresstrand 166
Heinrich Heine, Das Fräulein stand am Meere 168
Richard Dehmel, Predigt ans Großstadtvolk 170
René Schickele, Großstadtvolk 171

Stefan George, komm in den totgesagten park 172
Herbert von Borch, New York 174
Normann Mailer, Wir müssen es ändern 175

10. KRIEG
Übersicht 177
Andreas Gryphius, Tränen des Vaterlandes. Anno 1636 178
Georg Heym, Der Krieg 180
Rudolf G. Binding, Ausbruch 182
Günter Grass, Der Ritterkreuzträger 184
Erich Maria Remarque, Im Westen nichts Neues 186
Günter Grass, In Ohnmacht gefallen 188
Marie Luise Kaschnitz, Hiroshima 189
Ernest Hemingway, Alter Mann an der Brücke 191
Wolfgang Borchert, Dann gibt es nur eins! 193

11. VERFOLGUNG UND WIDERSTAND
Übersicht 196
Carl Jacob Burckhardt, Im KZ Esterwegen 197
Peter Weiss, Meine Ortschaft 199
Rudolf Höß, Kommandant in Auschwitz 202
Anna Seghers, Das Verhör 204
Paul Celan, Espenbaum 206
Elisabeth Langgässer, Saisonbeginn 208
Paul Celan, Todesfuge 211
Nelly Sachs, Chor der Geretteten 215

12. NACHKRIEGSZEIT
Übersicht 217
Günter Eich, Inventur 218
Hans Magnus Enzensberger, konjunktur 219
Franz Josef Degenhardt, Horsti Schmandhoff 221
Wolf Biermann, Die Ballade von dem Drainage-Leger Fredi Rohsmeisl aus Buckow . . 223
Kurt Bartsch, Sozialistischer Biedermeier 225
Günter Wallraff, Hier und dort 226
Duden (Mannheim) – Duden (Leipzig) 227
Zwei Rätsel 230
Zwei Reden zu den Studentenunruhen von 1968 (Kurt Georg Kiesinger;
    Gustav Heinemann) 234

13. MACHT UND GERECHTIGKEIT
Übersicht 238
Gotthold Ephraim Lessing, Der Rabe und der Fuchs 239
Friedrich Schiller, Geben Sie Gedankenfreiheit 241
Heinrich Heine, Die schlesischen Weber 243
Georg Weerth, Das Hungerlied 245
Walter Hasenclever, Die Mörder sitzen in der Oper 246
Heinrich Böll, Das „Sakrament des Büffels" 247
Heinrich Böll, Die Waage der Baleks 250
Siegfried Lenz, Ein Freund der Regierung 253

14. DER EINZELNE IN DER GESELLSCHAFT

Übersicht 255
Walther von der Vogelweide, Ich saz ûf eime steine 256
Gotthold Ephraim Lessing, Ringparabel 258
Johann Wolfgang Goethe, Wer nie sein Brot mit Tränen aß 260
Heinrich von Kleist, Das Bettelweib von Locarno 261
Brüder Grimm, Die Sterntaler 265
Georg Büchner, Märchen 267
Rainer Maria Rilke, Der Panther 269
Franz Kafka, Der Nachbar 271
Franz Kafka, Der Kübelreiter 273
Gottfried Benn, Nur zwei Dinge 275
Heinrich Böll, Über mich selbst 277
Christa Reinig, Gott schuf die Sonne 279
Françoise Sagan, Die Einsamkeit der Brigitte Bardot 280

15. VORURTEIL

Übersicht 282
Flugblatt für weiße Schüler 283
Eugen Helmlé, Rassismus 285
Franz Fühmann, Das Judenauto 287
Max Frisch, Der andorranische Jude 290
Max Frisch, Du sollst dir kein Bildnis machen 292
Bertolt Brecht, Wenn Herr K. einen Menschen liebte 294
Carl Zuckmayer, Schuster Voigt 296
Günther Weisenborn, Zwei Männer 299
Udo Jürgens, Ein ehrenwertes Haus 302
Max Frisch, Überfremdung 303
Rolf Oerter, Vorurteile gegen Außengruppen 306

16. SPRACHE UND KOMMUNIKATION

Übersicht 307
Johannes Bobrowski, Sprache 308
Peter Bichsel, Ein Tisch ist ein Tisch 310
Hans Magnus Enzensberger, bildzeitung 313
Peter Handke, Die drei Lesungen des Gesetzes 317
Ernst Jandl, schtzngrmm 320
Eugen Gomringer, worte sind schatten 321
Konrad Balder Schäuffelen, da kannten die soldaten kein pardon mehr 324
Friedrich Wolf, Kunst ist Waffe 326
Erich Kästner, Sinn und Wesen der Satire 329
Kurt Tucholsky, Ratschläge für einen schlechten Redner 331
Basil Bernstein, Die Sprache der Mittel- und Unterschicht 333

LITERATUR ZUR DIDAKTIK UND METHODIK DES DEUTSCHUNTERRICHTS 337

AUTOREN- UND TEXTVERZEICHNIS 339

ABKÜRZUNGEN 342

Vorwort

Dieser Interpretationsband möchte konkrete Vorschläge für die Gestaltung und Durchführung eines kritischen, emanzipatorischen Deutschunterrichts machen. Zu diesem Zweck werden die Texte des „Kritischen Lesebuches"* unter Angabe von Lernzielen interpretiert. Alle Arbeitshinweise aus dem KL, die zur besseren Übersicht noch einmal mit abgedruckt sind, werden unter didaktischen und methodischen Gesichtspunkten beantwortet. Besonderes Kennzeichen des KL ist der Charakter des Arbeitsbuches, das den Schülern weitgehend die eigenständige Bearbeitung ermöglichen soll. Die Arbeitshinweise sind daher häufig so formuliert, daß sie in Einzel- oder Gruppenarbeit erarbeitet werden können. Dem Leser sollen die hier skizzierten Modelle bei der Vorbereitung und Durchführung des Unterrichts helfen, indem er sich schnell über mögliche Antworten orientieren kann.

Die im KL abgedruckten Arbeitshinweise sind nicht die einzig möglichen. Die Schüler sollten immer aufgefordert werden, selber Fragen zu formulieren. In vielen Fällen werden es andere als die vorgeschlagenen sein. Die Reihenfolge der Arbeitshinweise ergibt auch noch nicht den Verlauf einer Unterrichtsstunde. Das Vorgehen in einer Berufsschul-, Berufsfachschul- oder Gymnasialklasse ist notwendigerweise so unterschiedlich, daß es nicht sinnvoll wäre, die Lernschritte im Detail aufzuzeigen; außerdem muß der jeweilige didaktische Zusammenhang berücksichtigt werden. Jeder Lehrer (bzw. Schüler einer Klasse) wird die Texte eigenständig zusammenstellen, woraus schon eine differenzierte Behandlung im einzelnen determiniert ist. Einstieg, Motivation, Verteilung der Aufgaben und Veranschaulichung müssen also je nach den Umständen erfolgen. Vor allem bei der Verteilung der Aufgaben und der Organisation des Unterrichts können die Schüler – insbesondere wenn sie die Arbeitstechniken beherrschen – selber mitentscheiden und mitgestalten.

Um den Umfang des Buches in Grenzen zu halten und es nicht zu theoretisch werden zu lassen, ist weitgehend auf eine ausführliche didaktische Begründung der Auswahl der einzelnen Texte verzichtet worden. Die inhaltliche und formale Zuordnung der Texte ist in den tabellarischen Übersichten skizziert. Für das Gesamtkonzept und die allgemeinen Richtziele wird auf die folgende Einleitung verwiesen. Aus Gründen des Umfangs konnten leider die Abbildungen, die nach der Konzeption des KL den gleichen Stellenwert wie die Texte haben, in diesem Band nicht auch interpretiert werden. Sie wurden jedoch in die tabellarischen Übersichten aufgenommen.

Der Schwerpunkt dieses Interpretationsbandes liegt auf einer **praxisbezogenen** und **unterrichtsrelevanten** Gestaltung.

Braunschweig und Lübeck, im Sommer 1984

---

* Die Interpretationen beziehen sich auf die überarbeitete 5. Auflage und die folgenden Auflagen des „Kritischen Lesebuchs" (KL) und auf die Kurzausgabe. Die Seitenzahlen in den tabellarischen Übersichten zu Beginn eines Kapitels beziehen sich auf das KL, ebenso die Anordnung der Texte; die nach dem Schrägstrich angegebenen Zahlen verweisen auf die Kurzausgabe.
Einige Texte sind in der Kurzausgabe anderen Kapiteln zugeordnet; das Register ermöglicht die leichtere Orientierung. Abweichungen bei den Arbeitshinweisen (verschiedene Auflagen des KL) sind durch die ständige Revision zu erklären.

Didaktisch-methodische Anmerkungen zum „Kritischen Lesebuch"[1]

> Ganze Literaturen
> In erlesenen Ausdrücken verfaßt
> Werden durchsucht werden nach Anzeichen
> Daß da auch Aufrührer gelebt haben, wo Unterdrückung war.
>
> (Bertolt Brecht, Die Literatur wird durchforscht werden)

Fielen dem Mann vom Mond deutsche Lesebücher in die Hände, so schrieb 1953 der französische Germanist Robert Minder, er dächte: „ein reiner Agrarstaat muß dies Deutschland sein, ein Land von Bauern und Bürgern, die in umhegter Häuslichkeit schaffen und werkeln und seit Jahrhunderten nicht mehr wissen, was Krieg, Revolution, Chaos ist."[2] Dieser Frontalangriff gegen den in unseren Lesebüchern über viele Jahre hindurch verwirklichten geisteswissenschaftlichen „Morgenthauplan" eröffnete eine bis heute anhaltende, aber auch sehr notwendige Diskussion um die Erneuerung von Lesebüchern.[3]

Ein kritischer Überblick über die verschiedenen Lesebuch-Konzeptionen soll aufzeigen, welche Bedingungen und Anforderungen an ein neues Lesebuch gestellt werden müssen.

Das Gesinnungslesebuch

„Der Mensch und die Natur", „Ruf der Gemeinschaft", „Schicksal und Tod", „Bewährung und Heldentum", „Vaterland und Menschheit", „Schuld und Sühne", „Gottesschau" – so hießen zum Beispiel Kapitelüberschriften dieser nach „Lebenskreisen" geordneten Lesebücher vor 1933, während der Zeit des Nationalsozialismus und nach dem Krieg – weitgehend ohne einschneidende Veränderungen.

Diese Ausgestaltung und Anordnung des Lesebuchs ist schon alt. Während der Aufklärung wurde es als „Morallehre" verwandt. Moralisch orientierte Beispielgeschichten sollten Vorbilder abgeben oder waren als abschreckende Beispiele gedacht. Die Schule wurde als moralische Anstalt interpretiert. Im 19. und 20. Jahrhundert traten an die Stelle nichtpoetischer Texte jene Werke der Dichtung, die Gesinnungscharakter zu haben schienen. Nach 1945 gab es zwar neue Lesebücher; nur, sie waren nicht neu. Zwar wurden ausgesprochen faschistische Texte ausgeklammert, im ganzen blieben Inhalt und Konzeption jedoch unverändert. Heinz Ide konstatiert mit Recht: „1945 regenerierte sich das Deutschland der westlichen Besatzungszonen nicht in einer revolutionären Umgestaltung der gesellschaftlichen Verhältnisse, sondern es ging politisch und geistig auf die Weimarer Republik zurück. [...] Der Rückschritt zur Weimarer Republik bedeutete für den Literaturunterricht, daß er sich dem bürgerlichen Bildungsbegriff und seinem Wertekanon verschrieb. Nur die faschistische Übermalung wurde abgekratzt, und man glaubte sich heimgekehrt zu den humanistischen Vätern und den Regionen ewig gültiger humaner Gedanklichkeit."[4]

Die nach dieser Intention konzipierten Lesebücher täuschen eine heile Welt vor; sie machen aus dem Deutschunterricht eine Andacht, eine Feierstunde. Aus der feindlich empfundenen Umwelt floh man in den scheinbaren Schutz des Herkömmlichen, in die Geborgenheit der

---

[1] Überarbeitete Fassung unseres Aufsatzes „Aspekte einer neuen Lesebuch-Konzeption". In: EWuB 22 (1974), S. 404–416.
Eine ausführliche Darstellung zur Konzeption eines Lesebuches – auch in der berufsbildenden Schule – erfolgt in: Ernst Goette, Deutschunterricht. Theorie und Praxis in der berufsbildenden Schule. Rinteln: Merkur 1981, S. 45–73.
[2] Robert Minder, Soziologie der deutschen und französischen Lesebücher. In: Die Diskussion um das deutsche Lesebuch, hrsg. von Hermann Helmers. Darmstadt: Wissenschaftliche Buchgesellschaft 1969, S. 9.
[3] Einige Aufsätze sind in dem Buch von Hermann Helmers (Anm. 2) gesammelt, auf weitere wird im folgenden verwiesen.
[4] Heinz Ide, Die Schullektüre und die Herrschenden. In: Bestandsaufnahme Deutschunterricht. Ein Fach in der Krise, hrsg. von Heinz Ide. Stuttgart: Metzler 1970, S. 11.

Idylle, in die Übersichtlichkeit des Provinziellen. Unheil kam aus der Stadt, von der Technik, von der Politik. Konservative Epigonen und Neuromantiker dominierten: Peter Rosegger, Werner Bergengruen, Ernst Wiechert, Reinhold Schneider, Ricarda Huch, Agnes Miegel u. a. Inhalt und Konzeption blieben der bürgerlichen Bildungstradition verhaftet, wobei das Bürgerliche in Deutschland nichts von den Eigenschaften des französischen „citoyen" hatte. Daß der Mensch konstitutiv ein arbeitendes, politisches und soziales Wesen ist, wurde nicht berücksichtigt. Die Wirklichkeit sollte mit System verschleiert werden. Charakteristisch dafür ist die in den 50er Jahren entwickelte Faschismustheorie, die die NS-Herrschaft zu einem „bedauerlichen Betriebsunfall" oder unabwendbaren „Schicksalsschlag" zu reduzieren versuchte.[5]

Trotzdem muß festgehalten werden, daß diese Konzeption auch ihre Vorteile gehabt hat; mit Recht schreibt Malte Dahrendorf: „Der Vorzug dieser Konzeption liegt darin, daß sie formalistische Textisolierung vermeidet und lebens- und weltoffen ist, ‚Leben' und ‚Welt' allerdings in einem ganz ungesellschaftlichen Verständnis, das die tatsächliche Widersprüchlichkeit des Lebens und die Antagonismen der gesellschaftlichen Realität durch Überhöhung und Rückbezug auf eine letztlich heile und geschlossene Weltordnung harmonisiert und kompensiert."[6] Diese Konzeption ist stark von existentieller Philosophie und pädagogischer Lebenshilfetheorie beeinflußt.

Literarisches Arbeitsbuch

„Novellen", „Kurzgeschichten", „Fabeln", „Gedichte", „Balladen" — so lauteten die Überschriften des literaturkundlichen Lesebuchs, das sich zum Ziel gesetzt hatte, den Irrationalismus des Gesinnungslesebuchs durch Sachlichkeit und Nüchternheit zu ersetzen. Es sollte nun keine „Moral" oder „Gesinnung" mehr gelehrt werden, sondern die verschiedenen dichterischen Formen und Strukturen wurden hervorgehoben.

Als oberstes Auslesekriterium galt dabei der literarische Wert der Texte, so daß nur das dichterisch Wertvolle Aufnahme fand: denn nur das vermeintlich Hochrangige galt als pädagogisch relevant. Und was als hochrangig anzusehen war, bestimmte die Literatur selbst, wobei geleugnet wurde, daß diese Vorstellungen von bestimmten ideologischen Prämissen beeinflußt waren.

Helmers fordert: „Es genügt nicht, im Lesebuch einen Teil der gegenwartsfernen Texte durch zeitbezogene Texte zu ersetzen. Wichtiger als die Forderung nach Ausgewogenheit der literarischen Inhalte ist die Forderung, den Schüler auf allen Bildungsstufen mit den literarischen Strukturen vertraut zu machen und ihm dadurch Zugang zur Literatur (im engeren Sinn: zur Dichtung) zu ermöglichen."[7] Nach Merkelbach ist Helmers „einer der leidenschaftlichsten Verfechter dieses neuen Lesebuchtyps."[8]

Im Gefolge solcher Überlegungen kamen dann auch die ‚schwierigen' modernen Dichter ins deutsche Lesebuch: Gottfried Benn, Paul Celan, Hilde Domin u.a. Das in dieser Form entworfene Lesebuch ist das legitime didaktische Kind der werkimmanenten Interpretationsmethode und teilt mit ihr auch die ganze Problematik.[9] Worin sind die Gefahren begründet?

---

5 Vgl. auch die Kritik von Wolfgang Haug, Der hilflose Antifaschismus. Frankfurt: Suhrkamp 1967 (= edition suhrkamp 236).
6 Malte Dahrendorf, Eine neue Lesebuch-Generation. Das Lesebuch als Antwort auf eine konkrete gesellschaftliche Situation. In: Bertelsmann-Briefe Nr. 78, S. 9.
7 Hermann Helmers, Vorwort. In: Die Diskussion um das deutsche Lesebuch, S. IX.
8 Valentin Merkelbach, Lesebuch. In: Erika Dingeldey und Jochen Vogt (Hrsg.), Kritische Stichwörter zum Deutschunterricht. Ein Handbuch. München: Fink 1974 (= UTB 299), S. 204.
9 Vgl. dazu Jürgen-Wolfgang Goette, Methoden der Literaturanalyse im 20. Jahrhundert. Frankfurt: Diesterweg ⁴1977.

Das Kunstwerk gilt als sakrosankt, das nur ‚ergriffen' verehrt, aber nicht kritisch befragt werden darf. Der Leser soll vor der Einmaligkeit des Kunstwerks ‚erschauern'. Peter Schneider hat als Student folgendes dazu geschrieben: „Wir sind so verdammt immanent gewesen. Als wir den Prinzen von Homburg durchgenommen haben, da haben wir den Prinzen von Homburg durchgenommen. Als er verzweifelt war, weil er einen sinnlosen Befehl nicht befolgte, da haben wir uns nicht gefragt, wieso er deswegen verzweifelt war. Als er sich auf seinen Tod vorbereitete, da haben auch wir uns auf seinen Tod vorbereitet. Als er sich eine Augenbinde anlegen ließ, da haben auch wir uns eine Augenbinde anlegen lassen. Und als sich der Kurfürst mit ihm versöhnte, da waren auch wir versöhnt. Wir waren alles. Wir waren groß und erhaben wie Schiller, wenn wir Schiller lasen, krank und ironisch wie Thomas Mann, wenn wir Thomas Mann lasen, universal und ein Glücksfall, wenn wir Goethe lasen, aber niemals lasen, dachten, fühlten wir so, wie wir selber waren."[10]

Die bürgerlichen Wertvorstellungen, die als ‚allgemeingültig' galten, sollten nicht rational vermittelt werden, sondern im Kunstwerk zum ‚Erlebnis' gelangen, wohl deshalb – wie kritisch angemerkt wurde – „weil sie kritischer Überprüfung angesichts eklatanter Differenzen zur Realität nicht standhielten".[11]

Die Historie zerfällt in ein unverbundenes Nach- und Nebeneinander geschichtlicher Phänomene. Wirklichkeit wird, wie Arnold richtig festgestellt hat, „nur als Sprachwirklichkeit empfunden, Realität wird ästhetisiert und formalisiert, indem sie in das ‚dichterische' Wort verlegt wird."[12]

Eine stark auf das Ästhetische konzentrierte Sicht vermag zwar das literarische Wertbewußtsein zu stärken, kann aber das soziale Bewußtsein nicht adäquat entwickeln. Es besteht die Gefahr der unkritischen Anpassung und Selbstverleugnung als nicht bedachter Folgen. Daß Texte auch eine ideologische Funktion haben und diese auf eine bestimmte Art eine soziale Kontrolle ausüben können, wurde außer acht gelassen. Somit erweist sich ein solches Lesebuch als Ableger einer „formierten Gesellschaft".

Literaturgeschichtliches Lesebuch

Der Aufbau eines solchen Lesebuchs zeigt einen literaturgeschichtlichen Abriß von den Merseburger Zaubersprüchen bis zur „Publikumsbeschimpfung" von Peter Handke – chronologisch und epochenbezogen. In der Lesebuch-Diskussion wird diese Form zu wenig beachtet. Immerhin sind Lesebücher im Ausland häufig so aufgebaut. Auch ein Teil der DDR-Lesebücher ist literaturgeschichtlich strukturiert. In der Bundesrepublik gibt es nur wenige Beispiele dieser Art, vor allem für die Sekundarstufe II.

Der große Vorteil einer solchen Konzeption liegt darin, daß sie sachlich begründet ist. Zwar mag über Einzelheiten der Abgrenzung von Epochen gestritten werden, die Abfolge und der Wandel literarischer Formen und Inhalte sind jedoch unbestreitbar. Allerdings kommt eine solche Konzeption den Bedürfnissen der Schüler nicht entgegen: Wer endgültig das Interesse an Literatur zerstören will, muß so vorgehen. Man verbleibt zu sehr im „Antiquarischen" (Nietzsche). Der Gegenwartsbezug bleibt ausgespart, wird geleugnet. Dazu kommt, daß ein Teil der Vorwürfe, wie sie gegen das formalorientierte Lesebuch vorgebracht werden, auch hier gelten: Die Textauswahl ist bestimmt von einem traditionellen Bildungsbegriff und seinen Vorstellungen vom „Wertvollen". Soziologische Zusammenhänge werden nicht beachtet. Diese Lesebücher stehen zumeist in der Tradition der Geistesgeschichte, nicht der materialistischen Literatursoziologie.

---

10 Zit. bei Reinhard Baumgart, Was soll Germanistik heute? Vorschläge zur Reform. In: Ansichten einer künftigen Germanistik, hrsg. von Jürgen Kolbe. München: Hanser, ²1969 (= Reihe Hanser 29), S. 12.
11 Helmut Hoffacker und Bodo Lecke, Beliebte Opfer oder Klassiker in der Schule. In: Bestandsaufnahme Deutschunterricht, S. 37.
12 Heinz Ludwig Arnold, Das Lesebuch der 70er Jahre. Kritik und Neuentwurf. Köln: Kiepenheuer & Witsch 1973, S. 12.

Kritisches Lesebuch

In den letzten Jahren sind die oben genannten Arten der Lesebücher von allen beteiligten Seiten heftig kritisiert worden: Schüler fanden die Auswahl häufig veraltet oder thematisch nicht ausreichend auf ihren Erfahrungs- und Problemkreis zugeschnitten – im ganzen zu wenig auf die Realität bezogen; Lehrer empfanden die methodisch-didaktische Aufbereitung nicht genug oder gar nicht durchdacht, und Wissenschaftler wiesen nach, daß Lesebücher dieser Art nicht geeignet waren, den Schüler zum kritischen Lesen, Fragen, Denken und Handeln anzuregen.

Neue Wege wurden durch zwei – nicht unmittelbar für die Schule bestimmte – Lesebücher gewiesen: den „Versäumten Lektionen", herausgegeben von Glotz und Langenbucher,[13] und „Lesebuch. Deutsche Literatur der sechziger Jahre", von Klaus Wagenbach zusammengestellt.[14]

Am Ende der 60er Jahre begann sich das allgemeine politische Bewußtsein in der Bundesrepublik zu schärfen. Bisher nicht gekannte Unruhen an den Universitäten, die Formierung einer außerparlamentarischen Opposition waren die sichtbarsten Zeichen einer sich abzeichnenden Veränderung. Germanistik und Deutschunterricht haben in diesen Jahren immer wieder im Zentrum der Angriffe gestanden. Mit Sicherheit läßt sich sagen, daß beide Disziplinen aus einem langen – mitunter unheilvollen – Schlaf herausgerissen wurden. In der notwendigen Auseinandersetzung wurde man zum Nachdenken gezwungen. Seitdem hat sich auf dem Gebiet des Deutschunterrichts einiges gewandelt.[15]

Zum obersten Ziel der Reformer wurde die Forderung nach Emanzipation erhoben.[16] „Erziehung zur Emanzipation und Berücksichtigung der politischen Konsequenzen des Unterrichts in allen seinen Bereichen und besonders im sprachlich-literarischen bedeutet: Erziehung zur Bereitschaft und Fähigkeit, am literarischen Leben kritisch zu partizipieren mit dem Ziel, die Sozialisation schließlich in die eigene Hand nehmen zu können, die eigene Lage zu erkennen und über Strategien zu verfügen, diese zu verändern."[17]

Welche Bedingungen muß ein Lesebuch erfüllen, das diesen Ansprüchen gerecht zu werden vermag?
1. Erweiterter Textbegriff
2. Hinweise zur Entstehung, Rezeption und Wirkung der Texte
3. Versäumte Lektionen
4. Informatorium der Wirklichkeit
5. Lehreinheiten
6. Fragen/Arbeitshinweise
7. Literaturhinweise
8. Zusammenhang von Text und Bild

1. Erweiterter Textbegriff

Der Deutschunterricht hat es in erster Linie nicht mit Dichtung zu tun, sondern mit **Texten.** Dazu gehören, ohne daß man sie überheblich abwertet – zum Beispiel durch die Verbannung auf gefärbtes Papier im Anhang –, Reden, Werbung, Schlager, Krimis, Comics, Reportagen, Interviews usw.

---

13 Versäumte Lektionen. Entwurf eines Lesebuchs, hrsg. von Peter Glotz und Wolfgang R. Langenbucher. Gütersloh: Mohn 1965. Inzwischen in überarbeiteter Form auch als Taschenbuch erschienen: Fischer Bücherei Nr. 1163.
14 Lesebuch. Deutsche Literatur der sechziger Jahre, hrsg. von Klaus Wagenbach. Berlin: Wagenbach 1968.
15 Vgl. dazu die Bände „Projekt Deutschunterricht" im Verlag Metzler, Stuttgart, und die Zeitschrift „Diskussion Deutsch" im Diesterweg-Verlag, Frankfurt.
16 Vgl. Klaus Mollenhauer, Erziehung und Emanzipation. Polemische Skizzen. München: Juventa ³1970.
17 Malte Dahrendorf, Eine neue Lesebuch-Generation, S. 10.

Alle Texte gilt es zu befragen hinsichtlich der Intention des Autors, der Bezogenheit auf den Adressaten, der ausgesprochenen oder verdeckten Normen und Ansprüche und der angewandten literarischen Mittel und Formen.

Eine verstärkte Hereinnahme nichtpoetischer Texte ist teilweise durch die Tatsache begründet, daß die ästhetische Kodierung und ihre Aufschlüsselung durch den Leser eine erhebliche Sozialbarriere darstellen.[18] Literatur bevorzugen heißt Bürgerkinder privilegieren und Unterschichtenkinder benachteiligen. Trotzdem soll aber nicht der literarischen Bilderstürmerei das Wort geredet werden. Die Hessischen Rahmenrichtlinien gehen in diesem Punkt häufig zu weit, wenngleich sie durch ihren provokatorischen Charakter anregend sind. Es ist daher zu fragen, welche Rolle der Dichtung zukommt.

Allen Unkenrufen zum Trotz ist Dichtung als menschliche Äußerung nicht totzukriegen. Literatur war und ist Bestandteil unserer Kultur und wird es aller Voraussicht nach auch bleiben. Es wäre verantwortungslos, die Schüler mit ihr allein zu lassen; denn viele von ihnen wollen ja lesen und tun es auch.

Gegen die Alternative „Bildzeitung" statt Goethes „Faust" hat sich Christa Bürger mit vollem Recht gewandt: „Literatur ist nicht das, was bürgerliche Rezeption meist aus ihr gemacht hat: bloße Ideologie. Sie ist vielmehr ein eigentümlicher Modus von Wirklichkeitserkenntnis. Sie stellt im Medium ästhetischen Scheins Möglichkeiten der Verwirklichung von Humanität dar, die in der Realität aufgrund des Entwicklungsstandes der Produktivkräfte und der herrschenden Produktionsverhältnisse nicht zu verwirklichen waren." Und sie folgert daraus: „In einer Gesellschaft, die tendenziell alle Lebensbereiche dem auf Profitmaximierung beruhenden ökonomischen Gesetz unterwirft, vermag die Beschäftigung mit Literatur die Kategorie des Möglichen wach zu halten."[19] Dichtung ist konkrete Utopie und stellt damit das Bestehende jeweils in Frage. Ernst Bloch hat einleuchtend formuliert: „Die großen Kunstgebilde haben ihre Dauer und Größe gerade darin, daß sie voll Vor-Schein, voll utopischer Bedeutungsländer wirken."[20] Kunst distanziert und konfrontiert zugleich mit den bestehenden Verhältnissen: „Hier kann der Schüler die notwendige historische Dimension gewinnen, aus der sich ihm die vorgefundene Wirklichkeit als Realisation *einer* Möglichkeit zeigt, als eine veränderbare Wirklichkeit also. Ein solcher Unterricht nimmt den literarischen Text nicht als unbezweifelbare Autorität, sondern interpretiert ihn als individuelle Gestaltung von Wirklichkeit unter bestimmten historischen und gesellschaftlichen Voraussetzungen. Er arbeitet mit am Aufbau jener ‚kritischen Kompetenz', die ein Hauptziel unserer Erziehung sein muß."[21]

Ein zu stark an literarischen Formen orientierter Deutschunterricht führt häufig auch zu Verzeichnungen einzelner Schriftsteller. Vogt hat am Beispiel Heinrich Böll aufgezeigt, daß zwar heute in kaum einem Lesebuch ein Text von Böll fehlt, das Bild des Autors jedoch verfälscht wird, wenn man die Auswahl näher analysiert[22]: Sie beschränkt sich ganz auf den frühen Böll und seine Kurzgeschichten. Es fehlen die – wie Ludwig Marcuse sie genannt hat – Böllschen „Nebenbeis", die im Grunde die Hauptsachen sind. Marcuse verdeutlicht einleuchtend, daß es einmal lohnend wäre, zu untersuchen, „wieviel Nebenbeis der ‚Dichter' umfangreicher

---

18 Vgl. Malte Dahrendorf, Eine neue Lesebuch-Generation, S. 9.
19 Christa Bürger, Elemente zu einer kritischen Literaturdidaktik. In: Tendenzen der Literaturdidaktik, hrsg. von Heinz Ide. Frankfurt: Diesterweg 1974 (= DD Sonderband), S. 62 f.
20 Ernst Bloch, Tübinger Einleitung in die Philosophie, Bd. 1. Frankfurt: Suhrkamp 1963 (= edition suhrkamp 11), S. 135.
21 Dieter Mayer, Literaturunterricht auf der Sekundarstufe II. In: DD 5 (1974), S. 112; vgl. dazu auch Hubert Ivo, Allgemeine Lernziele des Literaturunterrichts. In: Die Arbeitsbereiche des Deutschunterrichts. Frankfurt: Diesterweg 1972, S. 30–54.
22 Vgl. Jochen Vogt, Vom armen H. B., der unter die Literaturpädagogen gefallen ist. Eine Stichprobe. In: Heinrich Böll. München: Boorberg 1972 (= Text und Kritik 33), S. 33 f.

und mehr Kunst waren als vieles, was als ihr Eigentliches überliefert wird."²³ Denn gerade in den Essays, Reden, Aufsätzen, Kritiken und Interviews wird Bölls Kritik konkret, wenn er die tatsächlichen Machtstrukturen in unserer Gesellschaft transparent werden läßt, zum Beispiel in dem „Brief an einen jungen Katholiken" und in dem „Brief an einen jungen Nichtkatholiken".²⁴

2. Hinweise zur Entstehung, Rezeption und Wirkung der Texte

Jeder Text hat einen Bezug zur Zeit seiner Entstehung und zur Zeit seiner Rezeption. Verstehen vollzieht sich durch Kommunikation zwischen diesen beiden Bereichen. Jeder Autor gehört zu einer bestimmten Klasse, hat einen Standort und strebt eine gewisse Intention an. Es ist daher wichtig, nach dem erkenntnisleitenden Interesse zu fragen; dafür ist es unerläßlich, daß zu jedem Text Hinweise auf die Zeit der Text-Entstehung, auf den Autor, auf seine persönlichen und gesellschaftlichen Voraussetzungen, Informationen zum Publikum und zur Form-Tradition gegeben werden. Dann können z.B. die folgenden Fragen an ein Gedicht (Bertolt Brecht, Legende von der Entstehung des Buches Taoteking auf dem Weg des Laotse in die Emigration) gestellt werden:
— Welche Intention verfolgt der Autor? Welchen Adressatenkreis will er ansprechen? Welcher Zusammenhang besteht zwischen der Aussageabsicht Brechts und der Entstehungszeit des Gedichts?
— Die heutigen Leser sind andere als zur Entstehungszeit. Ist das Gedicht dadurch anders zu verstehen? Versuchen Sie den Zusammenhang zwischen Autor, Adressat und Zeit (Entstehung und Gegenwart) anhand des Kommunikationsmodells zu verdeutlichen.

3. Versäumte Lektionen

Die einseitige Parteilichkeit der alten Lesebücher zugunsten der kritiklosen Hinnahme bestehender Verhältnisse durch die Verklärung realitätsferner Dinge muß vermieden werden. Deutschland hat eine reiche aufklärerische Tradition, die es gilt, aus ihrer Vergessenheit hervorzuholen: Ulrich Bräker, Georg Forster, Adolf Glassbrenner, Georg Weerth, Heinrich Heine, Heinrich Mann, Erich Kästner, Kurt Tucholsky sollen stellvertretend genannt sein. Kennzeichen der aufklärerischen Literatur ist es, daß sie entmythologisiert, daß sie keine Größen und Werte als absolut gültige anerkennt, die in Wirklichkeit nur von bestimmten Interessengruppen zur Verschleierung der Realität und zur Stabilisierung ihrer Herrschaft ausgegeben werden. „Immer wieder muß deutlich werden" so fordert Karl Otto Conrady, „daß aufklärendes Denken und Schreiben dort einsetzt und einzusetzen hat, wo Mächte, Werte, Gehalte zu absoluten Größen erhöht werden, die den oder das Glauben beanspruchen, in Wahrheit aber von einer frei prüfenden und forschenden Selbst- und Welterkenntnis aus dem Geiste redlicher und unbeirrbarer Rationalität nicht bestehen können."²⁵

Georg Weerths „Lehrling" — das erste Kapitel der „Humoristischen Skizzen aus dem deutschen Handelsleben"²⁶ — ist beispielsweise ein einzigartiges Dokument dieser kritischen Aufklärung. Der frühkapitalistische Kaufmann Preiss spricht seine eigene Satire; er entlarvt sich selbst. Marx hat gesagt: „Man muß diese versteinerten Verhältnisse dadurch zum Tanzen zwingen,

---

23 Ludwig Marcuse, Neben den Erzählungen. In: In Sachen Böll. Ansichten und Einsichten, hrsg. von Marcel Reich-Ranicki. Köln: Kiepenheuer & Witsch 1968, S. 157.
24 Zur Behandlung politisch akzentuierter Texte im Deutschunterricht vgl. auch: Ernst Goette, Heinrich Böll. Das politische Engagement des Schriftstellers. In EWuB 21 (1973), Heft 4; EWuB 22 (1974), Heft 1 und Heft 3.
25 Karl Otto Conrady, Nicht zu versäumende Lektionen. Erfreuliches zum Thema „Deutsches Lesebuch". In: Die Zeit, Nr. 48 (26.11.1965).
26 Georg Weerth, Vergessene Texte. Werkauswahl in 2 Bänden, hrsg. von Jürgen-Wolfgang Goette, Jost Hermand, Rolf Schloesser. Köln: Informationspresse – c. w. leske 1975/76.

daß man ihnen ihre eigne Melodie vorsingt! Man muß das Volk vor sich selbst *erschrecken* lehren, um ihm *courage* zu machen."²⁷ Herr Preiss spricht so, als seien der Handel die Religion der Gegenwart, das Handelshaus ein Tempel frommer Einkehr und die Unternehmungen der Handelsherren kultische Verrichtungen, während gleichzeitig deutlich ist, mit welchen Vorstellungen und Heucheleien gearbeitet wird. Kontraste, Übertreibungen und Karikaturen machen die Inkongruenz zwischen Wort und Tat sichtbar. Durch die Zerstörung vermeintlicher Größe erhält der Schüler einen Freiraum, den er nach neuen – dem kritischen Impetus gemäßen – Vorstellungen, adäquat im Sinn des emanzipatorischen Lernziels ausfüllen kann.

4. Informatorium der Wirklichkeit

„Deutschland ein Agrarmärchen, in dem Fischer fischen, Hufschmiede schmieden und Bauern mit der Hand das Korn in die Scholle streuen, eingehüllt in die Trachten und unter Absingen von Volksliedern" – so beschreibt Krockow kritisch die „Wirklichkeit" in unseren alten Lesebüchern.²⁸ Markefka/Nauck haben in ihrer Untersuchung festgestellt, daß die in den Lesebüchern vorkommenden Berufe nicht unsere Arbeitswelt repräsentieren, sondern „überholten wirtschaftlichen und sozialstrukturellen Gegebenheiten" entsprechen.²⁹ „Emotionalisierung statt Erkenntnisförderung, Moralisierung statt Rationalisierung, Normierung und Anpassung statt Weckung kritischer Intelligenz: das ist das Fazit, das man hinsichtlich der Darstellungen von Arbeits- und Berufswelt in den hierzulande gängigen Lesebüchern ziehen muß."³⁰

Die große Mehrzahl der Bevölkerung sind Arbeitnehmer, in der Industrie, im Handel, im Büro. Auch die meisten Schüler werden mit dieser Arbeitswelt konfrontiert – durch ihre Eltern, durch zeitweilige Arbeit in Betrieben, durch die Aussicht ihres eigenen Lebensweges, durch die Umwelt. Arbeit ist nicht, wie uns die konservativen Lesebücher weismachen wollten, ein „Fluch", sondern ein den Menschen erst konstituierendes Element. Über die Bedingungen dieser Arbeit gibt es verschiedene Ansichten; das soll auch ein Lesebuch widerspiegeln. Es ist daher unbedingt erforderlich, daß der Schüler über die Welt der Arbeit reflektieren kann. Besonders bietet sich dazu die Arbeiterliteratur an.³¹

1. Der Jugendliche kann durch die Beschäftigung mit Arbeiterliteratur eine kritische und selbständige Haltung gegenüber seiner jetzigen Situation gewinnen. Das gilt in besonderer Weise für Haupt- und Berufsschüler. Eine Auseinandersetzung mit ‚ihrer' Welt vermag zu der geforderten Emanzipation beizutragen.

2. Arbeiterliteratur hat einen Informationswert auch für diejenigen Schüler, die nicht Arbeiter werden, wenngleich die Fremdheit dieser Welt zugleich Anreiz und Problem ist. Gefahren ergeben sich daraus, daß manche Schüler der ideologischen Spannkraft dieser Literatur unreflektiert erliegen. Dem sollen sich widersprechende, kontroverse Texte entgegenwirken. Gefahren ergeben sich aber auch daraus, daß Arbeiterliteratur häufig zu sehr unter dem Blickwinkel des Exotischen gesehen wird. Das kann aber im Grunde nur durch eine intensive Beschäftigung und Durchdringung mit diesem Bereich gemindert werden.

3. Die Schüler können durch die Beschäftigung mit dieser Literatur Einsicht in den Klassencharakter der Gesellschaft gewinnen und lernen, sich für die Interessen der eigenen Klasse aktiv einzusetzen.

---

27 Karl Marx und Friedrich Engels, Werke, Bd.1. Berlin: Dietz 1964, S. 381.
28 Christian von Krockow, Sozialwissenschaften. Lehrerausbildung und Schule. Opladen 1969, S. 37.
29 Manfred Markefka und Bernhard Nauck, Zwischen Literatur und Wirklichkeit. Zur Kritik der Literaturdidaktik. Neuwied: Luchterhand 1972, S. 89; vgl. dazu auch die Rezension in: EWuB 21 (1973). Heft 3, S. 317/318.
30 Heinz Ludwig Arnold, Das Lesebuch der 70er Jahre. Kritik und Neuentwurf. Köln: Kiepenheuer & Witsch 1973, S. 51.
31 Vgl. Arbeiterliteratur. Texte zur Theorie und Praxis, hrsg. von Jürgen-Wolfgang Goette. Frankfurt: Diesterweg 1975 und das Heft „Arbeiterliteratur", Diskussion Deutsch 5 (1974), S. 287 ff.

4. Es wird die Erkenntnis vermittelt, daß unterschiedliche Klassenzugehörigkeit einen unterschiedlichen Sprachgebrauch bedingt.
5. Der Schüler kann erkennen, welche politischen Möglichkeiten und welchen politischen Stellenwert Sprache und Literatur in der Auseinandersetzung der gesellschaftlichen Klassen haben.
6. Der Anspruch ‚hoher' Literatur kann relativiert werden. Gibt es ‚niedere' Kunst oder nur eine Kunst der Unterschicht? Diese Fragestellungen tragen dazu bei, die Interdependenz von ästhetischer Wertung und sozialer Wirklichkeit zu erkennen.

Weitere wichtige Themen in einem auf die Wirklichkeit des Schülers bezogenen Lesebuch sind: Jugend und Sozialisation, Emanzipation der Frau, Schule und Unterricht, Werbung, Medien. Leitende Gesichtspunkte sind dabei die Verhältnisse und Beziehungen zwischen Macht und Herrschaft, Anpassung und Widerstand, Kommunikation und Isolation.

So wichtig die Aufarbeitung der Gegenwart und die Vorbereitung der Zukunft sind, so darf doch dabei die Aktualität nicht auf Kosten des Geschichtlichen gehen. „Der Literaturunterricht muß auch Verhaltensmuster aus ganz unterschiedlichen Epochen zur Diskussion stellen. Der Pädagoge wird weniger abhängig von den ständig wechselnden Veränderungstrends der Gegenwart, wenn er diese im historischen Kontext bewertet."[32]

5. Lehreinheiten

Das Lesebuch darf kein Sammelsurium verschiedener Texte sein, deren Prinzip die Beliebigkeit ist, keine Anthologie literarischer Formen, sondern muß ein Arbeitsbuch sein, in dem Texte zu bestimmten Lehreinheiten mit deutlich abgegrenzten Themenkreisen zusammengestellt sind. Diese Lehrgänge müssen zwei Prinzipien gehorchen: dem der Konfrontation und dem der didaktischen Zuspitzung. Die Konfrontation verschiedener gegensätzlicher Texte vermag die Leser dazu zu motivieren, die jeweiligen Standorte zu bestimmen, nach den Ursachen der Unterschiede zu fragen. Die heutige Wissenschaft hat deutlich gemacht,[33] daß es ‚Objektivität' nicht geben kann. Die alten Lesebücher deklarierten sich oft als objektiv und unpolitisch und waren doch deutlich konservativ und reaktionär. Die Standortgebundenheit allen Denkens zu gestehen erfordert die Redlichkeit. Das Problem beginnt dort, wo man sich – zum Beispiel als Herausgeber eines Lesebuchs – entscheiden muß, welche Prinzipien der Auswahl zugrunde gelegt werden sollen. Woran soll sich der Herausgeber orientieren? Sind die Texte, die miteinander in dem Kritischen Lesebuch konfrontiert werden, gleichwertig? Sollen sich die Schüler das ihnen am besten erscheinende aus dem ‚Gemischtwarenladen' besorgen? Wenn Neills Vorstellungen von antiautoritärer Erziehung neben Hitlers ‚Pädagogik' gestellt werden, Fords unkritisches Lob der Fließbandarbeit neben Wallraffs detaillierte, kritische Reportage, Weerths „Lehrling" neben ‚moderne' Leitsätze zur Lehrlingsausbildung, beantwortet sich die Frage von selbst. Der Schüler lernt, durch die Konfrontation wichtige von unwichtigen Informationen, richtige von falschen Erkenntnissen, befreiende von lähmenden Gedanken zu unterscheiden. Grünwaldt hat begründet hervorgehoben: „Die unterschiedlichen Auffassungen sind nämlich durchaus nicht völlig gleichwertig. Die herrschenden sind den davon abweichenden überlegen, weil sie den bestehenden Zuständen entsprechen, weil ihre Etabliertheit für sie spricht. Sie wie die zu behandeln, die das Bestehende kritisch in Frage stellen, heißt deshalb, diese zu benachteiligen und somit das Bestehende zu festigen. Das Richtigere setzt sich nicht von allein durch. Es muß durchgesetzt werden. Es muß gegenüber demjenigen, das

---

32 Werner Klose, Drucksachen – Drecksachen. Wie Schulbücher zu Wahlkampfmunition werden. In: Die Zeit (Hamburg), Nr. 3 (10. 1. 75).
33 Vgl. Hans-Georg Gadamer, Wahrheit und Methode. Grundzüge einer philosophischen Hermeneutik. Tübingen: Mohr ²1965.

sich als falsch erwiesen hat, bevorzugt werden, damit es nicht von diesem neutralisiert oder erdrückt wird."[34] Die mit Hilfe des durch solche Konfrontation erreichten Verfremdungseffekts provozierte kritische Haltung des Lesers zielt auf die Veränderung des Bewußtseins und auf die Veränderung der Lebenspraxis. Man könnte zur Veranschaulichung Brechts Schlußverse aus dem Schauspiel „Der gute Mensch von Sezuan" anführen:

Verehrtes Publikum jetzt kein Verdruß:
Wir wissen wohl, das ist kein rechter Schluß.
Vorschwebte uns: die goldene Legende.
Unter der Hand nahm sie ein bitteres Ende.
Wir stehen selbst enttäuscht und sehn betroffen
Den Vorhang zu und alle Fragen offen. [. . .]
Der einzige Ausweg wär aus diesem Ungemach:
Sie selber dächten auf der Stelle nach
Auf welche Weis' dem guten Menschen man
Zu einem guten Ende helfen kann.
Verehrtes Publikum, los, such dir selbst den Schluß!
Es muß ein guter da sein, muß, muß, muß![35]

Die Aufgabe, in welche Richtung sich das Denken des Lesers entwickeln soll, muß vor allem von der Wissenschaft der Didaktik, der Pädagogik und der Sozialwissenschaft gemeinsam geleistet werden. Damit kann einer vorschnellen und unkritischen Indoktrination vorgebeugt werden.

6. Fragen / Arbeitshinweise

Welche Funktion können im Lesebuch im Anschluß an jeden Text abgedruckte Arbeitshinweise haben? Engen sie nicht den freien Spielraum des Lesers wieder ein? Fragen, Anregungen zur Eröffnung einer Diskussion haben ihren Sinn im Zusammenhang mit den oben skizzierten Lehreinheiten. Sie können helfen und dazu beitragen, die angestrebten Lernziele zu erreichen. Sie halten darüber hinaus die Struktur einer Lehreinheit durch Fragen zum Vergleich der verschiedenen Texte zusammen. Sie vermögen vielleicht Hilfestellung zu leisten bei der Suche nach dem „richtigen Schluß". Damit z. B. das Gedicht „Meeresstrand" von Theodor Storm nicht nur formal interpretiert wird, müßte durch eine Frage die Aufmerksamkeit auf die sozialen Verhältnisse gelenkt werden, auch wenn sie in dem Gedicht selbst nicht direkt angesprochen werden:
1. Was für eine Art Wirklichkeitsdarstellung enthält das Gedicht?
2. Welche Realität wird übersehen?

Diese Fragen sind aber nur dann sinnvoll zu beantworten, wenn neben einem solchen Gedicht Texte über die moderne Industrielandschaft gestellt sind.

Auch Schlager sind wichtige Gegenstände des Deutschunterrichts. Allerdings helfen allein ästhetisch und formal orientierte Fragen nicht weiter. Daß auch hier Ergebnisse der Gesellschafts- und Sprachwissenschaften sowie der kommunikationswissenschaftlichen Forschung berücksichtigt werden, können folgende Fragen erreichen:
1. Welches Bild von der Wirklichkeit vermittelt der Schlager?
2. Welches Publikum will er erreichen?
3. Warum wollen viele Menschen Schlagertexte hören?

---

34 Joachim Grünwaldt, Das Lesebuch muß heute eine Leselehre für kritisches Lesen sein. In: Diskussion Deutsch 5 (1974), S. 156.
35 Bertolt Brecht, Gesammelte Werke Bd. 4. Frankfurt Suhrkamp 1967 (= werkausgabe edition suhrkamp), S. 1 607.

4. Wer hat ein Interesse daran, daß solche Texte mit den darin enthaltenen Aussagen erscheinen?
5. Welche Funktion hat ein Schlager?

Durch diese oder ähnlich formulierte Fragen kann der Schüler zur Erkenntnis gelangen, daß in Schlagern oft eine ‚heile Welt' vorgegaukelt wird, die an der Realität vorbeigeht. Im Zusammenhang des Problemkreises „Macht und Herrschaft" wird die Funktion solcher Texte deutlich.

Es ist heute auch unbestritten, daß in einem Lesebuch faschistische Texte aufgenommen sein sollen. Gerade hier erweisen sich Arbeitshinweise als notwendig, damit diese Texte nicht eine unerwünschte Wirkung erzielen. Wenn z. B. in einem Gedicht der Krieg verherrlicht wird, muß durch Fragen auf die Gefahr einer solchen Auffassung aufmerksam gemacht werden. Allerdings dürfen diese Anregungen zur Diskussion nicht so einengen, daß die Aktivität des Lesers/ Schülers gelähmt wird. Sie sollten als Vorschläge für die Analyse und als Ausgangspunkt bzw. Anregung zur Diskussion verstanden werden. Der Leser ist nicht aus der Pflicht entlassen, immer wieder neue, ergänzende, andere Fragen zu stellen und auch die angebotenen kritisch zu betrachten. Die Arbeitshinweise des Lesebuchs sollten auch so formuliert sein, daß sie Gruppenarbeit erleichtern bzw. dazu auffordern.

7. Literaturhinweise

Jedem Text oder Themenkomplex werden ergänzend Lektürehinweise beigefügt, damit der Schüler Anregungen erhält, welche Bücher vielleicht für ihn von Interesse sein könnten. Aus der Überfülle des auf dem Buchmarkt und in den Bibliotheken befindlichen Angebots kann er schwerlich Hilfe bekommen. Bei den Lesehinweisen kann es sich um weitere Texte desselben Autors oder zum gleichen Problemkreis handeln, die das Prinzip der Konfrontation noch stärker in den Vordergrund stellen.

Ob auch Angaben zur Sekundärliteratur gemacht werden sollen, ist umstritten. Für einen zur Selbständigkeit erziehenden Arbeitsunterricht ist es aber unentbehrlich, daß sich Schüler mit Materialien zum Autor, zur Zeit und zum Werk befassen. Wir Lehrer erhalten ja dadurch auch immer neue Anregungen; außerdem ist es möglich, auf diese Weise einem einseitig orientierten Unterricht entgegenzuwirken.

8. Zusammenhang von Text und Bild

Die Funktion des Bildes in Lesebüchern ist in der didaktischen Diskussion bisher wenig beachtet worden. Früher wurden meistens an beliebiger Stelle – technisch immer wertvollere und anspruchsvollere – Reproduktionen ins Lesebuch aufgenommen, um die allgemeine Attraktivität des Buches zu erhöhen. Daß Bilder selbst eine Art „Text" darstellen können,[36] daß zwischen Text oder Themenkomplex und Bild ein Zusammenhang hergestellt werden kann, wurde zuwenig berücksichtigt und didaktisch nicht genutzt. Dabei kann es durchaus ergiebig sein, im Unterricht zu analysieren, wie ein Thema in der Literatur und der bildenden Kunst dargestellt wird, welche unterschiedlichen Auffassungen oder auch Gemeinsamkeiten sich feststellen lassen. Parallelen können aufgezeigt werden, und dem oft geforderten „fächerübergreifenden Unterricht" wird einmal Genüge getan.

So läßt sich z. B. das Thema „Vorurteil", zu dem literarische Texte (Max Frisch, „Der andorranische Jude", Franz Fühmann, „Das Judenauto"), Flugblätter und wissenschaftliche Abhandlungen (Rolf Oerter, „Vorurteile gegen Außengruppen") nebeneinandergestellt sind, durch

---

36 Vgl. Gisela Warnke, Lesebuch und Bild; Ursula Heise, Das Bild im Lesebuch. Überblick über die Arbeitsmöglichkeiten. In: Der Deutschunterricht 20 (1968), Heft 6, S. 63–88; S. 106–115.

Lithographien (A. Paul Weber, „Das Gerücht") und politische Plakate (Klaus Staeck, der Dürers bekanntes Bild von der „Mutter" durch die Ergänzung: „Würden Sie dieser Frau ein Zimmer vermieten?" verfremdet) erweitern.

Durch die Gegenüberstellung von Kunst und Literatur kann das angesprochene Problem noch veranschaulicht und vertieft werden und zugleich der Unterschied der Arbeits- und Funktionsweisen von Kunst und Literatur verdeutlicht werden. Zur Diskussion und Kritikfähigkeit können häufig Karikaturen, politische Plakate oder Anzeigen eher und effizienter anregen als anspruchsvolle „unvergängliche" Kunstwerke. Sie sollen zwar nicht fehlen, aber der Ausschließlichkeitsanspruch muß reduziert werden.

Zusammenfassung

Ausschlaggebend für die Aufnahme von Texten in ein Lesebuch war nicht mehr die formale und intellektuelle Qualität, sondern der Realitätsgehalt und die Bedeutung des Geschriebenen für den Schüler. Ein Kritisches Lesebuch darf sich nicht mehr als ein parteiliches Instrument der unreflektierten Anpassung an bestehende Strukturen verstehen – als ein Instrument klassenfixierender Privilegierung; es darf aber auch nicht einer rein technokratischen Integration das Wort reden, sondern es muß emanzipatorisch sein. Texte sollten nicht als Herrschaftsinstrumente fungieren. Voraussetzung dafür ist ein geändertes Verhalten: Mißtrauen und Skepsis gegen ungeprüft vorgeführte Werte, ein Sensorium für die ideologischen Implikationen eines jeden Textes. Aller Demokratie ist Kritik wesentlich: „Mündig ist der, der für sich selbst gedacht und nicht bloß nachredet, der nicht bevormundet wird."[37] Die Entwicklung der Kritikfähigkeit bedeutet nicht „Egalisierung, sondern Differenzierung, nicht Ideologisierung, sondern Fähigkeit zur Ideologiekritik".[38] Der Schüler soll mit Hilfe eines solchen Lesebuchs

– Aufklärung über seine eigene Situation in der Gesellschaft erhalten;
– Bereitschaft und Fähigkeit erlernen, aktiv am literarischen Leben der Gegenwart teilzunehmen;
– sich in dieser Welt zurechtfinden (seine eigene Sozialisation betreiben);
– Literatur als Freiheitsraum verstehen, bestehende Strukturen „kritisch" befragen und Alternativen für bekannte Verhältnisse aufzeigen;
– Literatur und Geschichte als Erweiterung eigener Erfahrungen kennenlernen.

Die Schülerhaltung darf nicht von passiver Hinnahme bestimmt sein, sondern muß stärker von aktiver Mitarbeit und Kritik durchdrungen sein. Nur so besteht die Möglichkeit, daß die demokratische Gesellschaft jene Menschen erhält, die sie zur Erhaltung und Verbesserung benötigt: selbständige, emanzipierte Bürger – citoyens.

---

37 Theodor W. Adorno, Kritik. Kleine Schriften zur Gesellschaft. Frankfurt: Suhrkamp ²1973 (= edition suhrkamp 469), S. 10.
38 Heinz Ludwig Arnold, Das Lesebuch der 70er Jahre, S. 88.

1. SCHULE UND ERZIEHUNG

Autor	Titel	Textform	Eigenart	Inhalt	Seite
Bertolt Brecht	Fragen eines lesenden Arbeiters	Gedicht	reimlos, gestisch	Wer macht Geschichte?	13/11
Max von der Grün	Fragen und Antworten	Paraphrase	polemisch	Volksschulausbildung verhindert Fragen	15/13
Wilhelm Busch	Lehrer Lämpel*	Zeichnung	karikaturistisch	Erziehung im 19. Jh.	17/15
Adolf Hitler	Zur Erziehung der Jugend	Gespräch/ Rede	rhetorisch-propagandistisch	„Kampfpädagogik"	18/16
Alexander S. Neill	Die Schule Summerhill	Erfahrungsbericht	wissenschaftlich, analytisch	Antiautoritäre Erziehung	21/22
Bericht der Schulinspektoren Seiner Majestät über die Schule Summerhill		Bericht, Untersuchung	sachlichkritisch	Bewertung der Erziehungsmethode Neills	28/29
Johann Wolfgang Goethe	Die drei Ehrfurchten	Romanauszug	symbolischtheoretisch	3 Ehrfurchten	33/34
Kurt Tucholsky	Herr Wendriner erzieht seine Kinder	Satire	ironischkomisch	Erziehungsgrundsätze eines Kleinbürgers	36/37
Bertolt Brecht	Legende von der Entstehung des Buches Taoteking auf dem Weg des Laotse in die Emigration	Ballade	legendenhaft	Lehre über Heiterkeit/ Gelassenheit/ Freundlichkeit	38/39
Hermann Kant	Die erste Schulstunde	Romanauszug	sozialistischrealistisch	Geschichtsunterricht in einer Arbeiter- und Bauernfakultät (DDR)	41
Eva Windmöller	Ein Land von Musterschülern	Reportage	informativberichtend	Schulsituation in der DDR	44/42

BERTOLT BRECHT, **Fragen eines lesenden Arbeiters**

Lernziele

Die Schüler sollen erkennen, daß
- das Gedicht die Vorstellung „Männer machen Geschichte" in Frage stellt;
- das Gedicht eine Fragehaltung für mündige Bürger vorführt;
- eine allgemein gehaltene Sprache manipulieren kann, eine konkret formulierte diese Manipulation aber entlarvt;
- das dialektische Prinzip den Leser zum Nachdenken veranlaßt.

Arbeitshinweise

1. *Welchen Mangel hat der Arbeiter beim Lesen entdeckt? Handelt es sich bei allen Beispielen um den gleichen Mangel? (GA, TA)*

Der Gegensatz wird am Schluß durch die lakonische Feststellung zusammengefaßt: *So viele Berichte/So viele Fragen.* Die Schüler sollten Berichte und Fragen gegenüberstellen:

Berichte	**Fragen**
Könige bauten das siebentorige Theben	Wer baute das siebentorige Theben?
	Haben die Könige die Felsbrocken herbeigeschleppt?
Babylon wurde mehrmals zerstört	Wer baute es so viele Male wieder auf?
Goldstrahlendes Lima	In welchen Häusern wohnten die Bauleute?
Chinesische Mauer	Wohin gingen am Abend die Maurer?
Das große Rom ist voll von Triumpfbögen	Wer errichtete sie?
	Über wen triumphierten die Cäsaren?
Paläste in Byzanz	Nur Paläste für seine Bewohner?
Alexander eroberte Indien	Er allein?
Cäsar schlug die Gallier	Hatte er nicht wenigstens einen Koch bei sich?
Philipp von Spanien weinte	Weinte sonst niemand?
Friedrich II. siegte	Wer siegte außer ihm?
↓	↓
Siege	Wer kochte den Siegesschmaus?
Große Männer	Wer bezahlte die Spesen?

In Geschichtsbüchern stehen nur die Namen von Königen, Feldherren, Bauherren – Siegern. Die einfachen Leute, Arbeiter, Sklaven, Maurer, Köche, Witwen, Waisen werden nicht genannt. Waren sie unwichtig, nebensächlich? Aber sie haben doch die Aktionen der Geschichte durchführen müssen und dabei gelitten: in diese Richtung zielen die Fragen des Arbeiters.

2. *Schlagen Sie nach, was zu den Personen und Städten, die im Gedicht genannt werden, in den Geschichtsbüchern steht! (HA)*

Theben, griech. Stadt in Böotien, 7 Stadttore;
Babylon, große Stadt am Euphrat in Mesopotamien (Zweistromland), wurde mehrmals zerstört, aber immer wieder aufgebaut;

Lima,	1535 von Spanien gegründet; Sitz der Vizekönige von Peru (heute Hauptstadt Perus);
Chinesische Mauer,	um 2000 v. Chr. von den Chinesen zum Kampf gegen feindliche Nomaden erbauter Schutzwall;
Rom,	Hauptstadt des römischen Reiches;
Byzanz,	Hauptstadt des späteren oströmischen Reiches (Konstantinopel – Istanbul);
Atlantis,	sagenhafte Insel im Atlantik, die im Meer versank;
Alexander (der Große),	König von Makedonien (336–323 v. Chr.); in der Schlacht bei Issos 333 siegte er über die Perser; eroberte ein Weltreich, das bis Indien reichte;
Cäsar,	(100–44 v. Chr.), römischer Feldherr und Staatsmann, eroberte Gallien (das heutige Frankreich);
Philipp II.	König von Spanien (1556–98), dessen Große Armada 1588 beim Versuch, England anzugreifen, unterging;
Friedrich II.	(der Große), König von Preußen (1740–1786), führte mehrere Kriege (u. a. den siebenjährigen) und eroberte Schlesien.

3. Aus welchem Bereich stammt der Ausdruck „Spesen", und was bedeutet er in diesem Zusammenhang? (Diskussion)

Das Thema des Gedichts ist die Geschichte; die Seiten des Geschichtsbuchs werden aufgeschlagen: der Arbeiter liest und kommentiert sie durch lapidar-konkrete Fragen, wie z. B. *Er allein? Alle zehn Jahre* erscheint ein *großer Mann* auf der Bühne der Weltgeschichte. Die ‚Größe' erweist sich meistens dadurch, daß er Krieg führt; die ‚kleinen' Leute haben die *Spesen* (= Begriff aus der Steuererklärung) zu zahlen. Nach marxistischem Geschichtsverständnis bestimmt die Entwicklung der Produktionsverhältnisse (Eigentumsverhältnisse) den Gang der Geschichte.

4. Warum wählt Brecht gerade einen lesenden Arbeiter als Fragenden? (UG, TA, TB)

Zur Beantwortung dieser Frage sollten zunächst Aufbau und Form erläutert werden:
Behauptung und Frage bestimmen den Aufbau des Gedichts. Sie stehen sich wie These und Antithese gegenüber und decken Widersprüche zwischen geschichtsschreibender Theorie und geschichtlicher Wirklichkeit auf. Das Gedicht nötigt den Leser zum Mitdenken, um eine eigene Synthese zu finden, das ist die Methode der Dialektik.

Dialektik

These: Große Männer machen Geschichte

Antithese: Einfache Leute machen Geschichte

Synthese: Zusammenspiel beider bestimmt den Verlauf der Geschichte

In der Frage liegt bei Brecht „imperativischer Sinn" (Walter Jens), die Aufforderung, durch Taten das Mißverhältnis zwischen Leben und Stellung der Mächtigen und der Beherrschten zu verändern. Um dialektisches Mitdenken der Menschen und ihre Teilnahme am Entwurf von Lösungen zu erreichen, führt Brecht den Arbeiter als einen kritisch Fragenden vor. Die Dialektik zielt auf die Zukunft: „Eine Zukunft jenseits von Kriegsgeschichte und der Geschichte von Herrschaft, die Menschen ausüben über Menschen." (Krusche, S. 32)

Lernen entfaltet sich dialektisch: Es geht von einem exakten und kritischen Lesen des Überlieferten und Beobachteten aus und kommt zum zweifelnden Fragen, das „dialektisch durch eine neue Idee überwunden, durch eine neue Theorie, die – im Experiment dialektisch in Frage gestellt – in der Praxis sich bewähren muß." (Dietz, S. 75) Auf diese Weise wird eine neue Erkenntnis (Erfahrung) gewonnen, die an andere Menschen weitergegeben werden kann:

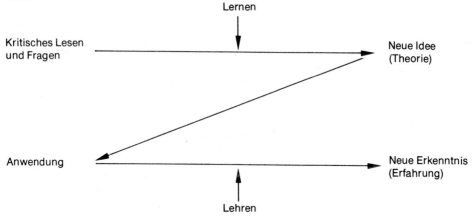

5. *Für wen wurden die geschichtlichen Ereignisse in Büchern aufgezeichnet?*
6. *Aus welchem Grund schweigt die Überlieferung auf die Fragen des Arbeiters? (Diskussion)*

Bislang wurden (meistens) geschichtliche Ereignisse nur unter dem Gesichtspunkt „Großer" (historische Persönlichkeiten) gesehen. Diejenigen, die über die Macht verfügten, hatten kein Interesse daran, daß die ‚einfachen' Leute sich darüber klar wurden, daß sie zumindest denselben Anteil an der Geschichte besaßen, bedeutete das doch, daß die Betroffenen Mitbestimmung und Demokratie gefordert hätten. Eine auf Mündigkeit und Selbständigkeit der Bürger (Emanzipation) abzielende Demokratie fordert aber eine Betrachtungsweise, wie sie uns der lesende Arbeiter vorführt.

7. *Mit welchen sprachlichen und formalen Mitteln verdeutlicht Brecht seine Intention? (UG)*

Brecht reiht Fragen und Antworten aneinander; dabei steigert er allmählich das ‚Tempo', indem Strophen und Zeilen zunehmend verkürzt werden (anfangs breite Entfaltung der Motive, zum Schluß pointierte Verknappung).

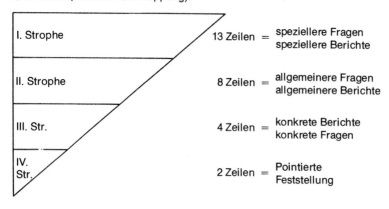

Die reimlosen Verse mit unregelmäßigen Rhythmen nehmen dem Gedicht die gewohnte Glätte und verhindern eine widerstandslose Einführung. Die Zeilensprünge führen dazu, daß das Zeilenende nach oder vor dem für den Sinn entscheidenden Beispiel zum Einhalten zwingt und den entsprechenden Teil besonders hervorhebt *(Wer/Siegte außer ihm?)*. Außerdem wechseln sich Formulierungen einer gehobenen und niedrigen Sprachebene ab.

8. Welcher Zusammenhang besteht zwischen der Entstehungszeit und der Aussage des Gedichts? (UG)

In der Zeit des Nationalsozialismus wurde besonders radikal die Ansicht propagiert, daß „große Männer" Geschichte machen, allen voran natürlich der „Führer" (vgl. dazu die Reden zur NS-Erziehungspolitik. KL, S. 18). Damals bekannte Parolen lauteten: „Du bist nichts, dein Volk ist alles" oder „Ein Reich, ein Volk, ein Führer". Dieser Personalisierung der Geschichte wollte Brecht entgegentreten. Insofern diente dieses Gedicht dazu, die herrschende Ideologie zu entlarven.

9. Ist die von Brecht vertretene Intention heute überholt? Vergleichen Sie die aktuelle Berichterstattung über wichtige Ereignisse! (GA, Diskussion)

Auch heute kann man oft Ansätze einer personalisierten Geschichtsauffassung erkennen. Die Schüler sollten daraufhin einmal eine Zeitung untersuchen: Wie wird dort die Geschichte gesehen? Wer wird als Handelnder genannt? (Z. B. Brandt gewinnt Wahlen; Gerd Müller siegt im Fußballspiel; Hamburg baut Elbtunnel.) Die Schüler können ergänzend einen kleinen „Gegenartikel" verfassen. (Vgl. auch den Band „Wir Untertanen" von Bernt Engelmann, der im Untertitel „Ein Anti-Geschichtsbuch" heißt und mit diesem Brecht-Gedicht beginnt.)

TB

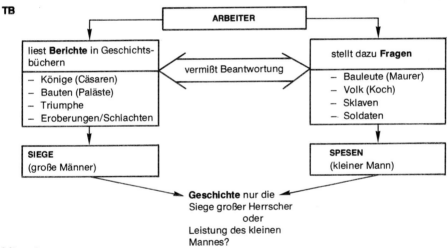

Literatur

Günter Dietz, Bertolt Brechts dialektische Lyrik. In: DU 18 (1966), Heft 2, S. 66–77.

Interpretationen zur Lyrik Brechts. München: Oldenbourg 1971.

Klaus Gerth, Beiträge zum literarischen Unterricht in der Realschule 9./10. Klasse. Hannover: Schroedel 1971, S. 114–117.

Dietrich Krusche, Dialektik des Wissens. Die Lehr- und Lerngedichte Bertolt Brechts. In: DU 23 (1971), Heft 1, S. 21–35.

Gert Ueding, Fragen eines lesenden Arbeiters. In: Walter Hink (Hrsg.), Ausgewählte Gedichte Brechts mit Interpretationen. Frankfurt: Suhrkamp 1978, S. 67–71.

MAX VON DER GRÜN, Fragen und Antworten

Lernziele

Die Schüler sollen erkennen, daß
- Brecht und von der Grün im Grunde die gleiche Intention haben, aber unterschiedliche Auffassungen über die Möglichkeiten der Durchsetzung vertreten;
- sie oft unwissend gelassen werden und das Fragen nicht lernen.

Arbeitshinweise

1. Welche Antwort gibt von der Grün auf Brechts Gedicht „Fragen eines lesenden Arbeiters"? (StA, TA)

a) Vieles wird in der Volksschule überhaupt nicht erwähnt: Theben, Lima;
b) Volksschüler lernen nur Kriegsgeschichte, Schlachten und Jahreszahlen, die Namen der Generäle;
c) sie lernen außerdem Kunstgeschichte (Stilarten);
d) von Ausgebeuteten, von Maurern und einfachen Leuten wird nicht gesprochen;
e) Bauern sind dumm; Niederlagen erfolgten durch die einfachen Soldaten (Dolchstoß, Heimatfront);
f) gute Untertanen genießen besondere Gunst (Köche);
g) Herrschaft und Macht sind Gottes Wille und allgemeines Recht. Alle Obrigkeit ist von Gott. Das Volk hat zu gehorchen.

2. Welches Bild von der Erziehung zeichnet Max von der Grün? (UG)

Die Schüler werden also – nach von der Grün – unwissend gelassen, falsch informiert, einseitig unterrichtet, von der Wirklichkeit abgelenkt (Kunstgeschichte) und ideologisch manipuliert (Gottes Wille, Recht).

3. Warum werden Volksschüler so erzogen? (Diskussion)

Die Volksschüler haben nach von der Grün nicht *zu fragen* gelernt, weil sie gar nicht, falsch oder nur sehr einseitig informiert und ideologisch manipuliert wurden. Warum? Sie sollten sich über ihre Fähigkeiten, die Situation und ihre wahre Bedeutung nicht klar werden, weil sie sonst den Herrschaftsanspruch der Mächtigen gefährdet hätten, die ein Interesse daran hatten, die Untertanen unwissend zu lassen.

Zur Diskussion

Zur Veranschaulichung kann der Erlaß Kaiser Wilhelms II. vom 1. Mai 1889 herangezogen werden:

„Schon längere Zeit hat Mich der Gedanke beschäftigt, die Schule in ihren Abstufungen nutzbar zu machen, um der Ausbreitung sozialistischer und kommunistischer Ideen entgegenzuwirken. In erster Linie wird die Schule durch Pflege der Gottesfurcht und der Liebe zum Vaterlande die Grundlage für eine gesunde Auffassung auch der staatlichen und gesellschaftlichen Verhältnisse zu legen haben. Aber Ich kann Mich der Erkenntnis nicht verschließen, daß in einer Zeit, in welcher die sozialdemokratischen Irrtümer und Einstellungen mit vermehrtem Eifer verbreitet werden, die Schule zur Förderung der Erkenntnis dessen, was wahr, was wirklich und was in der Welt möglich ist, erhöhte Anstrengungen zu machen hat. Sie muß bestrebt sein, schon der Jugend die Überzeugung zu verschaffen, daß die Lehren der Sozialdemokratie nicht nur den göttlichen Geboten und der christlichen Sittenlehre widersprechen, sondern in Wirklichkeit unausführbar und in ihren Konsequenzen dem Einzelnen und dem Ganzen gleich verderblich sind. [...]

Die Schule muß die neueste Zeitgeschichte mehr als bisher in den Kreis der Unterrichtsgegenstände ziehen und nachweisen, daß die Staatsgewalt allein dem Einzelnen seine Familie, seine Freiheit, seine Rechte schützen kann, und der Jugend zum Bewußtsein bringen, wie Preußens Könige bemüht gewesen sind, in fortschreitender Entwicklung die Lebensbedingungen der Arbeiter zu heben, von den gesetzlichen Reformen Friedrichs des Großen und von der Aufhebung der Leibeigenschaft bis heute. Sie muß ferner durch statistische Tatsachen nachweisen, wie wesentlich und wie konstant in diesem Jahrhundert die Lohn- und Lebensverhältnisse der arbeitenden Klassen unter diesem monarchischen Schutze sich verbessert haben. [...]

Es versteht sich von selbst, daß die der Schule zufallende Aufgabe nach Umfang und Ziel für die verschiedenen Stufen der Schulen angemessen zu begrenzen ist, und daher den Kindern in den Volksschulen nur die einfachsten und leicht faßlichen Verhältnisse dargeboten werden dürfen, während diese Aufgabe für die höheren Kategorien der Unterrichtsanstalten entsprechend zu erweitern und zu vertiefen ist."

(Verhandlungen über Fragen des höheren Unterrichts. Berlin 1891, S. 3ff.)

4. Hat der Autor mit dieser Darstellung recht? Vergleichen Sie seine Darstellung mit Ihren eigenen Erfahrungen! (Diskussion)

Der Autor, der 1932 zur Schule kam, dürfte für seine Zeit recht haben. Daß heute versucht wird, diese Zustände zu ändern, werden die Schüler an vielen Beispielen erklären können (Gesamtschulen, Vorschulerziehung, Förderung der beruflichen Ausbildung, Unterricht in politischer Bildung, Möglichkeiten des 2. Bildungsweges, finanzielle Unterstützung der Auszubildenden und Studenten).

5. Was kritisiert Max von der Grün mit seinen Antworten? Was will der Autor mit seiner Kritik erreichen? Welche sprachlichen Mittel verwendet er? (UG)

Max von der Grün kritisiert:
a) die früher – teilweise auch heute noch – unzulängliche Volksschulausbildung;
b) Bertolt Brecht: die Fragen, die er einen lesenden Arbeiter stellen läßt, stammen von einem Intellektuellen, einem Moralisten, der das Gymnasium und die Hochschule besucht hat, aber nicht von einem Arbeiter.

Von der Grün will erreichen, daß Volksschüler das Fragen lernen und alle Probleme von zwei Seiten betrachten; vor allem aber, daß sie eine bessere (kritischere) Ausbildung in der Schule erhalten.

Der Autor bedient sich der Paraphrase; er wiederholt die Hauptaussagen Brechts und erläutert sie.

6. Stellt dieses Gedicht eine Zurücknahme des Brecht-Gedichtes dar? (Diskussion, TA)

Die meisten Punkte bestätigen Brecht, vor allem, daß Volksschüler nichts von einfachen Leuten hören (oder das Falsche), daß Geschichte von Feldherren und anderen ‚Großen' gemacht wird und die vielen Leidtragenden und Unschuldigen unerwähnt bleiben. Allerdings bezweifelt von der Grün, daß der Arbeiter aufgrund dieses Unterrichts überhaupt Fragen stellen kann. Nur: Sind die Fragen, die der lesende Arbeiter stellt, wirklich so schwer und anspruchsvoll, daß er nicht von selbst darauf kommen könnte? Zu beachten ist auch, daß Brecht von einem **lesenden** Arbeiter spricht, also einem, der sich selber weiter gebildet hat, was gewiß nicht der

Normalfall ist – insofern hat von der Grün mit seiner Kritik recht. Immerhin hat aber auch der Arbeiter Max von der Grün zu fragen gelernt und ist ein Beispiel für Brechts „lesenden" Arbeiter.

Bertolt Brechts Methode

– schreibt pädagogisch

– will durch das Infragestellen des bislang nicht Fragwürdigen das Fragen lehren *(Wer baute ... kochte ... bezahlte ...)*

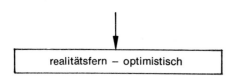

realitätsfern – optimistisch

Max von der Grüns Methode

– schreibt anklägerisch, provokatorisch (Aufzeigen der Realität)

– Methode ist durch imperativisch vorgetragene Wiederholungen *(In acht Jahren Volksschule ...)* und polemische Zusammenstellungen *(wurden wir unterrichtet über die verschiedenen Stilarten der Triumphbögen. Kunsterziehung)* geprägt

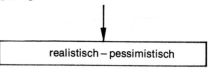

realistisch – pessimistisch

ADOLF HITLER, **Zur Erziehung der Jugend**

Lernziele

Die Schüler sollen erkennen, daß
– Hitlers Pädagogik die totale Einbeziehung des Menschen in das System zum Ziel hat und dem freien Menschen mißtraut;
– Intellektuellenhaß und Brutalität zusammengehören;
– die Gewalt-Pädagogik sich in einer übersteigerten Sprache widerspiegelt.

Arbeitshinweise

1. *Charakterisieren Sie Hitlers Pädagogik! Was für Ziele hat er, was lehnt er ab? Was bezweckt diese Pädagogik? (1. Text, TA)*

Ziele (Forderungen)

– Härte
– Gewalttätigkeit
– Unerschrockenheit
– Brutalität
– Grausamkeit
– Raubtier
– Stärke und Schönheit
– Athletik
– Natur
– Beherrschung
– Heroismus
– Gottmensch

Ablehnung

– Schwäche
– Schmerzen
– Zärtlichkeit
– Domestikation
– menschliche Gesittung
– Intellektualität
– Wissen
– Todesfurcht

Hitler will keine Menschlichkeit, kein soziales Verhalten. Darum lehnt er auch Christentum (Nächstenliebe) und Sozialdemokratie (soziales Verhalten gegenüber den Schwächeren) ab. Er fordert Kampf, Heroismus, Brutalität, Grausamkeit: der Schwächere soll untergehen (Darwins Lehre vom „Kampf ums Dasein"); ihm darf nicht mitleidig geholfen werden.

Diese Pädagogik soll Menschen heranziehen, die Kriege und Ausrottungsmaßnahmen durchführen können; unfreie Menschen sind leichter zu beherrschen.

2. *Fassen Sie zusammen, wie Hitler die Jugend für den Nationalsozialismus gewinnen will!* (2. Text, TA)

Hitlers Vorstellungen und Pläne (NS-Lebenslauf)

10 Jahre alt   – Jungvolk
14 Jahre alt   – Hitlerjugend (HJ)
18 Jahre alt   – Partei (NSDAP), DAF, SA, SS, NSKK
20 Jahre alt   – Arbeitsdienst
21 Jahre alt   – Wehrmacht
23 Jahre alt   – SA, SS (bis zum Tode)

Die Menschen werden total vereinnahmt. (Von der Freiheit zur vollkommenen Unterdrückung.)

3. *Untersuchen Sie das Vokabular, das Hitler verwendet!* (StA)

Abfällige Wendungen:	*Diese Jugend, die . . .; alte Klassen- und Standeserzeuger . . .*
Sprache der Gewalt:	*muß, weghämmern, Ordensburg, erschrecken, gewalttätig, will, darf nicht, ausmerzen, schleifen, weitere Behandlung*

(Die Sprache läßt Gegenargumente überhaupt nicht zu.)

Übertreibungen – Superlative:	*schwierigste Proben; das Wichtigste*
Zahlen:	*tausende von Jahren*
Wortzusammensetzungen:	*Gottmensch*
Widersprüche:	*freiwillig – sie werden nicht mehr frei ihr ganzes Leben; Mensch . . . Maß und Mitte der Welt – Ausmerzung der menschlichen Domestikation.*

4. *Warum soll dem Menschen „Klassenbewußtsein" ausgetrieben werden?* (Diskussion)

Mit Klassenbewußtsein ist ein Denken gemeint, das sich für die Interessen der eigenen Klasse (= Schicht, Stand) einsetzt, um das Leben dieser Klassenangehörigen zu verbessern bzw. zu erhalten. Eine pluralistische Demokratie setzt die Auseinandersetzung von Gruppen und Klassen voraus, aus der dann als Resultat das beste für das Gesamtwohl hervorgeht.

Der Nationalsozialismus wollte dieses Denken zerstören, es gefährdete seine Vorstellung von einer „Volksgemeinschaft", in der alle Unterschiede eingeebnet wären, was in Wirklichkeit natürlich gar nicht realisierbar war. Jede Kritik konnte aber mit dieser Ideologie mundtot gemacht werden, weil sie angeblich die „Volksgemeinschaft" gefährdete.

5. *Wie beurteilen Sie die Aussage: „Mit Wissen verderbe ich mir die Jugend"?* (Diskussion)

Man sollte die Schüler provokativ fragen, ob Hitler nicht ganz vernünftige Ansichten gehabt habe, wenn er sagte, daß zu viel Wissen schädlich sei. Neill als extremer Antipode ist ebenfalls gegen Wissen und Bildung.

Aber: Hitler dachte nicht an die moderne Leistungsproblematik, sondern wollte den unwissenden, brutalen, tierischen Machtmenschen als bedingungslosen Untertan und kampffähiges Objekt.

6. *Nehmen Sie Stellung zu der Zielsetzung: „Und sie werden nicht mehr frei ihr ganzes Leben!"*

Erstaunlich ist Hitlers Ehrlichkeit. Hitler hat Angst vor einem freien, selbständigen Menschen; aber er widerspricht sich im Grunde selbst, wenn er auf der einen Seite sagt, daß die Menschen das ganze Leben nicht mehr frei sein werden, auf der anderen Seite den freien Menschen verlangt *(Gottmensch).*

7. *Welcher Zusammenhang besteht zwischen der psychologischen und wirtschaftlichen Situation, in der sich viele Anhänger Hitlers befanden, und seinen pädagogischen Zielen? (UG)*

Wie im Vorspann des „Kritischen Lesebuchs" dargestellt, befanden sich damals viele Menschen in wirtschaftlichen und psychologischen Schwierigkeiten (Inflation, Weltwirtschaftskrise). Es fällt Menschen schwer, eine solche Situation einzugestehen; sie neigen leicht dazu, sich etwas vorzumachen, Sündenböcke zu suchen und eigene Unzulänglichkeiten durch autoritäres Gehabe zu kompensieren. Insofern decken Hitlers Ziele auch eigene Unvollkommenheiten auf, die man gern verdrängen möchte. (Vgl. Franz Fühmann, Das Judenauto, KL, S. 388)

8. *Gibt es auch heute noch ähnliche Vorstellungen? Worin liegen die Ursachen für solche Denkungsweisen (vgl. Reinhard Kühnl u. a., Die NPD)?*

In neueren Erkenntnissen der Politikwissenschaft ist nachgewiesen, daß die Nationaldemokratische Partei Deutschlands (NPD) überproportional in jenen Schichten Anhänger hat, die sich in Schwierigkeiten befinden, diese aber nicht zugeben wollen. Besonders deutlich wird das an mittelständischen Berufen, die von den großen Betrieben bedrängt werden (Der kleine Laden „um die Ecke" wird durch Super-Märkte verdrängt; Vorrangstellung internationaler Konzerne). Auch Menschen, die mit sich selbst und ihrer Umwelt nicht fertig werden können, neigen zu autoritären Verhaltensweisen, die Unsicherheit verbergen und kompensieren sollen.

Literatur

Joachim C. Fest, Hitler. Eine Biographie. Frankfurt: Ullstein 1976 (= Ullsteinbuch 3275/3276).

Alan Bullock, Hitler. Eine Studie über Tyrannei. Düsseldorf: Droste 1960.

Der Nationalsozialismus. Dokumente 1933–1945, hrsg. von Walter Hofer. Frankfurt: Fischer 1957 (= Fischer Bücherei 172).

Reinhard Kühnl u. a., Die NPD. Struktur, Ideologie und Funktion einer neofaschistischen Partei. Frankfurt: Suhrkamp ^{2}1969 (= edition suhrkamp 318).

John Toland, Adolf Hitler. Bergisch Gladbach: Gustav Lübbe 1977.

Sebastian Haffner, Anmerkungen zu Hitler. München: Kindler ^{4}1978.

Alexander S. Neill, **Die Schule Summerhill**

Lernziele
Die Schüler sollen erkennen, daß
- antiautoritäre Erziehung nicht mit Zügellosigkeit verwechselt werden darf;
- eine antiautoritäre Erziehung vor allem durch Transparenz und Gleichberechtigung erreicht wird;
- diese Form der Erziehung im Zusammenhang mit der Gesellschaft gesehen werden muß, aus der das entscheidende Problem dieser Erziehung herrührt (Gesellschaftsferne);
- die Methode wissenschaftlicher Darstellung durch Argumente und Beispiele gekennzeichnet ist.

Arbeitshinweise
1. *Welches sind die Ziele Summerhills? Mit welchen Argumenten (Beispielen) begründet Neill sie? (StA, TA)*

Argumente
Glück
Selbstbestimmung, Freiheit
Spontaneität, Originalität
Arbeit mit Freude
Spielerische Leichtigkeit
Emotionalität
Aufrichtigkeit
Charakter- und Persönlichkeitserziehung (Selbstvertrauen)
Anerkennung
Erfülltes Leben
Gerechtigkeitssinn
Gemeinschaftsgeist

Beispiele
Keine Prüfungen (nur zum Spaß)
kein Unterrichtszwang (Eigenverantwortung)
keine Lenkung, sondern Partnerschaft
Schüler machen selbst Vorschriften
gegenseitiges Vertrauen (keine Angstgefühle)
Selbstregierung (Mitbestimmung)

Schlußfolgerung
Die Schule soll „kindergeeignet" gemacht werden,
nicht die Kinder „schulgeeignet"!

2. *Gegen welche Prinzipien richtet sich Neill? (StA, TA)*

Falsche Prinzipien
- Erzwungene Disziplin
- Bestrafung
- Zügellosigkeit
- Schuldgefühle
- Angst
- Religionsunterricht (wegen der negativen Einstellung der Religion zum Körper)
- Lenkung
- Suggestive Beeinflussung

3. Welche Kritik erwähnt Neill? Wie beantwortet er sie? (UG)

Kritik

- Jeder könne tun und lassen, was er wolle
- eine Schar Wilder
- Irrenhaus
- in der Praxis zählen doch nur die Stimmen der Erwachsenen
- Schüler lernen zu wenig

Neill gibt zu, daß die Schüler von Summerhill weniger wissen als Schüler anderer Schulen, hält dies aber für nebensächlich. Ansonsten ist wichtig, daß er einen deutlichen Unterschied zwischen Freiheit und Zügellosigkeit macht. Ein Zitat aus seinem Buch: „Freiheit heißt, tun und lassen können, was man mag, solange die Freiheit der anderen nicht beeinträchtigt wird. Das Ergebnis ist Selbstdisziplin." (A. S. Neill, Theorie und Praxis der antiautoritären Erziehung. Das Beispiel Summerhill. Reinbek: Rowohlt 1971, S. 123.)

4. Worin sieht die Schulbehörde die Vor- und Nachteile Summerhills? (GA, TA)

Vorteile

- Pädagogisches Experiment
- Freiheit, die sinnvoll begrenzt ist
- Natürlichkeit
- Offenheit (Diskussion)
- Christlichkeit
- Künstlerische und handwerkliche Arbeit
- Leben und Tatendrang, keine Apathie oder Langeweile
- Unbefangenheit
- Gutes Benehmen
- Verantwortungsgefühl
- Aufrichtigkeit/Geduld

Nachteile

- Fehlende Sicherungen auf sexuellem Gebiet
- Keine Religion
- Schwache Leistungen
- Keine guten Lehrer für die jüngeren Schüler
- Zu geringe Qualität des Unterrichts
- Zu wenig Anleitung
- Keine Möglichkeit, sich still zurückzuziehen

5. Vergleichen Sie die beiden Beurteilungen, und nehmen Sie dazu Stellung (StA, Kurzvortrag)

Die beiden Texte unterscheiden sich im Prinzip inhaltlich kaum voneinander, lediglich in der Bewertung sind Unterschiede festzustellen. Die Behörde verkennt nicht die großen Leistungen der freien Erziehung und die faszinierende, wertvolle pädagogische Forschungsarbeit, vermißt aber vor allem, daß die Schüler nicht genügend lernen, was allerdings zum Teil an vermeidbaren Fehlern liegt (Lehrer unzulänglich ausgebildet). Neill dagegen lehnt Wissen ab, das nicht freiwillig erworben ist.

Der entscheidende Unterschied der Pädagogik Neills von unserer (mit der Schulbehörde vergleichbar) liegt darin, daß Neill Freiheit über Wissen stellt, während wir den Schüler durch Fordern, Anfordern, manchmal auch durch Überfordern weiterzubilden versuchen (Leistungsprinzip).

6. Was halten Sie von Neills Methoden und Absichten? Sind sie durchführbar, oder sehen Sie Grenzen für ihre Anwendung in der Praxis? (GA, TA)

Pro
- Neill ist ein genialer Erzieher
- Neill macht die Schüler ‚gesund'
- Die Schule ist nur etwas für schöpferische Menschen, nicht für Karrieristen
- Große Anregung für andere Schulen und die Pädagogik im allgemeinen

Contra
- Neill bereitet seine Schüler nicht genügend auf das Leben vor
- Die Erziehung geschieht in weltfremder Umgebung
- Elitäre „Insel" für Kinder zahlungskräftiger Eltern
- Nicht übertragbar; die Schule steht und fällt mit ihrem Begründer Neill

Mögliche **Synthese:** Die antiautoritäre Erziehung ist ein Ideal, das aber in unserer Gesellschaft nicht zu verwirklichen ist. Ihr Wert besteht darin, daß die Pädagogik angeregt wurde, ihre Voraussetzungen und Bedingungen neu zu durchdenken. In der Radikalität des Neillschen Denkansatzes steckt eine positive Provokation an unser Erziehungssystem.

7. Welches ist das oberste Ideal von Summerhill? (Diskussion)

Summerhill hat wahrscheinlich die glücklichsten Schüler der Welt. Das Glück ist das oberste Ziel (Ideal), dem alle anderen Erziehungsziele dienen sollen.

8. Welches Menschenbild hat Neill? (Diskussion)

Neill hat den festen Glauben, daß das Kind kein schlechtes, sondern ein *gutes Wesen* ist, von Natur aus verständig und realistisch. Aufgrund dieses Menschenbildes entwickelt Neill folgerichtig seine Theorie der antiautoritären Erziehung. Wer dagegen glaubt, der Mensch sei von Natur aus böse und schlecht, kommt zu einer autoritären Erziehung (vgl. Hitler). Unsere heutige Erziehung geht von der Voraussetzung aus, daß der Mensch gut ist, aber auch der Gefahr unterliegt, böse zu werden. Dieser Gefahr gilt es entgegenzuwirken. Manchmal muß der Mensch auch zu seinem Glück „gezwungen" werden.

9. Vergleichen Sie Hitlers Vorstellungen über Erziehung mit denen von A. S. Neill und Johann Wolfgang Goethe! (Gruppenarbeit, TA)

Hitler	**Neill**	**Goethe**
– Unfreiheit	– Freiheit	– Freiheit + Bedingtheit
– Grausamkeit	– Glück	– Harmonie
– Kampf	– Kreativität	– Kreativität

Hinweis

Wenn die Klasse die Problematik der antiautoritären Erziehung vertiefen will, empfiehlt es sich, das Buch von Neill durch Referate zur Kenntnis zu bringen. Darüber hinaus gibt die Erörterung „Pro und Contra Summerhill" Material für weitere Referate und Diskussionen.

Literatur

Summerhill. Pro und Contra. 15 Ansichten zu A. S. Neills Theorie und Praxis. Reinbek: Rowohlt 1971 (= rororo 6704/05).

A. S. Neill, Das Prinzip Summerhill. Fragen und Antworten. Argumente, Erfolge, Ratschläge. Reinbek: Rowohlt 1971 (= rororo 6690).

JOHANN WOLFGANG GOETHE, **Die drei Ehrfurchten**

Lernziele

Die Schüler sollen erkennen, daß
- sich Goethe einer symbolischen Sprache bedient;
- Goethes Pädagogik eine Synthese aus Freiheit und Bedingtheit darstellt;
- die drei Ehrfurchten ein sehr hohes Erziehungsziel darstellen.

Arbeitshinweise

1. Welche symbolische Bedeutung haben die 3 Gebärden? (StA, TA)

Bewegung (Blick)	Gebärde	Ehrfurcht	Religion
↑	Arme kreuzweis über der Brust, Blick fröhlich gen Himmel	vor dem, was über uns ist	ethnische (= auf das Volk bezogen)
↓	Arme auf dem Rücken, Blick lächelnd zur Erde	vor dem, was unter uns ist	christliche
←→	Antreten in einer Reihe, Blick auf die anderen, Arme gesenkt	vor dem, was uns gleich ist	philosophische

„In Goethes Symbolsprache ist Gott Licht und Geist; Blick nach oben ist Blick ins Licht. Blick nach unten ist Blick zur Erde; Erde ist die Materie, ist schwer, ist für Licht undurchdringlich; die Lebewesen leben auf der Erde, senken ihre Wurzeln in sie, saugen aus ihr die Lebenskraft und recken sich ins Licht (daher die Pflanzensymbolik); das Erdhafte ist fähig der Steigerung; die Materie kann immer leichter werden, Licht kann in sie eindringen (Symbol dafür die aufsteigende Wolke, die sich auflöst im Äther). Das Licht scheint auf die Materie, dadurch kommt die Farbe zustande, Abglanz des Urlichts auf der Erde. Dieser Bereich, wo Licht und Erde sich berühren, ist der, in welchem wir eigentlich leben. Hat der Mensch das Licht erkannt und die Erde, so hat er auch den rechten Blick für sich selbst, für das Geschöpf des Zwischenreichs: der dritte Gebärdengruß gilt darum seinesgleichen. Der Mensch weiß vom Licht nur, weil er auch Finsternis kennt, und kann das Unendliche nur denken, sofern er das Endliche denkt, und dieses ist die Erde. Wir sind zugleich lichthaft und erdhaft, göttlich und luziferisch [...], eine Zwischenwelt: irdisch, sterblich, halbweise und immer bedingt." (Trunz, S. 651 f.)

2. Welche Religion gehört zu welcher Ehrfurcht? (StA)

Der Ehrfurcht vor dem, was über uns ist, entspricht die Religion der Völker, die ethnische Religion. Der Gott ist hier derjenige, der die Welt schafft, der in der Natur lebt und die Schicksale lenkt.

Der Ehrfurcht vor dem, was unter uns ist, entspricht die christliche Religion. In ihrem Mittelpunkt steht das Leiden, die Passion Christi.

Der Ehrfurcht vor dem, was uns gleich ist, entspricht die philosophische Religion: gemeint ist ein soziales, mitmenschliches Verhalten (Nächstenliebe).

3. Inwieweit ist die Reihenfolge bei den Religionen verändert? (UG)

Die philosophische Religion, die der 3. Ehrfurcht entspricht, wird schon an 2. Stelle erwähnt, während die christliche Religion, die der 2. Ehrfurcht entspricht, erst an dritter Stelle genannt wird. Dadurch wird das System etwas aufgelockert und verliert eine mögliche Starrheit.

4. Welches ist der Gegenbegriff zur Ehrfurcht? (UG)

Mißwollen und Mißreden. Durch ein solches Verhalten ist sowohl das Verhältnis zu Gott, zu den Menschen als auch zu sich selbst gestört.

5. Welches Verhältnis besteht zwischen Furcht und Ehrfurcht? (UG)

Durch Furcht verliert der Mensch seine Ehre, er ist mit sich selbst uneins.

6. Welcher Zusammenhang besteht zwischen Freiheit und Bedingtheit? (UG)

Ehrfurcht ist zugleich Freiheit und Bedingtheit, Näherung und Abstand.

7. Welche Ehrfurcht hat den höchsten Rang? (UG)

Alle 3 Ehrfurchten müssen sich vereinigen zu der „Ehrfurcht vor sich selbst".

8. Wie ist diese Pädagogik zu bewerten? (Diskussion)

Diese Pädagogik stellt hohe Ansprüche an den Menschen. In der Wirklichkeit verhalten sich die Menschen jedenfalls häufig anders. Die Pädagogik ist harmonisch, nicht politisch.

Literatur

Johann Wolfgang Goethe, Werke, Bd. VIII. Hamburg: Wegner [7]1967 (= Hamburger Ausgabe); mit einem ausführlichen Kommentar zur „Pädagogischen Provinz" von Erich Trunz.

Kurt Tucholsky, **Herr Wendriner erzieht seine Kinder**

Lernziele

Die Schüler sollen erkennen, daß
- Herr Wendriner der Prototyp des borniertenKleinbürgers ist;
- das Verhalten der Kinder eine Folge seiner Erziehung ist;
- Herr Wendriner lächerlich wirkt, da er – ohne es selber zu merken – durch Art und Inhalt seines Redens die eigenen erzieherischen „Qualitäten" bloßlegt.

Arbeitshinweise

1. Welche Erziehungsgrundsätze hat Herr Wendriner? Was halten Sie von seinen Grundsätzen? (StA, TA)

Erziehungsgrundsätze

- Gespräche von Erwachsenen dürfen nicht unterbrochen werden
- Gesprächen Erwachsener nicht zuhören
- auf eigenen Füßen stehen (Ernst des Lebens kennenlernen)
- sauber und ordentlich arbeiten
- nichts selbst entscheiden
- gehorchen
- gute Manieren haben
- dankbar sein

Unbeständigkeit
Unselbständigkeit
Widerspruch
autoritär

2. *Wie verhält sich der Vater? (StA, TA)*

Verhalten des Vaters

- Barsch *(Du hast genug . . .)*
- Widersprüchlich (kein Kuchen – doch Kuchen)
- Kümmert sich nicht um die Kinder (Arbeit)
- Verlangt etwas, was er selbst nicht tut (Sport)

Die Kinder werden zur völligen Unselbständigkeit erzogen.

3. *Deuten Sie den letzten Satz der Erzählung!*

4. *Welcher Zusammenhang besteht zwischen den Erziehungszielen des Vaters und den Verhaltensweisen der Kinder? (UG)*

Der Vater erkennt nicht, daß er selber an dem schuld ist, was er bei seinem Sohn kritisiert (Unbeständigkeit, Fahrigkeit, schlechte Manieren). Seine autoritäre, auf den Sohn dauernd durch Befehle einredende Erziehung führt zwangsläufig zu Aggressionen und „schlechten Manieren".

5. *Charakterisieren Sie die Eigenarten der Sprache! Warum läßt Tucholsky Herrn Wendriner in dieser Form sprechen? (StA)*

Umgangssprache: Verschlucken einzelner Silben *(noch 'n Pilsner? 'ne halbe Stunde)*
Eigener Wortschatz: *gemuckst, Schickse*
Übertreibungen: *ich rufe hier nu schon 'ne halbe Stunde Max! Max!*
Befehlston: *nu geh spielen*
Flüche: *Himmelherrgottdonnerwetter*
Fremdwörter: *Volontär, Liquidation* (z. T. falsch verwandt)

Die Sprache ist wirklichkeitsnah und wirkt leicht komisch. Herr Wendriner legt selber seine erzieherischen Qualitäten bloß, ohne daß er es merkt; daher lacht der Leser befreit auf (Satire).

6. *Welche Absicht verfolgt der Autor mit seinem Text? (Diskussion)*

Der Autor will, daß Herr Wendriner als lächerliche Figur erscheint und daß der Leser merkt, welche Fehler Herr Wendriner macht, daß es häufig sogar eigene Fehler sind, die ihn veranlassen sollten, andere Erziehungsmethoden anzuwenden. Der Leser soll erkennen, daß ungezogene Kinder oft auf das falsche Verhalten der Eltern zurückzuführen sind.

7. *Wer ist der eigentliche Adressat, den Tucholsky mit der Satire erreichen will? (UG)*

Er möchte weniger den aufgeklärten, fortschrittlichen Leser erreichen, sondern den, der wie Herr Wendriner denkt und handelt. Durch die Form der Satire sollen eigene Fehler verdeutlicht werden.

BERTOLT BRECHT, **Legende von der Entstehung des Buches Taoteking auf dem Weg des Laotse in die Emigration**

Lernziele
Die Schüler sollen erkennen, daß
- Brecht auf die Schwachen und Abhängigen setzt;
- der Autor Erziehung politisch versteht;
- Freundlichkeit, Heiterkeit und Gelassenheit als Erziehungsgrundsätze revolutionär, d. h. gesellschaftsverändernd sind.

Arbeitshinweise
1. *Was erfahren wir von Laotse?*
2. *Was wird über den Zöllner berichtet? (GA, TA)*

Laotse	**Zöllner**
– Alt und gebrechlich (70 Jahre)	– heiter
– es drängte ihn nach Ruh	– wißbegierig
– emigriert	– gastfreundlich
– ohne Haß und Bitterkeit	– arm
– gemächlich	– bescheiden
– freundlich	– einsichtig
– weise	

Laotse geht in die Emigration und weicht der Gewalt; aber er bekämpft sie weiterhin durch sein Denken.

3. *Wie heißt die zentrale Lehre des Laotse? Wie ist sie zu deuten? (Diskussion)*

Die zentrale Lehre ist in der 5. Strophe genannt:
Daß das weiche Wasser in Bewegung / mit der Zeit den mächtigen Stein besiegt. / Du verstehst, das Harte unterliegt.
Die Welt wird als ‚ewig in Wandlung begriffen' gedeutet. Brecht zielt damit auf gesellschaftliche Veränderung. Das Gedicht spricht von der unausweichlichen und stetigen Aushöhlung der Macht der Herrschenden. Aber Brecht vertraut auf den Sieg der Schwachen.
Der Erfolg beruht in der Methode: Heiterkeit, Gelassenheit, Friedlichkeit. Mit diesen Waffen werden fehlende Güte und vorhandene Bosheit besiegt. So wird – nach Brecht – Laotse zum Verkünder einer neuen Gesellschaftsordnung in der Zukunft.

4. *Warum interessiert sich der Zöllner für diese Lehre?*
5. *Was verbindet die hier auftretenden Personen; was trennt sie von anderen, die nur indirekt angesprochen sind? (UG)*

In der 9. Stophe prüft Laotse, ob er seine Weisheit auch dem Richtigen schenke, denn es ist keine Weisheit für die *Sieger*. Aber Armut und Sorge um den Lebensunterhalt *(Flickjoppe, keine Schuh)* erweisen den Zöllner als einen Gleichgesinnten, den es interessiert, *wer wen besiegt*. Er möchte – wie Laotse – eine andere, bessere Ordnung. Das verbindet sie. Der Junge steht dafür ein, daß sie einmal verwirklicht wird.

6. Worin besteht die entscheidende Fähigkeit des Zöllners? (UG)

Man muß nicht nur dem Weisen für seine Weisheit, sondern auch dem Wißbegierigen für seine Neugier danken: *Denn man muß dem Weisen seine Weisheit entreißen.* Beide zusammen lassen erst die Wahrheit lebendig und wirklich werden. Geist und Armut – beide allein ohnmächtig – gehen eine machtvolle Verbindung der Schwachen ein.

7. Welche Intention verfolgt der Autor? Welchen Adressatenkreis will er ansprechen? Welcher Zusammenhang besteht zwischen der Aussageabsicht Brechts und der Entstehungszeit des Gedichts? (UG)

Das Gedicht ist während der Zeit des Nationalsozialismus entstanden, die durch Autorität, Unfreiheit, Intoleranz gekennzeichnet war. Brecht bekennt sich in diesen Versen zu Werten, die denen aus dem 3. Reich entgegengesetzt sind. Sie werden zwar häufig als schwach und den anderen unterlegen bezeichnet; Brecht will aber deutlich machen, daß auf Dauer Werte wie Güte, Freundlichkeit und Gelassenheit die stärkeren und letztlich siegreichen sind.

8. Die heutigen Leser sind andere als zur Entstehungszeit. Ist das Gedicht dadurch anders zu verstehen? Versuchen Sie den Zusammenhang zwischen Autor, Adressat und Zeit (Entstehung und Gegenwart) anhand des Kommunikationsmodells (KL, Umschlagseite II) zu verdeutlichen!

Der Leser von heute betrachtet den Inhalt mit einem anderen Wissensstand. Brecht intendierte spezielle gesellschaftliche Verhältnisse (3. Reich), die heute nicht bestehen. Der damalige Leser konnte sofort den Bezug zu der gegebenen historischen Situation herstellen; der heutige Leser, der in anderen gesellschaftlichen Strukturen lebt, kann zum Verständnis des Gedichts diesen Erfahrungshorizont einbeziehen. Dadurch werden andere Aspekte deutlich. Andere Zeichen aus dem Text können wahrgenommen werden. Die Bedeutung der gesellschaftlichen Situation, die Bedingungen der Zeit sind Faktoren, die beim Kommunikationsprozeß eine wichtige Rolle spielen.

9. Wie beurteilen Sie die in dem Gedicht angesprochenen Erziehungsgrundsätze Brechts? (Diskussion)

Zur Beurteilung der Brechtschen Lehre kann folgendes Zitat von Walter Benjamin herangezogen werden:

„Das Gedicht kann Anlaß geben, die besondere Rolle aufzuzeigen, die die Freundlichkeit in der Vorstellungswelt des Dichters spielt. Brecht weist ihr einen hohen Platz an. Wenn wir uns die Legende, die er erzählt, vor Augen stellen, so ist es so, daß auf der einen Seite die Weisheit Laotses steht – er wird übrigens im Gedicht nicht mit Namen genannt. Diese Weisheit ist im Begriff, ihm das Exil einzutragen. Auf der anderen Seite steht die Wißbegierde des Zöllners, die am Schluß bedankt wird, weil sie dem Weisen seine Weisheit erst entrissen hat. Das wäre aber ohne ein Drittes nie geglückt: dieses Dritte ist die *Freundlichkeit.* Wenn es ungerechtfertigt wäre zu sagen, daß der Inhalt des Buches Taoteking die Freundlichkeit ist, so wäre man immerhin mit der Behauptung im Recht, daß das Taoteking nach der Legende dem Geiste der Freundlichkeit zu verdanken hat, daß es überliefert wurde. Über diese Freundlichkeit erfährt man in dem Gedicht allerhand." (Benjamin, S. 320)

10. Analysieren Sie Sprache und Form des Gedichts! (StA)

Die Legende erzählt eigentlich von einem Heiligen, der nach Kampf und Entsagung durch sein Vorbild zur Nachfolge auffordert. Brecht funktioniert diese Form um: Er verwandelt die Legende in die schlichte Erzählung von einem Geschehen größerer Alltäglichkeit. Es handelt sich um eine legendenhafte Ballade.

Heitere Gelassenheit kennzeichnet auch den Ton des Gedichts (Plauderton):
a) einfacher, episch reihender Aufbau: Viele „Und"-Konstruktionen
b) umgangssprachliche Elemente: *da kam plötzlich Fahrt in unsern Mann*
c) vertrauliche Anreden der Hörer: *unsern Mann, sagt jetzt, rühmen wir*
d) volksliedhafte Sprache: *sprach der Knabe*
e) witzige Elemente: Erklärung der Armut des Lehrers durch seinen Lehrerberuf

Der 5. Vers jeder Strophe ist kürzer und wirkt gleichsam als Schlußpunkt.
Das ganze ist sehr unpathetisch, unheroisch, unterkühlt (epischer Stil). „Solch heiterer Lehrton gründet in aufklärerischer Überlieferung." (Schulz, S. 403)

Literatur

Walter Benjamin, Kommentare zu Gedichten Brechts. In: Deutsche Lyrik von Wekherlin bis Benn. Interpretationen, hrsg. von Jost Schillemeit, Bd. 1. Frankfurt: Fischer Bücherei 1965, S. 308–325.

Bernhard Schulz, „Legende von der Entstehung des Buches Tao Te King auf dem Weg des Lao Tse in die Emigration". In: Wirkendes Wort. Sammelband IV. Düsseldorf: Schwann 1962, S. 399–404.

Klaus Gerth, Beiträge zum literarischen Unterricht in der Realschule 9./10. Klasse. Hannover: Schroedel 1971, S. 151–155.

Wege zum Gedicht, Bd. 2, hrsg. von R. Hirschenauer und A. Weber. München: Schnell und Steiner ³1968, S. 534 ff.

Bernhard Weisgerber, Bertolt Brecht: „Zufluchtsstätte". Legende von der Entstehung des Buches Taoteking auf dem Weg des Laotse in die Emigration. In: Theodor Brüggemann u. a. (Hrsg.), Kristalle. Moderne deutsche Gedichte für die Schule. München: Kösel ²1968, S. 137–166.

HERMANN KANT, **Die erste Schulstunde**

Lernziele

Die Schüler sollen erkennen, daß
- Kants oberstes Erziehungsziel der Zweifel ist;
- im Selbstverständnis der DDR positive Erziehungsideale vorhanden sind, die aber nicht verwirklicht werden;
- es bei dem Roman (bzw. Ausschnitt) darum geht, wie die DDR Erziehung deutet;
- es sich auch um ein die Praxis in der DDR kritisierendes Buch handelt.

Arbeitshinweise

1. Welches Verhältnis hat der Dozent zu seinen Studenten? Untersuchen Sie seine Sprache! (StA)

Umgangssprache: *Ich begrüße Sie, und so weiter.*
Kumpelhafter Ton: *Ich . . ., Jungens*
Forsche Sprache: *Jungens, kriegt keine Flausen; Mädchen, kriegt keine Kinder!*
Aufmunternde Kommentare: *Gar nicht schlecht.*

Der Dozent versucht, unkonventionell zu sein, um schnell Kontakt und Verständnis bei den schon erwachsenen „Schülern" zu erhalten. Er scheint eine nicht angezweifelte, selbstverständliche Autorität zu besitzen, legt aber durchaus auch autoritäre Züge an den Tag *(was werden Sie jetzt arbeiten müssen)*.

2. *Was meint der Dozent mit dem Satz: „Ihr sollt Geschichte machen!"? (Diskussion)*

Der Satz bezieht sich auf die gesellschaftlichen Wandlungen in der DDR, die in besonderer Weise der Mitarbeit dieser auszubildenden Arbeiter und Bauern bedurfte. Sie sollten auch die Stütze für den Aufbau eines sozialistischen Staates in der DDR sein.

„Die 1949 gegründete Arbeiter- und Bauern-Fakultät, eine Art Vorstudienanstalt für politisch vertrauenswürdige Menschen, gab Proletarierkindern die Möglichkeit, in drei Jahren den Stoff fürs Abitur nachzuholen und anschließend an den Universitäten zu studieren. Auf diese Weise versuchte der neue Staat sich eine für den Aufbau der Gesellschaft notwendige sozialistische Intelligenz heranzubilden." (Hölsken, S. 86)

3. *Was müssen die Studenten „verlernen" und „umlernen"? (StA, TA)*

Alte Schule (Vergangenheit)	**Neue Schule (Riebenlamm)**
– preußische Backsteinburg	– spurten
– dunkle Flure	– arbeiten
– mürrischer Hausmeister	– Geschichte machen
– schlechter Geruch	– Aufmunterung
– entmutigend	– etwas verlernen
– „Nicht für die Schule, sondern für das Leben lernen"	– umlernen
– Koppheister-Schule	– keine Rezepte
	– mitmachen, staunen
	– ein paar Regeln
	– „aber" sagen
↓	↓
Das dort gemalte Bild steht auf dem Kopf	Das alte Bild soll auf die Beine gestellt werden

4. *Warum müssen die Studenten „verlernen" und „umlernen"? (Diskussion)*

Die alte Schule war autoritär, menschenunfreundlich, Angst einjagend, Gehorsam verlangend, lebensfremd. Die neue Schule will die kritische Mitarbeit der Jugend. Sie soll die alte bürgerliche und oft faschistisch orientierte Bildung ablegen und die sozialistische Bildung annehmen.

Das Bild von Kopf und Beinen entstammt der Marxschen Philosophie. Marx kritisiert bürgerliches Denken als idealistisch und fordert die materialistische Denkweise. Von ihm stammt der Ausspruch, daß er den alten Hegel vom Kopf auf die Füße gestellt habe.

5. *Warum wird den Schülern das Gedicht von Brecht „Fragen eines lesenden Arbeiters" vorgelesen? (UG)*

Diese Frage beantwortet sich nach der Beschäftigung mit dem Gedicht von Brecht leicht. Der lesende Arbeiter hat die neue Betrachtungsweise schon vorbereitet, auf der jetzt weiter aufgebaut werden soll.

6. *Warum erhält die Schülerin eine Eins dafür, daß sie „aber" gesagt hat? (Diskussion)*

Fräulein Rose Paal, Landarbeiterin, wird besonders gelobt, weil sie selbständig und kritisch gedacht hat und nicht alles hinnimmt, was ihr vorgesetzt wird.

Es sollte an dieser Stelle deutlich gemacht werden, inwieweit ein Widerspruch zwischen diesem theoretischen Anspruch und der Wirklichkeit der Erziehung in der DDR besteht. Vgl. auch die Reportage von Eva Windmöller, KL, S. 44.

Zwar bekennt sich die SED offiziell zur Kritik:
„Die Methode des Zweifels, der Negation, der Kritik und Selbstkritik ist ein wichtiger Bestandteil der marxistischen Dialektik [...] Wir üben Kritik an den Erscheinungen des Dogmatismus und Schematismus." (Kurt Hager)

Gleichzeitig wird aber auf die Grenzen verwiesen:
„Wir haben keineswegs die Absicht, irgendwelche Grundpositionen [...] preiszugeben. Wir haben keinen Zweifel an der Richtigkeit des Marxismus-Leninismus, am Erfolg unserer revolutionären Politik." (Kurt Hager)

Wenn schon Kritik geübt werden muß, dann ist das die Aufgabe der Partei:
„Der wahre Skeptiker [...] ist eigentlich unsere Partei, die den Überblick hat und weiß, woran zu zweifeln ist und woran nicht." (W. Richter; alle Zitate bei: Hölsken, S. 67)

Wenn Hermann Kant in diesem Roman den individuellen Zweifel hervorhebt, so zeigen sich darin gesellschaftskritische Züge gegenüber der Wirklichkeit in der DDR; Kant rückt die Bedeutung der Einzelleistung beim Aufbau der sozialistischen Gesellschaft wieder zurecht.

7. *Was ist Geschichte? Wer macht Geschichte? (Diskussion)*

Nach den bisherigen Fragestellungen und Überlegungen im 1. Kapitel sollte in bezug auf eine Definition der Geschichte besonders auf folgendes verwiesen werden:

a) Es gibt unterschiedliche Betrachtungsweisen der Geschichte aufgrund anderer Interessen.

b) Geschichte wird durch das Leben und Arbeiten der einfachen Menschen bestimmt (was wiederum abhängig ist vom Stand der technischen Mittel).

c) ‚Große' Persönlichkeiten sind die ausführenden Organe des Willens der Menschen; allerdings steckt in ihrer Genialität ein besonders tiefes Erkennen der geschichtlichen Kräfte und Entwicklungen. Oft gibt es aber auch eine große Diskrepanz zwischen den Interessen der Menschen und den ‚Großen', deren Eigeninteresse sich verselbständigt hat.

d) Geschichte ist das, was uns heute noch von vergangenen Zeiten interessiert.

e) Geschichte ist aber auch das ganz Fremde, Vergangene, Ferne.

Literatur

Hans Georg Hölsken, Zwei Romane: Christa Wolf „Der geteilte Himmel" und Hermann Kant „Die Aula". In: DU 21 (1969), Heft 5, S. 61–99.

Eva Windmöller, **Ein Land von Musterschülern**

Lernziele

Die Schüler sollen erkennen,
- daß sich das DDR-Schulsystem in vielen Punkten von dem in der Bundesrepublik Deutschland unterscheidet;
- worin die Vor- und Nachteile des DDR-Schulsystems liegen und dabei zu eigenen Wertungen kommen;
- wodurch sich eine Reportage auszeichnet und welche Absicht sie verfolgt.

Arbeitshinweise

1. *Wodurch unterscheidet sich im äußeren Aufbau das Schulsystem der DDR von dem der Bundesrepublik Deutschland? Berücksichtigen Sie dabei auch die Skizzen über die Bildungswege! (StA, TA)*

Bundesrepublik	DDR
– Vorschulerziehung in Ansätzen	– Ausgebautes Vorschulsystem
– Dreigliedriges Schulsystem	– Einheitliche Schule
– 9 Jahre Schulpflicht	– 10 Jahre Schulpflicht
– Abitur mit 13 Schuljahren	– Abitur mit 12 Schuljahren
– Zugang zur Hochschule über das Abitur	– Im Prinzip kann jeder Bürger zur Hochschule kommen
– Trennung von allgemeiner und beruflicher Bildung	– Verbindung von allgemeiner und beruflicher Bildung

2. *Welche anderen Unterschiede werden aus der Reportage von Eva Windmöller deutlich? (StA, TA)*

Unterschiede
- Wenig Sitzenbleiber
- Öffentliche Auszeichnungen (Förderung der Eigeninitiative für das Kollektiv)
- Gesellschaftliche Aktivitäten (verplante Freizeit)
- Selbsterziehung zu Fleiß und Disziplin
- Chancengleichheit
- Einheitlichkeit
- Besondere Förderung der Begabten
- Lernpatenschaften für schwache Schüler (Rechtfertigung durch den Lehrer)
- Erziehung zur Politik
- Wehrerziehung

3. *Worin sieht die Verfasserin die Vor- und Nachteile des DDR-Schulsystems? (StA, TA)*

Vorteile	Nachteile
– Chancengleichheit	– Leistungsdruck
– Einheitlichkeit	– Politisierung
– Berufsbezogenheit	– Heuchelei
– Hilfe für Schwache	– Anpassung

4. *Zu welcher Schlußfolgerung kommt die Autorin? (UG, TA)*

Bundesrepublik	**DDR**
– Kreativität	– besseres (überdurchschnittliches) Mittelmaß
– Risikobereitschaft	– angepaßter Staatsbürger
– Kritik	– Fehlen von Selbständigkeit
– Originalität	– Planung

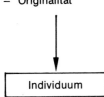
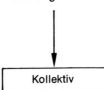

5. *Welche sprachlichen und formalen Mittel werden in der Reportage angewandt? Was soll damit erreicht werden? (UG)*
   a) Viele Einzelbeispiele (Schüler, Eltern, Lehrer, Direktoren – meist namentlich genannt; dadurch große Anschaulichkeit)
   b) Zitate aus Geprächen
   c) Fragen: *Probleme gibt es keine?*
   d) Fachausdrücke: *EOS, Polytechnische Erziehung*

Es geht der Reporterin um eine lebensnahe, temperamentvolle Darstellung, die zwar die Tatsachen nennt, aber durch das persönliche, besonders betont herausgearbeitete Erlebnis geprägt ist.

6. *Diskutieren Sie einzelne Besonderheiten des DDR-Schulsystems!*

Grundlage können die beiden Skizzen der verschiedenen Bildungswerke (KL, S. 44) sein. Es sollten auch einige der von Eva Windmöller genannten Vorteile in Frage gestellt werden:
– Ist die Einheitlichkeit so positiv zu bewerten?
– Verlust von Spontaneität und Eigeninitiative sowohl beim Schüler als auch beim Lehrer
– Problematik von öffentlichen Auszeichnungen
(Hinweise auf die verschiedenen Richtlinien im Kritischen Lesebuch)

Literatur

Helmut Klein, Bildung in der DDR. Grundlagen, Entwicklungen, Probleme. Reinbek: Rowohlt 1974 (= rororo 6861).
Theo Tupetz, Das Bildungswesen der DDR. Bonn: Raabe 1970.
Rüdiger Thomas, Modell DDR. Die kalkulierte Emanzipation. München: Hanser 1972 (= Reihe Hanser 108).
Peter Gocht, Die didaktische Konzeption des Deutschunterrichts in der DDR auf den dem Gymnasium der BRD vergleichbaren Klassenstufen. In: DU 24 (1972), Heft 5, S. 28–45.
Eva Windmöller/Thomas Höpker, Leben in der DDR. Hamburg: Gruner + Jahr 1976.
Hubert Hettwer, Das Bildungswesen in der DDR – Strukturelle und inhaltliche Entwicklung seit 1945. Köln: Kiepenheuer & Witsch 1976.

2. DEUTSCHUNTERRICHT

Autor	Titel	Textform	Eigenart	Inhalt	Seite
Ernst Barlach	Der Buchleser*	Bronze-Plastik	nachdenklich	Lesender Mönch	51/49
Wolfgang Borchert	Lesebuchgeschichten	Aphorismen	Verknappung	Ursache und Wirkung von Kriegen	52/50
Bertolt Brecht	Die Literatur wird durchforscht werden	Gedicht	hoffnungsvoll-optimistisch	Klassische und revolutionäre Literatur	53
Hans Magnus Enzensberger	ins lesebuch für die oberstufe	Gedicht	zeitkritisch	Forderung nach gesellschaftskritischer Literatur	55
Paul Schallück	Deutschstunde	Romanauszug	belehrend-ironisch	Deutschunterricht im 3. Reich	56/51
Wolf Wondratschek	Deutschunterricht	Geschichte	ironisch-kritisch	Kleinbürgerdenken, Nationalismuskritik	61/56
Richtlinien für den Deutschunterricht		Richtlinien	sachlich, anordnend	Ziel des Deutschunterrichts: 3. Reich, DDR, Bundesrepublik	64/59
Rudolf Walter Leonhardt	Argumente für und gegen Hausaufgaben	Gliederung	dialektisch	Problematik von Hausaufgaben	68/63

Wolfgang Borchert, **Lesebuchgeschichten**

Lernziele

Die Schüler sollen erkennen,
- daß Borchert bestimmte gesellschaftliche Gruppen für Kriege verantwortlich macht;
- welche Vorstellungen Borchert von einem Lesebuch hat;
- welche besonderen sprachlichen Mittel (Verknappung) verwendet werden.

Arbeitshinweise

1. *Welcher Zusammenhang besteht zwischen den Aussagen des Fabrikbesitzers, des Erfinders und des Generals? (StA, TA)*

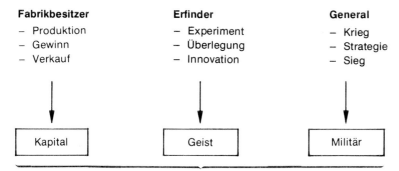

Fabrikbesitzer	**Erfinder**	**General**
– Produktion	– Experiment	– Krieg
– Gewinn	– Überlegung	– Strategie
– Verkauf	– Innovation	– Sieg
↓	↓	↓
Kapital	Geist	Militär

Ziel: Macht, Erfolg, Anerkennung, Ruhm

Borchert führt jeweils den typischen Vertreter einer gesellschaftlich wichtigen Gruppe in einer kleinen Szene vor. Daraus kann man die für diese Gruppe bestimmenden Denk- und Verhaltensweisen herauslesen.

Dabei ist es wichtig, daß der Fabrikbesitzer zweimal erwähnt wird – am Anfang und am Ende –, so daß sich der Kreis wieder schließt. Borchert sieht die Ursache von Kriegen im Profitdenken der Fabrikbesitzer. Der Text deutet die Abhängigkeit des Geistes vom Kapital an; der Intellekt steht in seinem Dienst. Der Schlußsatz verdeutlicht, daß der Fabrikbesitzer die Folgen erkennt, aber wohl keinen anderen Ausweg sieht, da er auf jeden Fall etwas produzieren will *(Was machen wir nun?).*

2. *Welcher Sprache bedient sich Borchert? Welche Funktion hat sie? (UG)*

Borchert verfährt nach dem Prinzip der Verknappung. Die logischen Zwischenglieder muß sich der Leser hinzudenken – sowohl zwischen den einzelnen Szenen als auch zwischen den einzelnen Textgliedern.

In dieser starken Sprachreduktion steckt ein aktivierendes Element; denn der Leser muß die Zwischenglieder durch seine eigene Phantasie und Erfahrungen auffüllen.

3. *Welche Probleme sehen diese drei, welche übersehen sie? Beachten Sie auch Bölls Aussagen im Vorspann! (Diskussion)*

Der Fabrikbesitzer sieht vor allem seinen Gewinn; der Erfinder und der General wollen „sinnvoll" beschäftigt sein – entsprechend ihren Berufen. Sie übersehen den einzelnen Menschen, über dessen Leben ohne Bedenken hinweggegangen wird. Böll skizziert in seinem Essay das Einzelschicksal Wolfgang Borcherts, das auch durch falsches Pathos nicht relativiert werden kann.

4. *Auf welches Problem will der Autor aufmerksam machen? (Diskussion)*

Borchert kritisiert – aus der Perspektive dessen, der den Krieg als einfacher Soldat in seiner ganzen Brutalität kennengelernt hat – die „Trägheit", „Gelassenheit", „Weisheit" und „glatten Worte" (Böll) derjenigen, die Herrschaft ausüben und Einfluß haben. Diese Herrschenden sollen ihre Verantwortlichkeit ernster nehmen. (Es geht nicht um eine Verurteilung der Fabrikbesitzer, auch nicht des Gewinnstrebens; es gibt ja vielleicht auch andere Wege, Gewinn und Verantwortlichkeit zu vereinbaren.)

5. *Wie ist die Antwort des Richters zu deuten? (UG)*

Borchert verdeutlicht mit dieser Lesebuchgeschichte, daß die Rechtssprechung durch den Krieg an Glaubwürdigkeit verloren hat. Der Richter kann den Soldaten nicht davon überzeugen, daß es Unrecht war zu töten. Der Krieg hat die traditionellen menschlichen und gesellschaftlichen Werte zerstört.

6. *Worin sehen Sie die Bedeutung der Frage des Soldaten „Warum nicht"? (Diskussion)*

Im Krieg müssen Menschen getötet werden; im Frieden wird der Mord als höchstes Verbrechen angesehen. In beiden Fällen sterben aber Menschen. Die verkürzte und pointierte Frage des Soldaten läßt Begründungen für das Tötenmüssen im Krieg fragwürdig erscheinen.

7. *Warum hat Borchert diese kurzen Gespräche „Lesebuchgeschichten" genannt? (UG)*

Borchert will auf Zusammenhänge aufmerksam machen, die ihm in der Schule nicht erklärt wurden, sondern erst im Krieg deutlich geworden sind. Er möchte gern, daß die jungen Menschen heute nicht so ahnungslos aus der Schule entlassen werden. Der Autor kritisiert damit auch indirekt, was früher in Lesebüchern gestanden hat: Literatur, die verklärt, aber nicht aufklärt.

Zur Diskussion

Wolfgang Borchert, Lesebuchgeschichte

Der Mann mit dem weißen Kittel schrieb Zahlen auf das Papier.
Er machte ganz kleine zarte Buchstaben dazu.
Dann zog er den weißen Kittel aus und pflegte eine Stunde lang die Blumen auf der Fensterbank. Als er sah, daß eine Blume eingegangen war, wurde er sehr traurig und weinte.
Und auf dem Papier standen die Zahlen. Danach konnte man mit einem halben Gramm in zwei Stunden tausend Menschen totmachen.
Die Sonne schien auf die Blumen.
Und auf das Papier.

(Aus: Wolfgang Borchert, Das Gesamtwerk. Reinbek: Rowohlt 1965, S. 287.)

Bertolt Brecht, **Die Literatur wird durchforscht werden**

Lernziele

Die Schüler sollen erkennen, daß
- Brecht eine Neu-Bewertung klassischer und revolutionärer Dichtung vornimmt;
- diese Bewertung in der Gegenwart sehr aktuell ist.

Arbeitshinweise

1. *Was haben – nach Brecht – die Schriftsteller bisher berichtet und erzählt? (GA, TA)*

Im Gedicht wird über 2 Gruppen von Schriftstellern berichtet, aber auch von 2 verschiedenen Zeiten, die diese Schriftsteller unterschiedlich deuten. Zunächst zur Vergangenheit und Gegenwart:

a) **Schriftsteller (bekannt)**
- sitzen auf goldenen Stühlen
- haben erhabene Gedanken
- sprechen in erlesenen Ausdrücken
- mit flehentlichen Anrufen

b) **Schriftsteller (unbekannt)**
- die bei den Niedrigen und Kämpfern saßen
- Bericht von Leidenden und Leid
- Bericht von den Taten der Kämpfer
- Mißstände und Aufrufe

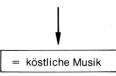

= köstliche Musik

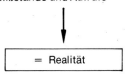

= Realität

Mit der 1. Gruppe sind die bekannten, „klassisch" gewordenen Dichter gemeint, die in besonders erlesener Sprache erhabene Gedanken und religiöse Wünsche ansprechen und Könige verherrlichen.

Mit der 2. Gruppe sind unbekannt gebliebene, verfolgte Schriftsteller gemeint, die sich auf die Seite der Abhängigen, Unterdrückten und Armen gestellt haben (z. B. die Arbeiterdichter) und in alltäglicher Sprache und neuen Formen gedichtet haben; sie wurden bisher zu wenig beachtet.

2. *Wie interpretiert Brecht diese Dichtungen? (UG, TA)*

Brecht will diese Dichtung neu bewerten und deuten:

a) Den **Schriftstellern auf den goldenen Stühlen** will er kritische Fragen stellen:
- Wer webte die Röcke
- Nur beiläufige Sätze über die Niedrigen, warum?
- Anzeichen für Aufruhr gegen Unterdrückung
- Herrschaftsverhältnisse
- Viele hatten kein Essen, warum?

Brecht glaubt, daß in Zukunft die klassische schöne Dichtung weiterhin interessant bleibt, aber anders gesehen werden muß, kritisch, sozusagen „gegen den Strich".

b) Die **anderen Schriftsteller,** die bei den Niedrigen und Armen waren, sollen öffentlich gepriesen werden.

Die vordem zu wenig beachteten Schriftsteller, die sich für die Sache der Unterdrückten und Armen eingesetzt haben, werden in Zukunft viel geehrt werden.

3. Welche Probleme werden nach Brechts Meinung von den Schriftstellern nicht gesehen? Warum werden sie nicht gesehen? (UG)

Die alten klassischen Schriftsteller haben zu wenig das Leben des einfachen Menschen *(Züge der berühmten Ahnen)* beachtet; sie haben nur von den Großen *(Königen)* berichtet und sie verherrlicht. Diese Dichter waren ja auch von ihnen abhängig und wurden von Ihnen bezahlt.

4. Welche „Zeit" ist in der letzten Strophe gemeint? Wie wird sie aussehen? (Diskussion)

Es ist jene Zeit gemeint, in der es keine Armut und keine ungerechte Herrschaft mehr gibt. Zweifelsfrei dachte Brecht bei dieser Zeit an den Sozialismus (wie er ihn verstand). Aber manches trifft auch für unsere soziale Demokratie zu. Wir fragen ja auch nicht mehr allein danach, wie die Könige geherrscht haben, sondern wie die einfachen Menschen gelebt und gearbeitet haben (vgl. Kritisches Lesebuch, Kapitel 1). Und viele ehemals revolutionäre und sozialkritische Schriftsteller, die zu ihrer Zeit bekämpft wurden, werden heutzutage hoch geschätzt: Heinrich Heine, Georg Weerth, Kurt Tucholsky, Georg Herwegh, Robert Prutz und viele andere.

5. Mit welchen Maßstäben mißt Brecht Literatur? (Diskussion)

Kriterium für positiv zu bewertende Literatur ist, in welcher Weise sie sich für die Menschen eingesetzt hat, ihnen politischen Freiraum und soziale Gerechtigkeit verschaffen konnte.

6. Messen Sie mit den hier empfohlenen Maßstäben Texte des „Kritischen Lesebuchs"!

Wie schon näher ausgeführt, werden viele der von Brecht gemeinten Schriftsteller heute bereits geachtet und stehen der klassischen Literatur gleichrangig gegenüber. (Einige sind auch im „Kritischen Lesebuch" vertreten.) Wie der lesende Arbeiter die Geschichte neu durchforscht, wird hier die Literatur einer neuen Betrachtungsweise unterzogen.

Literatur

Bertolt Brecht, Über Lyrik. Frankfurt: Suhrkamp 1968 (= edition suhrkamp 70).

Interpretationen zur Lyrik Brechts. München: Oldenbourg 1971.

Marianne Kesting, Bertolt Brecht in Selbstzeugnissen und Bilddokumenten. Reinbek: Rowohlt 1959 (= rowohlts bildmonographien 37).

Klaus Völker, Bertolt Brecht. Eine Biographie. München: dtv 1978 (= dtv 1379).

Hans Magnus Enzensberger, **ins lesebuch für die oberstufe**

Lernziele

Die Schüler sollen erkennen, daß

- es zwei verschiedene Auffassungen über die Inhalte des Deutschunterrichts gibt (politisch-aufklärerisch und unpolitisch-ästhetisch) und daß sich Enzensberger für einen politisch orientierten Deutschunterricht entscheidet;
- Enzensberger bestimmte Verhaltensmaßregeln für Menschen in totalitären Staaten gibt;
- Werte relativ sind, abhängig von den politischen Verhältnissen;
- diese Forderungen und Vorstellungen Enzensbergers durch bestimmte Bilder und eine imperativische Sprache vergegenwärtigt werden.

Arbeitshinweise

1. Was meint Enzensberger mit den „oden", was mit den „fahrplänen"? (GA)

Oden sind besonders feierliche Gedichte (Klopstock, Hölderlin); sie beziehen sich auf das Sein des Menschen, oft auch mit einem religiösen Sinn. Ihre kunstvolle Form verleiht ihnen ästhetische Schönheit. Die Ode ist unpolitisch und wird daher von Enzensberger der Ideologie verdächtigt: die *oden* können zur politischen Passivität und zur Flucht ins Erhabene und Schöne verleiten.

Die *fahrpläne* und *seekarten* bezeichnen exakte Routen, sie enthalten genaue Orts-, Zeit- und Richtungsangaben für die Orientierung. Fahrpläne sind nicht nur genauer, sie geben auch Informationen für den, der nicht seßhaft bleiben will, der *wachsam* ist.

2. Welche Verbote, Ermahnungen und Ratschläge enthält das Gedicht? (StA, TA)

Verbote	**Ermahnungen**	**Ratschläge**
– lies keine oden	– lies fahrpläne	– enzykliken sind zum feueranzünden nützlich
– sing nicht	– roll die seekarten auf	– manifeste zum butter einwickeln
	– sei wachsam	– versteh dich auf den kleinen verrat, die tägliche schmutzige rettung
	– lern unerkannt gehn	
	– lern mehr als ich: das viertel wechseln, den paß, das gesicht	– wut und geduld sind nötig

Zwei Verboten stehen mehrere Ermahnungen und Ratschläge gegenüber. Die *listen* spielen auf die Schwarzen Listen im 3. Reich an; ebenso die *zinken*, die Regimegegnern an die Kleidung geheftet wurden (Judenstern).

3. Wie ist der Aufruf zum „kleinen verrat" zu verstehen? (UG)

Enzensberger fordert seine Leser zur Untergrundarbeit auf, zum Widerstand, der allerdings nicht heroisch und aktivistisch, sondern leise und passiv sein soll. Als positiv bewertet er den *kleinen verrat,* die *tägliche schmutzige rettung.* Der Verrat darf das Ziel nicht gefährden, muß daher klein bleiben; vor allem muß man weiterarbeiten können.

Politische und religiöse Programme *(manifeste* und *enzykliken)* haben keinen Wert mehr. Nur *wut* (= Engagement, Nonkonformismus) und *geduld* (= Besonnenheit, Weitblick) können etwas bewirken.

4. *Wozu will der Schriftsteller aufrufen? Mit welchen sprachlichen Mitteln unterstreicht er seine Intention? (Diskussion)*

Ein übermächtiger Gegner kann nur mit dieser politischen Kleinarbeit zermürbt, bekämpft und schließlich überwunden werden *(in die lungen der macht zu blasen / den feinen tödlichen staub . . .).* Das Gedicht liefert Verhaltensmaßregeln für den individuellen Widerstand gegen totalitäre Diktaturen.

Form und Sprache

- Persönliche Anrede der Schüler: *lies*
- Wortwiederholungen: *lies . . . lies, lern . . . lern*
- Apodiktischer Satzbau: *sie sind genauer*
- Prägnante Imperativsätze: *lies keine oden, roll die seekarten auf*
- Verfremdende Wortzusammenstellungen: *die enzykliken zum feueranzünden*
- Zeilensprünge: *und malen den neinsagern auf die brust / zinken.*

Die sprachlichen Mittel sollen die Anforderungen des Autors verstärken. Bestimmte Wörter werden besonders hervorgehoben, andere wiederum kritisch behandelt.

5. *Treffen die Verbote und Ermahnungen nicht auch sein Gedicht? (Diskussion)*

Schüler werden häufig die Schwierigkeit des Gedichts hervorheben; so exakt wie Fahrpläne kann es nicht gelesen werden. Dennoch lassen sich die Bilder und Anspielungen aufschlüsseln, so daß der Sinn erkennbar wird.

6. *Wie beurteilen Sie die Ratschläge von Enzensberger? (Diskussion)*

Hier sollte über mögliche menschliche Verhaltensweisen in totalitären Staaten diskutiert werden. Man kann wohl kaum anders anständig bleiben, wenn man sich in solchen Situationen nicht total anpaßt und mißbrauchen läßt, sondern den kleinen Verrat übt, zumindest als einfacher Mann. Der große Widerstand ist nur von Leuten an entsprechender Stelle möglich (z. B. 20. Juli 1944 von Generälen, Diplomaten).

7. *Warum will Enzensberger, daß seine Verse „ins lesebuch für die oberstufe" kommen? (UG)*

Enzensberger möchte erreichen, daß der Deutschunterricht eine politisch-aufklärerische Funktion erhält, er soll sich mit Problemen der Zeit und Gesellschaft auseinandersetzen und nicht in vermeintlich erhabene und schöne Werte fliehen. Dieses Gedicht knüpft damit indirekt an die Lesebuch-Kritik an; das „Kritische Lesebuch" versucht, bestimmte Vorstellungen Enzensbergers zu verwirklichen.

Literatur

Deutsche politische Lyrik 1814–1970 in Vergleichsreihen, zusammengestellt von Ekkehart Mittelberg und Klaus Peter. Stuttgart: Klett 1970, S. 21–22 [Lehrerheft, S. 22].

Über Hans Magnus Enzensberger, hrsg. von Joachim Schickel. Frankfurt: Suhrkamp 1970 (= edition suhrkamp 403).

Alwin Binder, Dietrich Scholle, Ça ira. Deutsche politische Lyrik vom Mittelalter bis zum Vormärz. Teil I. Unterrichtsmodelle und Analysen. Frankfurt: Hirschgraben 1975, S. 25–30.

Theodor Karst, Politisch-soziale Gedichte. In: DU 19 (1967), Heft 4, S. 89ff.

Karin Eckermann, Moderne Lyrik und Realität. Düsseldorf: Schwann 1976, S. 70–78.

PAUL SCHALLÜCK, **Deutschstunde**

Lernziele

Die Schüler sollen
- Einblick in die Situation des Deutschunterrichts während der Zeit des Nationalsozialismus (Diktatur), in der ein „verbotener" Dichter (Heinrich Heine) behandelt wird, erhalten;
- die Schwierigkeiten erkennen, wenn Intoleranz gegenüber der Meinungsfreiheit besteht;
- das psychologische Vorgehen des Lehrers erkennen und analysieren;
- die unterschiedlichen Reaktionen und Verhaltensweisen der Schüler erkennen;
- einsehen, welche Gefahren darin begründet sind, wenn das Verhältnis zwischen Lehrer und Schüler ideologisch bestimmt wird.

Vorbemerkung (Romanzusammenhang)

Engelbert Reineke ist in den Nachkriegsjahren Studienassessor an jener Schule, die er als Schüler besucht hat und an der auch sein Vater, der den Spitznamen *Beileibenicht* hatte, unterrichtete – ein mutiger und entschlossener Gegner des Nationalsozialismus, der im KZ umkam. In dem Romanausschnitt errinnert sich Reineke an eine Deutschstunde bei seinem Vater; einer seiner Mitschüler – Siegfried Sondermann – war der Sohn des Direktors.

Arbeitshinweise

1. Kennzeichnen Sie das Verhalten des Lehrers! Warum verspricht er sich beim Vorlesen aus der Literaturgeschichte? Was will er mit dem Vorlesen aus der Literaturgeschichte erreichen? (StA)

Der Lehrer *Beileibenicht* behandelt in einer Deutschstunde während der NS-Zeit einen „verbotenen" Dichter (Heinrich Heine). Beim Aussprechen des Namens läßt er die Schüler im unklaren, ob er Hochachtung oder Mißbilligung für Heine empfindet. Mit solchen *zweideutigen Spielen* hatte Beileibenicht der Klasse bereits häufiger von *vom Regime verfemten Dichtern* berichtet.

Beim Vorlesen aus der Literaturgeschichte verspricht sich der Lehrer:
1. der gute Heinrich – Verzeihung – der Jude Heinrich Heine ...
2. der frappierende Stil ... der papierne Stil ...

Mit diesen beiden kleinen Versprechern verdeutlicht der Deutschlehrer aufmerksamen Zuhörern seine wahre Einstellung. Seinem Gegenspieler Siegfried Sondermann fällt das nuancierte Vorgehen nicht auf; im Gegenteil, er ist mit der scheinbaren *Wendung ins Zeitgerecht-Verfemende* durch die Aussagen der Literaturgeschichte einverstanden und schreibt eifrig mit in seine Kladde.

Auf diese Weise wird der Pädagoge den Forderungen der Zeit gerecht, indem er *Hetzerisches* aus der vorgeschriebenen Literaturgeschichte diktiert, erreicht aber durch die scheinbar zufälligen Versprecher beim aufmerksamen Zuhörer sofort eine andere Wirkung (Hochachtung vor dem mutigen Dichter Heine). Dieser Eindruck wird noch verstärkt, wenn er ausgerechnet die beziehungsreichen Verse aus dem Gedicht „Nachtgedanken"

        Denk' ich an Deutschland in der Nacht,
        dann bin ich um den Schlaf gebracht ...

an die Tafel schreibt. Ebenso doppeldeutig verhält sich der Lehrer, als er Sondermann über das 2. Gedicht aufklärt: *Ist Ihnen denn wirklich nicht aufgegangen, daß ich das Gedicht Gerhard Schumanns, eines unseres begabtesten nationalsozialistischen Nachwuchsdichters, zitiert habe? Und daß ich es tat, um den fast schon weltweiten Unterschied zu den Versen Heines zu beleuchten?*

2. *Charakterisieren Sie die Rollen, die die verschiedenen Schüler spielen! (GA, TA)*

Siegfried Sondermann	Mitschüler
– empört über den Namen des Dichters Heinrich Heine – ist mit dem Inhalt der Literaturgeschichte einverstanden – schreibt eifrig mit – wird unruhig und droht – verlangt Auskunft, warum der „Mist" an die Tafel geschrieben und das „semitische Dreckzeug" eingepaukt wurde – will mit dem Bannführer sprechen – fragt, ob der Lehrer befehle, den „Mist" abzuschreiben – wirft dem Lehrer „geschwollenes Gerede" vor – droht mit der Gestapo	– anfangs zögerndes Kichern; später offenes Lachen über die „Bloßstellung" von Siegfried Sondermann
——————— Wandlung ———————	
– wird bleich – macht stotternd Vorwürfe – will den Klassenraum verlassen – wird gedemütigt und droht zum letztenmal	– Herbert Ladegast (Klassensprecher) hindert Siegfried am Verlassen des Raumes – andere Klassenkameraden (Peter, Alfons) unterstützen den Klassensprecher – die meisten Schüler stehen hinter ihrem Lehrer Beileibenicht

3. *Welches Verhältnis besteht zwischen dem Lehrer und Sondermann? Worin liegen die Ursachen für die Gegensätze? Wie ist das Verhältnis zwischen Lehrer und Schüler zu deuten? (GA, Diskussion)*

Auf die provozierende Frage von Sondermann, warum *dies semitische Dreckzeug* gelehrt würde, antwortet Beileibenicht, *daß man sich nur vor dem zu bewahren vermöchte, was man kenne...*

Als der Schüler seinem Lehrer kontert, daß er selbst am besten wisse, was schädlich sei (vielleicht besser *wie* Sie), macht ihn Beileibenicht vor der Klasse lächerlich, weil es grammatisch beim Komparativ *als* heißen muß.

Sondermann merkt auch nicht, daß es sich bei der Behandlung des 2. Gedichts nicht um ein *typisch jüdisches Produkt* handelt, sondern um *Gefühlsduseleien* eines nationalsozialistischen Nachwuchsdichters.

Durch diese endgültige Bloßstellung werden Sondermann alle sachlichen Argumente genommen, und er sieht seinen einzigen Ausweg in der Flucht, die aber scheitert, weil die Klasse zu ihrem Lehrer hält. Diese Sympathie wird noch einmal deutlich bei der Antwort der Schüler auf die Frage des Lehrers, ob es leicht sei, sich in einer neuen Klasse zurechtzufinden: *Und wir alle, ausgenommen Siegfried und drei oder vier seiner Freunde, erwiderten unisono: Bei – lei – be – nicht!*

Die Gegensätze sind in dieser Klasse nicht durch persönlich-menschliche Sympathie bzw. Antipathie begründet, sondern liegen in der ideologischen Verblendung. Sondermann ist bereits so durch das nationalsozialistische Gedankengut irregeführt, daß dem Lehrer nur noch die Flucht nach vorn bleibt, wenn er sich behaupten will.

4. *Welche Probleme will der Schriftsteller mit seiner Schilderung des Deutschunterrichts im 3. Reich aufzeigen? (Diskussion)*

Schallück zeigt, welche Möglichkeiten die Sprache bietet: Manipulation (Phrasen, Pathos) und Sachlichkeit (Wahrheit). Obwohl die Möglichkeiten des Lehrers zur Aufklärung eingeschränkt sind, gelingt es ihm, den aufmerksamen Zuhörern die Wahrheit zu vermitteln, ohne sich politisch zu gefährden. Nur der nicht denkende Mensch (= Phrasen-Anfällige) durchschaut das „Spiel" nicht.

Tafelbild

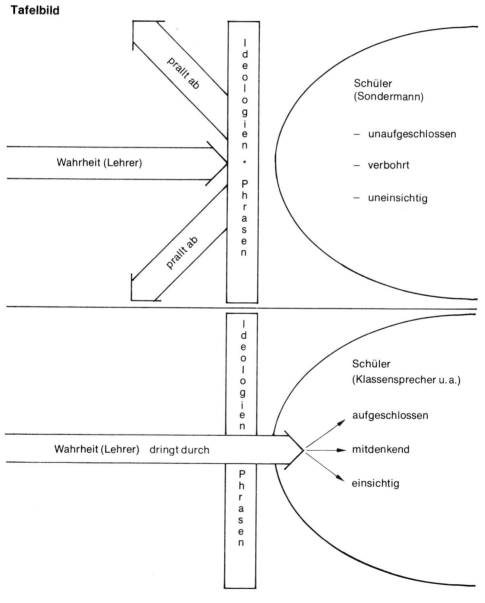

Zur Diskussion

Heinrich Heine, Nachtgedanken

Denk ich an Deutschland in der Nacht,
Dann bin ich um den Schlaf gebracht,
Ich kann nicht mehr die Augen schließen,
Und meine heißen Tränen fließen.

Die Jahre kommen und vergehn!
Seit ich die Mutter nicht gesehn,
Zwölf Jahre sind schon hingegangen;
Es wächst mein Sehnen und Verlangen.

Mein Sehnen und Verlangen wächst.
Die alte Frau hat mich behext,
Ich denke immer an die alte,
Die alte Frau, die Gott erhalte!

Die alte Frau hat mich so lieb,
Und in den Briefen, die sie schrieb
Seh ich, wie ihre Hand gezittert,
Wie tief das Mutterherz erschüttert.

Die Mutter liegt mir stets im Sinn.
Zwölf lange Jahre flossen hin,
Zwölf lange Jahre sind verflossen,
Seit ich sie nicht ans Herz geschlossen.

Deutschland hat ewigen Bestand,
Es ist ein kerngesundes Land,
Mit seinen Eichen, seinen Linden
Werd ich es immer wiederfinden.

Nach Deutschland lechzt ich nicht so sehr,
Wenn nicht die Mutter dorten wär;
Das Vaterland wird nie verderben,
Jedoch die alte Frau kann sterben.

Seit ich das Land verlassen hab,
So viele sanken dort ins Grab,
Die ich geliebt – wenn ich sie zähle,
So will verbluten meine Seele.

Und zählen muß ich – mit der Zahl
Schwillt immer höher meine Qual,
Mir ist, als wälzten sich die Leichen
Auf meine Brust – Gottlob! sie weichen!

Gottlob, durch meine Fenster bricht
Französisch heitres Tageslicht;
Es kommt mein Weib, schön wie der Morgen,
Und lächelt fort die deutschen Sorgen.

(Aus: Heinrich Heine, Sämtliche Schriften, Bd. 4. München: Hanser 1971, S. 432–433.)

Heinrich Heine in der Literaturgeschichte

„Die Kunst freilich glitt vielfach in reines Demagogentum herab, der Typ des entwurzelten Literaten und Journalisten entsteht. In solcher Beleuchtung erscheint uns heute auch der Jude Heinrich *Heine* (1797–1856), der dem „Jungen Deutschland" nahestand, aber aus seiner eifersüchtigen Furcht vor Bindung sich nur sehr bedingt zu ihm bekannte. Er hat seine Feder allzuoft zu gehässigen Angriffen mißbraucht. Deutschland gegenüber hat er eine zersetzende und quälende Haß-Liebe, die aus seiner Rasse entspringt. Dem stürmischen Neuerungseifer der damaligen Jugend kam freilich Heines aggressiv-kritischer Ton sehr entgegen, wie überhaupt diese Generation etwas Baccalaureushaftes an sich hatte; man kann recht gut für sie den Faust zitieren:

> Was ihr den Geist der Zeiten heißt,
> das ist im Grund der Herren eigener Geist,
> in dem die Zeiten sich bespiegeln."

(Aus: Geschichte der deutschen Literatur von den Anfängen bis zur Gegenwart. Leipzig: Bibliographisches Institut 1937.)

Literatur

Karl Theodor Kleinknecht (Hrsg.), Heine in Deutschland. Dokumente seiner Rezeption 1833 – 1956. München: dtv 1976 (= dtv WR 4190).

WOLF WONDRATSCHEK, **Deutschunterricht**

Lernziele

Die Schüler sollen erkennen, daß
- Wondratschek eine besondere Methode der Zusammenstellung verschiedener Sätze wählt;
- durch diese überraschende Verknüpfung bestimmte Verhaltensweisen neu gesehen werden;
- den Deutschen bestimmte Eigenschaften und Verhaltensweisen vorgehalten werden.

Arbeitshinweise

1. *Wie ist der Text aufgebaut? Welche Eigenschaften und Verhaltensweisen werden den Deutschen zugeschrieben? (StA, TA)*

I. a)	national/chauvinistisch	(Fußball)
II. a)	sentimental	(Lieder, Schäferhund, Heidelberg)
b)	militaristisch	(Soldaten, 2. Weltkrieg)
c)	unrealistisch	(Berlin am Rhein)
d)	besserwissend	(daß alles so kommen mußte, wie es gekommen ist)
e)	materialistisch	(Gewinn der Gastwirte)
f)	Schlechtes verdrängend	(Heidelberg ist auch bei Regen noch schön)
III. a)	unbewältigte Vergangenheit	(Nationalhymne)
b)	ordnungsliebend	(Rastplätze, Straßen, Rasen)
c)	ängstlich	(vor Kommunisten, Russen)
d)	sauber	(Rasen gemäht, weißer gehts nicht)
e)	vergeßlich	(keine Vergangenheit)
f)	humorlos	(nur für Spezialisten)
g)	unpolitisch	(alles nur halb so schlimm, Revolution)
IV. a)	monarchistisch	(Vorliebe für Könige, Boulevardzeitungen)
b)	vereinsfreudig	(kein Vereinsmitglied = Störenfried)
c)	kleinbürgerlich	(Vorgärten, Gartenzwerge)
V. a)	wohlhabend	(Mittelmeer ist wieder deutsche Badeanstalt)
b)	gleichgültig	(fast schon historisch)
c)	einfallslos	(ein Flüchtling genügt für politische Einfallslosigkeit)
VI. a)	illusionär	(die Deutschen haben es weit gebracht; das nennen sie Fortschritt)
b)	optisch beeinflußbar	(Publicity und Kleidung bestimmen die Bedeutung)
c)	robust	(Notstandgesetze)

Die verschiedenen Abschnitte (I–VI) werden durch das einleitende sich wiederholende *Zum Beispiel* markiert. Aus dem Text lassen sich noch mehr Eigenschaften und Verhaltensweisen herauslesen; es kommt vor allem darauf an, einige der genannten Beispiele aufzulösen.

2. *Welche Funktion hat die häufige Wiederholung „Zum Beispiel"?*

Die häufige Wiederholung wirkt einhämmernd und zusammenfassend: Alle „Beispiele" stehen im Dienst einer gewissen Kritik am Deutschen, die weniger gehässig als hintergründig-ironisch ist.

3. *Welche Bedeutung haben die Aussagen im letzten Absatz? (TA)*

Im letzten Absatz werden die Vorwürfe überspitzt zusammengefaßt:

Schicksalsergebenheit,	Befangenheit,	Unbeirrbarkeit,
Stolz,	Unwahrhaftigkeit,	Vorurteil.

4. *Wodurch ist der Stil charakterisiert? Beobachten Sie insbesondere die Verknüpfung der Sätze! (StA)*

Charakteristisch ist die Zusammenstellung frappierender Sätze:
Wir sind bekannt dafür, daß wir genau wissen, wie das Paradies aussieht. Möglicherweise liegt das daran, daß wir nie gelernt haben, richtig zu frühstücken.
Die deutsche Nationalhymne hat drei Strophen. Manchmal beginnt sie trotzdem mit der ersten Strophe.
In den Vorgärten der Einfamilienhäuser stehen bunte Gartenzwerge. Unsere Minister sehen sympathisch aus. Wir leben in einer Demokratie, sagt man.
Der Leser wird fortwährend in seiner Spracherwartung getäuscht. Dadurch werden die dort enthaltenen Vorurteile und Erwartungen entlarvt.

5. *Warum nennt Wondratschek den Text „Deutschunterricht"? (Diskussion)*

Der Inhalt des Textes hat nur indirekt etwas mit dem Deutschunterricht zu tun. Deutschunterricht bedeutet für Wondratschek Selbstreflexion und Zerstörung von eingeübten und tradierten Verhaltensweisen der Deutschen, was auch im Unterricht zur Sprache gebracht werden soll.

Richtlinien für den Deutschunterricht

Lernziele

Die Schüler sollen erkennen, daß
— der Deutschunterricht Wandlungen unterliegt und von den jeweiligen politischen Verhältnissen abhängig ist;
— Deutschunterricht sowohl konforme als auch emanzipatorische Funktionen erfüllen kann.

Arbeitshinweise

1. *Erarbeiten Sie, welche Ziele der Deutschunterricht im 3. Reich, in der DDR und in Hessen (Bundesrepublik Deutschland) anstrebt! Welches ist jeweils das oberste Lernziel? (GA, TA)*

3. Reich	DDR	Hessen
Held	Historische Zusammenhänge (Nationalliteratur)	Kritische Teilnahme am literarischen Leben
Geistesrichtung des neuen Deutschland	Festigung des Klassenstandpunktes	Gesteigerte Wahrnehmungs- und Imaginationskraft
Sinnbilder der nationalsozialistischen Haltung	Leitbilder für die parteiliche Entscheidung	Ästhetische Sensibilisierung
Einsatz heldischer Kräfte (das Lebensmächtige)	Kämpferische Haltung (Klassenkampf)	Beschäftigung mit kritischer Literatur (Orientierungsmöglichkeiten)
Besinnliche Seite	Schöpferische Mitarbeit an der Vollendung des Sozialismus in der DDR	
Deutsche Innerlichkeit	Literatur als Waffe	

| Verkörperung des deutschen Volkstums | sozialistische Nation Sozialismus | Entscheidungs- und Kritikfähigkeit, Emanzipation |

2. *Vergleichen Sie die Ziele miteinander! Wodurch sind die Unterschiede zu erklären? (GA, TA, Diskussion)*

3. Reich
Im 3. Reich steht der Deutschunterricht ganz im Auftrag des nationalsozialistischen Staates. Oberstes Leitbild ist das Heldentum. Alles, was ihm entgegensteht, wird abgelehnt (nur das Lebensmächtige ist erzieherisch wertvoll; Gefühlsschwelgerei ist zu unterbinden).

DDR
In der DDR dient der Deutschunterricht der Unterstützung und dem Aufbau des Sozialismus (Festigung des Klassenstandpunkts; führende Rolle des Proletariats und der Partei). Das klassische und revolutionär-demokratische Erbe wird als Vorgeschichte der DDR interpretiert und erhält daher einen hohen Stellenwert.

Hessen
Der hessiche Lehrplan geht von „Unsicherheit" aus. Hat es überhaupt einen Sinn, sich mit Literatur zu beschäftigen? Das positive Ergebnis dieser Frage rührt aus der Tatsache, daß der Deutschunterricht befreiend, emanzipatorisch wirken kann – das Ausbleiben ästhetischer Erziehung führt zur Verarmung und damit auch zur Anpassung. Dem einzelnen wird ein hoher Stellenwert eingeräumt.

3. *Vergleichen Sie die Sprache der verschiedenen Richtlinien! (GA, TA)*

3. Reich
Befehlston: *ist zu fordern*
Superlativ: *höchstes Verantwortungsgefühl*
Adjektive: *starkes Lebensgefühl, tiefe Verbundenheit*
Adverbien: *keimhaft, wesenhaft*

■ Die Sprache duldet keinen Widerspruch.

DDR
Wiederholungen: *sozialistisch, revolutionär*
Aufzählungen: *Festigung des Klassenstandpunkts, Leitbilder für die parteiliche Entscheidung für Frieden, Demokratie und Sozialismus, für unser sozialistisches Vaterland, für internationale Solidarität und aktive Teilnahme am weltweiten Klassenkampf gegen den Imperialismus, für die schöpferische Mitarbeit an der Vollendung des Sozialismus.*

■ Die Sprache ist hymnisch-optimistisch, Zweifel sollen nicht aufkommen. Außerdem enthält sie das bekannte Vokabular der marxistischen Terminologie (Gefahr der Übertreibung).

Hessen
Fachausdrücke: *Motivierung, emanzipatorisch, ästhetische Sensibilisierung, Imaginationskraft*
Einschränkungen: *insofern, ob, kann*

■ Der Lehrplan nennt Bedingungen, schränkt ein, ist skeptisch, bedient sich einer anspruchsvollen wissenschaftlichen Terminologie.

4. Welche Ziele überzeugen, welche nicht? (Diskussion)

Sowohl im 3. Reich als auch in der DDR werden die Schüler zu konformen Verhaltensweisen erzogen; Widerspruch und Eigenständigkeit sind nicht vorgesehen. Der Deutschunterricht soll jeweils die Ziele des Staates unterstützen. In Hessen wird dagegen ein kritisches, emanzipatorisches Ziel angestrebt, das einer vorschnellen Anpassung Einhalt gebieten soll. Dem einzelnen Menschen wird Vorrang gegeben. Das entspricht allerdings auch den politischen Zielsetzungen unserer Demokratie.

5. Worin sehen Sie das Ziel des Deutschunterrichts? Stellen Sie selbst einen Richtlinienkatalog auf! (StA, Diskussion)

Je nach Klassenstufe sollten nicht zu anspruchsvolle Richtlinien und Lernziele formuliert werden. Beispiele:

a) Lesen lernen (Chancengleichheit)
b) mit Büchern umgehen können (Bibliothek)
c) menschliches Handeln kennenlernen (Horizonterweiterung)
d) historische Zusammenhänge erfassen (Polyvalenz)
e) differenzierter sprechen können (Sprachkompetenz)
f) Anregungen für die Freizeit erhalten (Transfer).

Literatur

Horst Joachim Frank, Geschichte des Deutschunterrichts. Von den Anfängen bis 1945. München: Hanser 1973.

Hubert Ivo, Kritischer Deutschunterricht. Frankfurt: Diesterweg 1969.

Bestandsaufnahme Deutschunterricht. Ein Fach in der Krise, hrsg. von Heinz Ide. Stuttgart: Metzler 1970.

Literaturunterricht. Fachwissenschaftliche und methodische Anleitung zu den Lehrplänen der 5. bis 10. Klasse, 6 Bände. Berlin: Volk und Wissen 1970 ff.

Alfred Baumgärtner und Malte Dahrendorf, Wozu Literatur in der Schule? Beiträge zum literarischen Unterricht. Braunschweig: Westermann 1970.

Hubert Ivo, Handlungsfeld: Deutschunterricht. Argumente und Fragen einer praxisorientierten Wissenschaft. Frankfurt: Fischer 1975 (= Fischer Taschenbücher 1665).

Lehrplan, Vorbereitung und Diagnose des Deutschunterrichts. In: DU 22 (1970), Heft 2.

Peter Gocht, Die didaktische Konzeption des Deutschunterrichts in der DDR auf den dem Gymnasium der BRD vergleichbaren Klassenstufen. In: DU 24 (1972), Heft 5, S. 28–45.

Klaus Götzelmann, Neue Lehrpläne für den Deutschunterricht in Hessen und in der DDR. In: DD (1974), Heft 20, S. 538–556.

RUDOLF WALTER LEONHARDT, **Argumente für und gegen Hausaufgaben**

Lernziele

Die Schüler sollen
- mit dem dialektischen Prinzip vertraut gemacht werden und lernen, daß jedes Problem von zwei Seiten betrachtet werden kann;
- eigene Argumente/Gegenargumente ergänzen und an Beispielen erläutern;
- das Prinzip auch auf andere Problemkreise anwenden können (Transfer);
- lernen, Texte kritisch zu analysieren und ihren eigenen Standpunkt begründet vertreten können (sachliche Argumentation).

Arbeitshinweise

1. Wie hat Leonhardt seine Gedanken zu dem Thema aufgebaut? Welches Schema hat er dabei angewandt? (TA)

Leonhardt hat versucht, das Problem der Hausaufgaben nach dem dialektischen Prinzip abzuhandeln: Ein dialektisches Problem kann in zwei sich scheinbar widersprechende Thesen gegliedert werden; sie widersprechen sich aber nur scheinbar, da sich theoretisch – auf höherer Ebene – eine Lösung (Synthese) erreichen läßt.

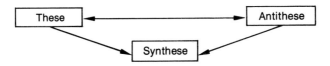

These   = Pro (Hausaufgaben sind sinnvoll)
Antithese = Contra (Hausaufgaben sind nicht angebracht)
Synthese = Conclusio (Versuch einer Lösung)

Die aufgestellten Thesen müssen mit begründeten Argumenten (theoretisch-abstrakt) belegt und durch einleuchtende Beispiele (praktisch-konkret) erläutert werden.

Ein Argument kann als gut angesehen werden, wenn es folgende Kriterien berücksichtigt:
- Grundlage der Begründung müssen Tatsachen, Beobachtungen und objektive Forschungsberichte sein
- Behauptungen, Einzelfälle oder persönliche Erlebnisse sind nicht zur Begründung geeignet

(Zur Argumentation vgl. Uta Wernicke, Sprachwissen. Lehr- und Arbeitsbuch Deutsch. Sek. II. Hamburg: Handwerk und Technik [8]1976, S. 65 ff.)

Die dialektische Erarbeitung eines Themas läßt sich an folgendem Schema verdeutlichen:

Dialektischer Ring

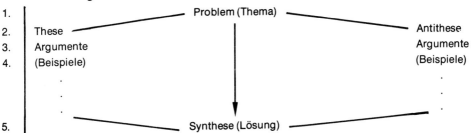

1. Was für ein Problem wird in dem Thema angesprochen?
2. Wie lautet die These/Antithese?
3. Welche Argumente können die These (Gegenargumente die Antithese) begründen?
4. Welche Beispiele lassen sich zur Verdeutlichung der jeweiligen Argumentation anführen?
5. Welche Synthese (Lösung) des Problems ist möglich?

2. *Stimmen Sie allen Argumenten zu? (Diskussion)*

Kritik und vertiefende Diskussion bieten sich bei folgenden Punkten an:

Pro   3   Der pädagogische Wert des „Auswendiglernens" ist umstritten;
          4   Festsetzen des Alters auf 16 Jahre ist recht willkürlich;
          5   Hausaufgabe als Informationsquelle zwischen Elternhaus und Schule ist wenig überzeugend und baut auf Mißtrauen zwischen Schule – Eltern, Eltern – Kindern auf;

Contra   1   zu allgemein; das Sitzen auf einem Stuhl ist noch nichts Unnatürliches (nur bei Übertreibung);
            2   zu stark auf Fahrschüler abgestimmt;
            4   Frage der Selbständigkeit stellt sich nicht nur bei Hausaufgaben.

3. *Hat der Autor noch Argumente vergessen? (UG, TA)*

Durch diese Frage sollen die Schüler angeregt werden, sich über ihre eigenen Erfahrungen zu äußern und sie in der Klasse zur Diskussion zu stellen, z. B.:

Pro:
– Stoffgebiet kann noch einmal durchgearbeitet werden
– bessere Vorbereitung für Klassenarbeiten (Übung)
– Vorarbeiten – Nacharbeiten – Vertiefen – Kenntnisse überprüfen
– Anregung zur Eigentätigkeit

Contra:
– Abschreiben ohne Reflexion
– Überforderung
– Zeitverlust im Unterricht durch Korrektur
– Gefahr einer negativen Arbeitshaltung

4. *Diskutieren Sie insbesondere den 3. Contra-Punkt! Suchen Sie Lösungen zur Verwirklichung von Chancengleichheit! (UG, TA)*

Dieses Argument ist schwergewichtig. Das Problem ist allgemein anerkannt. Versuche, die Chancengleichheit durchzusetzen, blieben bis heute zu stark im Experimentierfeld stecken. Außerdem setzen Numerus clausus und Finanznot der Länder allen reformerischen Plänen Grenzen.

Reformansätze
– Gesamtschule
– Projektunterricht
– Gruppenarbeit
– Rollenspiel
– Vereinfachung des Sprachcodes
– antiautoritäre Erziehung

Hinweis

In diesem Zusammenhang kann der dialektische Problemaufsatz eingeführt werden.

Weitere Themenkreise:
- Volljährigkeit mit 18 Jahren
- Liberalisierung des Strafvollzugs
- Numerus clausus
- Antiautoritäre Erziehung (vgl. A. S. Neill, Die Schule Summerhill. In: KL, S. 21 ff.)
- Bau von Kernkraftwerken
- Frühehe
- Schwangerschaftsabbruch (§ 218 StGB)

Gliederung

An dem Text von Rudolf Walter Leonhardt, „Argumente für und gegen . . .", können Sie feststellen, daß der Autor mit einer Einleitung beginnt und nach dem Hauptteil (Gegenüberstellung der Argumente zur These/Antithese) versucht, das Problem in einem Schlußteil – der Synthese (= Conclusio) – einer Lösung näherzubringen.

Nach dem Prinzip der Steigerung ist man bemüht, die grundlegenderen und bedeutenderen Argumente immer zum Schluß anzuführen, um seine Beweiskette stichhaltiger zu untermauern. Die Argumente für die These und Antithese sollten ungefähr gleichgewichtig sein; sie müssen durch anschauliche, einleuchtende und überzeugende Beispiele näher erläutert werden.

Aus diesem Aufbau können Sie erkennen, daß sich eine dialektische Erörterung nach folgendem Schema gliedern läßt:

Grundplan einer Gliederung

gemischt		numerisch		
A		1	Einleitung	(Hinführung zum Thema)
B		2	Hauptteil	(Diskussion des Themas bzw. Problems aufgrund der These/Antithese durch Argumente, die anhand von Beispielen konkretisiert werden)
I		2.1	These	
	1	2.1.1	Argument (Beispiele)	
	2	2.1.2	Argument (Beispiele)	
			(Überleitung)	
II		2.2	Antithese	
	1	2.2.1	Argument (Beispiele)	
	2	2.2.2	Argument (Beispiele)	
C		3	Schluß	(Lösung, Versuch einer Synthese; eigene Stellungnahme)

Literatur

Rudolf Walter Leonhardt, Argumente pro und contra. München: Piper 1974.

Richard Bochinger, Der dialektische Besinnungsaufsatz. Stuttgart: Klett ³1972.

Bernhard Wittmann, Vom Sinn und Unsinn der Hausaufgaben. Neuwied: Luchterhand ²1970.

Horst Speichert, Hausaufgaben sinnvoll machen. Anregungen zum Lernerfolg. Reinbek: Rowohlt 1980.

Erich E. Geißler/Heinrich Plock, Hausaufgaben – Hausarbeiten. Bad Heilbrunn: Klinkhardt ³1981.

Dietrich von Derschau (Hrsg.), Hausaufgaben als Lernchance. München: Urban & Schwarzenberg 1982.

3. JUGEND UND SOZIALISATION

Autor	Titel	Textform	Eigenart	Inhalt	Seite
Thomas Mann	Tonio Kröger und Hans Hansen – zwei Freunde	Erzählung (Auszug aus dem 1. Kapitel)	heiter-ironisch	Künstler-Bürger	71/66
Heinrich Mann	Abdankung	Erzählung	grotesk-satirisch	Herrschaft und Unterdrückung	79
Franz Kafka	Brief an den Vater	Brief (Auszug)	bekenntnishaft	Generationsprobleme (Vater – Sohn)	88/74
Wolfgang Borchert	Nachts schlafen die Ratten doch	Kurzgeschichte	Trümmerliteratur	Kriegserfahrung eines Jungen	91/77
Jugend in Deutschland*		Fotos	repräsentativ	Jugend im 3. Reich, nach 1945, in der DDR, in der BR-Deutschland	94/80
Alfred Andersch	Der Junge	Romanauszug	monologisch-sehnsüchtig	Freiheitsdrang	94/85
Ulrich Plenzdorf	Echte Jeans	Romanauszug	monologisch-bekenntnishaft	Probleme in der DDR	96/87
Udo Lindenberg	Cowboy-Rocker	Rock-Song	Jargon	Traum und Wirklichkeit	98/89
Hermann Rauhe	Schlager als Lebenshilfe	Abhandlung	wissenschaftlich	Funktion des Schlagers	100/90

Thomas Mann, Tonio Kröger und Hans Hansen – zwei Freunde

Lernziele

Die Schüler sollen

- erkennen, welche Probleme Jugendliche (Schüler) im Zusammenleben mit anderen Menschen haben können (Freunde, Klassenkameraden, Eltern, Erwachsene);
- die Beziehungen zweier gleichaltriger Jungen beschreiben können;
- die unterschiedliche körperliche, geistige und seelische Veranlagung der beiden Freunde erkennen;
- den Zwiespalt, in dem sich die Titelfigur befindet, erkennen und über die Probleme seiner Sozialisation reflektieren;
- über die Problematik der Stellung des Künstlers in der Gesellschaft informiert werden (das Autobiographische bei Thomas Mann).

Arbeitshinweise

1. Erarbeiten Sie die unterschiedlichen Merkmale und Charakteristika der beiden Freunde Tonio und Hans! (GA, TA)

Die beiden Freunde Tonio und Hans unterscheiden sich in ihrer äußeren Erscheinung ebenso wie in ihrer inneren Wesensart:

Tonio	Hans
– wartet lange (sehnsüchtig) auf seinen Freund	– hatte (im Gespräch mit anderen) die Verabredung vergessen
– krankhafte Empfindlichkeit	– gesund, frisch
– Gurt-Paletot (grau)	– sportliche Seemannsjacke (blau)
– brünett, südlich fremdartig geschnittenes Gesicht	– Schopf bastblonden Haares
– dunkle, zart umschattete Augen mit schweren Lidern	– stahlblaue Augen
– träumerisch-zaghafter Blick	– scharf
– weicher, ungleichmäßiger, nachlässiger Gang	– kräftig, elastisch, taktfest
– schweigsam	– wortreich
– spielt die Geige	– treibt Sport (Reitstunde)
– verfaßt Verse	– arbeitet mit der Laubsäge
– im Unterricht abwesend (schlechte Zensuren)	– guter Schüler (Primus)
– bei den Lehrern schlecht angeschrieben	– von Lehrern bevorzugt
– müßiggängerisch	– tatkräftig
– liest ‚Don Carlos'	– liest Pferdebücher
↓	↓
einsam, ohne Liebe **fremdartig**	gesellig, bei allen beliebt **gewöhnlich**

2. *Analysieren Sie die Bedeutung des Namens Tonio Kröger. Versuchen Sie, vom Namen ausgehend, den inneren Zwiespalt der Titelfigur aufzuzeigen! (GA, TA)*

Der Name Tonio Kröger hat eine wesentliche Bedeutung; alle Figuren und Probleme sind auf die Titelfigur bezogen, und in dem heterogenen Namen deutet sich bereits der Zwiespalt an, der Tonio Krögers Wesen und Leben bestimmt:

Tonio	**Kröger**
Süden (exotisch)	Norden (deutsch)
Künstler (Geist)	Bürger (Leben)
Außergewöhnlichkeit	Normalität
Genius (Literatur/Musik)	Mittelmäßigkeit (Kaufmann/Senator)
Anrüchige, Zweifelhafte	Anständige, Angesehene
Gefahren	Möglichkeiten
Einsamkeit (ohne Liebe)	Geselligkeit (beliebt)

> **Tonio Kröger** steht zwischen Kunst und Leben; er ist zugleich Künstler und Bürger – ein „verirrter Bürger" (Lisaweta Iwanowna).

3. *Der Stil Thomas Manns ist charakterisiert durch die enge Verknüpfung widerspruchsvoller Elemente (einerseits – andererseits). Suchen Sie dafür Beispiele. (GA, TA)*

Die antithetische Struktur ist schon durch den Namen Tonio Kröger angedeutet. „Der syntaktischen Parallelsetzung in der Sprache des ‚Tonio Kröger' entspricht die zweifache Wertung der Welt in der Novelle. Die sprachliche Gestalt steht im Einklang mit dem Gehalt des Kunstwerks." (Hoppe, S. 56)

Häufig werden die Sätze antithetisch verknüpft:

Im Grunde glaubte er nicht sehr fest an das, was Hans gesagt hatte ... Aber er sah doch, daß Hans seine Vergeßlichkeit bereute ...

Dem Sohne Konsul Krögers schien es einerseits, als sei es dumm ... Andererseits aber empfand er selbst es als ausschweifend ...

Tonio liebte seine Mutter ... Andererseits aber empfand er ...

Zu sein wie du ... Er machte nicht den Versuch, zu werden wie Hans ...

Hans ... bereitete ihm manches Glück durch sein Entgegenkommen – aber auch manche Pein ...

Die antithetischen Spannungen, die im 1. Kapitel der Novelle entwickelt werden, faßt Tonio Kröger im Schlußbrief (Text ist nicht abgedruckt) an Lisaweta Iwanowna zusammen:

Süden	– Norden
Künstler (Geist)	– Bürger (Leben)
Außergewöhnlichkeit	– Normalität
Genie (Literat)	– Mittelmäßigkeit (Kaufmann)
Gefahren	– Möglichkeiten
das Anrüchige, Zweifelhafte	– das Angesehene, Anständige

4. *Kann man davon sprechen, daß sich die beiden Freunde gut verstehen?*
5. *Warum nennt Hans seinen Freund in Gegenwart anderer beim Nachnamen? (Diskussion)*

In der Darstellung der beiden Freunde Tonio und Hans sind die bestimmenden Antinomien angesprochen: die unterschiedlichen äußeren Merkmale werden durch die innerliche Verschiedenheit ergänzt. Da Tonio sein „Anderssein" reflektiert, ist er sich seiner Situation bewußt. Hans ist dagegen ein frischer, „normaler" Junge, der sich schämt, seinen Freund beim Vornamen zu nennen, wenn sich andere zwischen sie stellen *(kam ein dritter, so schämte er sich dessen und opferte ihn auf).*

Hans will sich in Gegenwart seiner anderen Kameraden nicht mit dem Besonderen, Außergewöhnlichen, Ausländischen identifizieren, weil er ja zu den Ordentlichen und Gewöhnlichen gehört. So wirft er Tonio auch ohne Not seinen fremden, *albernen* Namen vor, der so *verrückt ist* und *doch überhaupt kein Name ist.*

Hans lenkt zwar manchmal ein und zeigt (oder täuscht er nur vor?) Interesse an der Freundschaft; aber diese Zugeständnisse kommen nicht aus tieferer, innerer Überzeugung; er will seinen Freund nur nicht enttäuschen, weil er fühlt, daß dem anderen seine Freundschaft viel bedeutet.

Tonio weiß, daß jedes Entgegenkommen von Hans nur eine scheinbare Annäherung *ohne Bedeutung* ist. Trotzdem liebt Tonio ihn, und er wirbt nicht ganz vergebens um Hans, *der übrigens eine gewisse Überlegenheit an ihm achtete,* kommt ihm in manchen Dingen entgegen – aber bereitet ihm auch *manche Pein der Eifersucht, der Enttäuschung und der vergeblichen Mühe, eine geistige Gemeinschaft herzustellen.*

Die beiden Freunde haben sich gern, eine geistig-seelische Freundschaft ist nicht möglich, so daß man erkennen muß, daß sie sich im Grunde nicht verstehen können.

6. *Worin sind die Probleme begründet, die Tonio beim Prozeß der Eingliederung in die Gesellschaft (= Sozialisation) hat? (TA)*

Die Probleme können in folgenden Gründen gesehen werden:
– verschiedenartige Herkunft der Eltern ⎫
– gegensätzliche Veranlagung der Eltern ⎬ (Erbanlagen)
– widerspruchsvolles Verhältnis zur Umwelt (Milieu)
– Sehnsucht nach dem Einfachen, Lebendigen, nach Freundschaft und Glück *(Wonnen der Gewöhnlichkeit)*

andererseits
– Weichheit, Verträumtheit, Neigung zur Schwermut und innere Unsicherheit.

„Diese Zwiespältigkeit äußert sich in einem widerspruchsvollen Verhältnis zur Umwelt, der er (Tonio) sich schwärmerisch hingibt, um sich alsbald wieder seiner Eigenart schmerzlich bewußt zu werden, sie dennoch zu pflegen und sich gerade dadurch zu bewahren. Selbsthingabe im gemüthaften Erfassen der Welt und Selbstbehauptung in ihrer erkenntnismäßigen Bewältigung bilden so früh schon die Pole, zwischen denen sich das Leben Tonio Krögers bewegt. Das *rationale Verständnis der Welt,* das sie zum Gegenstand kritischer Erkenntnis macht und dadurch das Einverständnis mit ihr verhindert, zeigt sich etwa darin, daß Tonio die Lehren und Erfahrungen, die ‚seine vierzehnjährige Seele bereits vom Leben entgegengenommen' hat, ‚wohl vermerkt', ja ‚daß er sich damit *abgibt,* solche Einsichten bis auf den Grund zu empfinden und *völlig auszudenken'* ... oder daß er fähig ist, ‚schwierige Dinge auszusprechen' oder in die Dinge hineinzusehen, ‚bis dahin, wo sie kompliziert und traurig werden'. Das Wissen um die Vielfältigkeit und Traurigkeit der Dinge läßt den Wissenden selbst zweifelnd und traurig und uneins mit sich und der Umwelt werden." (Zimmermann, S. 157)

7. Erläutern Sie die Aussage von Thomas Mann, daß er „eine persönliche Mischung aus Norden und Süden, aus deutschen und exotischen Elementen" sei. (Thomas Mann, [Tischrede im Wiener Pen-Club], Autobiographisches. Fischer Bücherei 119, S. 101.)

Der autobiographische Charakter der Novelle ist unverkennbar. Die Probleme Tonio Krögers waren auch die des Literaten Thomas Mann. Der Gegensatz zwischen Künstlertum und Bürgertum hat das Leben des Schriftstellers geprägt und spiegelt sich in fast allen seinen Werken wider (von den „Buddenbrooks" über „Tonio Kröger", „Tristan", „Tod in Venedig" bis zum Spätwerk „Doktor Faustus"). Thomas Mann stammt aus einer Kaufmannsfamilie, die in der Hansestadt Lübeck eine angesehene Firma führte. Der korrekte, bürgerlich-fleißige und ordentliche Vater war Kaufmann und Senator in der Hansestadt (= Norden → deutsches Element), und seine mehr künstlerisch veranlagte Mutter Julia da Silva Bruns von brasilianischer Herkunft bildete den Gegenpol (= Süden → exotisches Element).

Das Leben und Werk des Schriftstellers Thomas Mann ist bestimmt durch die Suche nach einer Synthese dieser beiden Elemente.

Hinweis

Wenn sich die Schüler an dem Problemkreis Künstler – Bürger interessiert zeigen, lohnt die Lektüre der ganzen Novelle. Im 2. Kapitel (Verhältnis Tonio Kröger – Ingeborg Holm) lassen sich weitere Beispiele für Tonios Schwierigkeiten bei seiner Sozialisation aufzeigen (Transfer). Außerdem bietet das Gespräch zwischen Tonio und Lisaweta über die Kunst (4. Kapitel) eine gute Diskussionsgrundlage für eine vertiefende Betrachtung.

Literatur

Kurt Bräutigam, Thomas Mann. Tonio Kröger. München: Oldenbourg 1969.

Alfred Hoppe, Denkweisen und -inhalte der deutschen Sprache und ihre grammatischen und stilistischen Ausdrucksformen. In: DU 10 (1958), Heft 1, S. 40–57.

Werner Zimmermann, Deutsche Prosadichtungen der Gegenwart. Interpretationen für Lehrende und Lernende. Teil I. Düsseldorf: Schwann 1956, S. 155–182.

HEINRICH MANN, **Abdankung**

Lernziele

Die Schüler sollen erkennen, daß
- Felix seine Machtposition in verschiedenen Schritten erreicht und sich die anderen entsprechend unterwerfen;
- die Verhaltensänderung von Felix im Grunde darauf zurückzuführen ist, daß er menschliche Anerkennung sucht, aber nicht findet und daher den Weg der Selbstvernichtung geht;
- Autorität und Untertänigkeit beeinflußt sind durch die Lust, andere zu beherrschen bzw. beherrscht zu werden;
- Probleme von eigenen Gruppensituationen widergespiegelt sind;
- Heinrich Mann eine desillusionierende, entlarvende Studie vom Machtmenschen und der entsprechenden Untertanenmentalität liefert.

Arbeitshinweise

1. Durch welche Mittel gelingt es Felix, Macht über andere Menschen zu gewinnen? Wie behandelt er die anderen, wie sich selbst? (GA, TA)

Mittel zur Herrschaftsausübung

a) Herrisches Auftreten: *Wer ist hier der Herr?*
   Überraschung der anderen: *verdutzt*
   Einschüchterung: *Faust im Nacken; ich merke mir jeden*
   Brutalität: *Ohrfeigen, Tritt in den Bauch*
b) Demütigung: *geringschätzige Namen.* Das Selbstwertgefühl der anderen soll ausgelöscht werden.
c) persönlicher Einsatz: Lineal-Szene. Der Führer kann Schmerzen ertragen, sich selbst Gewalt antun.
d) Ritualien: *Taufe.* Die Gruppenbildung wird betont.
e) Fürsorge des Herrschers: *fühlte er sich auch verantwortlich für ihre Sünden und ihr Wohlergehen*
f) Ausführung sinnloser Befehle: *an einem bestimmten Haus sein Bedürfnis verrichten*
g) Führer als Erlöser: *Entsündigung*

2. Wie empfindet der Herrscher seine Macht? (UG)

Felix genießt zunächst die Macht und verachtet die anderen. Er prüft, *wie weit sich's wohl treiben ließ mit ihnen.* Aber schon früh zeigen sich auch die krampfhaften Anstrengungen: *In Wirklichkeit hatte er seinem Kopf Gewalt angetan und wußte nicht wohin vor Gereiztheit.*
Auf dem Höhepunkt der Macht überfällt ihn aber eine starke innere Unruhe, die seine *Abdankung* einleitet. Seine Träume und Gedanken verraten, daß er die *Aufgabe des Herrschers* nicht bewältigen kann. Felix ist einerseits neidisch auf die von den Beschwernissen der Herrschaft freien Untertanen, andererseits von der Angst erfüllt, daß er scheitern könnte: *Sein Schlaf war unruhig; er erwachte manchmal mit Tränen bitterer Begierde und erinnerte sich schambestürzt, daß er im Traum Butts Körper betastet habe. Und er sann sich, mit Verachtung und Neid, in solch ein Wesen hinein, dessen Schwere nichts aufrüttelte, kein Ehrgeiz, kein Verantwortlichkeitssinn, weder die Not der selbstgeschaffenen Pflichten noch die jener Seltsam-*

keiten, die sich nicht gestehen ließen. Wenn die Unterworfenen einen Blick hätten tun können in das, was ihr Beherrscher verbarg! Daß er ihre Antwort auf den rituellen Zuruf: ‚Wie geht's ihm?' mit immer neuer Qual erwartete. Daß er das Ausbleiben dieses entsetzlichen ‚Mäßig' selbst während der Unterrichtsstunde nie ertragen haben würde und dem Zwang erlegen wäre, zur Erlangung seines Tributs dem Lehrer laut ins Wort zu fallen.

3. Warum dankt Felix auf dem Höhepunkt seiner Macht ab? (UG)

Um sich von den Qualen zu lösen, flüchtet der Beherrscher in die Rolle des Beherrschten. Die Lust, andere zu erniedrigen, wird weit übertroffen von der Lust, selbst erniedrigt zu werden: *Oh, die grausame Selbstvergewaltigung, die todverachtende Hingabe, mit der er sich hinabgestürzt hatte! Herrlicher fühlte dies sich an, als wenn sie auf seinen Befehl einander verprügelt hätten.*

4. Was sucht Felix? (UG)

Er will Freundschaft, Menschlichkeit, Wärme; das läßt sich aus dem pervers übersteigerten Verhältnis zu Butt entnehmen: *Bis dahin hatte Felix keinen Freund gehabt, hatte außerhalb der Schule mit niemand verkehrt. Jetzt trennte er sich nicht mehr von Butt, brachte ihm die fertigen Arbeiten, blieb bei ihm sitzen und sah ihn inständig an.*
Alles Glück, auf das Felix sann, sollten die Sommerferien bringen, wenn er mit Butt allein wäre. Aber diese Ziele und Wünsche mißlingen. Auch die *Abdankung* gelingt nicht. Butt bleibt der Beherrschte, der nur Befehle erteilt, die Felix ihm in den Mund gelegt hat: *Er erfand ein anderes Mittel, Butt zu seinem Herrn zu machen.*

5. Warum geht er doch zu den „Fischen"? (Diskussion)

Wegen des Scheiterns eines menschlichen Verhältnisses bleibt als Ausweg aus seiner Entfremdung nur der Weg der Selbstvernichtung. Alles „Glück" mitmenschlicher Solidarität und Anerkennung, Wärme und Freundschaft ist weder durch Herrschaft über Menschen, noch durch Unterwürfigkeit und Selbsterniedrigung erreichbar.

6. Welches Verhältnis besteht zwischen den Schülern und Felix? (GA, TA)

Verhalten der Schüler
– Gleichgültigkeit: *mir ist es wurscht, weil auch der vorige es getan hatte*
– Angst: *ward bange*
– willenloser Widerstand: *Weiter kannst du wohl nichts?, murrte jemand*
– Verharmlosung: *weil es ein Witz sein konnte*
– Konformismus: *weil Felix zu widerstehen gegen Klugheit und Sitte ging*

Der Monolog von Felix zeigt deutlich die Gründe für den Erfolg des Herrschers: *Wie leicht sie's eigentlich hatten, die, die sich ihm ergaben, ihn statt ihrer wollen ließen und nun ruhig schliefen. Ob man sich solch ein gemeines, stumpfsinniges Dasein wünschen sollte? Ach, manchmal wäre es eine Wohltat gewesen, jemand zu haben, der einem Befehle gäbe, einem alles abnähme.*

Die Menschen, die beherrscht werden, sind von der ‚Bürde' selbstverantwortlichen Denkens und Handelns befreit. Butts Verhalten zeigt deutlich die ganze Unbeholfenheit des Menschen, der nur beherrscht werden will, der keine Phantasie hat, selber zu herrschen, der vor allem unfähig ist, sein Leben eigenständig zu gestalten.

Bezeichnend sind auch die Bilder und Vergleiche: *Knäuel, weicher Klumpen.*

7. Diskutieren Sie das Verhalten der Schüler!

Felix siegt nur deshalb, weil sich die Schüler besiegen lassen. Felix staunt selber, daß ihm der Sieg so mühelos gelingt: *ihn überkam Staunen, weil sie gehorchten. Sie waren doch stärker! Jeder einzelne war stärker! Wenn dem dicken Hans Butt eingefallen wäre, daß er Muskeln hatte!* Solidarität könnte also die Herrschaft des einzelnen verhindern.

8. Lassen sich Parallelen zu Motiven und Methoden totalitärer Systeme finden? (Diskussion)

„Die Inhumanität als solche soll enthüllt, entlarvt, angeprangert werden. Die bewußt übertreibende, ins Groteske verzerrende Darbietungsform ist hier weniger ein Element des künstlerischen Spiels, sondern weit eher ein Instrument des Kampfes, der Auseinandersetzung mit einer negativ beurteilten Wirklichkeit." (Benno von Wiese, S. 12 f.)

„Heinrich Mann konnte damals freilich nicht ahnen, daß selbst die künstlerische Übertreibung sich gegenüber der politischen Wirklichkeit, wie sie 30 Jahre später eintrat, wie eine harmlose Idylle ausnehmen werde. Dennoch sind wir, die wir diese Wirklichkeit erlebt haben, überrascht von dem kritischen Scharfblick, mit dem der Dichter in dieser Satire das Modell einer modernen Diktatur bis in die Details hinein entworfen und psychologisch motiviert hat." (Werner Zimmermann, S. 141)

Literatur

Werner Zimmermann, Deutsche Prosadichtungen unseres Jahrhunderts, Bd. 1. Düsseldorf: Schwann 1966, S. 135–142.

Deutschland erzählt. Von Arthur Schnitzler bis Uwe Johnson. Ausgewählt und eingeleitet von Benno von Wiese. Frankfurt: Fischer-Bücherei 1962, S. 12 f.

Didaktisch-methodische Analysen. Handreichungen für den Lehrer zum Lesebuch Kompaß, 9./10. Schuljahr. Paderborn: Schöningh 1973, S. 471–473.

André Banuls, Heinrich Mann. Stuttgart: Kohlhammer 1975 (= Sprache + Literatur 62).

Jürgen Haupt, Heinrich Mann. Stuttgart: Metzler 1980 = M 189.

Franz Kafka, **Brief an den Vater**

Lernziele

Die Schüler sollen erkennen, daß
- der Sohn sich nicht vom Vater (Autorität) lösen kann;
- Kafka sein Leiden aus der Rückschau artikuliert;
- persönliche Konflikte nicht nur von der jeweils gegebenen Situation aus gesehen werden dürfen, sondern vom Gesamtzusammenhang her beurteilt werden müssen;
- Selbstreflexion zur Selbstfindung führt.

Arbeitshinweise

1. Wie sieht der Sohn den Vater? (StA, TA)

Urteil des Sohnes
- stellt das Verhältnis zwischen Vater und Sohn zu einfach dar
- hat das ganze Leben lang schwer gearbeitet
- hat alles für die Kinder geopfert
- ohne Verstellung

- Güte
- Lebens-, Geschäfts- und Eroberungswillen
- Stärke, Gesundheit, Appetit, Stimmkraft, Redebegabung, Selbstzufriedenheit, Weltüberlegenheit, Ausdauer, Geistesgegenwart, Menschenkenntnis
- Großzügigkeit
- Temperament und Jähzorn
- Strenge
- weniger fröhlich, frisch, ungezwungen, leichtlebig

2. *Charakterisieren Sie das Verhältnis von Vater und Sohn! (GA, TA)*

Vorwürfe des Vaters	Selbsteinschätzung des Sohnes
– Saus- und Braus-Leben	– Furcht
– vollständige Freiheit	– verkrochen
– Überspanntheit	– ohne Familien- und Geschäftssinn
– verrückte Ideen	– ängstlich
– Undankbarkeit	– schwächlich
– kein Entgegenkommen	– zögernd
– Kälte	– unruhig
– Fremdheit	– scheu

Verschiedenartigkeit ⟶ Entfremdung/Isolation

3. *Worin sehen Sie den Grund für die Fremdheit der Beziehungen? (UG)*

Die Fremdheit beruht in den unterschiedlichen Charakteren und ihren Verhaltensweisen. Der Vater, ein Geschäftsmann – kräftig, erfahren – kann sich nicht in die Vorstellungswelt seines Sohnes hineinversetzen.

Der Sohn, Freund von Büchern und *verrückten Ideen* – sich langsam entwickelnd, schwach, sensibel – leidet unter der Stärke des Vaters, hat aber auch kein Verständnis für die Welt des Vaters.

Allerdings können sich beide nicht voneinander lösen, der Vater, weil er zu stark ist, zu sehr Einfluß nehmen will; der Sohn, weil er zu schwach, zu empfindlich ist und sich nicht befreien kann.

4. *Diskutieren Sie das Generationsproblem!*

Wichtig ist die Feststellung des Sohnes, daß beide schuldlos sind. Das führt zu der entscheidenden Begründung der Entfremdung, die in den verschiedenen Charakteren ruht. Es fragt sich aber doch, ob nicht beide Partner Fehler gemacht haben in ihrer Kompromißlosigkeit und Verständnislosigkeit gegenüber dem anderen.

Literatur

Jürg Amann, Franz Kafka, München: Piper 1983 = Serie Piper 260.
Klaus Wagenbach, Franz Kafka in Selbstzeugnissen und Bilddokumenten. Reinbek: Rowohlt 1964 (= rowohlts monographien 91).
Claude David (Hrsg.), Franz Kafka. Themen und Probleme. Göttingen: Vandenhoeck & Ruprecht 1980 = Kleine Vandenhoeck-Reihe 1451.
Wilhelm Emrich, Franz Kafka. Frankfurt: Athenäum [8]1981 = AT 2174.
Joachim Unseld, Franz Kafka. Ein Schriftsteller. München: Hanser 1982.
Hartmut Binder, Kafka. Ein Leben in Prag. München: Mahnert-Lueg 1983.

WOLFGANG BORCHERT, **Nachts schlafen die Ratten doch**

Lernziele

Die Schüler sollen erkennen,
- wie durch äußere Verhältnisse (Krieg, Gesellschaft) eine ungewöhnliche Sozialisation bewirkt wird;
- wie es aber doch gelingt, durch Vertrauen und Hilfsbereitschaft das verborgene natürliche Verhalten eines 9jährigen Jungen zurückzuholen;
- wie sich in der Sprache die Kräfte der Zerstörung und der Ordnung widerspiegeln.

Arbeitshinweise

1. Welche Aussagen werden über den Jungen gemacht? (UG)

Jürgen, ein neunjähriger Junge, mit großem Stock bewaffnet, wacht am Fenster einer Schuttmauer, um seinen toten kleinen Bruder davor zu bewahren, daß die Ratten an ihm nagen. Ganz auf sich selbst gestellt, ernährt er sich von einem halben Brot und dreht Zigaretten.

2. Wie gelingt es dem alten Mann, Jürgens Interesse zu wecken? Welche Veränderungen gehen während des Gesprächs in dem Jungen vor? Worin zeigt sich diese Veränderung? (StA)

Der Junge zeigt unter den Fragen des Mannes mehrere Verhaltensphasen:
Mißtrauen: *Das kann ich nicht sagen. Er hält die Hände fest um den Stock.*
Unsicherheit: *Ich kann doch nicht. Ich muß doch aufpassen, sagte Jürgen unsicher.*
Vertrauen: *Wenn du mich nicht verrätst . . .*
Neue Gedanken: *Lauter kleine Betten sind das, dachte er.*
Interesse: *Wenn ich eins kriegen kann? Ein weißes vielleicht?*
Begeisterung: *Ja, rief Jürgen . . . Wir haben noch Bretter zu Hause.*

Die Rechenaufgabe (wieviel sind dreimal neun?) appelliert an die natürliche Neigung des Jungen, sein Wissen unter Beweis zu stellen; die Kaninchen wecken die spontane kindliche Begeisterung für Tiere.

Dem alten Mann gelingt es durch Gutmütigkeit, Vertrauen, Verständnis, Güte und Behutsamkeit, den Jungen in die Welt des Lebens zurückzuholen. Er wird so auf sein ‚Junge-sein' zurückgelenkt.

3. Welche Bedeutung hat die Überschrift für die Geschichte?

4. Wie beurteilen Sie das Verhalten des alten Mannes (Notlüge)? (UG)

Die Behauptung des alten Mannes, daß nachts die Ratten schlafen, hat zum Ziel, den Jungen von seiner selbstgewählten, ihn belastenden und zerstörenden Wachaufgabe wegzuführen: „. . . mit einer Notlüge, die in einem tieferen symbolischen Sinne gleichwohl als wahr gelten kann, weil sie den zerstörerischen Kräften im Leben nur eine begrenzte Chance einräumt, führt er die entscheidende Wendung zum Guten herbei." (Zimmermann, S. 39)

5. *Worauf verweisen die gegensätzlichen Motive „Schutt" – „Betten", „Ratten" – „Kaninchen"? (GA, TA)*

Schutt/Ratten	Betten/Kaninchen
– Tod	– Leben
– Öde	– Schlaf/Ruhe
– Elend	– Hoffnung
– Zerstörung	– Natur
– Chaos	– häusliche Geborgenheit

6. *Vergleichen Sie den ersten mit dem letzten Absatz (Verben, Adjektive, Farben)! (StA, TA)*

erster Absatz	letzter Absatz	
– hohl – vereinsamt – gähnen – dösen	– etwas grau von Schutt	Leiden (Passivität)
– blaurot voll früher Abendsonne	– laufen, sehen – hin und her schwenken – Sonne – rot vom Abend – grün	Hoffnung (Aktivität)

Im ersten Absatz ist alles träge, passiv, leidend, statisch. Nur die Farben bringen wenigstens etwas Abwechslung.

Im letzten Absatz hat dagegen die Welt des Lebens überhand gewonnen, allerdings noch ein wenig beeinträchtigt *(etwas grau)*. Aber die Akzente haben sich deutlich verändert.

7. *Wodurch sind die Probleme der Sozialisation bei diesem Jungen gekennzeichnet? (Diskussion)*

Jürgen ist ein Junge, der durch das Grauen des Krieges und dessen Normen zu schnell erwachsen geworden ist und um seine Kindheit beraubt wurde. Die Kräfte der Zerstörung, des Mißtrauens und der Verneinung haben Macht über ihn errungen. Allerdings ist sein natürliches ‚Junge-sein' im Verborgenen noch vorhanden. Dem alten Mann gelingt es, den Jungen aus seiner Verkrampfung zu lösen, die Verstörung zu beseitigen und ihn in seinen ursprünglichen Lebensraum zurückzuführen: dem des Spiels.

„Aber diesem Kind, das sich in unkindlicher Selbständigkeit und Selbstisolierung der Umwelt verschließt und ganz der Welt der Toten verfallen ist, steht in der Gestalt des alten Mannes ein Mensch gegenüber, der jenes Urvertrauen zu brechen vermag, dessen gerade der junge Mensch bedarf, um aus dem Chaos in die natürlichen Ordnungen des Lebens zurückzufinden." (Zimmermann, S. 38)

Borchert klagt damit die durch menschliche Schuld aus den Fugen geratene Zeit an, die einen jungen Menschen so verformen kann.

Literatur

Werner Zimmermann, Deutsche Prosadichtungen unseres Jahrhunderts, Bd. 2. Düsseldorf: Schwann 1969, S. 37–41.
Interpretationen zu Erzählungen der Gegenwart. Frankfurt: Hirschgraben 1969.
Interpretationen zu Wolfgang Borchert. München: Oldenbourg [7]1962, S. 76–82.

ALFRED ANDERSCH, **Der Junge**

Lernziele

Die Schüler sollen erkennen, daß
- der Junge aus dem Alltag mit seinen Pflichten und Einengungen in eine freiere, ungebundenere Welt entfliehen will;
- sich der Junge erst auf dem Weg, nicht aber am Ziel der Sozialisation befindet;
- der Junge eine Wandlung vom Verschlossenen zum Offenen durchmacht, die Voraussetzung für seine aktive Sozialisation ist.

Arbeitshinweise

1. *Wie lebt der Junge auf dem Speicher? (StA, TA)*

Leben auf dem Speicher (Versteck)
- unbemerkt
- vorsichtig (tappen)
- kennt sich aus
- als Versteck ausgebaut
- Lager aus Stroh und Säcken
- liest bei Tag und Nacht
- verbarrikadiert sich

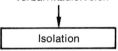

Isolation

Der Junge schließt sich vor der Welt ab. Das geheimnisvolle Licht (Dunkelheit, graues Licht, Licht einer Kerze oder Taschenlampe) steigert noch diese Weltentrücktheit. Auf dem Speicher lebt er aber auch ganz nach seinen eigenen Vorstellungen.

2. *Was kritisiert der Junge an den Büchern, die er gelesen hat? Liegt das an den Büchern? (StA, UG)*

Ihn befällt bei der Lektüre seiner Bücher ein *Gefühl des Mißtrauens.* Er denkt: *sie sind prima, aber sie stimmen alle nicht mehr.* Man kann nicht einfach weglaufen, sondern benötigt *Papiere* und *Einwilligungen.* Die Bücher haben ihm von der weiten Welt mit ihren Schönheiten und Möglichkeiten erzählt. Es sind nur Abenteurer- und Reiseerzählungen. Er kommt aber nun zu der Erkenntnis, daß seine geliebte Buchwelt eine Märchen- und Kinderwelt ist, zwar *prima,* aber unwirklich.

Allerdings hat der Junge diese Bücher bislang auch zu naiv gelesen. Sie enthalten ja keine Anleitungen zum Handeln; sie können nur dem Menschen helfen, über sich selbst und seine Stellung in der Gesellschaft klar zu werden.

3. *Welche Bedeutung haben für ihn Sansibar oder der Mississippi? (TA)*

Sansibar/Mississippi
- man muß doch hinaus können   (→ Freiheit)
- es ist unerträglich, daß man Jahre warten soll   (→ Ungeduld)
- etwas zu sehen kriegen   (→ Ferne)
- abhauen   (→ Aktivität)

Für den Jungen ist Rerik ein Ort der Langeweile, des Alltäglichen, des Immer-wieder-kehrenden. Hier hat man seinen Vater verleumdet, der den Mut hatte, auf die offene See zu fahren und dabei umgekommen ist.

Sansibar ist kein abgeschlossenes Versteck mehr wie der Speicher in Rerik, sondern ein weltoffenes, in die Zukunft gerichtetes Ziel.

4. *Durch welche sprachlichen Eigentümlichkeiten veranschaulicht der Autor die Situation des Jungen? (StA)*

Verben des Nachdenkens: er dachte nach, er wußte, er hatte erkannt, er spürte, er hatte begriffen. Der Junge reflektiert seine Situation.

Konjunktion „und": Der Junge trägt alles zusammen, was ihn bedrängt: Er zog eine seiner Landkarten hervor <u>und</u> breitete sie aus, er hatte den Indischen Ozean erwischt <u>und</u> er las die Namen Bengalen <u>und</u> Chittagong <u>und</u> Kap Comorin <u>und</u> Sansibar <u>und</u> er dachte, wozu bin ich auf der Welt, wenn ich nicht Sansibar zu sehen bekomme <u>und</u> Kap Comorin <u>und</u> den Mississippi <u>und</u> Nantucket <u>und</u> den Südpol.

Jargon: Alles Blödsinn, klauen, nichts los.

5. *Warum will er fort? Welche Schwierigkeiten bei der Sozialisation ergeben sich? (Diskussion, TB)*

„Sansibar ist der Inbegriff seiner Traumwelt, die sich aufbaut aus den Abenteuern Huckleberry Finns in Mark Twains Buch und aus der Erinnerung an den Vater, der häufig in die offene See hinausfuhr und in ihr den Tod fand. Beide, die literarische und biographische Figur, haben für den Jungen die Funktion eines Leitbildes: Sie weisen den Weg aus der engen, begrenzten Wirklichkeit in die offene, unbegrenzte Traumwelt der Ferne, aber auch – insofern in ihrem Schicksal die Traumwelt Realität geworden ist – den Weg vom vagen Träumen zum konkreten Planen und praktischen Handeln." (Zimmermann, S. 220)

In dem Romanausschnitt macht der Junge 2 Phasen durch, die – im weiteren Verlauf – zu einer dritten Phase führen:

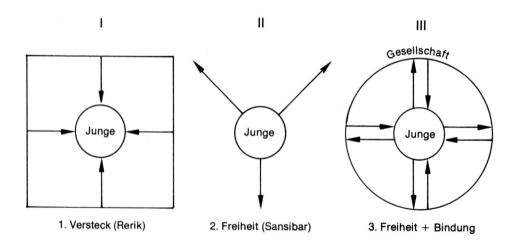

1. Versteck (Rerik)   2. Freiheit (Sansibar)   3. Freiheit + Bindung

6. Diskutieren Sie das Verhalten des Jungen!

Bei der Diskussion sollte deutlich werden, daß sich der Junge auf dem Weg zur Erwachsenenwelt und zur Selbständigkeit befindet, nicht aber schon am Ziel. Ein Referat oder Lehrervortrag könnte ergänzend verdeutlichen, daß der Junge im Roman am Schluß konkret an der Rettungsaktion der anderen Personen aus dem nationalsozialistischen Deutschland teilnimmt.

„Die Sehnsucht nach der offenen Welt ist so groß, daß er die Ermahnungen Judiths in den Wind schlägt, die ihn auf seine Verantwortung Knudsen gegenüber aufmerksam macht. Aber als er Schweden, das Land der Freiheit, betreten hat und einige Stunden glücklich war, vollzieht sich, als er den einsam wartenden Fischer auf seinem Kutter beobachtet, eine Wandlung. Er geht an Bord zurück. Der Traum von der grenzenlosen Freiheit scheint ausgeträumt. Die Verantwortung dem Fischer gegenüber, die er jetzt freiwillig auf sich nimmt, erweist sich als die größere Freiheit." (Geißler, S. 225)

Wahre Freiheit wird erst durch Bindung erreicht.

Hinweis

Der 7. Arbeitshinweis „Analysieren und vergleichen Sie das Verhalten der Jungen bei Thomas Mann, Heinrich Mann, Wolfgang Borchert und Alfred Andersch!" kann in Gruppenarbeit beantwortet werden.

Literatur

Dieter Schiller, Stundenblätter Alfred Andersch „Sansibar". Eine Einführung in den modernen Roman für Klasse 10. Stuttgart: Klett ²1980.

Werner Zimmermann, Deutsche Prosadichtungen unseres Jahrhunderts, Bd. 2. Düsseldorf: Schwann 1969.

Karl Migner, Gesichtspunkte zur Erarbeitung zeitgenössischer Romane in Oberprima. In: DU 14 (1962), Heft 1, S. 92–107.

Rolf Geißler, Möglichkeiten des modernen deutschen Romans. Frankfurt: Diesterweg ⁴1970, S. 215–230.

Leo Kreutzer, Alfred Andersch. Stuttgart: Kohlhammer 1975 (= Sprache + Literatur 67).

Erhard Schütz, Alfred Andersch. München: Beck 1981 = Autorenbücher 23.

Gerd Haffmanns (Hrsg.), Über Alfred Andersch. Zürich: Diogenes 1980 = detebe 53.

Alfred Andersch. In: Text + Kritik, Heft 61/62. Zeitschrift für Literatur. Hrsg. von Heinz Ludwig Arnold. München: edition text + kritik 1979.

Volker Wehdeking, Alfred Andersch. Stuttgart: Metzler 1983 = M 207.

ULRICH PLENZDORF, **Echte Jeans**

Lernziele

Die Schüler sollen erkennen, daß
- Edgar Unbehagen an der kleinbürgerlichen Enge des Alltags spürt und eine eigene Welt ohne Kompromisse zu errichten versucht;
- sein Jargon Ausdruck bestimmter Verhaltensweisen ist;
- der Textausschnitt neben allgemeinen Jugendproblemen auch spezifische DDR-Probleme (Kritik an bestimmten Erscheinungen im DDR-Alltag) anspricht.

Arbeitshinweise

1. *Welche Aussagen macht Edgar Wibeau über Jeans? Welche Unterscheidung trifft er? (StA, TA)*

Edgar unterscheidet *echte Jeans* und *synthetische Lappen* voneinander. Die echten Jeans sind die *edelsten* Hosen der Welt. Dafür würde er auf alles verzichten, außer der *schönsten Sache* (= Liebe) und Musik (= Beat). Jeans kann man nur bis zu 18 Jahren und dann wieder als Rentner tragen; sie sind eine *Einstellung*. Dagegen lehnt er die synthetischen Hosen aus der Jumo (Jugendmode) ab, die ewig *tiffig* aussehen; sie sind *Plunder*, der so tut wie echte Jeans.

echte Jeans	unechte Jeans
– edelste Hosen der Welt	– synthetische Lappen
– dafür auf alles verzichten	– tiffig
– vorn kein Reißverschluß	– Plunder; tun nur so wie echte Jeans
– das Tragen ist an ein bestimmtes Alter gebunden	

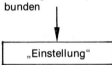
„Einstellung"

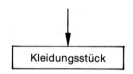
Kleidungsstück

2. *Was ist ein „echter Jeansträger"?*
3. *Was meint Edgar mit dem Satz: „Jeans sind eine Einstellung und keine Hosen"? (Diskussion)*

Edgar sagt, daß man Jeans eigentlich nur bis zum 18. Lebensjahr und dann wieder als Rentner tragen dürfe *(edel)*. Es müssen allerdings auch die richtigen sein *(echte)*. 25jährige dürften sie nicht mehr anziehen; sie sind im Beruf, im Studium oder in der Armee; mit ihnen kann man nicht mehr reden. Sie sprechen nur von ihrer beruflichen Karriere, von Arbeit und Familie. Jugendliche und Rentner stehen außerhalb dieser Berufswelt. Jeans sind eine *Einstellung*, eben die des Jugendlichen, des Noch-Freien, des Ungebundenen, des Nicht-Angepaßten. Sie sind Symbole ungezwungener Lebensweise, Ausdruck von *Sensibilität, Kreativität, Ehrlichkeit, Unsicherheit,* aber auch Konsequenz im Verfolgen eines einmal eingeschlagenen Weges und Mißtrauen gegenüber den Erwachsenen. Daher passen sie auch nicht mehr zu den Erwachsenen, bei ihnen würden sie unecht und falsch wirken.

4. *Welche umgangssprachlichen Wörter und Vergleiche verwendet der Erzähler? Welche Funktion haben sie? (StA, UG)*

Telegrammstil: *Natürlich Jeans; Und außer Musik*
Jargon: *Lappen, tiffig, rissen mich nicht gerade vom Hocker, Plunder, auf Rente, Knacker*
Übertreibungen: Superlative und Kompromißlosigkeiten *(Jeans sind die edelsten Hosen der Welt; man dürfte nicht älter werden als siebzehn)*

Alogische Sätze: *Es tötete mich immer fast gar nicht, wenn ich . . .*
Verballhornungen: Statt Mendelsohn-Bartholdy *Händelsohn-Bacholdy*
Vergleiche: *Das ist, wie wenn einer dem Abzeichen nach Kommunist ist und zu Hause seine Frau prügelt.*

Die Sprache Edgars ist gekennzeichnet durch das eigenständige Vokabular heutiger Jugendlicher, die dadurch ihren spezifischen Lebensstil zum Ausdruck bringen wollen. Sie ist unpathetisch, ironisch, locker, phantasievoll, aber auch kompromißlos.

5. *Woran ist erkennbar, daß der Text von einem DDR-Autor stammt? Welche Haltung nimmt Plenzdorf gegenüber dem Kommunismus ein? (UG)*

a) Es gibt keine echten Jeans *(Plunder aus der Jumo)*
b) Vergleich mit dem Kommunisten

Für die Deutung ist zu beachten, daß sich die Situation der Jugend in der DDR von der in der Bundesrepublik unterscheidet. Dazu die „Materialien zum Bericht zur Lage der Nation 1971":
„In der Bundesrepublik befindet sich die Jugend im Spannungsfeld widersprüchlicher, zumindest vielfältiger Erwartungen, Anforderungen und Angebote, die ihr die Chance bieten, in produktiver Auseinandersetzung mit dem Vorgefundenen die eigene Identität zu finden. Damit ist ihr einerseits ein relativ großer Spielraum eröffnet, andererseits ergeben sich aus dieser Situation Integrations- und Anpassungskonflikte, die bis zu einem gewissen Grade als unvermeidlich angesehen werden. In der DDR wird der Jugend im Rahmen der übergreifenden und allgemein verbindlichen politischen Ziele eine inhaltlich konkret festgelegte aus gesamtgesellschaftlichen Vorstellungen unmittelbar abgeleitete Aufgabe zugesprochen. In Formeln wie ‚Jugend – Schrittmacher, nicht Mitmacher' oder ‚Jugend – Hausherren von morgen' liegen eindeutige Verhaltenserwartungen." (Materialien, S. 11 f.)

Plenzdorf kritisiert nicht die Basis – die kommunistische Gesellschaftsordnung als solche – sondern bestimmte Verhaltensweisen von Kommunisten, die mit der eigentlichen Lehre nichts mehr zu tun haben. Das wird besonders deutlich aus dem Vergleich mit dem Kommunisten, der es aber nur dem Abzeichen nach ist, in Wirklichkeit *prügelt* er seine Frau, hält sich also nicht an die theoretischen Ziele des Kommunismus.

6. *Wie beurteilen Sie Edgars Vorstellungen? Können Sie seine Probleme verstehen? (Diskussion)*

Die Schüler werden herausfinden, daß Edgars Sprache ihre eigene ist, daß er ihre Gedanken formuliert, auch wenn für sie Jeans keine direkten Probleme darstellen.

Hinweis

Wenn man das Buch nicht ganz im Unterricht lesen will, bietet sich ein Referat über den Inhalt an. Anschließend könnten auch Überlegungen zur Wirkung dieses Stückes in der DDR angestellt werden.

Diskussion um Plenzdorf in der DDR

Friedrich Karl Kaul (Staatsanwalt):

„Um mein Urteil knapp zu fassen: mich ekelt geradezu – um keinen anderen Ausdruck zu benutzen – die von einem unserer professionellen Theaterkritiker sogar noch ‚mehr als ein hübscher Einfall' gelobte Inbezugsetzung eines verwahrlosten – der Fachmann würde sagen ‚verhaltensgestörten' – Jugendlichen mit der Goetheschen Romanfigur an; von dem Fäkalienvokabular, in dem des langen und breiten über die innige Funktionsverbindung von Niere und Darm der Plenzdorfschen Figur abgehandelt wird, ganz zu schweigen. Man komme nicht mit der Binsenwahrheit, daß es derart verhaltensgestörte Jugendliche bei uns nicht gibt, worüber gerade ich durch Beruf und spezielles Fachinteresse besonders gut unterrichtet sein dürfte. Aber dank der energischen Maßnahmen unseres Staates sind sie alles andere als repräsentativ für unsere Jugend! Herr Plenzdorf hätte nur in die Werkhallen unserer Betriebe, in die Hörsäle unserer Universitäten und Akademien, in Ateliers und Laboratorien, schlechthin an jeden Ort, gehen können, wo gearbeitet wird, um das festzustellen!"

Stefan Hermlin (Schriftsteller):
„Ich halte diese Zuschrift [von Kaul] nicht für so ungeheuer interessant, daß man sich groß und breit damit auseinandersetzen müßte. Ein altes Argument wird vorgestellt, das immer aktiviert wird, wenn ein Stück neue Kunst irgendwo auftaucht, und hier geht es um ein authentisches Stück neuer Kunst. Man argumentiert, daß das ja nicht typisch sei, sondern daß es eben nur irgendeine in diesem Falle verhaltensgestörte Minderheit angeht, während man in den Werkhallen etwas ganz anderes erleben könnte. Verhaltensgestört, also krank, sind die anderen; man selber ist kerngesund.

Übrigens hält der Briefschreiber, den ich zufälligerweise kenne – von seinem gestörten Verhältnis zur Sprache will ich nicht reden –, sich gewöhnlich nicht in Werkhallen auf. Er hat gar keine Zeit dazu, da er eine große Praxis hat und außerdem sehr viele Kriminalhörspiele und Kriminalromane schreibt. Und so kann er auch nicht wissen, wie Arbeiterjugend denkt.

Das Wichtige an Plenzdorfs Stück ist, daß es vielleicht zum erstenmal, jedenfalls in der Prosa, authentisch die Gedanken, die Gefühle der DDR-Arbeiterjugend zeigt."

(Diskussion um Plenzdorf. In: Sinn und Form (Berlin) 25 (1973), Heft 1.)

Literatur

Helmut Fischbeck, Ulrich Plenzdorf: Die neuen Leiden des jungen W. Zur Literaturproduktion und -rezeption in der DDR. In: DD 5 (1974), Heft 18, S. 338–358.

Fritz J. Raddatz, Ulrich Plenzdorfs Flucht nach Innen. Merkur 27 (1973), S. 1174–1178.

Peter J. Brenner (Hrsg.), Plenzdorfs ‚Neue Leiden des jungen W'. Frankfurt: Suhrkamp 1982 = st 2013.

Bericht der Bundesregierung und Materialien zur Lage der Nation 1971, hrsg. vom Bundesministerium für innerdeutsche Beziehungen.

UDO LINDENBERG, **Cowboy-Rocker**

Lernziele

Die Schüler sollen erkennen, daß

– Filme (hier der Western) nur eine Traumwelt darstellen, die mit der Wirklichkeit nicht übereinstimmt;
– diese Träume Versuche sind, der Realität zu entfliehen, aber erfolglos bleiben;
– sich in diesem Rock-Song die Situation vieler Jugendlicher widerspiegelt.

Arbeitshinweise

1. Welche Wirkung hatte der Film (Western) mit Charles Bronson auf den Cowboy-Rocker? (StA)

Der Junge bleibt noch im Kino, denkt an Arizona, die Goldgräberstadt Gun City und träumt von seinem „Freund" Charles Bronson (Filmschauspieler). Später geht er an den Schaufenstern entlang und nimmt den Gang eines Cowboys an. Dann hört er die Stimme von Charles Bronson und fühlt sich von ihm angesprochen *(fahr' zu Deiner Rockerclique . . .).* Der Junge verbleibt also noch in der Traumwelt, die für ihn aber ein hohes Maß an Realität enthält. Die Grenze zwischen Wirklichkeit und Traum ist fließend.

2. *Welche Funktion haben die Worte des Präsidenten der Rocker-Clique? (UG)*

Der Präsident liebt dasselbe Mädchen wie der Cowboy-Rocker; da er der Mächtigere ist, scheitert der Versuch des Jungen, sich ihm zu nähern. Auf diese Weise wird er mit der Wirklichkeit konfrontiert; seine Traumwelt zerbricht.

3. *Analysieren Sie den Jargon, der hier verwandt wird! Welche Funktion hat er in bezug auf Versuche zur Sozialisation?*

Jargon: *Sonne putzen, Pennerhotel, anmachen, Guzzi, Fuzzi.*

Menschengruppen können ihren eigenen Wortschatz haben, einen Jargon. Die Gruppe will sich dadurch von anderen unterscheiden und ein eigenes Zugehörigkeitsgefühl erreichen.

4. *Erläutern Sie, welche Wirkung bestimmte Filme auf Sie haben! Warum? (Diskussion)*

Es ist bekannt, daß nach Western- und Abenteurer-Filmen die Autofahrer aggressiver fahren als normal.

Tafelbild

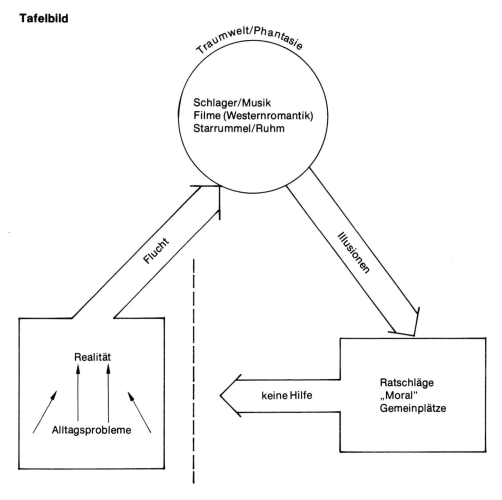

HERMANN RAUHE, **Schlager als Lebenshilfe**

Lernziele

Die Schüler sollen erkennen, daß
- die Entfremdung der soziale und psychologische Hintergrund für das Phänomen Schlager ist;
- zwischen normalen Schlagern und Rock/Beat unterschieden werden muß;
- der normale Schlager eine Form der Flucht in eine unwahre heile Welt ist, die die bestehenden Verhältnisse stabilisiert;
- die Beatmusik dagegen rebellische, resignative und heilsbezogene Züge zugleich aufweist;
- dieser wissenschaftliche Text durch Zitate und begründende Satzkonstuktionen gekennzeichnet ist.

Arbeitshinweise

1. Welche Schlagerformen unterscheidet Rauhe?

Schlager (Schnulzen) – Rock- und Beatmusik

2. Welches ist der entscheidende Hintergrund für Schlager? (UG)

Der entscheidende Hintergrund für Schlager ist nach Rauhe die Selbstentfremdung des in den Arbeits- und Verbrauchsprozeß eingespannten Menschen (vgl. dazu den Text von Wallraff, Am Fließband). Die Menschen können weder die Arbeit, noch die Politik, noch die Freizeit selbständig ausfüllen. Dazu kommt, daß diese Freizeit immer mehr zunimmt.

3. Welche Ursachen und Wirkungen haben normale Schlager? Welches sind die Ursachen und Wirkungen der Rock- und Beatmusik? (GA, TA)

Schlager	Rock- und Beatmusik
– Befreiung von dem Gefühl der Vereinsamung	– Symbol einer aus den Fugen geratenen Jugend
– Spendet Trost	– Reaktion der Jugend auf ihre eingeengte Stellung
– Identifikation mit dem Star	– Statusunsicherheit (Statusverweigerung) in der Gesamtgesellschaft
– Verkündet Optimismus und Frohsinn	– Befriedigung eines spontanen Erlebnisdranges
– Entrückt aus dem harten Alltag	– Untertauchen in ein Kollektiv Gleichgesinnter
– Refugium im Unwahren	– Rebellion, Protest, Opposition
– Bestätigung der gesellschaftlichen Verhältnisse	– Jugendsubkultur
	– Opposition ist im Bewußtsein nicht klar formuliert; es ist eine „natürliche Protestform anarchisch-jugendlichen Lebensgefühls"

Zwar vermag der Schlager die Einsamkeit in der Wirklichkeit nicht aufzuheben, aber er vermittelt das Gefühl, die Einsamkeit zu überwinden.

4. Worin liegt der Unterschied zwischen Kunst und Schlager? (UG)

Beide sind eine Art Ersatzbefriedigung, um die grausame Realität zu bewältigen. Der Unterschied liegt darin, daß Kunst die Wirklichkeit erschließt, während der Schlager die Wirklichkeit verschleiert. In der Kunst wird der Mensch mit der harten Wirklichkeit konfrontiert, im Schlager wird der Wirklichkeit ausgewichen.

Rauhe faßt seine Thesen in der Formulierung *Beat zwischen Rebellion, Resignation und Religion* zusammen.

Rebellion = Protest gegen die Verhältnisse
Resignation = Ausweichen vor den Problemen der Wirklichkeit
Religion = Utopie einer besseren Welt

5. Welche Methode wendet der Verfasser an, um seine Aussagen zu belegen? (UG)

Der Text ist ein Beispiel einer wissenschaftlichen Analyse (aus dem soziologischen und psychologischen Bereich). Dabei greift der Autor auf Forschungen verschiedener Wissenschaftler zurück, die er zum Teil wörtlich zitiert.

Charakteristisch sind die vielen Fach- und Fremdwörter (vgl. Frage 1). Dabei sind einige Wörter durchaus entbehrlich und könnten verdeutscht werden.

Der Satzbau ist kompliziert. Lange Satzkonstruktionen mit vielen Nebensätzen, vor allem begründenden, sind charakteristisch. Folgende Konjunktionen tauchen (zum Teil mehrfach) auf: „dadurch, sondern, aber, indem, so, darum, damit, denn, daher, jedoch, weil".

6. Stellen Sie eine Liste mit allen unbekannten Wörtern auf, und schlagen Sie die Bedeutung der Begriffe in einem Lexikon nach! (HA)

Phänomen = Naturerscheinung, seltenes Ereignis
Relevanz = Wichtigkeit, Bedeutung
Identifikation = Gleichsetzung, Feststellung der Gleichheit
Vakuum = luftleerer Raum
Psychologie = Seelenkunde
Psychoanalyse = Verfahren zur Untersuchung und Behandlung seelischer Störungen
illusionär = Scheinwirkungen erzeugend
Refugium = Zufluchtsort
Status = Stand, Zustand
Idiom = Standessprache, Mundart
anarchisch = herrschafts-, gesetzlos
Subkultur = Kulturgruppierung innerhalb eines übergeordneten Kulturbereichs
empirisch = erfahrungswissenschaftlich
implizieren = mit einbeziehen, einbegreifen

Literatur

Werner Klose, Die Sprache des Schlagers. Textheft und Begleitheft. Dortmund: Crüwell 1971 (= Sprachhorizonte 9).

Rock-Lexikon. Hrsg. von Schmidt-Joos u.a. Reinbek: Rowohlt 1977 (= rororo handbuch 6177).

Dieter Baacke, Beat – die sprachlose Opposition. München: Juventa [3]1977.

Dietrich Kayser, Schlager – Das Lied als Ware. Untersuchungen zu einer Kategorie der Illusionsindustrie. Stuttgart: Metzler 1975.

4. EMANZIPATION DER FRAU

Autor	Titel	Textform	Eigenart	Inhalt	Seite
Walther von der Vogelweide	Herzeliebez frouwelîn	Gedicht (Minnesang)	kritisch-engagiert	Stellung der „frouwe" im Mittelalter (liebe – minne)	104/95
Theodor Fontane	Effi Briest	Romanauszug (Brief)	anklagend-realistisch	Stellung der Frau in der Gesellschaft um 1900	107/99
Arthur Schnitzler	Fräulein Else	Erzählung (Auszug)	innerer Monolog	Frau als Objekt (fin de siècle)	109
Bertolt Brecht	Der Augsburger Kreidekreis	Erzählung	chronikhaft-lehrhaft	„soziale" Mutterrolle	116/101
Bertolt Brecht	Die Seeräuber-Jenny	Ballade (Song)	anklagend-aggressiv	Wunschträume eines Küchenmädchens	128
Erika Runge	Hausfrau Erna E., Bottroper Protokoll	Interview (Protokoll)	Umgangssprache	Berufstätige Frau	129/112
Vorurteil: Frauen haben einen beschränkten Horizont*		Plakat	provokatorisch	Kritik der Hausfrauenrolle	135/118
Simone de Beauvoir	Ehe	wissenschaftliche Untersuchung	sozialkritisch	Emanzipation der Frau	136/119
Esther Vilar	Liebe	Sachtext	polemisch-aggressiv	Emanzipation	139/122
Leonie Lambert	Wir leben in der Großfamilie	Reportage	informativ-berichtend	Großfamilie	140/123
Kincade	Jenny Jenny	Schlager	klischeehaft	Liebe/Glück	145/128
Chargesheimer	Frau aus Worms*	Foto	realistisch	Frau im Alltag	146/132
Petra, Titelseite zum Sonderheft Schönheit*		Titelseite einer Zeitschrift	idealisierend	Schönheit und Werbung	147/133
Silvia-Roman	Liebe und Glück	Serien-Roman	trivial	Beziehungen der Geschlechter	148/129

WALTHER VON DER VOGELWEIDE, **Herzeliebez frouwelîn**

Lernziele

Die Schüler sollen
- einen Text (Gedicht) aus der mittelhochdeutschen Zeit kennenlernen und lesen können;
- den Bedeutungswandel einiger Wörter kennen;
- Walther als kritisch-engagierten Dichter des Minnesangs erkennen;
- über die gesellschaftskritischen Aussagen (Gleichberechtigung) reflektieren.

Didaktische Vorbemerkung

Das Gedicht sollte zu Beginn vom Lehrer im Originaltext vorgetragen werden; danach können die Schüler unter Berücksichtigung der wichtigsten Merkmale der mhd. Sprache (vgl. Kritisches Lesebuch) versuchen, den Text selbst zu sprechen.

Ob der Einstieg mit der Betrachtung des Versgefüges (Neumann, S. 57) erfolgt, über die Anrede „frouwelîn" oder über den Inhalt (Übersetzung und Aussage) ist im Einzelfall zu entscheiden.

Arbeitshinweise

1. Versuchen Sie den Text zu lesen, erläutern Sie Aufbau und Aussage des Gedichts!

I. Zwei Doppelverse – durch Reime gebunden – leiten die Strophe ein (= Aufgesang). Das Außergewöhnliche ist die Anrede *herzeliebez frouwelîn*. Der Dichter deutet durch das persönlich gehaltene „Du" ein Verhältnis der Zuneigung an. Ein einzelner Doppelvers – mit weit aufschwingendem Schluß (Klage) – beendet die Strophe (= Abgesang).

II. Im Aufgesang wird dem Sänger von den anderen Mitgliedern der Gesellschaft vorgeworfen, daß er sich an die „Niedrigen" wende; dafür verwünscht er sie, weil sie nicht wissen, was die wahre *liebe* ist.
Folgerung des Abgesangs: Wer auf Besitz und Schönheit achtet, kennt nicht die richtige *liebe*.

III. Im Aufgesang warnt Walther vor der rein äußeren Schönheit: sie habe oft abstoßende Wirkung und stehe hinter dem liebenden Herzen.
Dies ist keine alltägliche, gewöhnliche Feststellung, da in der höfisch-ritterlichen Gesellschaft die Vorstellung herrschte, daß das Vollkommene auch immer schön sei (theoretischer Teil des Gedichts).
Im Abgesang wird die These ergänzt: Erst die liebenswerte Anmut macht weibliche Wesen wirklich schön. Walther gibt den Wert weiblicher Schönheit zwar nicht preis, schränkt ihn aber ein.

IV. Im Aufgesang betont der Sänger, daß er auch in Zukunft alles – wie bisher – ertragen wolle, was man ihm vorgeworfen hat. Dann wendet er sich wieder dem vertrauteren „Du" des Liedes zu, das für ihn Schönheit und Reichtum ausstrahlt, und dazu können die „anderen" eben nichts beitragen.
Im Abgesang wird die unbedingte Zuneigung noch einmal bildhaft angedeutet, indem der wertlose Glasring der Geliebten höher eingestuft wird als der Goldring einer Königin.

V. Zum Schluß weist Walther darauf hin, daß das „Du" ihm kein *herzeleit* zufügen kann, wenn es sich durch Treue und Beständigkeit auszeichnet.

Allerdings kann es dem Liebenden auch nicht gehören, wenn nicht stete Treue das Prinzip des *frouwelîn* sein sollte. Dies wird durch den Klageruf *owê danne, ob daz geschiht,* der fast wie eine Warnung klingt, noch unterstrichen.

2. Wie ist die Anrede „herzeliebez frouwelîn" zu verstehen?

Der Dichter verwendet eine persönlich gehaltene Anrede, die beste und vertraulichste, über die er seinem weiblichen Gegenüber verfügt *(kund ich baz gedenken dîn).*

Eine Schwierigkeit liegt in der Übersetzung, denn es läßt sich leicht zeigen, daß der Inhalt nicht durch das nhd. „Fräulein" wiedergegeben werden kann (keine Vertrautheit mit, keine Vertraulichkeit zum Fräulein: Anredeform: „Sie"). Walther verwendet nicht die übliche Anredeform „frouwe", mit der die angesehene Dame der Gesellschaft verehrt wurde, sondern bedient sich der unüblichen Verkleinerung (Koseform).

Diese Anrede schafft sowohl ein Verhältnis vertrauter Nähe, als auch das Wahren eines bestimmten Abstandes, weil „frouwelîn" einen Teil von „frouwe" darstellt. Wesentlich ist, daß wir „in der alten Syntax einen neuen, ungewohnten Wortinhalt erkennen" (Ader, S. 67), seine Auffassung der Liebe, indem er das Herkömmlich-Höfische zugunsten eines Neuen, Nichthöfischen durchbricht. Bemerkenswert ist, daß Walther seine Liebe nicht mehr einer adligen Dame der höfischen Gesellschaft zuwendet, sondern das einfache Mädchen aus dem Volk anspricht (Tadel an die Adresse der Gesellschaft: *sie verwîzent mir daz ich / ze nidere wende mînen sanc).*

3. Welche Begriffe hebt Walther in seinem Lied hervor, welche stellt er gegenüber? (StA, TA)

frouwelîn	– frouwe
nidere	– Ritterstand
schœne	– haz
liebe	– minne

Das Wort *schœne* war in der Blütezeit des Minnesangs eng mit der Vorstellung verbunden, daß von einer Dame der Gesellschaft gesprochen wurde, die sich durch vollendete höfische Umgangsformen, Religiosität und hohe Bildung auszeichnete. Ästhetisches und Ethisches waren untrennbar verbunden.

Die Frage, warum Walther von *liebe* und nicht mehr von *minne* spricht, ist für das Verständnis des Gedichts bedeutend:

liebe	**minne**
– persönliche Beziehung	– keine vertraute Liebesbeziehung
– verlangt Treue, Offenheit Beständigkeit	– Werbung um die hochgestellte Gesellschaft („frouwe")
– Zuneigung (Gewährung und Erfüllung)	– durch „minnedienst" gelangte der Mann zu vollkommenen höfischen Formen (ohne Triebhaftigkeit, Begierde)
↓	↓
das Persönliche (Private)	das Unpersönliche (Gesellschaft)

4. *Welche Folgen hat seine Entscheidung für sich selbst, für das Mädchen, für die Gesellschaft? (UG)*

Walther/Mädchen

Das *owê danne, ob daz geschiht!* der letzten Strophe ist als direkte Antwort des *owê, dâ von ist mir vil wê* der ersten Strophe zu verstehen. Es zeigt sich, daß die Zuneigung zur Geliebten schmerzhaft sein kann, wenn sie nicht den Forderungen des Werbenden *(triuwe und stætekeit)* genügt, denn dann könnte das Mädchen dem Mann nie gehören. Walther hebt *triuwe* und *stætekeit* als die kostbarsten Eigenschaften des Mädchens hervor und betont, daß wahre Liebe (Zuneigung) weit höher einzuschätzen sei als *guot* (Besitz) und *schœne* (Schönheit).

Gesellschaft

Durch die ungewohnte Anrede setzt Walther neue Wertmaßstäbe. Hier wird Liebe auf einer anderen Ebene erlebt. Er wendet sich an ein einfaches Mädchen aus dem Volk. Obwohl das *glêsin vingerlîn* von geringerem Wert ist als der Goldreif der Königin (es fehlt auch die Symbolkraft des gesellschaftlichen Ranges der Trägerin) bedeutet er Walther mehr. Der Stand hat also keinen absoluten Wert mehr, keine selbstverständliche Vorrangstellung, sondern wird abgewertet. Die höfisch-konventionelle Starre wird durchbrochen. „Er tut es, ohne die ethischen Grundwerte aufzugeben, die der anerkannte Lebensstil fordert." (Neumann, S. 61)

5. *Welche Werte sind nach Walthers Auffassung die kostbarsten Eigenschaften eines Mädchens? Wie beurteilen Sie heute seine Wertung? (TA, UG)*

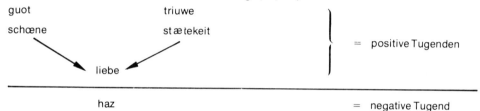

guot und *schœne* hängen eng zusammen und treten hinter *liebe* zurück; *liebe* ist geradezu die Voraussetzung für die *schœne,* die ihrerseits *niemer lieben lîp* macht. Ebenso gehören für Walther *triuwe* und *stætekeit* untrennbar zu den guten Eigenschaften und Tugenden eines Mädchens.

Die Bewertung hat unter moralischen und ethischen Gesichtspunkten ihre Bedeutung im Verlauf der Jahrhunderte nicht verloren.

Literatur

Dorothea Ader, Walther von der Vogelweide. Herzeliebez frouwelîn. In: DU 19 (1967), Heft 2, S. 65–85.

Friedrich Neumann, Walther von der Vogelweide. Herzeliebez frouwelîn. In: Benno von Wiese (Hrsg.), Die deutsche Lyrik, Bd. 1. Düsseldorf: Bagel 1962, S. 56–62.

Hans Uwe Rump, Walther von der Vogelweide in Selbstzeugnissen und Bilddokumenten. Reinbek: Rowohlt 1974 (= rowohlts monographien 209).

Rolf Endres, Einführung in die mittelhochdeutsche Literatur. München: Ullstein o.J. (= Ullstein Buch 2811).

Siegfried Obermeier, Walther von der Vogelweide. Der Spielmann des Reiches. Biographie. München: Langen Müller 1980.

Hans Fromm (Hrsg.), Der Deutsche Minnesang. Aufsätze zu seiner Erforschung. Darmstadt: Wissenschaftliche Buchgesellschaft 1961 = Wege der Forschung XV.

Theodor Fontane, **Effi Briest**

Lernziele

Die Schüler sollen
- den Zusammenhang zwischen dem Brief der Mutter und dem Romangeschehen kennenlernen und die Bedeutung für den weiteren Lebensweg Effis erkennen (psychologische Wirkung auf die Tochter);
- ein Beispiel aus der literarischen Vergangenheit (Jahrhundertwende) für die soziale Rolle der Frau reflektieren;
- die Folgen einer aufgezwungenen Ehe mit einem älteren, nicht aus Zuneigung erwählten Partner bedenken;
- den Versuch der Eltern, sich nicht zu ihrer Mitschuld zu bekennen, aufdecken und eigene Verhaltensweisen beschreiben.

Arbeitshinweise

1. Welches Gefühl überwältigt Effi, nachdem sie aus ihrer Ohnmacht erwacht? (UG)

Effi überkommt ein Gefühl der Einsamkeit *(wenn da doch Lärm und Streit gewesen wäre)* und der Verlassenheit *(Gefühl des Alleinseins)*, so daß sie den Brief der Mutter zunächst nicht weiterlesen kann. War Effi bis zu diesem Zeitpunkt noch Mittelpunkt der Gesellschaft *(Liebling aller)*, wird sie nun ausgestoßen – von ihrem Mann, den geliebten Eltern und der Gesellschaft. Effi ist unglücklich, sich ihrer Lage aber voll bewußt, und möchte alles hinter sich lassen: sie kann die Anwesenheit der Geheimrätin, deren Anteilnahme nur scheinheilige Neugier ist, nicht ertragen.

2. Ist Effi schuldig? (UG)

Effi bekennt ihre Schuld, aber aus ihren Worten klingt Bitterkeit über die Verhältnisse *(Natürlich. Ich bin schuldig, und eine Schuldige kann ihr Kind nicht erziehen)*. Durch eine nur kurzweilige Liebe zu Crampas hat sie ihre Ehe zerstört. Aber worauf basierte die Ehe? Zwischen von Innstetten und seiner jungen Frau bestand kein inneres Verhältnis, nur Konvention bestimmte das Zusammensein: Die Frau ist Objekt des Mannes, ein Recht auf ihr eigenes Leben hat sie nicht.

3. Welche Folgen ergeben sich für Effi? Sind sie gerechtfertigt? (StA, TA)

Folgen
- Effi kann nicht mehr zu ihrer Familie zurückkehren;
- ihr Mann wird die Scheidung einreichen;
- die Mutter ist schuldig gesprochen, dem Vater wird das Kind zugesprochen;
- Effi ist materiell auf sich selbst angewiesen, nur durch ihre Eltern wird sie finanzielle Unterstützung erhalten;
- ihre gesellschaftliche Stellung („Sphäre") ist verloren;
- das elterliche Haus (Hohen-Cremmen) wird der Tochter verschlossen bleiben;
- Effis Handeln wird von den Eltern mißbilligt, obwohl sie mitschuldig sind.

Bei der Verurteilung Effis wird nur der Ehebruch gesehen. Ursachen, Hintergründe und Entwicklung zu ihrem Verhalten werden nicht analysiert, so ergeben sich die Folgen hauptsächlich aus den damaligen gesellschaftlichen Konventionen (Wilhelminische Epoche). Die Frage nach der Rechtfertigung sollte unter juristischen und moralischen Aspekten betrachtet werden, wobei darauf hingewiesen werden müßte, daß die Beurteilung der Schuld (Ehebruch?) heute anderen Kriterien unterliegt.

4. Was bedeutet die Einschränkung in dem Brief („soweit äußere Mittel mitsprechen")? (UG)
Die Eltern sind nur bereit, ihre Tochter finanziell zu unterstützen; innerlich sind sie den Normen der Gesellschaftsordnung verpflichtet, weil sie ihr Haus nicht *von aller Welt abschließen* lassen wollen. Die Mutter nimmt in ihrem Schreiben keine Rücksicht auf die Verfassung der Tochter; im Gegenteil, gerade jetzt betont sie die Verurteilung *unseres einzigen und von uns so sehr geliebten Kindes*. Eine Erinnerung in diesem Augenblick in diesem Zusammenhang ist psychologisch gesehen grausam, und Effi kämpft vergebens gegen die aufkommenden Tränen.

5. Warum zögern die Eltern, ihre Tochter auf das heimatliche Gut zurückzuholen? Welche Rolle spielen dabei die gesellschaftlichen Verpflichtungen um die Jahrhundertwende? (UG, TA)
Die Eltern handeln als Teil der Gemeinschaft, nicht als Individuen; auf diese Weise erhalten sie sich die gesellschaftlichen Kontakte:
- in der Großstadt (Berlin) lassen sich die Vorfälle am besten vertuschen;
- eine Aufnahme der Tochter ins elterliche Haus würde bedeuten, daß es vor aller Welt verschlossen ist;
- die Eltern wollen nicht auf ihre gesellschaftlichen Zusammenkünfte verzichten!

Aus ihrem Verhalten zeigt sich, wie Denken und Erziehung ausschlaggebend sind: traditionsgebunden, doktrinär, eng, nicht weltoffen.

6. Finden Sie die von der Mutter ausgesprochene Verurteilung berechtigt? Wie würden Sie handeln? (Diskussion)
Die Verurteilung der Tochter ist nicht berechtigt; sie ist geradezu inhuman. Die gesellschaftliche Konvention siegt über natürliche und humane Verhaltensweisen. Effi wird doch von ihren Eltern geliebt. Welche Aufgaben haben denn Eltern? Sollen sie ihre Kinder ausschließen, wenn sie einmal die Norm durchbrechen? Fontane übt indirekte Kritik daran, daß die Gesellschaft in dieser Form über den einzelnen herrscht.
Die Gegebenheiten des 20. Jahrhunderts sind anders, sie haben sich gewandelt: sie sind freier und offener geworden. Heute muß sich der einzelne nicht mehr so weit unterordnen, daß er seine eigene Meinung um der Gemeinschaft willen opfert.

7. Gibt es auch heute noch vergleichbare Verhaltensweisen? (TA)
Diese Frage kann unter zwei Gesichtspunkten zur Diskussion gestellt werden:

geschiedene Frau/uneheliches Kind

rechtlich-sozial	moralisch-psychologisch
– gleichberechtigt	Diskriminierung:
– emanzipiert	– ländliche Gegenden
– finanziell durch sozialen Rechtsstaat gesichert	– Sitte, Brauchtum, Religion
	– Ansehen (Nachbarn, Verwandte)
– neues Ehe- und Scheidungsrecht	

Literatur

Theodor Fontane, Effi Briest. Erläuterungen und Dokumente. Stuttgart: Reclam 1972 (= RUB 8119/19 a).

Reinhold Klinge, Mensch und Gesellschaft im Spiegel neuerer Romane. In: DU 23 (1971), Heft 2, S. 86–102.

Mary E. Gilbert, Fontanes „Effi Briest". In: DU 11 (1959), Heft 4, S. 63–75.

Charlotte Jolles, Theodor Fontane. Stuttgart: Metzler ²1976 = M 114.

Elsbeth Hamann, Theodor Fontane: Effi Briest. München: Oldenbourg 1982.

Arthur Schnitzler, **Fräulein Else**

Lernziele

Die Schüler sollen

- Einblick in die Verhältnisse der spätbürgerlichen Gesellschaft um die Jahrhundertwende (fin de siècle) gewinnen;
- die Macht des Geldes erkennen und über die Gefahr, die von dieser Macht ausgeht, reflektieren;
- den inneren Monolog als sprachliches Mittel und seine Bedeutung kennenlernen;
- erkennen, wie die Frau als Objekt gesehen wird und ihr eigenes Ich verliert.

Arbeitshinweise

1. *Wodurch ist das Gespräch zwischen Fräulein Else und Herrn von Dorsday zu Beginn gekennzeichnet? (StA)*

Da es Fräulein Else unangenehm ist, sich mit ihrer Bitte an Herrn von Dorsday zu wenden, versucht sie, dem entscheidenden Thema noch auszuweichen *(um Gottes willen . . . ich sage nichts von Papa, kein Wort . . .).*
Man plaudert also über Belanglosigkeiten: die Landschaft, Berge, Wälder *(Luft wirklich wie Champagner).*
Aus dem Gespräch und den Gedanken von Fräulein Else kann man erkennen, wie unangenehm es ihr ist, diesen Mann um Geld bitten zu müssen.

2. *Wodurch erfolgt eine Wende im Gesprächsverlauf? Wie reagiert Fräulein Else? (UG)*

Fräulein Else erwähnt den Brief, den sie von ihrer Mutter erhalten hat, und sagt beiläufig, daß darin auch Herr von Dorsday erwähnt wird. Geschickt spricht sie davon, daß er als Freund ja die Verhältnisse in ihrer Familie kenne und daß ihr Papa sich einmal wieder in einer *recht fatalen Situation* befinde und er jetzt Gelegenheit habe, seine Freundschaft gegenüber der Familie unter Beweis zu stellen.

3. *Erarbeiten Sie den Unterschied zwischen den Äußerungen (Dialog) und dem Denken (innerer Monolog) von Fräulein Else! (GA, TA)*
   Welche Wirkung erzielt das Darstellungsmittel des „inneren Monologs"? (UG)

Äußerungen/Handeln	Denken
– Freude über das Erscheinen von Dorsday	– Erschrecken über Dorsdays Erscheinen
– will das Gespräch nicht abbrechen lassen	– Langeweile
– hebt ihn als Freund der Familie hervor	– unanständig (Schuft)
– Bagatelle, nichts Besonderes (Scherz)	– Ernst der Lage bewußt
– lächeln	– will sich umbringen
– Verständnis für ablehnendes Verhalten	– Erniedrigung (ins Gesicht spucken)
– bleibt stehen	– will gehen (Feigheit)

→ Bin ich das, die da redet? ←

Durch den inneren Monolog erfährt der Leser, was Fräulein Else denkt, ohne sich einem Gesprächspartner mitzuteilen; sie spricht zu sich selbst: *Wie gemein ich bin. So wird man.* Sie verliert ihr eigenes Ich und wird zu einem anderen Menschen.

4. Charakterisieren Sie das Verhalten der Personen (Fräulein Else, Eltern, Dorsday)! *(GA, TA)*

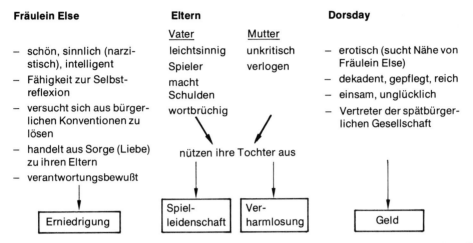

5. *Inwiefern übt Schnitzler Kritik an der spätbürgerlichen Gesellschaft? Wie beurteilen Sie Dorsdays Auffassung, daß alles auf der Welt seinen Preis habe? (Diskussion)*

Schnitzlers Kritik richtet sich gegen eine Gesellschaft, in der Geld Maßstab aller Dinge ist. Menschliche Werte und Tugenden zählen nichts mehr in einer Welt, in der *alles* käuflich ist.
Der Vater, selbst Advokat – Anwalt des Rechts –, wird als Rechtsbrecher dargestellt (er hat Mündelgelder unterschlagen). Die Doppeldeutigkeit dieser Figur weist auf Korruption hin, nicht nur in dieser Familie, sondern in der Gesellschaft überhaupt.
Dorsday, der typische Vertreter einer korrupten spätbürgerlichen Gesellschaft, hat eine Fassade der Eleganz und des Adels um sich errichtet *(Herr Vicomte)*, die nicht zu ihm paßt; aber er hat Geld und repräsentiert die Macht des Geldes in dieser Gesellschaft, in der sich alles um Kaufen und Verkaufen dreht. Sogar seine Bedingung an Fräulein Else stellt er als *Handel* dar.

6. *Welches Bild der Frau wird hier vermittelt? (UG)*

Fräulein Else betrachtet die in ihren Kreisen übliche Ehe als „Sichverkaufen" (nicht in diesem Textausschnitt); aber sie will sich nicht verkaufen, sondern beansprucht für sich Freiheit, auch in ihren erotischen Beziehungen.
Sie will keine anständige, bürgerliche Bindung, sondern will ein *Luder* sein – also ohne moralische Grundsätze, aber keine Dirne.
Obwohl sie die Scheinwelt und Äußerlichkeit der Gesellschaft durchschaut, kann sie sich nicht von ihr lösen (Erziehung).
Else versucht sich gegen Gesellschaftszwänge aufzulehnen, aber auch sie ist durch diese Gesellschaft erzogen und an sie gebunden – vor allem durch die Beziehung zu ihrem Vater. Daher ist sie auch nicht in der Lage, sich den Gesetzen der Gesellschaft zu entziehen und sich zu befreien; Else unterwirft sich insofern, als sie – für ihren Vater – ihre Nacktheit für Geld verkauft, aber gleichzeitig fordert sie doch die Gesellschaft heraus, indem sie sich öffentlich zeigt.
Schnitzler verdeutlicht, wie die Frau als Objekt behandelt und dadurch als Mensch erniedrigt wurde.

Literatur

William H. Rey, Arthur Schnitzler. Die späte Prosa als Gipfel seines Schaffens. Berlin: Schmidt 1968.

Hans Ulrich Lindken, Interpretationen zu Arthur Schnitzler. München: Oldenbourg 1970 (nicht speziell Fräulein Else).

Hartmut Scheible, Arthur Schnitzler in Selbstzeugnissen und Bilddokumenten. Reinbek: Rowohlt 1976 (= rowohlts monographien 235).

Rolf-Peter Janz/Klaus Laermann, Arthur Schnitzler. Zur Diagnose des Wiener Bürgertums im Fin de siecle. Stuttgart: Metzler 1977.

Heinrich Schnitzler u. a. (Hrsg.), Arthur Schnitzler. Sein Leben – Sein Werk – Seine Zeit. Frankfurt: Fischer 1981.

Renate Wagner, Arthur Schnitzler. Eine Biographie. München: Molden 1981 [auch als Fischer TB Bd. 5623].

BERTOLT BRECHT, **Der Augsburger Kreidekreis**

Lernziele

Die Schüler sollen erkennen, daß

– die Rolle der Mutter bei Brecht nicht mehr biologisch, sondern sozial bestimmt wird;

– Gerechtigkeit nur dann eintritt, wenn die alten Gesetze außer acht gelassen werden;

– das Handeln der Menschen von ihrer sozialen Stellung beeinflußt wird.

Arbeitshinweise

1. Vergleichen Sie die Bibelfassung mit dem Text von Bertolt Brecht! Welche Gemeinsamkeiten bestehen, welche Unterschiede? (GA, TA)

Bibel (AT)	Brecht
– Schwert	– Kreidekreis
– Die leibliche Mutter ist die rechte	– Die leibliche Muter ist die unrechte
– Gleiche soziale Stellung der Frauen	– Ungleiche soziale Stellung der Frauen (Herrin und Magd)
– Geordnete politische Verhältnisse	– Ungeordnete politische Verhältnisse
– Recht durch „Gottes Weisheit"	– Recht durch „Volkes Weisheit"
– Erhabener König Salomon	– Volksrichter Ignaz Dollinger

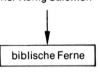

2. Womit wird die Umkehrung des Schlusses bei Brecht begründet? (UG)

Es geht Brecht nicht um die biologische Beziehung zwischen Mutter und Kind, sondern allein darum, wer moralisch das Recht hat, „Mutter" genannt zu werden. Das scheinbar Selbstverständliche, das Natürliche und Althergekommene – die „Stimme des Blutes" – wird in ihrer Geltung aufgehoben.

„Liebe und Mütterlichkeit sind keine Fragen des Blutes, sondern des Verhaltens; sie sind keine Gegebenheiten der Natur, sondern eine Möglichkeit des Humanen. Liebe verwirklicht sich nicht unbedingt im Besitz des geliebten Wesens, sondern notfalls auch im Verzicht." (Gerth, S. 41)

Brecht: „Die Kreidekreisprobe des alten chinesischen Romans und Stückes sowie ihr biblisches Gegenstück, Salomons Schwertprobe, bleiben als Proben des Muttertums (durch Ausfinden der Mütterlichkeit) wertvoll, selbst wenn das Muttertum anstatt biologisch nunmehr sozial bestimmt werden soll." (Materialien, S. 18)

Nicht das biologisch bedingte Verhältnis zwischen Mutter und Kind, sondern das sozial richtige und sinnvolle Verhalten wird für Brecht zum Kriterium echter Mütterlichkeit.

3. Vergleichen Sie das Verhalten der beiden Frauen! Warum verhalten sie sich so? (GA, TA)

Frau Zingli	**Anna**
— „Sachen" wichtiger als die Rettung des Kindes	— Panische Angst
— Läßt sich verleugnen	— Rettung
— „Entführt" das Kind wegen einer Erbschaft (Vorrang des Materiellen)	— Liebe zu dem Kind
— Lügt und beschuldigt Anna	— Leidensweg
— Reißt das Kind aus dem Kreis	— Bescheidenheit und Ausdauer
	— Ihre Gebärden „verraten" sie
	— Verzichtet auf das Kind um der Rettung willen

Frau Zingli ist ganz dem materiellen Denken verhaftet; sie ist durch das Geld „entfremdet". Bei Anna vermutet sie solche Motive, die sie bei sich selber kennt, wodurch sie sich nur noch um so deutlicher entlarvt. Anna wird nicht von vornherein als die liebende Mutter dargestellt. Auch sie hat Angst und flieht, als die kaiserlichen Truppen eindringen. Sie wächst langsam in die Mutterrolle hinein, nimmt auch Mühen und Kränkungen auf sich. Die Kraft zum Durchstehen aller Leiden und Nöte gibt ihr die Liebe zu dem Kind. Anna handelt menschlich. „Menschlichkeit als Überwindung von Angst; Liebe, die aus Sehen, Erkennen und Fürsorge erwächst; ein Soziales, das aus dem Aufeinander-Angewiesensein entsteht, bestimmen ihr Handeln." (Gerth, S. 42)

Die Gesten und Handlungsweisen sind häufig bezeichnender als die spärlichen Reden: *Anna nickte, ohne ihn* [den Richter] *anzuschauen; ‚Ja', sagte sie leise.* Auch Anna lügt, aber ihre Gebärden verraten ihr wahres Wesen. *Sie redete aber, als ob sie zugleich horchte und ab und zu blickte sie nach der großen Tür.* Am Schluß zeigt sie ihre große Liebe zu dem Kind, als sie bereit ist, zu verzichten, damit es keinen Schaden erleidet. Mit Bedacht hat Brecht mit Frau Zingli und der Magd Anna die Besitzenden und die Besitzlosen gegenübergestellt. Bei der unterdrückten Klasse, die noch nicht korrumpiert ist durch kapitalistisches Besitzstreben und darum Träger der wahren Humanität ist, liegt nach seiner Auffassung die Zukunft. Allerdings zeigt sich auch, daß es außerordentlich schwierig ist, in dieser Gesellschaftsordnung gut zu handeln.

4. *Wie verhält sich der Richter? Wie ist seine Reaktion zu beurteilen? Berücksichtigen Sie dabei die in der Erzählung geschilderten sozialen Verhältnisse! (StA, TA, UG)*

Richter Dollinger
- Absichtlich grob
- Menschenkenntnis
- Unbestechlichkeit
- Witz und Weisheit
- Gerechtigkeitsgefühl
- Scheu vor Gefühlsäußerungen
- Güte
- Freundlichkeit

Einen *ganz besonderen Mann* nennt ihn der Erzähler. Der Richter vertritt die Sache des Volkes (das ihn in einer *langen Moritat löblich* besingt) gegen die Obrigkeit, für die er ein *lateinischer Mistbauer* ist. Seinem Gerechtigkeitssinn entgeht die Wahrheit nicht *(Für einige Minuten sah er genau ihr Gesicht an, dann winkte er sie mit einem Stoßseufzer weg).* Er versteckt seine Gefühle hinter bestimmten Gebärden: *Der Richter hustete und ordnete die Pergamente auf seinem Tisch.*

In der Gerichtsversammlung zeigt sich Dollinger als Erzieher, er läßt alle stehen, damit die Verhandlungen schneller zu Ende gehen. Frau Zingli gibt er die Möglichkeit, sich auf einigermaßen ehrliche Weise aus der Lügen-Verstrickung zu lösen – allerdings vergeblich. Außerdem hält er eine Lektion, die mit dem eigentlichen Prozeß nichts zu tun hat: Er sucht die *rechte*, nicht die *richtige* Mutter.

Sein Urteil ist nicht objektiv, sondern parteilich. Das Gute ist normalerweise zur Hilflosigkeit verurteilt und wird nur durch das kluge und illegale Eingreifen des Richters bewahrt. Gesiegt hat nicht die Gerechtigkeit, sondern ein besonderer Glücksfall.

„Die Ausnahmeerscheinung aber repräsentiert gerade nicht die Praktikabilität, sondern beleuchtet nur vom Ende her noch einmal um so heller die verkehrte Welt, die eine solche Ausnahme überhaupt erst nötig oder wünschenswert macht. Das Bewußtsein der Verkehrtheit der Welt macht wiederum die Lösung als Scheinlösung bewußt." (Interpretationen, S. 68)

5. *Wodurch ist die Sprache der Geschichte charakterisiert? Welche Funktion hat diese Sprache? (StA)*

Volkssprache: *Bankert, Plärrer, Schlampe*
Volkstümliche Redensarten: *reiner Wein, Schmalhans, nicht wohl in seiner Haut, wie gedruckt lügen, blau im Gesicht*
Lapidare Kürze: *Er brachte üble Nachricht. Der Totenschein ließ allerdings auf sich warten.*
Partizip Präsens: *ans Fenster stürzend, sich scheu umschauend...*
Berichtend-chronikhafter Ton: *Es war das der Richter Ignaz Dollinger, in ganz Schwaben berühmt wegen seiner Grobheit und Gelehrsamkeit, vom Kurfürsten von Bayern, mit dem er einen Rechtsstreit der freien Reichsstadt ausgetragen hatte, ‚dieser lateinische Mistbauer', getauft, vom niedrigen Volk aber in einer langen Moritat löblich besungen.*

Der Stil wirkt ironisch untertrieben. Die vielen Partizipien unterstützen das aktive, dynamische Element, das sich stets Wandelnde. Allerdings darf man sich durch den chronikhaften Stil nicht täuschen lassen. Der Chronist ist durchaus nicht objektiv, z. B. die negative Sicht Otterers. Warum eigentlich?

6. In welcher Weise hängt diese Erzählung mit der Kapitelüberschrift „Emanzipation der Frau" zusammen? (Diskussion)

Sicherlich nicht in dem gebräuchlichen engen Sinn der Frauenemanzipation.

Die leibliche Mutter, die Frau eines reichen Kaufmanns, ist durch Geld und Besitz so sehr in Anspruch genommen, daß sie sich materieller Güter wegen in Gefahr begibt und ihre Mutterpflicht versäumt. Die Magd dagegen gehört zu den Armen. Sie hat nichts zu verlieren, sondern allenfalls etwas zu gewinnen (die Liebe des Kindes). Das hingabefreudige Herz siegt. Aber dadurch, daß die Magd allein ihrem Gefühl folgt, gerät sie in Schwierigkeiten. Sie lädt Gefahr und viel Mühsal auf sich, wird durch die Umstände auch zu Lügen gezwungen. Anna muß einen Unbekannten der Form nach heiraten, weil die Umwelt für das Kind den Namen eines Vaters verlangt.

Der Eigentumsbegriff erweist sich als fragwürdig. Am Anfang nimmt Anna das Kind *mit schlechtem Gewissen als eine Diebin.* Sie ist noch ganz der Moral der Herrschenden verhaftet. Der Richter sagt später: *was eine rechte Mutter ist, die gehe auch stehlen für ihr Kind.* Wenn er noch hinzufügt: *das sei aber vom Gesetz streng verboten, denn Eigentum sei Eigentum, und wer stehle, der lüge auch, und lügen sei ebenfalls verboten,* so deutet die Ironie dieser Worte die Fragwürdigkeit des Gesagten an. Anna hat sowohl ‚gelogen' (bei der Gerichtsverhandlung), als auch ‚gestohlen' (das Kind). Ebenso werden andere Moralvorstellungen einer harten Kritik unterzogen: Der Zwang zur Heirat *(Geschäft);* der murmelnde Pfarrer; der Ehemann, der mehrfach vom *Sakrament der Ehe* spricht. Immer entlarvt Brecht die falsche, oft geheuchelte Moral.

„Der Begriff des Mütterlichen muß also von seiner allgemeinen, von seiner sozialen Verbindlichkeit her verstanden werden. In solchem Sinne hat Brecht mit den Figuren der Shen te, Kattrin, Grusche und Anna die biologischen und mythischen Fundamente des Mütterlichen humanisiert für eine Ethik der allgemeinen Hilfsbereitschaft." (Hinck, S. 343)

Literatur

Interpretationen zu Erzählungen der Gegenwart. Frankfurt: Hirschgraben 1964, S. 65–70.

Helmut Schwimmer, Bertolt Brecht. Kalendergeschichten. München: Oldenbourg ²1967, S. 39–57.

Franz-Josef Thiemermann, Kurzgeschichten im Deutschunterricht. Bochum: Kamp ⁹1973, S. 107–132.

Werner Zimmermann, Deutsche Prosadichtungen unseres Jahrhunderts, Bd. 1. Düsseldorf: Schwann 1966, S. 375–392.

Klaus Gerth, Beiträge zum literarischen Unterricht in der Realschule 9./10. Klasse. Hannover: Schroedel 1971, S. 41–44.

Walter Hinck, Bertolt Brecht. In: Deutsche Literatur im 20. Jahrhundert, hrsg. von H. Friedmann und O. Mann, Bd. 2. Heidelberg: Rothe 1961.

BERTOLT BRECHT, Die Seeräuber-Jenny

Lernziele

Die Schüler sollen
- die Abhängigkeit des einfachen Stuben- und Küchenmädchens Jenny erkennen (soziale Lage);
- die Traumvorstellungen der Jenny deuten;
- überlegen, wie es zu diesen Vorstellungen kommt und ob sie realitätsbezogen sind;
- den Aufbau des Songs aus der Dreigroschenoper erläutern.

Arbeitshinweise

1. *Welche Aussagen werden über das Küchenmädchen Jenny getroffen? Worin besteht ihre berufliche Tätigkeit? Wie sieht ihre soziale Lage aus? (StA, TA)*

Jenny ist Küchenmädchen in einem – wie sie selbst sagt – lumpigen Hotel; dort wäscht sie die Gläser ab und macht Betten; dabei träumt sie, eines Tages käme ein großes, stolzes Schiff, und die Besatzung würde sie – die Seeräuberheldin – aus ihrer niedrigen sozialen Lage befreien.

Jenny	Tätigkeit	soziale Lage
– dankbar (einfach)	– Gläser abwaschen	– arm (Lumpen)
– unbekannt (anonym)	– Betten machen	– lumpiges Hotel
– gehorsam (ergeben)	(= Stuben- und Küchenmädchen)	– muß Befehle ausführen (abhängig)
aber:		aber:
– wird lächeln		– wird Befehle geben (Gebieterin)
– hinterm Fenster stehen		
– aus der Tür treten (Traum)		

2. *Wie wird Jenny von den „Herren" behandelt? (UG)*

Die „Herren" geben ihr hin und wieder einen Penny, für den sich Jenny schnell bedankt. Die Herren ordnen an und geben Befehle. Da sie Jenny *Kind* nennen, wird deutlich, daß sie von ihnen auch nicht als vollwertig angesehen wird. Jenny wird von den anderen immer ausgenutzt und unterdrückt.

3. *Wovon träumt das Küchenmädchen? Inwieweit sind diese Träume realitätsbezogen? (StA, TA, TB)*

Merkmale der Traumwelt

Hoffnung	*(Aber eines Abends wird ein Geschrei sein am Hafen, Schiff ... wird liegen am Kai)*
Rache/Haß	*(Schiff ... wird beschießen die Stadt)*
Beachtung	*(Stadt wird gemacht dem Erdboden gleich; Nur ein lumpiges Hotel wird verschont von jedem Streich)*
Auserwähltheit	*(Und man fragt: Wer wohnt Besonderer darin?)*
Überheblichkeit	*(Welchen sollen wir töten? ... Alle!)*
Triumph	*(Und wenn dann der Kopf fällt, sag ich: Hoppla!)*

Die Wirklichkeit steht im Gegensatz zu dem Traumleben der Jenny, was ihr nicht paßt. Deshalb ist sie verbittert. Jenny ist stolz; nur auf das geringe Trinkgeld angewiesen zu sein und sich dafür noch bedanken zu müssen, ist nicht nach ihrem Geschmack: Ihre Träume sind insofern realitätsbezogen, als alles, was Jenny in der Realität vermißt bzw. erleiden muß, in ihren Traumvorstellungen wieder auftaucht (vgl. 1. Teil von Frage 3).

Brecht will dem Leser die Gefühle und Träume, die Sehnsüchte und Gedanken eines Menschen aus niedrigem Milieu aufzeigen und verdeutlichen, wie grausam man werden kann (Sozialkritik).

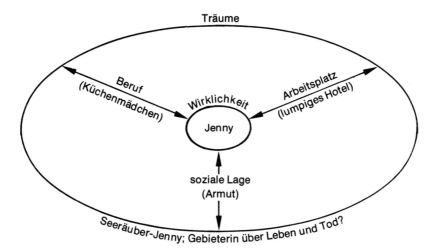

4. *Erläutern Sie die besondere Form des Songs! (StA)*

Die Ballade ist in 4 Strophen zu 12 Zeilen gegliedert; jede Strophe in zwei Abschnitte geteilt (1. Abschnitt trägt die Handlung; 2. Teil ist Refrain). In den ersten beiden Strophen wird die Realität jeweils durch die Traumvorstellungen Jennys – eingeleitet durch das „Aber" in der 6. Verszeile – abgelöst.

In der 3. und 4. Strophe ist nur noch vom Traum der Jenny die Rede, der jeweils eine Steigerung erfährt: zunächst werden die Mauern fallen, dann wird die Stadt zerstört – nur das Hotel wird verschont; während in der letzten Strophe alle Bewohner der Jenny vorgeführt werden und sie schließlich die Entscheidung trifft, daß *alle* zu töten sind, wobei sie jeden fallenden Kopf triumphierend mit *Hoppla* kommentiert.

In allen 4 Strophen berichtet der Refrain von dem Schiff mit 8 Segeln und 50 Kanonen, das
- am Kai liegen wird (1)
- die Stadt beschießen wird (2)
- den Mast beflaggen wird (3)
- und mit ihr entschwinden wird (4).

Da die Seeräuber-Jenny (zu sich selbst) spricht, ist das Vokabular ihrem Milieu angepaßt; die Verszeilen beginnen häufig mit *und*; außerdem spricht sie oft von *man*. Trotzdem ist die Sprache aber nicht etwa vulgär; einige Formulierungen können andeuten, daß Jenny mehr ist, als man denkt *(Es werden kommen hundert gen Mittag an Land; sie fangen einen jeglichen aus jeglicher Tür)*.

Erika Runge, **Hausfrau Erna E., Bottroper Protokoll**

Lernziele

Die Schüler sollen
- die literarische Form des Protokolls (emotionsloser Stil) kennenlernen;
- die Probleme (Nöte, Vorstellungen, Wünsche) von Betroffenen aus der Arbeitswelt verstehen;
- über Fehler und Möglichkeiten der Hausfrau Erna E. reflektieren;
- Alternativen aufzeigen können.

Arbeitshinweise

1. *Beschreiben Sie den Tagesablauf der Hausfrau Erna E.! (1. Abschnitt) (StA, TA)*

Zeit	Tagesablauf der Hausfrau Erna E.
5^{00} morgens ↓ vormittags ↓ mittags ↓ nachmittags ↓ abends ↓ 23^{00} nachts	– bei Frühschicht des Mannes um 5.00 Uhr aufstehen – Kinder versorgen (Ralph und Simone) – zusammen frühstücken, Ralph zum Kindergarten bringen – den Kleinen (Martin) baden – im Laufschritt einkaufen und Essen kochen – Kind wieder aus dem Kindergarten abholen – Mittagessen des Mannes – nachmittags mit den Kindern spazieren gehen (Mutter besuchen) – Abendbrot machen – Kinder zu Bett bringen – Sachen auswaschen – manchmal Fernsehen (oder Stopfen oder Stricken) – 23.00 Uhr Nachtruhe

2. *Berichten Sie über ihre Herkunft, ihre Schulbildung, ihre Ausbildung und ihre bisherige Tätigkeit! (2. Abschnitt) (StA, TA)*

Herkunft	Schulbildung/Ausbildung	bisherige Tätigkeit
– eigentlich von Ostpreußen – Landwirtschaft (Bergbau) – drei Geschwister (Bergleute)	– Volksschule – mit 14 Jahren in die Lehre – Strickerin	– im Haushalt – Kleiderfabrik am Band (Akkord) – „woanders ... Kisten schieben"

3. *Welche Wunschträume hatte Erna E. früher als Mädchen, welche hat sie jetzt? Wie sieht die Wirklichkeit aus? Wie ist der Unterschied zu erklären? (StA, TA)*

Wünsche (Träume)	Alltag (Realität)
– einen anderen Beruf (Konditorin) – nicht so früh heiraten, nur 1 Kind – arbeiten, bis man alles hat (Auto) – ausreichend eigenes Geld – viel Freizeit (Vergnügen/Tanz) und feiern – Jugendklub, Gewerkschaft – bessere Ausbildung, besseres Leben für unsere Kinder	– Enttäuschung in Lehre und Beruf – früh geheiratet, mit 22 Jahren schon 3 Kinder – schlechte wirtschaftliche Lage, unsichere Zukunft (Zechenstillegung) – Geldsorgen – wenig Freizeit, viel Arbeit – keine Zeit zum Zeitunglesen – „unsereiner, der malooch t... und hat doch nichts"

Der Kontrast zwischen den Wunschvorstellungen und der Realität ist sehr groß. Durch die sozialen Verhältnisse der Eltern konnte Erna E. auf keine weiterführende Schule gehen *(die konnten dat einfach nicht aufbringen)*. Durch die frühe Heirat und die drei schnell nacheinander gekommenen Kinder ist Erna E. nun so in den täglichen Arbeitsablauf eingespannt, daß für sie selbst keine Zeit mehr bleibt (Weiterbildung).

4. *Welches sind die zentralen Probleme dieser Frau? (StA, TA)*

Probleme

– Belastungen des Alltags *(Man muß ja durchhalten)*
– Lebensverhältnisse (familiäre und wirtschaftliche Schwierigkeiten)
– keine Reflexion über die entstandene Situation
– kein Versuch, ihre Wünsche (Pläne) zu verwirklichen
– geringe Schulbildung, kaum berufliche Aufstiegschancen

Das Leben der Erna E. kann stellvertretend für viele Arbeiterfrauen angesehen werden, die – um im Standard des Wirtschaftswunders mithalten zu können – berufstätig sein müssen.

Sowohl eigene Initiative, als auch Hilfe von außen fehlen, um die erträumten Ziele zu erreichen. Ohne jede Planung gerät sie immer tiefer in menschliche und wirtschaftliche Schwierigkeiten, die immer schwieriger zu verkraften sind.

5. *Wie denkt Erna E. über das politische, wirtschaftliche und soziale Geschehen in ihrer Umwelt? Sieht sie einen Zusammenhang zwischen ihrer eigenen Situation und der Umwelt? (StA, TA)*

Ich interessier mir eigentlich nicht für Politik. Vielmehr beunruhigt Erna E. die Stillegung der Zeche Rheinbaben. In diesem Zusammenhang beklagt sie, daß *wir Armen* doch nichts dagegen tun können.

In ihrer etwas naiven Art rät sie der Geschäftsfrau, die Waren doch einfach preiswerter abzugeben. Sie glaubt, durch einen Preisstopp und das Senken der Preise könnten die Probleme gelöst werden.

Jetzt kann sie sich nur noch das Nötigste leisten, sogar das Obst für die Kinder kann nicht mehr täglich gekauft werden.

Erna E. beklagt, daß immer nur Wirtschaften und Imbiß-Stuben eröffnet werden, aber keine Krankenhäuser; die beiden in Bottrop sind dazu noch überfüllt.

Politik	**wirtschaftliche Lage**	**soziales Geschehen**
– kein Interesse – die Armen haben doch keine Möglichkeit der Veränderung	– die anderen sollen solidarisch die Preise senken – Preisstopp	– nur Gaststätten und Imbißstuben anstelle von Krankenhäusern

6. *Beschreiben Sie die Merkmale der gesprochenen Sprache, die von Erika Runge protokolliert wurde! Spricht die Hausfrau Erna E. falsches Deutsch? (GA, UG)*

Bei den Protokollen Erika Runges muß berücksichtigt werden, daß es sich um „gesprochene Sprache" handelt, die anderen Kriterien unterliegt als die geschriebene:

Satzbau: Oft kurze, holprige, „gesprochene" Satzabschnitte *(Wo ich den Kleinen noch nicht hatte, den Martin, hab ich mich noch hingelegt bis 1/2 7 immer, dann bin ich auch aufgestanden, wegen die beiden, Ralph und Simone)*.

Satzverbindung (Satzverknüpfungen): *(dann, und jetzt, denn, und dann, und denn, und wenn
...)* Das *denn* ist hier nicht kausal, sondern temporal gebraucht (Spracheigentümlichkeit, besonders in Westfalen).

Satzgefüge (Konjunktionen): *wo* wird nicht lokal, sondern temporal verwandt: *(Wo ich den Kleinen noch nicht hatte ...);* wenn nicht konditional, sondern temporal; ebenso *wenn – dann: (Wenn mein Mann mal Frühschicht hat ...)*

Verben (nach der Häufigkeit): *gehen, kommen, machen, tun* (oft als Hilfsverb verwandt), *(tun wir Frühstück essen), haben, sein;*

falsche Präpositionen: *wegen die beiden; für mein Mann; mit die Kinder*

Auslassungen: *ausm Haus, Kinder in Bett bringen, muß ja immer was gemacht werden, alles ham wir selbst gemacht, in e Schule ...*

Umgangssprache (Ruhrgebiet): *inne Konditorei, so Torten machen und so, dat gefiel mir nachher alles nicht, ich ging in die Lehre rein, dat wird noch wat geben ... dat steht fest.*

Adjektive werden nur sehr selten verwandt.

7. Welche Absichten verfolgt die Autorin mit diesen Protokollen?

8. Welche Personengruppe soll mit diesen Protokollen besonders angesprochen werden? (Diskussion)

Bei den Bottroper Protokollen handelt es sich um dokumentarische Texte, die in ihrer Art neu sind. Erika Runge ist dem Leben einzelner aus der Arbeitswelt nachgegangen und hat versucht, die Möglichkeiten, Beschränkungen und sozialen Probleme in authentischer Form einer größeren Öffentlichkeit vorzustellen, wobei die Betroffenen selbst zu Wort kommen:

„Hier, in diesem Buch, kommen sie [die Arbeiter] zu Wort. Wer diese Aussagen und Erläuterungen gelesen hat, wird wünschen, daß Erika Runge sich wieder auf den Weg macht mit ihrem Tonbandgerät, um weitere Bottrops aufzunehmen, weitere von böser Erfahrung geschärfte Aussagen, weitere Seufzer, Flüche, Sprüche und Widersprüche, weitere Zeugnisse einer immer noch nach minderem Recht lebenden Klasse." (Martin Walser, Vorwort. In: Erika Runge, Bottroper Protokolle. Frankfurt: Suhrkamp 1968 = edition suhrkamp 359).

In den Protokollen sollen sich die Betroffenen wiedererkennen und Schlußfolgerungen ziehen, wie sie ihre eigene Lage verändern können.

Literatur

Joachim Vieregge, Die Umgangssprache in ihrer Abhängigkeit von sozialen Rollenstrukturen. Bottroper Protokolle – ein Unterrichtsgegenstand in den Klassen der Mittelstufe. In: DU 22 (1970), Heft 6, S. 26 - 40.

Jürgen Zinnecker, Emanzipation der Frau und Schulausbildung. Zur schulischen Sozialisation und gesellschaftlichen Position der Frau. Weinheim: Beltz 1972.

SIMONE DE BEAUVOIR, **Ehe**

Lernziele

Die Schüler sollen erkennen, daß
- Mann und Frau in der Vergangenheit verschiedene Rollen in der Gesellschaft hatten, die den Mann privilegierten;
- die Rollenverteilung zwischen Mann und Frau sich aufgrund neuer wirtschaftlicher Bedingungen verändert;
- die Emanzipation der Frau von ökonomischen Bedingungen abhängig ist.

Arbeitshinweise

1. Wie sieht die Autorin das Verhältnis zwischen Mann und Frau in Vergangenheit und Gegenwart? *(GA, TA)*

Mann	**Frau**
– Sozial gesehen ist der Mann ein autonomes und komplettes Individuum	– Die Ehe ist der einzige Broterwerb und die einzige soziale Rechtfertigung ihres Daseins
– produktiv	– Dienst für den Gatten
– Arbeit rechtfertigt sein Dasein	– Rolle als Gebärerin und Hausfrau
– Mitarbeit an der Errichtung der Zukunft der Gesamtheit	– Leben in seiner reinen Allgemeinheit bewahren und unterhalten
– Änderung	– Fortpflanzung
– Fortschritt	– Häuslichkeit
– Ausströmen in Zeit und Raum	– Gleichklang der Tage
	– Kein unmittelbares Eingreifen in die Zukunft oder die Welt

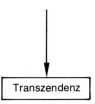
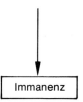

Die Frau hatte also bisher außerhalb von Ehe und Kindern keine selbständige Existenzberechtigung – im Gegensatz zum Mann.

2. *Worin liegen die Gründe für dieses Verhältnis? (UG)*

Die Ursachen liegen darin begründet, daß die Frau bisher nicht am *Produktionsprozeß* teilgenommen hat. Daß sie das zum Teil aber heute schon kann, ist die Ursache für Veränderungen (Zeit des Übergangs).

3. *In welche Richtung wird sich dieses Verhältnis nach Ansicht der Autorin verändern? (UG, TA)*

Im zweiten Absatz sagt Simone de Beauvoir, daß sich die Ehe aufgrund der wirtschaftlichen Veränderungen heute im Umbruch befindet:

Vergangenheit   Zukunft

Hörigkeit ———▶ Frei eingegangene Vereinigung zweier autonomer Eigenpersönlichkeiten

Die Bevormundung durch den Mann ist im Schwinden begriffen.

4. Was kritisiert Simone de Beauvoir? (UG)

Sie übt vor allem Kritik daran, daß die Frau bislang unselbständig und abhängig sein mußte und sich daher nicht selbst verwirklichen konnte.

5. Wie kann die Benachteiligung der Frau vermieden werden? (Diskussion, TA)

Möglichkeiten der Gleichberechtigung
- Beteiligung am Produktionsprozeß (Integration)
- Abbau von Vorurteilen (Toleranz)
- Gleichberechtigung (Lohn, Chancen im Berufsleben)
- Partnerschaft in der Ehe (Hausarbeit, Erziehung der Kinder)
- Selbstverständnis der Frau (Emanzipation)

ESTHER VILAR, **Liebe**

Lernziele

Die Schüler sollen erkennen, daß
- Esther Vilar – im Gegensatz zu Simone de Beauvoir – den Mann als Abhängigen der Frau sieht;
- dieser Text einen provokatorischen Charakter hat;
- es für Vilar keine Lösungsmöglichkeiten gibt.

Arbeitshinweise

1. Was bedeutet Liebe – für die Frau bzw. den Mann? (StA, TA)

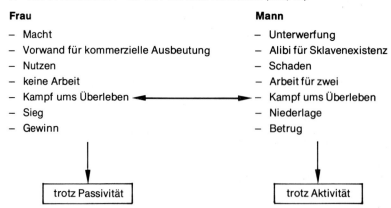

2. Wie lautet die zentrale These Esther Vilars? (UG)

Der Mann wird von der Frau dressiert, damit er alles tut, was sie von ihm verlangt.

3. *Welche Lösungsmöglichkeiten bestehen? Was halten sie von den Ausführungen Esther Vilars? (UG)*

Die Frauen könnten das Verhältnis verändern, was sie aber aus rationalen und emotionalen Gründen nicht tun. Die Autorin hat ein sehr schlechtes Bild von der Frau *(gefühlskalt und ohne jedes Mitleid)*, aber auch kein besseres vom Mann *(als Sklave ist er am Ziel seiner Wünsche)*.

4. *Welcher sprachlichen Elemente bedient sich die Autorin? Was bezweckt der angewandte Stil? (StA)*

provokatorisch   *(Der Mann vernebelt sich mit ‚Liebe' seinen feigen Selbstbetrug)*

übertreibend   *(ohne sie nicht leben kann ... alles tut ... drohen ihrer Angebeteten mit Selbstmord ...)*

dialektisch   *(für den Mann ... für die Frau ...)*

Durch diesen Stil soll Widerspruch beim Leser geweckt werden. Jeder Satz ist so formuliert, daß man protestieren muß (vgl. Vorspann im Kritischen Lesebuch).

5. *Wie sehen Sie das Verhältnis zwischen Mann und Frau? Diskutieren Sie über das Problem der Emanzipation!*

In der Diskussion kann auf das Menschenbild Vilars und auf die ökonomische Seite (de Beauvoir) hingewiesen werden.

Gegensätzliche Standpunkte werden in den folgenden Veröffentlichungen vertreten:

Literatur

Esther Vilar, Der dressierte Mann. München: dtv 1973 (= 949).

Alice Schwarzer, Der „kleine Unterschied" und seine großen Folgen. Frankfurt: Fischer 1975.

Zur Diskussion

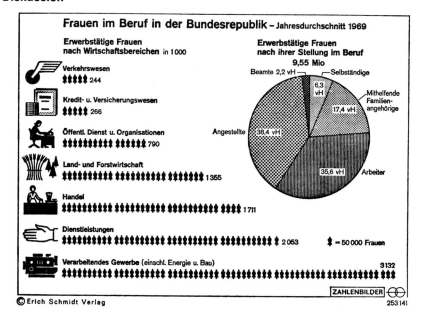

Leonie Lambert, **Wir leben in der Großfamilie**

Lernziele

Die Schüler sollen erkennen, daß
- die Reportage einen Einzelfall beschreibt und bewertet;
- über einen atypischen Fall berichtet wird, der zum Nachdenken anregen soll;
- sich in der heutigen Zeit die Rolle des Mannes und der Frau in der Ehe geändert hat, woraus besondere Probleme entstehen;
- sich im Laufe der Zeit andere Möglichkeiten des Zusammenlebens ergeben haben.

Arbeitshinweise

1. Welche Funktion haben die ersten beiden Absätze? Wie sind sie aufgebaut? (StA)

Kurze Sätze werden aneinandergereiht. Jeder Satz bringt eine Information über die Form des Zusammenlebens in dieser Großfamilie. Einige Wörter erwecken besonderes Interesse: *poltern, gehört ihr nur eins, nicht mit ihr verheiratet.* Der Leser fragt sich: Geht das gut? Auf diese Weise wird Spannung erzeugt.

2. Woran erkennt man die Form einer Reportage? (UG)

Die Verfasserin beschreibt einen Einzelfall, den sie genau beobachtet hat und den sie bewertet.

3. Welche Vorteile der „Großfamilie" werden genannt, welche Nachteile werden erkennbar? (GA, TA)

Vorteile
- Vermeidung der Doppelrolle der Frau (Beruf/Hausfrau)
- Gemeinsame Interessen können vertieft werden
- Verringerung der Probleme zwischen dem einzelnen und der Gesellschaft
- Erweiterung der Kontakte der Kinder (gemeinsame Erziehung)
- Wirtschaftliche Kooperation (Haushaltsmaschinen)
- Mehr Freizeit und Unabhängigkeit

Nachteile
- Der Begriff „Kommune" ist belastet
- Fehlender rechtlicher Schutz
- Skepsis des Durchschnittsbürgers
- Einengung der Freizeit des Mannes
- Wohnungsprobleme

Die meisten dieser Nachteile sind im Grunde Vorurteile, und die Probleme erscheinen lösbar.

4. Wie beurteilt die Reporterin das Zusammenleben? (UG)

Aus der Gegenüberstellung wird schon deutlich, daß die Vorteile überwiegen und die Nachteile ein geringeres Gewicht haben. Wenngleich die Verfasserin auf seiten der Anhänger steht, malt er nicht schwarz-weiß, sondern differenziert. Das wird besonders im letzten Absatz deutlich: Manche Großfamilien bewältigen nicht einmal die Anfangsschwierigkeiten, andere dagegen klappen. Aber alle hatten den Wunsch, aus der Isolation herauszukommen.

5. Welche Probleme hat die Verfasserin vernachlässigt? (Diskussion)

Warum scheitern die meisten Großfamilien?
Werden die Kinder nicht verunsichert, wenn zu viele ‚erziehen'?

6. Diskutieren Sie, ob die hier geschilderte Form der Großfamilie für die Frau mehr oder weniger Freiheit bringt!

7. Ist es denkbar, daß diese Form des Zusammenlebens einmal die normale sein wird?

In der Diskussion sollte die große Bedeutung der Ehe deutlich gemacht werden, aber auch die Tatsache berücksichtigt werden, daß die Kleinfamilie erst in der modernen Industriegesellschaft entstanden ist, daß es früher andere Formen des Familienlebens gegeben hat. Im Mittelalter lebten mehrere Generationen unter einem Dach zusammen (Großfamilie).

Literatur

Adalbert Evers/Klaus Selle (Hrsg.), Wohnungsnöte. Anregungen zu Initiativen an Ort und Stelle. Frankfurt: Fischer 1981 = FT 4063.

KINCADE, Jenny Jenny

Lernziele

Die Schüler sollen erkennen, daß

- ein klischeehaftes Bild der Liebe gezeichnet wird;
- die Aussagen des Schlagers mit der Wirklichkeit nicht übereinstimmen;
- Schlager Ausdruck unerfüllter Sehnsüchte sind und doch – auf indirekte Weise – Realität widerspiegeln.

Arbeitshinweise

1. Wie wird das Verhältnis der Geschlechter zueinander beschrieben? Nehmen Sie dazu Stellung! (UG)

Viele Jahre hat das Mädchen auf „ihn" gewartet. Jetzt ist er gekommen; sie ist nun *reicher*, als sie es sich je erträumt hat; sie besitzt nun *das Schönste*, eben einen Mann, der zu ihr steht, der für sie durchs Feuer geht und ihr seine Liebe gibt. Kinderwünsche und Träume sind nicht verwirklicht, sondern sogar noch überboten worden: *reicher, als du es je geträumt*.

2. Untersuchen Sie den Wirklichkeitsgehalt des Schlagers! Analysieren Sie auch andere Schlager! (StA)

Kinderwünsche und Träume werden als Wirklichkeit dargestellt. Probleme gibt es nicht. Geld ist auch unnötig. Liebe und Glück werden abstrakt formuliert: *ohne einen Penny zählt die Liebe ganz allein.*

3. Untersuchen Sie Form und Sprache des Schlagers! (StA)

Anapher: *Wir waren . . . Wir träumten*
Alliteration: *Glück . . . Geld*
Wiederholungen: *Jenny Jenny*
Übertreibungen (Komparativ, Superlativ): *reicher als . . . je, das Schönste, durchs Feuer*
abstrakte Begriffe: *die Zukunft, Glück, das Schönste, die Liebe*
einfacher Paarreim (a a b b)

4. Warum wollen viele Menschen solche Texte hören? (UG)

Menschen, die Probleme haben, suchen hier eine Lösung, die aber keine wirkliche darstellt. Schlager stellen in gewissem Sinn eine Art von Ersatzbefriedigung unerfüllter Sehnsüchte dar. In diesem Punkt spiegeln sie indirekt die Realität wider.

5. Worin besteht die Problematik der in Schlagern vermittelten Aussagen? (Diskussion)

Die Gefahr liegt darin, daß Menschen die in Schlagern angebotenen Lösungen auch wirklich erwarten und dadurch um so größere Enttäuschungen erleben.

SILVIA-ROMAN, Liebe und Glück

Lernziele

Die Schüler sollen

- das Klischeehafte in der Trivialliteratur (Frauen- und Schicksalsroman) erkennen;
- die kitschige Darstellung der Beziehungen der Geschlechter (Wortwahl) analysieren;
- den unrealistischen Gehalt des Romanauszugs bestimmen können;
- erkennen, daß die Scheinlösungen indirekt auf wirkliche Probleme der Leser verweisen;
- Merkmale der Trivialliteratur (Inhalt, Form, Sprache, Adressat, Gehalt) aufzeigen.

Arbeitshinweise

1. *Zeigen Sie an Beispielen (Inhalt, Sprache, Gehalt), wie die Beziehung der Geschlechter dargestellt wird! (Wie werden die beiden Hauptpersonen charakterisiert?) (GA, TA)*

Inhalt

Frau (Michaela Graubach)	Mann (Volker von Steinhausen)
– aufgeregt, schwirrt der Kopf, verwirrt	– macht Komplimente
– schwebt dahin	– viel umschwärmt
– schüchtern, errötet	– Mädchenheld
– unwissend, unsicher	– fühlt sich als Beschützer
– einsam	– einsam

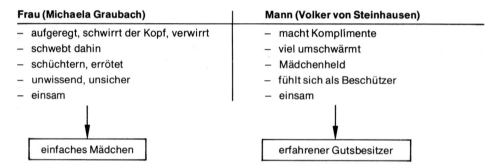

Michaela hat Angst vor den Fragen von Volker, weil sie aus einfachen Familienverhältnissen kommt. (*Michaela tanzte nun verkrampft ... Warum mußte er ihr den Abend verderben? Was würde denn geschehen, wenn er erfuhr, daß sie die Tochter der Gesellschafterin war?*)

Sprache

Frau (Michaela Graubach)	Mann (Volker von Steinhausen)
– schön	– betrachtet Begegnung als Schicksal
– Märchenprinzessin	– sein unruhiges Herz hatte einen ruhenden Pol gefunden
– Kindchen	
– scheues Vögelchen	– ernste und tiefe Gefühle
– Verzauberung	

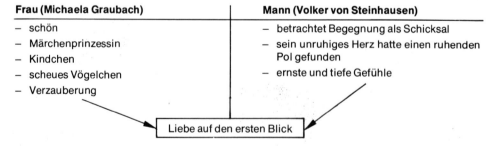

Gehalt

Der Mann wird als Beschützer dargestellt; die Frau ist eine Prinzessin, eigens dafür geschaffen, unterwürfig, dem Mann ergeben: *Sie schaute ihm tief in die Augen, als sie leise seinen Namen flüsterte.* (Warum eigentlich?)

2. Halten Sie diesen Romanauszug für realitätsbezogen? (UG, TA)

Der Tischherr eines einfachen bürgerlichen Mädchens auf einem festlichen Bankett in nobler adliger Atmosphäre (Schloß, Park, Gräfin) ist ein wohlhabender, weltgewandter, adliger Gutsbesitzer, der sich sofort in sie verliebt (sein Herz hatte auf Anhieb gesprochen). *Volker von Steinhausen stellte beglückt fest, daß es Liebe auf den ersten Blick noch gab.*

Die Handlung wird in eine Umgebung verlegt, die mit dem normalen Alltagsleben nichts mehr zu tun hat:

Umgebung/Atmosphäre

- Schloß, Park, Auffahrt
- Kerzen in vielen Leuchtern
- Festtafel (malerische Blumendekoration, glänzendes Silber, makellos in Weiß schimmerndes Porzellan)
- Mokka, Sekt

Märchenland

3. Welche Funktion erfüllt eine solche Darstellung?
4. Welche Probleme beim Leser werden indirekt angesprochen? (Diskussion)

Der Leser solcher Serienromane soll in eine Traumwelt *(Märchenland)* versetzt werden, um ihn von den Alltagssorgen (Beruf, Familie, Geld) abzulenken. Insofern besteht die Gefahr, daß die Leser in solchen Romanen Scheinlösungen nachjagen und den wirklichen Problemen aus dem Wege gehen. Wünsche und Gefühle (Reichtum, Ansehen) werden angesprochen, so daß sich der Leser in eine Traumwelt versetzt fühlt.

Der große Absatz dieser Romane zeigt, daß die Leser — wenn sie abgespannt sind — gern zur problemlosen Lektüre greifen; sie dient der Unterhaltung und der Flucht aus der Realität.

Zur Diskussion

Schöne Menschen, edle Züge
Anweisung für die Schreiber von Romanheftchen

In Erfolgsromanen sollen Menschen eine Rolle spielen, die im Leben beruflichen Erfolg gehabt haben. Hier treten also auf: der erfolgreiche Unternehmer, der erfolgreiche Fabrikbesitzer, der erfolgreiche Ingenieur, der erfolgreiche Geschäftsmann schlechthin, auch der Gutsbesitzer, der seinen Herrenhof hochgewirtschaftet hat, der Graf, der aus seinem Schloß ein erfolgreich florierendes Hotel macht usw. Es ist also der Typ des Erfolgsmenschen, der in diesem Roman auftritt. Das entscheidende Kriterium des Erfolgsromanes müssen aber Ehe- und Schicksalsprobleme sein, die in Reichtum und Wohlstand ihre Ursache haben. Es soll im Erfolgsroman eine Frauengestalt vorkommen, in deren Schicksal sich die Leserin einfühlen kann, mit der sie leidet und glücklich ist. Der Erfolgsroman, es sei nochmals betont, muß ein Liebesroman, ein Frauenroman bleiben.

Die Personen

Die Hauptpersonen des Erfolgsromanes, etwa der Fabrikbesitzer, treten nicht als rücksichtslose Manager auf, sie gehen nicht über Leichen, sondern sie haben sich durch eigene Kraft und Fähigkeit emporgearbeitet. Ihre Konflikte (Liebesproblem) entstehen durch Irrtum oder Eingriff des Schicksals.

Auch bei den Frauengestalten des Erfolgsromanes sollen die Konflikte in erster Linie aus den zwei Momenten Reichtum und Liebe entstehen. Hier tritt etwa die Frau eines erfolgreichen Unternehmers auf, die mit der neuen gesellschaftlichen Stellung ihres Mannes nicht mehr mitkommt; sie fühlt sich vernachlässigt, ihre Ehe war früher, ohne Reichtum und Geld, glücklicher. Oder die »kleine Angestellte« liebt ihren unverheirateten Chef, ihre Nebenbuhlerin ist reich und vermögend, aber die wahre Liebe entscheidet zu guter Letzt.

Natürlich sind alle diese Personen auswechselbar, an Stelle des Fabrikbesitzers bzw. Direktors kann sein Sohn treten, der ein unbegütertes Mädchen liebt. Der Phantasie des Autors sind hier keine Grenzen gesetzt, und die Themen drehen sich im weitesten Sinne um das Thema: Geld und Liebe.

Die Hauptpersonen sollen gut aussehen, es sind schöne Menschen, sie tragen edle Züge. Die Hauptpersonen dürfen nicht als Kriminelle auftreten. Der Erfolgsroman sollte ohne Kriminalfälle auskommen. Folgende Personen sollen im Erfolgsroman nicht auftreten: Artisten, Zirkusleute, Künstler, Maler, Schriftsteller, Sänger, Schauspieler, Journalisten, Politiker, Filmstars, Sportler, Rennfahrer und Seeleute.

Psychologisches

Reich zu sein, viel Geld zu besitzen, ist ein Wunschtraum vieler Menschen. Nicht umsonst spielen jede Woche Millionen Leute im Zahlenlotto. Ein Leben in angeblich sorglosem Reichtum gehört zum Wunschtraum vieler. Der Erfolgsroman soll diesem Wunschdenken insofern entgegenkommen, als hier der Leserin Gelegenheit gegeben wird, sich selbst in diese Traumwelt zu projizieren, um damit für ein paar Stunden ihrem eigenen Alltag zu entfliehen.

So koppelt der Autor das glückliche Ende einer dramatischen Liebesgeschichte zweckmäßig auch mit viel Geld und Besitz, um alle unterschwelligen Wünsche der Leserin zu befriedigen. Es wäre verkehrt, wenn etwa ein Erfolgsroman so enden würde, daß der Sohn eines reichen Vaters eine unbegüterte kleine Angestellte nur aus Liebe heiratet und auf den Reichtum des Vaters verzichtet.

Mit einer solchen Lösung würde das Wunschdenken der Leserin gestört, denn sie weiß selbst, welch große Rolle das Geld in ihrem eigenen Leben spielt, wie wichtig es ist, Geld zu besitzen, Liebe allein ist für sie nicht alles.

Für die eigene Tochter einen reichen Mann zu finden, gehört ja zu ihren geheimen Wünschen. Es muß sich also zum erfüllten Liebesschicksal im Erfolgsroman auch das Geld einfinden (der Millionär versöhnt sich mit seinem Sohn, oder das arme Mädchen macht eine große Erbschaft). In diesem Sinne hat der Erfolgsroman etwas vom Charakter eines modernen Märchens.

Die Nebenpersonen

Der Gegenspieler des Helden oder der Heldin darf nicht gewaltsam aus der Romanhandlung ausscheiden, etwa durch Selbstmord, was im Frauenroman einen gräßlichen Eindruck hinterläßt. Der Gegenspieler muß sein Glück anderswo finden, oder sich als ein versöhnlicher, im Grunde guter Mensch in das Happy-End des Romanes einfügen.

Das Milieu

Die Erfolgsromane spielen in Deutschland unter deutschen Menschen. Der Held oder die Heldin können zwar im Ausland gewesen sein, müssen aber zu Beginn der Romanhandlung in Deutschland eintreffen. Das Milieu der Erfolgsromane ist durch den oben angesprochenen Personenkreis des erfolgreichen Unternehmers vorgezeichnet. Es können Menschen von Adel (Graf, Gräfin, Baron) auftreten und damit auch das Milieu eines Schlosses oder eines Herrenhauses gezeichnet werden. Die Umwelt folgender Personengruppen ist im Erfolgsroman zu vermeiden: Artisten (Zirkus), Künstler (Maler, Schriftsteller), Politiker, Journalisten, die Welt der Fotomodelle (Schönheitskönigin), die Personen und die Umwelt des Theaters und des Films (keine Filmstars), Sportler (Rennfahrer), Seeleute [. . .].

(Aus: Frankfurter Rundschau vom 22.01.1972).

Tafelbild

Rezept für erfolgreiche Serienromane

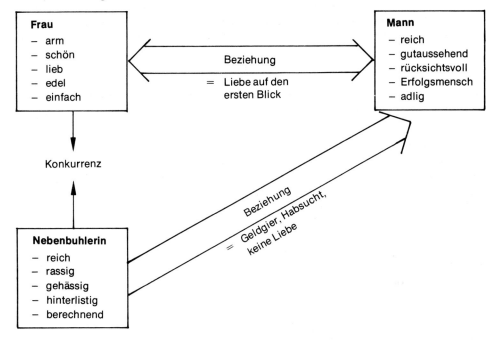

Literatur

Didaktik der Trivialliteratur, hrsg. von Peter Nusser. Stuttgart: Metzler 1976 (= Zur Praxis des Deutschunterrichts 7).
Albert Klein/Heinz Hecker, Trivialliteratur. Opladen: Westdeutscher Verlag 1977 = Grundlagen Literaturwissenschaft 10.
Projekt Deutschunterricht 5. Massenmedien und Trivialliteratur, hrsg. von Heinz Ide in Verbindung mit dem Bremer Kollektiv. Stuttgart: Metzler 1973.
Annamaria Rucktäschel, Hans Dieter Zimmermann, Trivialliteratur. München: Fink 1976 (= UTB 637).
Günter Waldmann, Theorie und Didaktik der Trivialliteratur. Modellanalysen. Didaktikdiskussion. Literarische Wertung. München: Fink 1973.
Gerhart Wolff, Modell einer Unterrichtsreihe zur Trivialliteratur. In: DU 24 (1972), Heft 6, S. 44–74.

5. LEHRJAHRE UND HERRENJAHRE

Autor	Titel	Textform	Eigenart	Inhalt	Seite
George Grosz	Der Spießer-Spiegel*	Zeichnung	satirisch	Der Bourgeois	151/134
Georg Weerth	Der Lehrling	Skizze	satirisch	Normen des Handels im 19. Jahrhundert	152/135
Hans Fallada	Aus dem Leben eines Verkäufers	Romanauszug	dialogisch	Warenverkauf/ Verkaufs- gespräche	158/141
Leitsätze für Lehrlinge		offizielle Verlautbarung	imperativisch	Lehrlings- verhalten	165/152
Berufsausbildungsvertrag		Vertrag	juristisch	Rechte und Pflichten des Auszubildenden	168/148
Floh de Cologne	Rechte und Pflichten des Lehrlings	Kabarett	satirisch- überspitzt	Stellung des Lehrlings	172/155
Walter Benjamin	Bürobedarf	Aphorismus	philosophisch	Chef	173/156

Georg Weerth, **Der Lehrling**

Lernziele

Die Schüler sollen erkennen, daß

- Weerth das Handelsleben auf satirische Weise darstellt und kritisiert (vor allem das Normensystem für Lehrlinge im 19. Jahrhundert);
- das Wesen der Satire in der Übertreibung liegt;
- Satire von dem Viereck Autor, Wirklichkeit, Norm und Leser bestimmt wird.

Arbeitshinweise

1. *Welche Vorstellungen über Lehrzeit und Kaufmannsberuf entwickelt Herr Preiss? Welche Regeln sind für ihn bestimmend? (GA, TA)*

Lehrling

- Arbeit ist alles
- früh aufstehen
- Gebet
- blitzschnell sein
- unverzüglich handeln
- schweigsam sein
- keine Nachlässigkeit
- Achtsamkeit

Handel

- Geld ist alles
- im Handel hört jede Freundschaft auf
- Mißtrauen gegenüber anderen
- Zahlen sind wichtiger als Buchstaben
- Seele hängt vom Geldbeutel ab
- alle Künste und Wissenschaften hängen vom Kaufmann ab

Die Regeln des kaufmännischen ‚Ordens' heißen:
- Arbeit für das Handelshaus
- Verschwiegenheit gegenüber Außenstehenden
- Gehorsam gegenüber dem Prinzipal
- Glaube an das Geld

Der Mensch wird ausschließlich nach seiner materiellen Situation bzw. nach seiner Verwendbarkeit beurteilt: *Die Seele aber steht im genauem Zusammenhang mit dem Geldbeutel.* Mißtrauen gegenüber jedermann, vorgegebene Höflichkeit und unterschiedliche Kundenbehandlung bestimmen das Zusammenleben der Menschen. Alles dreht sich um das Geld. Dadurch werden auch die mitmenschlichen Beziehungen bestimmt.

„Herr Preiss spricht so, als seien der Handel die Religion der Gegenwart, das Handelshaus ein Tempel frommer Einkehr und die Unternehmungen der Handelsherren kultische Verrichtungen, während gleichzeitig deutlich ist, mit welchen Tricks, Lügen, Verstellungen, Heucheleien gearbeitet wird." (Nachwort. In: Weerth, Humoristische Skizzen. Reclam, S. 166)

2. Charakterisieren Sie die Sprache des Herrn Preiss (Bilder, Vergleiche, Anspielungen)! (StA)

Religiöse Vergleiche: *seine Morgenandacht: er liest den Amsterdamer Handels- und Börsenbericht; Das Kopierbuch ist das Evangelium des Comptoirs; Mystischer Raum*

Wortspiel: *Wechselverhältnis; fallende Häuser*

Aphorismen: *Arbeit ist unser Los, Arbeit ist unsere Bestimmung; Geld ist das A und O des Daseins*

Superlative: *blitzschnell, die bittersten Feinde, entsetzliche Hast*

Schwärmerische und blumige Sprache: *herrliche Arbeit; die Arbeit bringt uns Lilien und Rosen; Mohn seines Schlafes; Groß ist der Handel und weltumfassend! Glücklich der, welcher unter seinen Fittichen ruht, denn ihm wird wohl sein wie einem Maienkäfer unter den Linden.*

Unangemessene Bilder und Vergleiche: *Der Lehrling gleicht einem Borsdorfer Apfel, an dem die Wespen des Jahrhunderts noch nicht genagt haben. Glücklich der, welcher in gemäßigtem Wechselverhältnis mit der Gesellschaft steht: ihn werden nicht Rost, nicht Motten und nicht die Zinsen der Bankiers fressen.*

3. Welche Funktion hat diese Sprache? Was bewirken die Anspielungen auf die Bibel? (Diskussion)

Kontraste, Übertreibungen und Karikaturen machen die Inkongruenz zwischen Wort und Text sichtbar. Dabei kommt eine doppelte Kaufmanns-Moral zum Vorschein. Durch Anspielungen auf die Bibel entlarvt Weerth das unter christlichem Gewande verborgene, wirkliche Denken des Handelsherren.

4. Was kritisiert Weerth? An welchen Normen orientiert sich der Autor? Ist diese Kritik heute veraltet? (Diskussion)

Weerth übt Kritik an einer Wirtschaftsgesinnung, die den Menschen zu einer Ware, zur Selbstauslöschung, zur Maschine degradiert, die alle menschlichen Werte umwertet (Religion des Geldes), die den Menschen zu einem gewissenlosen, betrügerischen und heuchlerischen Wesen zwingt.

Veraltet? Bei der Beantwortung dieser Frage ist zu beachten, daß Weerths Satire durch die Übertreibung lebendig ist. Im Ansatz sind solche Denkweisen auch heute noch zu finden. (Vgl. dazu auch die Leitsätze für Lehrlinge und den Berufsausbildungsvertrag!)

5. Welche Bedeutung hat der Name „Preiss"? Wie sieht der Kaufmann das Verhältnis zwischen Mensch und Geld? (UG)

Preiss ist ein sinngebender, „sprechender" Name. Ihm liegt ein Wortspiel zwischen Wert (Weerth) und Preis (Preiss) zugrunde. Weerth bezieht sich dabei auf die Marxsche Kritik der bürgerlichen Nationalökonomie, die Preis und Wert verwechselt.

6. Welches Verhältnis besteht in einer Satire zwischen Autor, Wirklichkeit, Norm und Leser? (UG, TA)

Der Autor erkennt in der Wirklichkeit Mißstände, die er beseitigt wissen möchte. Sein kritisches Arsenal holt er sich von einer bestimmten Norm, die Ansprüche an die Wirklichkeit enthält. Kritik ist nur dann konstruktiv, wenn man weiß, wie es eigentlich besser sein müßte. Der Autor wendet sich mit seiner Satire an den Leser, den er für seine Überzeugungen zu gewinnen hofft; dabei verschlüsselt er sprachlich-stilistisch seinen Gegenstand; der Leser muß ihn wieder entschlüsseln. Satire bewegt sich also in dem Viereck zwischen Autor, Wirklichkeit, Norm und Leser-Publikum.

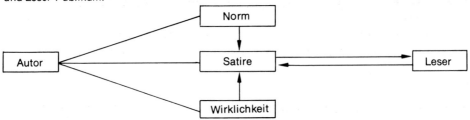

Übertragen auf Georg Weerth, Der Lehrling:

Weerth erkennt im Kaufmannswesen und Handel seiner Zeit Verhaltensweisen und Abhängigkeiten, die er als schlecht empfindet und die er verändern möchte. Seine Norm ist eine herrschaftsfreie, partnerschaftsbezogene, menschliche Welt, in der niemand betrogen wird. Der Autor will für die Veränderung der bestehenden Zustände in der Welt seine Leser gewinnen; dabei spricht er sie nicht direkt an; er agitiert nicht für seine Ziele, sondern verschlüsselt sie durch die besondere satirische Darstellung des Herrn Preiss, der sich selber durch seine Reden entlarvt und lächerlich macht. Der Leser muß diesen Schlüssel (Übertreibung, Inkongruenz) erkennen, sonst mißlingt die Verständigung im satirischen Viereck.

Literatur

Georg Weerth, Humoristische Skizzen aus dem deutschen Handelsleben. Stuttgart: Reclam 1971 (mit Nachwort).

Georg Weerth, Vergessene Texte. Werkauswahl 2 Bände. Nach den Handschriften hrsg. von Jürgen-W. Goette, Jost Hermand, Rolf Schloesser. Köln: informationspresse – c. w. leske 1975/76 (mit verschiedenen Aufsätzen).

Florian Vaßen, Georg Weerth. Ein politischer Dichter des Vormärz und der Revolution von 1848/49. Stuttgart: Metzler 1971.

Karl Holtz, Georg Weerth – Ungleichzeitigkeit und Gleichzeitigkeit im literarischen Vormärz. Stuttgart: Klett 1976.

Ludwig Krapf, Zur politischen Satire Georg Weerths. Überlegungen zu den ‚Humoristischen Skizzen aus dem deutschen Handelsleben', I–IX. In: DU 31 (1979), Heft 2, S. 95–106.

Hans Fallada, Aus dem Leben eines Verkäufers

Lernziele

Die Schüler sollen
- den Text als ein Zeitdokument erkennen (Arbeitslosigkeit um 1930; Rivalität der Angestellten untereinander);
- über Verkaufsmethoden und Käuferpsychologie nachdenken;
- erkennen, daß sich Verkäufer und Käufer auf die jeweilige Kommunikationssituation einstellen: der Verkäufer steht unter Erfolgszwang, der Käufer ist von Faktoren wie Preis, Mode, Urteil anderer, Ruf des Geschäfts abhängig;
- die angewandten sprachlichen Mittel zur Untermalung der jeweils beabsichtigten Zielsetzung erkennen;
- sich der psychologischen Faktoren bei ihren eigenen Käufen bewußt sein und sie berücksichtigen.

Arbeitshinweise

1. *Gliedern Sie den Text, und geben Sie den Inhalt wieder! (StA, TA, Kurzvortrag)*

   1. Eintönigkeit der Arbeit in der Herrenkonfektionsabteilung des Kaufhauses Mandel (Verhältnis der Angestellten)
   2. Belebung des Geschäfts (Verkaufsgespräch zwischen Pinneberg – Student)
   3. Ankunft einer neuen Käufergruppe (Verkaufsbemühungen durch Pinneberg – Kunstgriff – Kaufentschluß)
   4. Gewonnene „Schlacht"

2. *Wie werden die Verkäufer dargestellt, und welches Verhältnis haben sie untereinander? (TA)*

Das Verhältnis der im Kaufhaus Mandel tätigen Personen wird gleich zu Beginn sichtbar:

Keßler	Heilbutt	Pinneberg
– unangenehm – ehrgeizig – unkollegial – drückt sich vor bestimmtem Kundenkreis	– Gentleman, vornehm – guter Verkäufer – hilfsbereit – selbstsicher, höflich zurückhaltend	– will sich nicht aufdrängen – stolz auf seine Frau – bewundert Heilbutt
↓	↓	↓
isoliert	beherrschende Stellung ←——— sucht Kontakt zu Heilbutt	
egoistisch	hilfsbereit und entgegenkommend	

Das Konkurrenzdenken unter den Kollegen verdeutlicht den Erfolgszwang, unter dem alle stehen; am Tagesende müssen sie eine bestimmte Quote erreicht haben, darüber wacht der stets auf das Wohl der Firma bedachte, eifrige Abteilungsvorsteher. Hiermit ist der ernste Hintergrund der im Grunde heiteren, teilweise ironischen Wiedergabe der Verkaufsgespräche angedeutet.

3. *Schildern Sie die Methoden des Verkaufs! Wie verhält sich der Student, wie der Personenkreis um den Mann? Warum verhalten Sie sich so? (UG)*

a) Pinneberg – Student

Keßler hat Pinneberg wieder einen Kunden *weggeschnappt;* doch auch Pinneberg bekommt zu tun: Ein Student mit Schmissen verlangt *kurz und knapp einen blauen Trenchcoat.* Die sind jedoch gerade ausgegangen, und um Keßler keine Gelegenheit zu geben, sich über Pinneberg lustig zu machen, versucht er – erfolgreich – dem Studenten etwas anderes aufzuschwatzen. Dabei wird die Methode des Verkaufs sichtbar:

Ablenkung/Verzögerung: *Wenn wir erst mal diesen Ulster überziehen dürften? . . . Nur der Größe wegen.*

Übertriebene Höflichkeit: *Wenn der Herr sich bemühen wollen.*

Preisvorteil: *Reklameangebot.*

Schmeichelei: *Ich glaube nicht, daß ihnen irgend etwas so gut stehen würde.*

Ausreden: *Blauer Trenchcoat ist eigentlich ganz abgekommen. Die Leute haben ihn sich übergesehen!*

Lüge: *Wir führen keinen Trenchcoat mehr.*

Lob der eigenen Ware: *wie ausgezeichnet Ihnen dieser Ulster steht . . . bei Ihnen kommt er wirklich zur Geltung . . . sieht direkt vornehm aus.*

Bloßstellen des Geschmacks seines Kunden dadurch, daß erst ein wertvolles, dann ein billiges Stück vorgeführt wird *(das ist ja grauenhaft . . . Vogelscheuche).* Fallada charakterisiert anschaulich die Situation des Käufers durch das einfache Bild: *. . . die Maus ist beinahe in der Falle, sie riecht den Speck schon.*

b) Pinneberg (Heilbutt) – Personenkreis um einen Herrn (mit drei Damen)

Als nächster müßte Keßler verkaufen. Aber er, der sich sonst vordrängt, zieht sich zurück; er vermutet einen schwierigen Fall, der – sprachlich durch die besondere Form der Aufzählung – angekündigt wird: *Da kommen erstens eine Dame, zweitens noch eine Dame, beide in den Dreißigern, drittens noch eine Dame, älter, Mutter oder Schwiegermutter, und viertens ein Herr, Schnurrbart, blaßblaue Augen, Eierkopf.*

So wie der Mann kaum in Erscheinung tritt und nicht ausreden kann, wird er auch im weiteren nichts zu sagen haben. In dem folgenden Verkaufsgespräch stellt sich heraus, daß die Frau für ihren Mann einen Abendanzug haben will, weil Saliger (wahrscheinlich ein Nachbar oder Bekannter) auch einen neuen bekommen hat. Die Schwester will etwas wirklich Vornehmes, das sie hier nicht zu erhalten glaubt. Die Mutter unterbricht laufend, daß man *bei Obermeyer* – also bei der Konkurrenz – längst das Passende gefunden hätte.

Der Mann, der nichts zu sagen hat, äußert nur, daß er im Grunde gar keinen Anzug haben wolle. Das Geschehen wird im Zusammenhang der Dialoge sichtbar, dessen Einzelaussagen von den Redenden gelöst sind; man weiß oft gar nicht, wer gerade spricht. Nur die Mutter ist an ihrem leitmotivisch dazwischengerufenen *bei Obermeyer* zu erkennen.

Die Damen streiten heftig, können sich nicht einigen und wollen gehen. Da wendet sich Pinneberg *in der höchsten Not* an Heilbutt *(Es ist ein Hilfeschrei),* und zugleich tut Pinneberg etwas Verzweifeltes, er zieht dem Herrn *aus Versehen* das strittige Sechzigmark-Jackett an. In diesem Augenblick erscheint Heilbutt: *Die Herrschaften haben gewählt? Unser elegantestes Abendjackett.*

Die Damen sind von der vornehmen Erscheinung des gewandten Verkäufers beeindruckt *(vielleicht war es Herr Mandel selber, der hier durchging?)*, und sie entscheiden sich für das Jackett – nicht ohne sich noch an den Mann zu wenden: *Auf dich kommt es doch schließlich an.*
Dies ist nicht beabsichtigter Spott der Damen, keine ‚Lächerlichmachung unter dem Schein der Ernsthaftigkeit', denn zur ironischen Haltung gehört die innere Distanz zum Geschehen oder zum Gegenstand, die die Beteiligten nicht besitzen.

Tafelbild

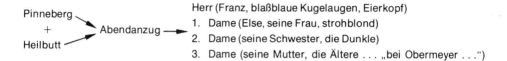

Pinneberg + Heilbutt → Abendanzug →
Herr (Franz, blaßblaue Kugelaugen, Eierkopf)
1. Dame (Else, seine Frau, strohblond)
2. Dame (seine Schwester, die Dunkle)
3. Dame (seine Mutter, die Ältere . . . „bei Obermeyer . . .")

4. *Wodurch wirkt die Sprache lebendig? Zeigen Sie die Besonderheiten der Sprache auf!* (StA)
Die Lebendigkeit der Sprache wird besonders durch die umgangssprachlichen Redewendungen hervorgehoben; sie wirken oft witzig durch die Schlagfertigkeit, und Pinnebergs „Pfiffigkeit" stellt den Leser zufrieden: *Er versuchte, die Frage gleichmäßig zwischen den drei Damen aufzuteilen und auch den Herrn nicht zu kurz kommen zu lassen, denn selbst ein solcher Wurm kann einen Verkauf umschmeißen.*

Erzählhaltung: Der Autor bleibt unbeteiligter Beobachter, der die Vorgänge registriert;
Satzbau: kurze Satzreihen *(Wendt ist in Arbeit, Lasch verkauft, Heilbutt verkauft)*;
   abgehackte Sätze ohne Subjekt *(Sehr still heute für einen Freitag . . . Nein, selbstständlich nicht . . . Nur der Größe wegen . . .)*;
Doppelaussagen: eindringlich *(Pinneberg will sich nicht aufdrängen, gerade weil . . . will er sich nicht aufdrängen . . . Es muß zwanglos kommen, es wird schon kommen.)*;
Erlebte Rede: die Gedanken Pinnebergs werden oft in Form der ‚erlebten Rede' wiedergegeben *(Wer von den anderen hat so was?)*;
Umgangssprache: *Schussel, versaubeuteln, was aufs Dach geben, ne Pleite schieben . . .*
Verkaufsfloskeln: *Wir haben da was . . .; kosten nicht viel . . .; ich danke auch verbindlichst . . .; was steht bitte zu Diensten, meine Herrschaften? . . .*

5. *Interpretieren Sie das Wort „Schlacht" aus dem Zusammenhang des Textes!* (UG)
Der Inhalt der Verkaufsgespräche regt zur Überlegung an, ob der Kunde wirklich noch selbst gewählt hat, bzw. inwieweit er jeweils der Taktik des Verkäufers erlegen ist. Das Wort „Schlacht" zwingt zur Reflexion über die Methoden des Verkaufs. Wie sich zeigt, gehören dazu
– Herabsetzung der gewünschten, aber nicht vorhandenen Ware
– Anpreisen der Ware, die man gern verkaufen möchte
– Betonung der Vorzüge für das in Erwägung gezogene Kleidungsstück
– Einkalkulierung der Eitelkeit durch Komplimente
– Heranziehen eines zustimmenden Kollegen
– Tricks.

Da es in diesem Fall dem Verkäufer gelungen ist, durch die angedeuteten „Strategien" zum Erfolg zu kommen, fühlt er sich eben *stolz wie ein Feldherr* aber auch *zerschlagen wie ein Soldat.*

Hinweis

Die Schüler können sich über die modernen Methoden von Marketing und Verkaufspsychologie informieren (Betriebswirtschaft).

Zur Diskussion:

6. *Unterscheidet sich die heutige Situation der Verkäufer von der hier aufgezeigten? Berichten Sie über Ihre eigenen Erfahrungen beim Einkauf!*

Literatur

Tom Crepon, Leben und Tod des Hans Fallada. Biographie. Hamburg: Hoffmann und Campe 1982.
Lehrlingshandbuch. Alles über Lehre, Berufswahl, Arbeitswelt für Lehrlinge, Schüler, Eltern, Ausbilder, Lehrer. Reinbek: Rowohlt 1977 (= rororo handbuch 6212).
Werner Liersch, Hans Fallada. Sein großes kleines Leben. Biographie. Düsseldorf: Diederichs 1981.
W. J. M. Loohuis, Hans Fallada in der Literaturkritik. Bad Honnef: Keimer 1982.
Dieter Mayer (Hrsg.), Hans Fallada: Kleiner Mann – was nun? Historische, soziologische, biographische und literaturgeschichtliche Materialien zum Verständnis des Romans. Frankfurt: Diesterweg 1978 = Literatur und Geschichte.
W. Dietrich Winterhager, Lehrlinge – die vergessene Majorität. Weinheim: Beltz ²1972 (= Beltz Bibliothek 12).
Rudolf Wolff (Hrsg.), Hans Fallada: Werk und Wirkung. Bonn: Bouvier 1983 = Sammlung Profile 3.

Leitsätze für Lehrlinge

Lernziele

Die Schüler sollen erkennen, daß

- in dem Text eine falsche Alternative zwischen dem idealen und dem schlechten Lehrling aufgebaut wird;
- vor allem die Attribute Träger der Auf- und Abwertung sind;
- sich ein Teil der Partner zum Allgemeinwohl erklärt, um den anderen Teil entweder zur Unterordnung zu zwingen oder als Zerstörer brandmarken zu können;
- Pluralismus in der Demokratie heißt: verschiedene Gruppen in der Gesellschaft haben unterschiedliche Interessen, die sie durchzusetzen versuchen.

Arbeitshinweise

1. *Welches Bild entwirft die Betriebsleitung von sich selbst? (StA, TA)*

Bild der Betriebsleitung

- verfügt über ein sehr gutes Urteil
- ausgesuchte Fachleute, die viel können und wissen
- Jahrelange Berufserfahrung, Menschenkenntnis
- Aufstieg und Erfolg großer Männer durch Denken

▌ Es wird ein sehr positives Bild entworfen, um jede Kritik schon im Ansatz als fragwürdig erscheinen zu lassen.

2. *Wie sieht nach diesen Leitsätzen ein guter Lehrling aus, wie ein schlechter? (GA, TA)*

Guter Lehrling	Schlechter Lehrling
– macht den Vorgesetzten nichts vor	– ist unordentlich
– will viel lernen	– ist unpünktlich und frech
– ist höflich und zuvorkommend	– lügt
– hat ein frisches und korrektes Auftreten	– schlägt alles in den Wind
– ordnet sich ein	– macht abfällige Bemerkungen
– ist ehrlich und bemüht sich	– unbeherrschte Gefühlsreaktionen
– denkt nach, auch über eigene Fehler	– meckert, gibt an
– macht Verbesserungsvorschläge und arbeitet rationell	– strebt Vorteile nur für eigene Interessengruppe an
– opponiert nicht	– ist unsachlich und pöbelhaft

Problematisch ist vor allem die Zuordnung der beiden für eine Demokratie unentbehrlichen Begriffe „Kritik" und „Opposition" mit diesem Negativkatalog.

3. *Analysieren Sie die Attribute! Welche Funktion haben sie? (StA, TA)*

„Guter" Lehrling	„Schlechter" Lehrling
– ausgesucht	– entartet
– korrekt	– zerstörend
– echt	– unsachlich
– gesund	– pöbelhaft

Die beiden Attributreihen dienen dazu, das positive bzw. negative Bild (Frage 2) zu unterstützen. Sie werten das eine zusätzlich auf und das andere ab.

4. *Diskutieren Sie über den Satz: „Du bist also der Nehmende, sie sind die Gebenden."*

Hier wird ein patriarchalisches Betriebsbild gezeichnet. Die Vorgesetzten sind erfahren und klug; Kritik und Opposition sind unnötig und schädlich. Das Bild ähnelt dem, das Weerth gezeichnet hat. Der Lehrling will etwas lernen, hat sich also voll und ganz zu fügen. Der Lehrherr opfert sich auf, damit der Lehrling etwas lernt. Aber es muß schließlich bedacht werden, daß der Lehrling seine – relativ billige – Arbeitskraft und der ausgebildete Arbeiter und Angestellte seine volle Arbeitskraft über viele Jahrzehnte hinweg dem Betrieb zur Verfügung stellen. Beide profitieren davon, geben und nehmen also.

5. *„Wozu also Opposition?" Nehmen Sie Stellung zu dieser Frage!*

Das negative Bild, das in diesen Leitsätzen von einem schlechten Lehrling gezeichnet wird, ist eine falsche Alternative. Hier wird jemandem, der Kritik übt und Opposition betreibt, alles nur denkbar Schlechte unterstellt.

6. *Was versteht die Betriebsleitung unter „Allgemeinwohl"? (Diskussion, TA)*

Richtig wird **Allgemeinwohl** als oberstes Ziel in einer Gemeinschaft betrachtet. *Disziplin und Ordnung dienen ja dem Allgemeinwohl. Wer dagegen verstößt, kann auch nicht behaupten, daß er das allgemeine Wohl zum Ziel hat.*

Die Frage ist allerdings, ob diese Deutung von allen akzeptiert werden kann: In Wirklichkeit verbirgt sich dahinter Gruppeninteresse. Das Allgemeinwohl wird also aus der Perspektive der Betriebsleitung gesehen.

Auffassung der Betriebsleitung		**Wirklichkeit**	
Forderung der Betriebsleitung: Disziplin und Ordnung	= Allgemeinwohl	Forderung der Betriebsleitung: Disziplin und Ordnung	= Gruppeninteresse
Forderung der Lehrlinge: Kritik und Opposition	= Zerstörung des Allgemeinwohls	Lehrlinge kritisieren und opponieren	= Gruppeninteresse

Allgemeinwohl = Summe aller Gruppeninteressen

7. *Warum hat die Betriebsleitung ein Interesse daran, daß die Lehrlinge sich so verhalten? (UG)*

In diesen Leitsätzen wird der brave, angepaßte Untertan gefordert, der alles den erfahrenen Vorgesetzten überlassen soll und höchstens über seine eigenen Fehler nachdenken kann. Der „Vorteil" für den Betrieb besteht darin, daß auch tatsächlich vorhandene Mißstände nicht ans Tageslicht rücken. (Vgl. Wallraff, Am Fließband)

8. *Setzen Sie die Leitsätze mit Brechts „Fragen eines lesenden Arbeiters" in Beziehung!*

In dem Gedicht werden die Möglichkeiten der „unteren" Klasse, der „Niedrigen" deutlich gemacht: Sie sind – im Gegensatz zu den Leitsätzen – die „Gebenden", und die oben Stehenden sind die „Nehmenden".

Berufsausbildungsvertrag

Lernziele

Die Schüler sollen

– einen Vertragstext (juristische Fachsprache) lesen können und die Bedingungen des Vertrags analysieren;
– Rechte und Pflichten für Ausbildende und Auszubildende aus dem Vertragstext ableiten;
– die Bedeutung einer gesetzlich geregelten Ausbildungsordnung erkennen;
– die historische Entwicklung seit dem Anfang des 19. Jahrhunderts definieren; aber auch Veränderungen und Alternativen aufzeigen (Mitbestimmung).

Vorbemerkung

Der Berufsausbildungsvertrag wird zwischen dem Ausbildenden und dem Auszubildenden abgeschlossen. Auszubildender ist derjenige, der ausgebildet wird (bei Minderjährigkeit ist zum Vertragsabschluß die Zustimmung der gesetzlichen Vertreter erforderlich).

Arbeitshinweise

1. *Analysieren Sie die Bedingungen des Vertrages (§§ 1, 2)! (StA, TA)*

§ 1 Ausbildungszeit:
- Die Ausbildungszeit ist in der Ausbildungsordnung festgelegt;
- eine bestimmte Vorbildung kann angerechnet werden;
- es besteht eine Probezeit (1–3 Monate), die im Einzelfall festgelegt wird;
- bei vorzeitigem Bestehen der Abschlußprüfung endet das Berufsausbildungsverhältnis;
- bei Nichtbestehen der Abschlußprüfung verlängert sich das Berufsausbildungsverhältnis auf Verlangen des Auszubildenden (höchstens 1 Jahr);

Die Vereinbarung einer Weiterbeschäftigung im Berufsausbildungsvertrag ist unzulässig; eine solche Vereinbarung kann außerhalb des Vertrages von beiden Parteien erfolgen.

§ 2 Ausbildungsstätte(n):
- die Ausbildungsstätte(n) wird (werden) im Einzelfall festgelegt.

2. *Welche Pflichten haben Ausbildende und Auszubildende? Wie beurteilen Sie diese Pflichten? (StA, TA)*

Pflichten aus dem Berufsausbildungsvertrag

Ausbildende (§ 3)	Auszubildende (§ 4)
1. Vermittlung von Kenntnissen und Fertigkeiten zur Erreichung des Ausbildungsziels in der vorgesehenen Ausbildungszeit	1. Verpflichtung, alle ihm übertragenen Aufgaben im Rahmen seiner Ausbildung auszuführen
2. Durchführung der Ausbildung in zweckentsprechender Form (persönlich und fachlich qualifizierte Ausbilder)	2. Teilnahme am Berufsschulunterricht
3. Ausbildungsordnung beachten	3. Weisungen von befugten Personen befolgen
4. Ausbildungsmittel (Werkzeuge, Werkstoffe, Fachliteratur) zur Verfügung stellen	4. Beachtung der betrieblichen Ordnung
5. Besuch der Berufsschule ermöglichen	5. Ausbildungsmittel sorgfältig behandeln
6. Überwachung der ordnungsgemäßen Führung eines Berichtsheftes, wenn im Rahmen der Berufsbildung vorgeschrieben	6. Schweigepflicht (Geschäftsgeheimnisse)
7. Angemessene, dem Ausbildungszweck dienende Tätigkeit	7. Vorlage des Berichtsheftes
8. Sorgepflicht (charakterliche Förderung; Schutz vor sittlichen und körperlichen Gefahren)	8. Nachricht bei Verhinderung von Ausbildungsveranstaltungen; ärztliche Bescheinigung
9. Ärztliche Untersuchung ermöglichen	9. Bescheinigung für ärztliche Untersuchung
10. Eintragung des Berufsausbildungsvertrages in das Verzeichnis der Berufsausbildungsverhältnisse	
11. Anmeldung und Möglichkeit zur Teilnahme an Prüfungen	

In § 5 sind Vergütungen und sonstige Leistungen festgelegt; die zu gewährende Vergütung ist für jedes Berufsjahr einzutragen und muß mit fortschreitender Berufsausbildung steigen.

Die Regelung, eine besondere Berufskleidung zur Verfügung zu stellen, soll den Auszubildenden vor übermäßigen Kosten schützen.

§ 6 regelt die Ausbildungszeit und den Urlaub; die regelmäßige tägliche Arbeitszeit ist ausdrücklich in der Vertragsniederschrift zu vereinbaren (Bestimmungen des Jugendarbeitsschutzgesetzes sind bindend).

Der dem Auszubildenden zustehende Urlaub muß für jedes Kalenderjahr eingetragen werden.

Die Bestimmungen des Berufsbildungsgesetzes (BBiG) und Jugendarbeitsschutzgesetzes (JArbSchG) sichern dem Auszubildenden Rechte, die er neben Pflichten hat. Dem Ausbildenden sind Pflichten auferlegt, die eine duale Ausbildung ermöglichen und gewährleisten (Berufsschule, Betrieb).

3. *Wie beurteilen Sie die Gründe für eine Kündigung? Reichen die Rechte für die Betroffenen aus? (StA, UG)*

Gründe für eine Kündigung

— während der Probezeit Kündigung ohne Angabe einer Frist und ohne Gründe

— nach der Probezeit aus einem wichtigen Grund ohne Kündigungsfrist

— bei Aufgabe oder Wechsel des Berufes (4 Wochen Frist)

— bei Streitigkeiten, die aus einem Berufsausbildungsverhältnis resultieren, ist das Arbeitsgericht zuständig (Schlichtungsausschuß)

— Schadensersatz kann in Anspruch genommen werden, wenn der jeweils andere Partner den Grund für die Auflösung zu vertreten hat

— bei Wegfall der Ausbildungseignung ist mit Hilfe der Berufsberatung des zuständigen Arbeitsamtes für die kontinuierliche Fortführung – an einer anderen geeigneten Ausbildungsstätte – zu sorgen.

Die Rechte des Auszubildenden sind – abgesehen von der Probezeit – vertraglich festgelegt; sie ermöglichen ihm, seine Rechte wahrzunehmen und bei Streitigkeiten gegebenenfalls gerichtlich klären zu lassen. Die Formulierung, daß die Kündigung *aus einem wichtigen Grund* ausgesprochen werden kann, ist unbefriedigend, da sie zu allgemein gehalten ist. Die „wichtigen Gründe" müßten näher definiert werden.

4. *Analysieren Sie die Sprache des Vertrages! (StA)*

Bei der Analyse der Sprache kann auf den Unterschied zwischen der sachlich orientierten, juristischen Fachsprache des Vertragstextes (prägnante Aussagesätze; nach Paragraphen gegliedert; einzelne Unterpunkte mit Überschrift; erläuternde Angaben; Hinweise auf Gesetze) und einem dichterischen Text (Weerth, Der Lehrling) verwiesen werden (erzählende, „blumige" Dichtersprache).

5. Vergleichen Sie die Situation des Lehrlings im 19. Jahrhundert (Georg Weerth, Der Lehrling) mit der des Auszubildenden in der Bundesrepublik (Stand 1977)! (GA, TA)

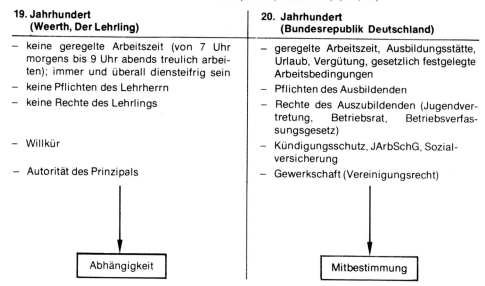

6. Wie beurteilen Sie in diesem Zusammenhang die „Rechte und Pflichten des Lehrlings" (vgl. Floh de Cologne, KL, S. 172)? (Diskussion)

Der Text des politischen Kabaretts ist eine Satire. Die einzelnen Sätze sind bewußt überspitzt formuliert; sie wollen provozieren und zum Nachdenken anregen. Den Betroffenen werden Situation und Möglichkeit durch diese besondere Form bewußt gemacht. Verbesserungen sind in einer demokratischen Gesellschaftsform immer anzustreben.

Literatur

Hans-Jürgen Haug/Hubert Maessen, Was wollen die Lehrlinge? Frankfurt: Fischer 1976 (= Fischer Taschenbuch 1186).

Jürgen Burckhardt, Wolfgang Bornscheid, Informationsentnahme. Informationsverarbeitung: Ausbildungsverträge. In: PD (1977), Heft 21, S. 43-45.

Floh de Cologne, **Rechte und Pflichten des Lehrlings**

Lernziele

Die Schüler sollen
- die Rolle des Jugendlichen im Arbeitsprozeß analysieren;
- erkennen, daß auf Mißstände in der Lehrlingsausbildung aufmerksam gemacht werden soll und daß die Kritik durch das Mittel der Ironie ausgesprochen wird;
- einsehen, daß diese Kritik überspitzt vorgetragen wird (Satire).

Arbeitshinweise

1. Welche Interessen haben die Ausbilder und Vorgesetzten, welche die Lehrlinge? Welche Probleme ergeben sich? (StA, TA)

Ausbilder/Chef
- Gehorsam
- berufsfremde Arbeiten
- Werkstatt ausfegen
- billige Arbeitskraft
- wenig Gespräche
- Gewinn
- Kritiklosigkeit

Lehrling
- Unabhängigkeit
- berufsbezogene Aufgaben
- keine Dreckarbeit nach Feierabend
- Geld verdienen
- viel Gespräche
- Lernen
- freie Meinungsäußerung, Kritik

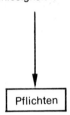

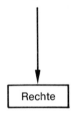

■ Die Interessen der Ausbilder/Vorgesetzten und der Lehrlinge stoßen aufeinander.

2. Beschreiben sie die sprachlichen Mittel! Welche Wirkung haben sie? (UG)

Die Sätze scheinen in sich schlüssig und äußern eine wahre Aussage; in Wirklichkeit wollen sie aber das Gegenteil dessen anzeigen, was sie sagen. Dadurch werden die im Satz geäußerten wahren Aussagen als Lügen entlarvt (Ironie). Durch die überspitzte Darstellung entsteht die Satire.

3. Aus welcher Sicht ist dieser Text geschrieben? (UG)

In dem Text sind die Begriffe vertauscht: was als Pflicht angesehen werden kann, bzw. dem Chef und Meister gelegen ist, wird als „Recht" des Lehrlings bezeichnet. Die wirklichen Rechte sind aber ganz andere (vgl. Frage 1), die der Text indirekt fordert. Es wird eindeutig Partei für die Lehrlinge genommen.

4. Bestimmen Sie die Zielsetzung des Textes! (StA)

Der Text will auf Mißstände in der Lehrlingsausbildung und auf die unterschiedlichen Interessen der Beteiligten (Ausbilder/Chef – Auszubildender/Lehrling) aufmerksam machen.

5. Halten Sie die Kritik für übertrieben? Vergleichen Sie diesen Text mit der 2. Seite des Berufsausbildungsvertrages! (StA)

Die hier vorgebrachte Kritik ist überspitzt (vor allem im vorigen Jahrhundert hätte sie ihre Berechtigung gehabt, vgl. Georg Weerth, Der Lehrling). Der Lehrling hat heute eine Fülle gesetzlich geregelter Rechte (vgl. § 3 des Berufsausbildungsvertrages „Pflichten des Ausbildenden"). Die Interessen des Ausbildenden und des Auszubildenden stoßen aber auch heute noch aufeinander (vgl. „Leitsätze für Lehrlinge der Peine-AG"); daraus ergeben sich immer wieder Probleme, die es gilt, mit demokratischen Mitteln auszuräumen (Schadensersatz, Schlichtung, Arbeitsgericht).

Walter Benjamin, Bürobedarf

Lernziele

Die Schüler sollen erkennen, daß
- das Chefzimmer auf den Besucher eine einschüchternde Wirkung ausübt;
- Dinge je nach den Umständen und der Situation verschieden wirken;
- der Titel „Bürobedarf" doppeldeutig ist.

Arbeitshinweise

1. *Wie beschreibt der Autor das Chefzimmer? Was bezeichnet er als „Bürobedarf"?*
2. *Warum nennt er die Gegenstände „Waffen"? Wie wirken sie auf den Besucher? (GA, TA)*

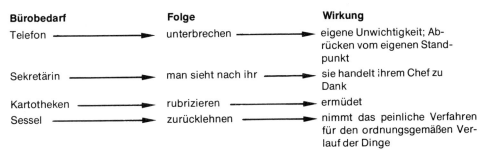

Bürobedarf	Folge	Wirkung
Telefon	unterbrechen	eigene Unwichtigkeit; Abrücken vom eigenen Standpunkt
Sekretärin	man sieht nach ihr	sie handelt ihrem Chef zu Dank
Kartotheken	rubrizieren	ermüdet
Sessel	zurücklehnen	nimmt das peinliche Verfahren für den ordnungsgemäßen Verlauf der Dinge

Die Gegenstände des Büros werden als *Waffen* bezeichnet. Der Chef verwendet sie zur Abwehr und zum Angriff; der Besucher wird erschreckt, bis er schließlich kapituliert. Die Dinge entfremden die menschlichen Verhältnisse; statt Partnerschaft und Mitmenschlichkeit herrschen Angst und Unsicherheit. Die Dinge verändern ihre Funktion in diesem Kräfteparallelogramm.

3. *Welche Wörter unterstützen das Gefährliche und Beängstigende? (StA)*

Vor allem: *starren; Waffen; Arsenal; Liquidation.*
Es sind also Wörter aus dem Bereich des Militärischen.

4. *Beschreiben Sie, wie es Ihnen ergeht, wenn Sie in das Zimmer des Direktors bzw. des Chefs gerufen werden! Versuchen Sie die Gründe dafür herauszufinden! Überlegen Sie Veränderungsmöglichkeiten! (Diskussion)*

In manchen Schulen (Versuchsschulen), die bewußt andere Wege gehen, wurde folgendes versucht: Es gibt keine gesonderten Räume für Lehrer und Direktoren. In einem Großraum hat jeder eine Ecke, in der er sich aufhalten kann; offene Wandteile grenzen den Raum etwas ein; aber jeder hat ohne weiteres Zutritt. „Schwellenangst", Furcht vor dem Vorgesetzten, hierarchisches Denken kommt nicht auf. Es sollte die Frage aufgeworfen werden, ob diese Formen überall praktikabel sind.

Literatur

Werner Fuld, Walter Benjamin. Zwischen den Stühlen. Eine Biographie. München: Hanser 1979.

6. WERBUNG UND KONSUM

Autor	Titel	Textform	Eigenart	Inhalt	Seite
Werbesprüche und Plakate		Slogan/Plakat	appellativ	Produktwerbung	174/157
Vance Packard	Die geheimen Verführer	Wissenschaftliche Untersuchung	kritisch-analytisch	Werbung und Unterbewußtsein	178/161
Willi Bongard	„Hurra – die Reklame ist abgeschafft!"	Feuilleton	heiter-ironisch	Vorteile der Werbung	183/166
George Grosz	Shopping*	Zeichnung	satirisch-kritisch	Reichtum und Armut	186/169
Ingeborg Bachmann	Reklame	Gedicht	Montage/Technik	Menschliche Existenz und Reklame	187/170
Hans Magnus Enzensberger	Das Plebiszit der Verbraucher	Essay	theoretisch	Bewußtseinsindustrie	188
Wolfgang Hildesheimer	Eine größere Anschaffung	Kurzgeschichte	grotesk-komisch	sinnloser Kauf	191/171

Werbesprüche und Plakate

Lernziele

Die Schüler sollen erkennen, daß

– sich die Werbung einer besonderen – appellativen – Sprache bedient, die auf Wirkung abzielt;
– die Werbung für bestimmte Produkte Leitbilder prägt, um diese Produkte von anderen besser unterscheiden zu können und um geheime Wunschvorstellungen der Käufer anzusprechen.

Didaktische Vorbemerkung

In einer Unterrichtseinheit über die Sprache der Werbung sollte im wesentlichen mit Materialien gearbeitet werden, die von den Schülern selbst mitgebracht werden können. (Aufgabe: Jeder Schüler bringt Werbung für bestimmte Produkte mit, z.B. Zigaretten, Waschmittel, Autos.) Die im KL abgedruckten Werbeslogans sollen nur eine Anregung sein. Die folgenden Fragen beziehen daher auch andere Beispiele ein. Grundsätzlich können Werbesprüche nach folgenden Kriterien analysiert werden:

I. Wortbildung
1. Substantive
2. Adjektive
3. Eigennamen

II. Wortwahl
1. Häufigkeit von Wortarten
2. Semantische Aufwertung
   a) steigernde Komposition
   b) Entkonkretisierung
   c) aufwertende Produktnamen
   d) Superlativ und Komparativ
3. Sprachschichten
   a) Alltagssprache
   b) Fachwörter
   c) Fremdwörter
   d) Neuschöpfungen
4. Schlüsselwörter der Werbung

III. Satzbau
1. Vollständige Sätze
2. Fragmente
3. Satzlänge

IV. Rhetorische Mittel
1. Wiederholungen
2. Behauptungen
3. Imperative
4. Anrede
5. Fragen
6. Antithesen
7. Dreierfigur
8. Aufhänger
9. Euphemismen
10. Negationen
11. Wortspiele
12. Anspielungen
13. Vermenschlichung der Ware
14. Mythisierung der Ware

V. Werbepsychologie
1. Affektive Werbung (Ansprechen der Triebe)
2. Informative Werbung (Ansprechen der Vernunft)

(Nach: Johann Dietrich Bödeker, Sprache der Anzeigenwerbung)

Arbeitshinweise

1. Wo gibt es überall Werbung? Welche Form halten Sie für die effektivste? (GA oder UG)

Verpackungen, Schaufenster, Häuserwände, Litfaßsäulen, Verkehrsmittel, Flugzeuge, Fahnen, Zeitungen, Zeitschriften, Illustrierte, Rundfunk, Fernsehen, Kataloge, Postwurfsendungen, Lautsprecher, Kino, Fußballspieler, Bücher.

2. Wie groß ist der Werbeteil in Illustrierten und Zeitungen im Vergleich zum Textteil? (Schüler untersuchen Zeitungen und Illustrierte, fertigen Statistiken an und vergleichen die Ergebnisse.)

Der Anteil beträgt im Durchschnitt etwa 50 %.

3. Welche sprachlichen Eigenarten kennzeichnen die Werbesprüche? Welche Wirkung erzielen sie? Untersuchen Sie auch andere Werbeanzeigen (Slogan, Text, Bild)! (HA, UG)

Reim	(„Aus gutem Grund ist Juno rund")
Alliteration	(„Im Konsum kaufen kluge Kunden")
Imperativ	(„Mach mal Pause!")
Dreigliedrigkeit	(„Drei Dinge braucht der Mann: Feuer. Pfeife. Stanwell")
Superlativ	(„Von höchster Reinheit. Ernte 23")
Wortzusammenstellungen	(„Allwaschmittel, Riesenwaschkraft")
Neuschöpfungen	(„nikotinarm")
Anapher	(„Wir haben ... wir haben ...")

Absoluter Komparativ	(„Fahr lieber mit der Bundesbahn")
Personifizierung	(„Käfer")
Fremdwortbildung	(„Top Choice Cigarette")
Sätze ohne Prädikat	(„Die Krone des Geschmacks: Krone")
Wissenschaftlich klingende Termini	(„Airmix-Zone")
Regelwidrige Zeichensetzung	(„Feuer. Pfeife. Stanwell")
Sprachspiel	(„Die Krone des Geschmacks: Krone")

4. *Welche Leitbilder vermitteln die Anzeigen für bestimmte Konsumgüter (z. B. Zigaretten oder Autos)? (StA, TA)*

Leitbilder der Zigarettenwerbung

Traumwelt („große weite Welt")
Modernität („im Stil der neuen Zeit")
Sicherheit („ungefährliches Rauchen: mild, nikotinarm")
Anhebung des sozialen Prestiges („Es war schon immer etwas teurer ...")
Exklusivität („Dunhill. International anerkannt. Eine der exklusivsten Cigaretten der Welt.")

Individualismus (Camel)
Dynamik (Peter Stuyvesant)
Eleganz (Astor)
Erfolg
Sportlichkeit (Milde Sorte)

Leitbilder der Autowerbung

Individualismus
Mut
Sportlichkeit
Schnelligkeit
Stärke
Freude
Modernität
Exklusivität
Männlichkeit
Wert
Sicherheit
Technik
Prestige
Status

5. *Wodurch ist die VW-Werbung besonders gekennzeichnet? (TA, UG)*

Appell an das Gefühl:

– das schlafende Kind (Mütterlichkeit)
– Leitwort „schläft" (Schutzbedürftigkeit)
– VW als Raum der Geborgenheit (Behaglichkeit)
– VW-Traumfamilie (Zusammengehörigkeit)
– Vermenschlichung des VW (Personifizierung)

Eigenheit:

– unauffällige, indirekte Einarbeitung der technischen Information (Einzelradaufhängung)
– der persönliche Appell an den Angesprochenen („Wir")
– short story
– ironisches understatement

6. *Welche Informationen erhalten Sie durch Werbung? (Diskussion)*

Man muß zwischen der Sachinformation (z. B. Einzelradaufhängung und andere technische Details) und Pseudoinformationen unterscheiden (das beste Weiß, das es je gab; weißer gehts nicht ...)

Literatur

Ruth Römer, Die Sprache der Anzeigenwerbung. Düsseldorf: Schwann ⁵1976 (= Sprache der Gegenwart Bd. 4).

Johann Dietrich Bödeker, Sprache der Anzeigenwerbung. Karlsruhe: Braun o.J. (= Sprachhorizonte 2).

Siegfried Grosse, Reklamedeutsch. In: Wirkendes Wort 16 (1966), S. 89–104.

Paul Oßwald, Egon Gramer, Die Sprache als Werbung. In: DU 20 (1968), Heft 5, S. 79-97.

Christa Bürger, Deutschunterricht – Ideologie oder Aufklärung. Frankfurt: Diesterweg 1970, S. 27–41.

Werbung. Materialien für den Deutschunterricht und die Gesellschaftslehre, hrsg. von Rolf Günther. Frankfurt: Diesterweg 1975.

Hans Dietrich Heistrüvers, Die sprachliche Untersuchung von Werbetexten im Deutschunterricht einer Unterprima. In: DU 20 (1968), Heft 5, S. 98ff.

Vance Packard, **Die geheimen Verführer**

Lernziele

Die Schüler sollen erkennen, daß
- Werbung mit tiefenpsychologischen Methoden arbeitet;
- durch die Anwendung solcher Methoden der Verkauf von Waren erhöht werden kann;
- besonders im tiefenpsychologischen Bereich die Gefahren der Werbung liegen, vor denen Packard warnen will.

Arbeitshinweise

1. *Welche Methoden können den Verkauf von Waren erhöhen? (StA, TA)*

- Verpackung (Aufmachung)
- Farben
- Bilder *(Symbole mit Entrückungswert)*
- Geräusche (Verkaufsgespräche, Produktname)
- Fülle
- Kostproben
- Anordnung (Augenhöhe)
- Extratheken
- Drahtwagen

} rufen Impulse hervor, bewirken Hypnose, „verführen" zum Kauf

2. *Welche Wirkung erzielen tiefenpsychologische Verkaufsformen? (UG)*

Es wird von den Menschen vorher nicht überlegt, was sie kaufen wollen; sie lassen sich durch die Waren erinnern, was gebraucht und was vielleicht auch nicht unbedingt benötigt wird. In den Selbstbedienungsläden geht *psychologisch etwas Besonderes vor* (Hypnose). Das Bewußtsein des Menschen wird ausgeschaltet (spontane Impulskäufe).

3. Diskutieren Sie folgende These aus dem Schluß seines Buches: „Wir verfügen jedoch über eine starke Verteidigungswaffe gegen derartige Verführer: Es steht uns frei, uns nicht verführen zu lassen. Wir haben diese Wahl in praktisch allen Situationen, und man kann uns nicht ernstlich ‚manipulieren', wenn wir wissen, was gespielt wird."

Die von Packard in dem Textabschnitt geschilderten Personen haben sich sicherlich „verführen" lassen; aber sie wußten auch nicht, welche „Faktoren schlauer Verführung" auf sie einwirkten. Ob das Wissen um diese Zusammenhänge den Menschen weniger einkaufen läßt, kann man wohl bezweifeln.

4. Packard stellt folgende Frage: „Ist es moralisch, einem vernunftwidrigen und impulsiven Handeln der Hausfrau beim Einkauf der Lebensmittel für die Familie Vorschub zu leisten?" Nehmen Sie dazu Stellung!

Diese Frage steht in engem Zusammenhang mit der dritten. Wenn der Mensch genügend über die Zusammenhänge aufgeklärt ist, wäre gegen kleine psychologische Verkaufstricks nichts einzuwenden. Da das aber nicht der Fall ist, sind durchaus Einwände berechtigt. In diesem Zusammenhang sei auf einen von Packard an anderer Stelle seines Buches berichteten Trick hingewiesen, der staatlich verboten wurde: Während eines regulären Filmablaufs erschienen plötzlich Werbedias für Eiskrem auf der Leinwand. Diese Einschaltungen dauerten nur Sekundenbruchteile, zu kurz, um von den Zuschauern bewußt wahrgenommen zu werden, aber lange genug, um sie im Unterbewußtsein aufzunehmen. Der Eiskremverkauf stieg erheblich an.

5. Diskutieren Sie folgende These: „Die Werbung spielt zum Beispiel eine lebenswichtige Rolle nicht nur für die Entfaltung unseres gesellschaftlichen Wachstums, sondern sie ist eine farbenreiche unterhaltsame Seite des amerikanischen Lebens und viele Schöpfungen der Werbefachleute sind geschmackvolle, ehrliche, künstlerische Arbeiten."

In der These werden wichtige Vorteile der Werbung genannt:

Wirtschaftliches Wachstum, Unterhaltung, Farbenreichtum, künstlerisches Design. (Vgl. dazu auch Bongard, „Hurra – die Reklame ist abgeschafft!") Die Schüler sollten Beispiele für diese Aussagen nennen.

6. Ein Werbeleiter sagt zu Packard: „Die Schönheitsmittelfabrikanten verkaufen nicht Lanolin, sie verkaufen Hoffnung. Wir kaufen nicht mehr Apfelsinen, wir kaufen Lebenskraft. Wir kaufen nicht bloß ein Auto, wir kaufen Ansehen." Erläutern Sie diese Aussage! Welche Schlußfolgerungen können Sie daraus ziehen?

Unter diesem Gesichtspunkt könnte die Henkell-Werbung (Sekt = Festlichkeit/Lebensfreude) gedeutet werden. Außerdem sollten die Schüler weitere Beispiele ergänzen: z. B. welche Waren werden zur Zeit mit dem Leitbild „Jugendlichkeit", „Gesundheit", „Sportlichkeit", „Männlichkeit", „Exklusivität", „Partnerschaft" angespriesen?

Zur Diskussion

„Die Gürtel sind enger geschnallt"

Werbekritiker Vance Packard über den neuen Konsumenten

SPIEGEL: Herr Packard, die Verbraucher in Deutschland, in Europa und offenbar auch in Amerika geben weniger aus und lassen sich weniger leicht durch Werbung verführen als in den Jahren zuvor. Warum?

PACKARD: Der wichtigste Grund für diesen Wandel der Konsumgewohnheiten dürfte die Sorge vor der wirtschaftlichen Zukunft sein. Die Bürger erkennen häufig, daß es eine Menge Dinge gibt, ohne die sie sehr gut auskommen. Der Kaufimpuls hat in den letzten Monaten zweifellos gelitten.

SPIEGEL: Vor 17 Jahren warnten Sie in Ihrem Buch „Die geheimen Verführer" vor der Allmacht der Werbung, die unnütze Bedürfnisse wecken und der Konsumgüterindustrie zu fast risikolosen Gewinnen verhelfen würde. Ist diese These noch zu halten?

PACKARD: Ich habe damals nur berichtet, was ich beobachtete.

SPIEGEL: Würden Sie heute etwas anderes berichten, lassen sich die Konsumenten noch immer leicht verführen?

PACKARD: Ich fürchte, ja. In den letzten Jahren sind die Methoden der Werbung raffinierter geworden, der psychologische Ansatz ist ausgebaut worden. Aber – und noch wichtiger – zur gleichen Zeit sind die Konsumenten kritischer geworden, sie sind eher in der Lage, Werbung und Werbetricks zu durchschauen.

SPIEGEL: Hat die Ölkrise die Konsumgewohnheiten verändert?

PACKARD: Ganz sicher auf dem Automobilmarkt und allem, was damit zusammenhängt. Ohne Zweifel war die Ölkrise ein Schock...

SPIEGEL: ...der jetzt noch nachwirkt?

PACKARD: Sicherlich. Noch vor einigen Jahren gab es jedenfalls in den Vereinigten Staaten ein ganz anderes Lebensgefühl, ein ungebrochenes Verhältnis zum Genuß. Diese unbekümmerte Haltung ist nun der Sorge gewichen, was in Zukunft passieren wird. Allgemein sind in den letzten Monaten die Gürtel enger geschnallt.

(Aus: Der Spiegel vom 09.12.1974.)

WILLI BONGARD, „Hurra – die Reklame ist abgeschafft!"

Lernziele

Die Schüler sollen erkennen, daß
– Bongard die Vorteile der Werbung verdeutlichen will;
– durch sprachliche Mittel (Ironie) die Gegner von Reklame abgewertet werden.

Arbeitshinweise

1. Welche Haltung nimmt Bongard gegenüber der Werbung ein? (UG)

Im Gegensatz zu Packard ist Bongard ziemlich uneingeschränkt für die Werbung. Er entlarvt in diesem Essay die Vorurteile der Werbungsgegner.
Der Lehrer kann gegebenenfalls auf die Verhältnisse in Ostblockstaaten verweisen, in denen die Werbung fast völlig unterdrückt wird.

2. *Welche Argumente und Beispiele führt er an, um seinen Standpunkt zu erläutern? Halten Sie diese für stichhaltig? (GA, TA)*

Argumente	**Beispiele**
– Farblosigkeit	– graues Packpapier
– Dunkelheit	– keine Lichtreklame
– Umfang der Zeitungen und Illustrierten schrumpfen zusammen	– doppelter Preis der Zeitungen; halbjährliches Erscheinen der Illustrierten
– Informationsschwierigkeiten	– DIN-Behälter
– Untergrundwerbung	– Einkaufslotsen im Auftrag

Besonders stichhaltig sind wohl die ersten drei Punkte (vgl. auch Packard, Frage 5) für eine marktwirtschaftliche Ordnung.

3. *Mit welchen sprachlichen Mitteln versucht er seine Ansicht zu bekräftigen? (StA)*

Übertreibungen: *Reklamerummel, Anzeigendickicht, wahre Segnungen, sinnige Kombination.*
Die Reklamegegner sollen lächerlich gemacht werden.
Substantivzusammensetzungen: *Werbeabschaffungsdurchführungsverordnung, Werbemittelvertilgungs-Sonderkommission.*
Damit soll auf die Gefahr der Bürokratisierung hingewiesen werden, die die Folge eines staatlichen Verbots wäre. Was verboten ist, muß überwacht werden.
Vergleiche: *Schaufensterfronten – Klagemauern, Zeit der Verdunkelungsvorschriften.*

4. *Sammeln Sie alle Argumente, die für und gegen die Werbung sprechen! Diskutieren Sie über die Werbung, und äußern Sie eine begründete, selbständige Meinung! (StA, TA, Diskussion)*

Vorteile	**Nachteile**
– Sach-Information	– Pseudo-Information
– Erfüllung geheimer Wünsche	– Manipulation
– Konjunktur wird angetrieben	– Ausnutzen geheimer Triebe und Ängste
– Gewinn der Hersteller	– Sehnsüchte des Menschen werden geweckt
– Geschmacksbildung (Design)	– Suggestivkraft
– Qualitätshebung (Vergleich)	– Erweckung falscher Vorstellungen
– Auswahl	– Konsumterror

Ingeborg Bachmann, **Reklame**

Lernziele

Die Schüler sollen

– Aufbau und Form des Gedichts erkennen und deuten (Fragen – Mensch; Antworten – Reklame);
– appellative Sprache in der Lyrik als Kommunikationsmittel erkennen;
– einsehen, daß Fragen nach dem Sinn des Lebens gestellt werden, auf die Reklame keine befriedigende Antwort geben kann;
– erkennen, daß ein Problem der Gesellschaft angesprochen wird: Versuch der Vermarktung von Gefühlen, Ängsten und Problemen durch die Werbung;
– begreifen, daß der Aufbau einer fiktiven Welt ohne Sorgen, Probleme, Schwierigkeiten nicht der Realität entspricht (Scheinwelt der Reklame entlarven).

Arbeitshinweise

1. *Notieren Sie alles, was Ihnen an Ungewöhnlichem auffällt! (StA, TA)*
   - Unterschiedliches Schriftbild
     1. Vers: Normaldruck (ganze Sätze: Fragen)
     2. Vers: Kursivdruck (Reklamepartikel, Satzfetzen)
   - Schreibweise
     1. Vers: normale Rechtschreibung
     2. Vers: Kleinschreibung mit Ausnahme von *Traumwäscherei*
   - keine Satzzeichen
   - Wortwiederholungen (Kursivteil)
   - Leerzeile nach *Totenstille*
   - kein Reim, keine metrische Ordnung

2. *Welche Bedeutung haben die in dem Gedicht aufgeworfenen Fragen? Welcher Art sind die Antworten? (StA oder GA, TA)*

Fragen der Menschen (= Realität)	**Antworten durch Reklame** (= Schein- und Traumwelt)
1. Wohin aber gehen wir wenn es dunkel und wenn es kalt wird? (Existenzangst, Not)	sei ohne sorge
2. aber was sollen wir tun und denken angesichts eines Endes? (Zukunft im Alter, Lebensabend)	mit musik heiter und mit musik
3. und wohin tragen wir unsere Fragen und den Schauer aller Jahre? (Angst vor dem Sterben, der Einsamkeit; Hilfesuche)	am besten in die Traumwäscherei ohne sorge, sei ohne sorge
4. was aber geschieht wenn Totenstille eintritt? (Unwissenheit angesichts des Todes)	———
↓	↓
Das lyrische Ich fragt nach der Zielsetzung, dem Sinn des Lebens und Todes (Grundfragen des Daseins).	Reklame versucht eine Antwort zu geben; angesichts des Todes verstummt sie jedoch.
Pessimismus: (dunkel, kalt, aber, Ende, Schauer aller Jahre, Totenstille)	**Optimismus:** (ohne Sorge, heiter, Musik, Zufriedenheit, Glück, „Traumwäscherei")

3. *Welches Verhältnis besteht zwischen Frage und Antwort? Warum ist am Schluß eine Lücke im Text? (Diskussion)*

Daß es sich um zwei in sich zusammenhängende Teile handelt, wird durch das Druckbild verdeutlicht. Jede kursivgedruckte Verszeile antwortet auf die vorhergestellte Frage (in jeder Zeile): Die Reklame versucht die Fragen des Menschen zu unterbrechen, ihn zu trösten, ihm die Sorgen abzunehmen, das Leben zu erleichtern und in eine Traumwelt zu führen. Die Reklame verstummt jedoch angesichts der Frage nach dem Tod; dieser kann auch sie nichts mehr entgegensetzen (Leerzeile im Druckbild).

4. Warum ist das Wort „Traumwäscherei" im kursivgedruckten Teil groß geschrieben? (UG)

Aus der kursivgedruckten Reklameschrift (Kleinschreibung wie bei einer ständig durchlaufenden Leuchtschrift) wird das Wort „Traumwäscherei" hervorgehoben. Während die anderen Begriffe der Reklamesprache (slogans) entnommen sind, handelt es sich hierbei um eine Wortneuschöpfung der Dichterin, halb vergeistigt (= Traum), halb profan (= Wäscherei), die diese beiden Bereiche auf merkwürdige, unsichere Weise verbindet.

Die besondere Betonung unterstreicht, daß Ingeborg Bachmann ihre eigene Beurteilung der Werbung vornimmt.

Eine Wäscherei (Waschmittel) soll die dunklen Träume (Sorgen) der Menschen wegwaschen, was aber natürlich nicht möglich ist.

5. Wie muß das Gedicht gesprochen werden?

Es besteht die Möglichkeit, das Gedicht mit verteilten Rollen lesen zu lassen.

Die Tonlage des Fragenden muß dunkler, getragener, ernster sein (pessimistische Grundhaltung, dunkle Vokale) als der Werbetext, der zwar monoton (ständig wiederholte, einhämmernde Imperative); aber auch der optimistischen Stimmung angemessen sein muß *(heiter, mit musik).*

Das Gedicht enthält mehr Klage als Kritik; es appelliert an den Leser, sich nicht vom Fragen abhalten zu lassen und „Werbung und Konsum" nicht zum einzigen Lebensinhalt zu machen.

Literatur

Hermann Helmers, Moderne Dichtung im Unterricht. Braunschweig: Westermann ²1972, S. 62-65.

Herbert Lehnert, Struktur und Sprachmagie. Stuttgart: Kohlhammer 1966 (= Sprache und Literatur 36).

Hans Magnus Enzensberger, **Das Plebiszit der Verbraucher**

Lernziele

Die Schüler sollen erkennen, daß
- die Sprache der Versandhauskataloge kleinbürgerliche, Unselbständigkeit repräsentierende Wünsche deutlich werden läßt;
- diese Sprache Teil der herrschenden Bewußtseinsindustrie ist;
- Enzensberger beklagt, daß niemand gegen die Vernebelung der Menschen durch die Bewußtseinsindustrie vorgeht.

Arbeitshinweise

1. Wie verhält sich nach Enzensberger die Mehrheit der Menschen? (StA, TA)

Verhalten der Menschen
- Entscheidung für eine kleinbürgerliche Hölle
- Möbel von dumpfer Mediokrität
- für den technischen Fortschritt
- Lektüre: reaktionärer Unrat
- Stumpfsinn
- Musik: Marsch- und Soldatenlieder, Schumann (Romantik), Trinklieder und Schnulzen (Schlager)

2. Was versteht der Autor unter „kleinbürgerlicher Hölle"? (UG)

Ein Kleinbürger ist ein Mensch, der weder besitzender Bürger noch klassenbewußter Arbeiter ist, sondern – sozial gesehen – zwischen beiden steht. Er hat keinen bedeutenden Besitz und droht sozial abzusteigen. Aus Angst vor dem sozialen Abstieg entwickelt er Ideologien, die ihm Stärke, Macht und Ansehen vortäuschen. Häufig versteht er die moderne Welt nicht mehr und sehnt sich nach der guten alten Zeit zurück. Im übertragenen Sinn sind Kleinbürger Leute, die sich – psychologisch gesehen – unsicher fühlen, die kein eigenständiges Selbstbewußtsein besitzen, sondern sich Verhaltensweisen und Lebensformen von anderen leihen. Der Kleinbürger schließt sich in seiner scheinbar heilen Welt ein. Diese Welt ist vollkommen geschlossen und gegen jede Störung abgedichtet. Hier können sich die Menschen nicht wohlfühlen. Daher spricht Enzensberger von *Hölle*.

3. Welche Feststellungen trifft Enzensberger in bezug auf die Sprache der Versandhauskataloge? (UG, TA)

Sprachliche Eigentümlichkeiten der Kataloge
- Sentimentalität (Abschied vom alten Versandhaus)
- Kindliche Note (Sandmännchen)
- Markigkeit (Raketentransporter)
- Vertraulichkeit (Persönliche Grüße und Betreuung)
- Duft der großen weiten Welt (Soraya)
- Pseudotechnisches Rotwelsch (Optilon)
- Altdeutsche Namen (Kunigunde)
- Folkloristische Namen (Grindelwald)
- Touristische Namen (Ibiza)

Obwohl Millionen von Kunden zu betreuen sind, wird so getan, als würde jeder einzeln, persönlich und individuell behandelt. Darüber hinaus wird der Eindruck vermittelt, als ob die Käufer etwas Besonderes und Bedeutendes darstellen. Ihnen werden Informationen gegeben, mit denen sie nichts anzufangen wissen, die ihnen aber den Eindruck vermitteln, als ob sie Fachleute auf diesem Gebiet seien. Enzensbergers Schlußfolgerung: der Text ist *so barbarisch wie das, was er beschreibt.*

4. Analysieren Sie den letzten Absatz! Welche Rolle spielen die Intellektuellen? (StA, TA)

Enzensberger setzt sich bereits mit möglichen Einwänden gegen seine Stellungnahme auseinander:

Vorwürfe gegen die Intellektuellen	**Antwort des Autors**
– Mißgunst	– Keifen der Biedermänner
– Kritik an der Marktwirtschaft	– Finstere Geschäfte
– Arroganz	– Tarnung: Über Geschmack läßt sich nicht streiten
– Erhabenheit	
– Ignoranz	– Barbarei
	– Toleranz (= Zynismus)

Wenn Enzensberger auch diese Kritik gegen Intellektuelle nicht gelten läßt, so glaubt er doch an ein allgemeines *gesellschaftliches Versagen,* an dem wir *alle schuld* sind.

Schuld
Regierung: Verblödung einer Mehrheit kommt ihr gelegen
Industrie: will blühende Geschäfte machen
Gewerkschaften: unternehmen nichts gegen die geistige Verdummung
Intelligenz: hat die Opfer dieser neuen Ausbeutung längst abgeschrieben

5. Was versteht der Autor unter „Bewußtseins-Industrie"? Welches Bewußtsein haben die meisten Menschen? Wie ist es zustande gekommen? (Diskussion)

Enzensberger geht davon aus, daß die Menschen manipuliert werden, daß ihr Bewußtsein nicht entwickelt wird. Zwar darf die Technik verändert werden, *nicht jedoch das Bewußtsein.* Die Menschen werden – nach Enzensberger – künstlich dumm und unmündig gehalten. Die Gründe hängen mit dem Verhalten der entscheidenden gesellschaftlichen Gruppen zusammen (vgl. Frage 4).

6. Wie könnte dieses Bewußtsein geändert werden? (UG)

Die Menschen müßten über die Zusammenhänge aufgeklärt und informiert werden. Enzensberger hofft vor allem auf die Intelligenz und die Gewerkschaften, die dazu beitragen müßten, daß der einzelne kritischer handelt und selbständiger agiert. Allerdings ist der Autor selbst sehr skeptisch über die Erfolgsaussichten.

7. Welche Sprache wendet Enzensberger für seine Untersuchung an? Was will er mit dem angewandten Stil erreichen? (StA)

Wissenschaftliches Vokabular: *Plebiszit, assimiliert, adaptiert . . .*
Schwarzmalerei: *Hölle, dumpfe Mediokrität, barbarisch, pseudotechnisches Rotwelsch, reaktionärer Unrat, Stumpfsinn, finstere Geschäfte, Idiotie*

Entlarvung: *Persönliche Grüße – Großrechenanlage*
kindliche Note – Rakete mit Schaumgummispritze
Hosenträger – Bewußtsein
Duft der großen Welt im Mief der Mittelmäßigkeit.

Dieser polemische Stil will provozieren und zur Stellungnahme herausfordern; der Adressat ist ein intellektuelles Publikum, das normalerweise viel zu erhaben ist, als sich mit solchen „banalen" Fragen wie ‚Konsum' und ‚Leben der einfachen Leute' auseinanderzusetzen. Enzensberger will diesen Personenkreis etwas aus seiner elitären Arroganz aufstören.

WOLFGANG HILDESHEIMER, Eine größere Anschaffung

Lernziele

Die Schüler sollen erkennen, daß

– in dieser Erzählung Käufermentalitäten beleuchtet und bloßgestellt werden;
– Phantasie und Realismus eng miteinander verbunden sind;
– der Reiz der Geschichte in der Spannung zwischen genauen Details und unmöglichen Kaufobjekten liegt.

Arbeitshinweise

1. Welche Rollen spielen der Erzähler (Käufer), der Verkäufer und der Vetter in der Geschichte? *(GA, TA)*

Käufer	**Verkäufer**	**Vetter**
– genau	– geschickt	– jeglicher Spekulation abhold
– es ist leicht, ihm etwas zu verkaufen	– spricht den Kenner an	– läßt nur nackte Tatsachen gelten
– kann schlecht „nein" sagen	– appelliert an die Käufermentalität	– weiß alles, weiß alles besser
– gibt den Kenner vor		– hält Kognak für gut, weil er große Preise erhalten hat
– arglos		
– phantasievoll		

Der Käufer der Lokomotive bekennt, daß er arglos ist und leicht etwas kauft. Er renommiert sogar mit seinen Errungenschaften. Der Vetter scheint dagegen durch Werbung völlig unbeeinflußbar zu sein. Er läßt nur Tatsachen gelten. Zugleich mißtraut er aber seinem eigenen Geschmack; für ihn hat das Etikett auf der Flasche einen höheren Stellenwert. Insofern ist der Vetter doch durch Werbung zu manipulieren.

2. Warum kann ein Mensch wie der Vetter die hier erzählte Geschichte nicht verstehen? Beachten Sie den Satz „Übrigens war das alles erlogen...!" Was betrachtet der Erzähler als Wahrheit und was als Lüge? *(UG)*

Der Erzähler zeigt sich als ein zwar leicht beeinflußbarer, aber auch als ein sehr phantasiereicher Mensch. Ganz im Gegensatz dazu steht der Vetter, der kompromißlose Rationalist. Es erweist sich aber, daß der Phantast (Erzähler) wirklichkeitsnäher und der Rationalist (Vetter) wirklichkeitsfremder ist, vor allem aber inhumaner.

3. Wodurch ist die Sprache charakterisiert? (UG)

Hildesheimer wendet das Mittel der grotesken Übertreibung an. Es besteht ein Mißverhältnis zwischen dem provinziellen Milieu (Dorfgasthaus, Glas Bier, Garage, Gartengeräte) und den erworbenen riesigen, nutzlosen Gegenständen (Lokomotive, Fesselballon, Kran). In allen nebensächlichen kleinen Dingen ist die Geschichte sehr genau *(vor – genauer gesagt – hinter einem Glas Bier);* sie will ganz normales Verhalten darstellen (alltägliche Art des Erwerbs, der Lieferung und des Abstellens in der Garage).

Der Witz liegt in der Diskrepanz zwischen dem in Wirklichkeit unmöglichen Kaufobjekt und der alltäglichen Art des Erwerbs, der Lieferung und des Abstellens in der Garage – dem Vermuteten und dem Unvermuteten.

4. Wie ist die letzte Frage in der Geschichte zu verstehen? (Diskussion)

Nachdem der Leser durch den Erzähler für sich eingenommen wurde und Sympathie erregt, wird er durch die letzte Frage wieder irritiert. Der Leser hatte den Eindruck gewonnen, daß der Käufer durch seine Erfahrungen mit den Umständen der Lokomotive eine Bewußtseinsänderung durchgemacht habe, wird dann aber in dieser Annahme enttäuscht; er hat nichts hinzugelernt. Hildesheimer beleuchtet in dieser Geschichte mit humorvoll-kritischer Distanz die Lust am Konsumieren und Renommieren mit größeren Anschaffungen.

Literatur

Paul Riegel, Texte im Deutschunterricht. Interpretationen. Bamberg: Buchner ²1969, S. 50 f.

Interpretationen zu Erzählungen der Gegenwart. Frankfurt: Hirschgraben ⁵1969, S. 185–187.

Über Wolfgang Hildesheimer, hrsg. von Dierk Rodewald. Frankfurt: Suhrkamp 1971 (= edition suhrkamp 488).

Hartwig Kalverkämpfer. Textlinguistik im Deutschunterricht. Zwei Aspekte: Textualität, Tempus [am Beispiel Wolfgang Hildesheimer, Eine größere Anschaffung]. In: PD (1977), Heft 23, S. 54–60.

7. TECHNIK UND INDUSTRIELLE ARBEITSWELT

Autor	Titel	Textform	Eigenart	Inhalt	Seite
Marie Luise Kaschnitz	Die alten und die neuen Berufe	Aphorismus	Verknappung	Berufe im Wandel	193/173
Stefan Andres	Das Trockendock	Kurzgeschichte	dramatisch-spannend	Vor- und Nachteile des Fortschritts	194/174
Karl Marx/ Friedrich Engels	Bourgeoisie und Proletariat	Manifest	appellativ	Klassenkampf (19. Jh.)	197/177
Jürgen von Manger	Drei Maireden	Satire	humorvoll-ironisch	Betriebsklima	200/180
Henry Ford	Das Fließband	Autobiographie	Bericht	Vorteile durch das Fließband	204/184
Günter Wallraff	Am Fließband	Reportage	wirklichkeitsbezogen	Entfremdung durch das Fließband	207/187
Fließband*		Fotos		Montage am Fließband	218/198
Max von der Grün	Die Entscheidung	Erzählung	realistisch; fiktional	Verantwortung	220/200
Manfred Oesterle	Der Steuermann*	Karikatur	satirisch	Automation	224/204
Dieter Forte	Ein Tag beginnt	Beschreibung	Telegrammstil	Berufsalltag	225
Heinrich Böll	Anekdote zur Senkung der Arbeitsmoral	Anekdote	heiter-ironisch	Leistungsprinzip	227/204

Marie Luise Kaschnitz, **Die alten und die neuen Berufe**

Lernziele

Die Schüler sollen

– die entscheidenden Kennzeichen des sozialen Wandels, der sich in der Gegenwart vollzieht, erkennen;
– die gesellschaftskritische Aufgabe des Textes (Kritik am Fortschritt) durchschauen;
– die besondere Wirkung der sprachlichen Verdichtung erkennen.

Arbeitshinweise

1. *Wodurch unterscheiden sich die beiden Aufzählungen? (GA, TA)*

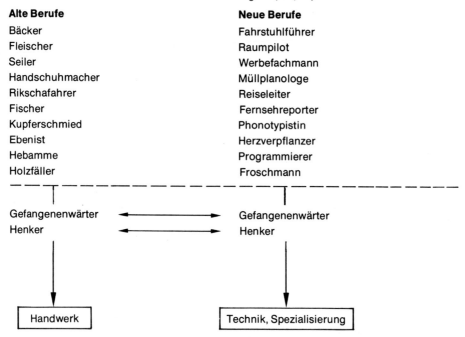

Es werden jeweils 12 alte und neue Berufe aufgezählt, wobei die beiden letzten gleich sind. Die alten Berufe sind vor allem handwerklicher Natur. Tätigkeiten, die vor oder außerhalb der Industrialisierung eine Rolle spielen. Sie sind dadurch charakterisiert, daß die Menschen eine direkte Beziehung zu ihrem Produkt haben oder ein unmittelbares Verhältnis zum Mitmenschen.

Die neuen Berufe sind dagegen weitgehend durch technische und industrielle Veränderungen bestimmt, sie sind spezialisiert. In vielen Fällen handelt es sich um Dienstleistungen für andere Menschen.

Die beiden Reihen zeigen also den sozialen Wandel von der vorindustriellen zur industriellen Gesellschaft an.

Von besonderer Bedeutung ist allerdings, daß die letzten beiden genannten Berufe gleich geblieben sind: *Gefangenenwärter; Henker.* Fortschritt gibt es nur im technischen Bereich. Im menschlichen Zusammenleben hat sich im Laufe der Zeit nichts verändert.

2. *Worin liegt die Wirkung dieser scheinbar einfachen Aufzählung? (UG)*
Die Wirkung wird auf die starke Verdichtung, Verknappung (= Dichtung) erreicht. Die Aussage erschließt sich nicht direkt, sondern erst durch den Zusammenhang, durch die Gegenüberstellung.

3. *Welche Absicht verfolgt der Text? (Diskussion)*
Die Autorin will vor einem naiven Fortschrittsglauben warnen. Sie sieht skeptisch in die Zukunft. Der Leser soll seine eigene ethische Position überdenken und in seine Überlegungen mit einbeziehen.

STEFAN ANDRES, **Das Trockendock**

Lernziele

Die Schüler sollen
– den Aufbau der Kurzgeschichte erkennen (gliedern);
– sich der unterschiedlichen Ausgangssituation der am Stapellauf des Schiffes beteiligten Personen im klaren sein;
– über die angebotenen Mittel zur Befreiung der Sträflinge kritisch Stellung nehmen können (Alternativen aufzeigen);
– Vorteile und Grenzen des technischen Fortschritts abwägen.

Vorbemerkung (Trockendock)

Anlage zum Trockenstellen von Schiffen zu Arbeiten an den Unterwasserteilen. Ein Trockendock ist eine in das Land geschnittene, betonierte und ausgemauerte Grube, die durch einen vor die Einfahrt zu legenden Schwimmponton (Docktor) wasserdicht abgeschlossen wird. (Brockhaus Enzyklopädie, Bd. 4)

Arbeitshinweise

1. *Wie ist die Kurzgeschichte aufgebaut? (Gliederung)*

A. Einleitung: Ort, Zeit und Anlaß der Erfindung des Trockendocks
B. Hauptteil: Der Ingenieur Grognard und der Stapellauf
    1. Vorbereitungen zum Stapellauf
    2. Verhalten der Zuschauer beim Stapellauf
    3. Grognards Schwur, Durchsetzen der Erfindung des Trockendocks
    4. Grognards Tod
C. Schluß: Die Bedeutung der letzten Worte Grognards

2. *Was wird über Grognard gesagt? Worum bemüht er sich? Was erfahren wir über die Sträflinge? (GA, TA)*

Ingenieur Grognard	Galeerensträflinge
– Ende des 18. Jh. das erste Trockendock erbaut	– ringen beim Stapellauf verzweifelt um ihr Leben (= Freiheit)
– ergötzt sich an der festlichen Gesellschaft beim Stapellauf	– müssen letzte Dockstützen wegschlagen (bedeutete Leben oder Tod)
– schlägt mit dem Silberknauf seines Stockes den Takt zur Musik	– bewegen sich wie stumme Ameisen unter Lebensgefahr
– hat einen der besten Plätze	– ein Sträfling wendet sich hilfesuchend um, wird aber vom Schiff überrollt
– ist der Ansicht, daß es gut sei, wenn die Sträflinge sich durch den Einsatz ihres Lebens nützlich machen	– ein Gefangener erschlägt den Urheber der Idee des Trockendocks
– zittert und erkennt einen Sträfling mit der Nr. 3222	
– leistet einen Schwur (Bau eines Trockendocks)	
– wird mit Namen angesprochen (persönlich)	– sind Nummern (unpersönlich)

↓	↓
Ein Mann des Fortschritts, der Arbeitserleichterung schafft.	Den Sträflingen wird ein Weg in die Freiheit genommen.

Ein **technisches** Problem wird gelöst. ←——→ Ein **soziales** Problem entsteht.

3. *Wie wird das Schiff beschrieben? Untersuchen Sie die Bilder und Vergleiche! (StA)*

Das Schiff wird nicht nur als Objekt der Aufgaben der Sträflinge dargestellt, sondern erhält gefährliche, unberechenbare, geradezu dämonische Züge: *Der Koloß ... schoß ... donnernd und mit funkenstiebendem Kiel ins Wasser ...; herabrutschender hölzerner Berg.*

Nähert sich der Sträfling *dem schwarzen Schiffsbauch*, überschattet der gewölbte Rumpf ihn *wie ein schwarzer Fittich* eines Raubvogels. Schließlich bebt der Schiffsrumpf und *rüttelt zischend und dröhnend* über den Gefangenen.

Der Macht des Schiffes (Technik) steht der Mensch als hilfloses, ausgeliefertes Wesen gegenüber, „das unter das Maß des Menschlichen auf die Ebene des Tieres, ja der bloßen Sache herabgewürdigt ist", und vor der Übermacht der Materie seine Individualität verliert. (Thiemermann, S. 213)

4. *Erläutern Sie den Zusammenhang zwischen dem Schiff (Stapellauf) und den Menschen, die mit dem Schiff zu tun haben! (UG, TB)*

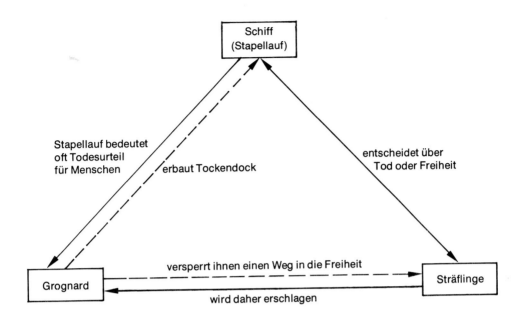

Der Stapellauf des Schiffes hat für die beteiligten Personen eine jeweils unterschiedliche Bedeutung. Während er für die Sträflinge die Alternative Tod oder Leben (Freiheit) darstellt, der sie arbeitend – immer in Lebensgefahr – ausgesetzt sind, ist Grognard Zuschauer einer festlichen Veranstaltung in eleganter, exklusiver Gesellschaft. Ihm wird jedoch die lebensentscheidene Alternative klar, als er das zitternde Gesicht eines um Hilfe suchenden Sträflings sieht, der *die Augen verdrehte, als wollte er Schiff, Zuschauer, Mauern und Himmel mit diesem Blick gierig verschlingen.* Andres konfrontiert auf der einen Seite die neugierige Zuschauermenge in Feststimmung mit dem durch Einsatz seines Lebens gefährdeten Gefangenen. (Symbole: Silberknauf des Spazierstockes – schwerer Zuschlaghammer)

5. *Wie ist der letzte Satz zu verstehen? (UG)*

Der Schlußsatz der Kurzgeschichte – eine merkwürdige Begebenheit – ist für den Leser von großem Interesse. Die letzten Worte des Erfinders Grognard *Ah – 3222 – Pardon – ich habe mich geirrt!* sind auf den ersten Blick gar nicht so leicht verständlich. Worin liegt denn der schwerwiegende Irrtum Grognards?

Während eines festlich arrangierten Stapellaufs erkennt Grognard den Sträfling Nr. 3222, und ihm wird bewußt, daß der technische Vorgang des Stapellaufs nur unter der Bedingung möglich ist, daß dieser Mensch sein Leben für das Wohl der Allgemeinheit aufs Spiel setzt.

„Aus dem gleichgültigen Zuschauer, der sich den zu erwartenden Vorgang noch nicht aus den Worten in eine deutliche Vorstellung überführt hatte, ist nun [...] ein Mit-Erlebender, Mit-Fühlender und Mit-Handelnder geworden", der versucht, sich in die Gedanken- und Gefühlswelt des Sträflings hineinzuversetzen. (Thiemermann, S. 216)

Kurz vor seinem Tod erkennt Grognard, daß seine Bemühungen, den Gefangenen ein menschenwürdigeres Dasein zu ermöglichen und auch sein Gewissen etwas zu erleichtern, auch bedeutet, daß er den Gefangenen die letzte Möglichkeit nimmt, sich aus ihrer Lage zu befreien, so daß er sich – stellvertretend für alle – bei der Nr. 3222 für seinen „Irrtum" entschuldigt.

6. *Was bedeutet Fortschritt? Diskutieren Sie die Vor- und Nachteile!*

Fortschritt und Rückschritt sind dialektisch eng miteinander verbunden. Die Vor- und Nachteile sollten aufgezeigt werden (Umweltverschmutzung).

Literatur

Franz-Josef Thiemermann, Kurzgeschichten im Deutschunterricht. Bochum Kamp ⁹1973 (= Kamps pädagogische Taschenbücher 32), S. 207–222.

Hans-Ludwig Hautumm, Stefan Andres. Das Trockendock. In: DU (1957), Heft 1, S. 96 ff.

Hans-Christoph Graf von Nayhauss (Hrsg.), Theorie der Kurzgeschichte. Arbeitstexte für den Unterricht. Stuttgart: Reclam 1977 (= RUB 9538).

KARL MARX UND FRIEDRICH ENGELS, **Bourgeoisie und Proletariat**

Lernziele

Die Schüler sollen erkennen, daß

– Marx und Engels den Gegensatz zwischen Bourgeoisie und Proletariat als unaufhebbaren Klassenantagonismus auffassen;
– nach marxistischer Auffassung der Klassenkampf zwischen diesen beiden Klassen mit dem Sieg des Proletariats endet;
– dieser Sieg die unvermeidliche Konsequenz aus diesem Kampf ist;
– das Ziel eine klassenlose Gesellschaft ist, in der alle in Freiheit leben, und keiner mehr Herrschaft über andere ausübt;
– dieses Ziel nur durch Revolution und Gewalt erreichbar ist;
– dieses Manifest an die Arbeiter appelliert, sich zu solidarisieren.

Arbeitshinweise

1. *Was ist eine Klasse (im gesellschaftlichen Bereich)? (UG)*

Seit der englischen klassischen Nationalökonomie (Ricardo, Smith) und dem französischen Frühsozialismus (Proudhon, Saint-Simon) versteht man in der Soziologie unter Klasse eine Gruppe von Menschen gleicher Einkommens-, Besitz- oder auch Berufsart, die demzufolge – nach Max Weber – dieselbe Chance der Güterversorgung, der äußeren Lebensbedingungen und des inneren Lebensschicksals haben.

2. *Was verstehen Marx und Engels unter Bourgeoisie?*
3. *Was verstehen Marx und Engels unter Proletariat? (GA, TA)*

Nach Marx und Engels ist die Grundlage zur Klassenbildung die durch die Arbeitsteilung verursachte Trennung des Eigentums an Produktionsmitteln, wodurch ein unaufhebbarer Widerspruch zwischen den Besitzenden von Produktionsmitteln (Kapitalisten) und Nichtbesitzenden (Proletariat) entsteht.

Bourgeoisie
- Besitz (Kapital, Maschinen)
- Anhäufung von Reichtum
- Eigenständigkeit

Proletariat
- Arbeit (= Ware)
- Unselbständigkeit
- Zubehör der Maschine

4. *Welches Verhältnis besteht zwischen beiden Klassen? Wie entwickelt sich dieses Verhältnis? (UG, TB)*

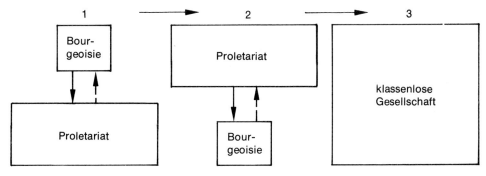

In der 1. Stufe herrscht eine zahlenmäßig kleine, aber mächtige Bourgeoisie über ein ausgebeutetes, verelendetes Proletariat (Gegenwart des 19. Jh.).

In der 2. Stufe kommt es zur revolutionären Diktatur des Proletariats (= Mehrheit) über die Bourgeoisie (= Minderheit).

Bedingung für die Machtübernahme des Proletariats:
- Überwindung der Isolierung und Konkurrenz der Arbeiter
- Assoziation und Solidarisierung
- Beseitigung des bürgerlichen Eigentumsrechts (Enteignung)

Ziel dieser Revolution ist es, der Bourgeoisie alle Machtinstrumente (Produktionsmittel) zu entreißen (= Vergesellschaftung des Eigentums), so daß es im Lauf der revolutionären Entwicklung zur 3. Stufe kommt: der klassenlosen Gesellschaft (= Utopie).

5. *Worin sehen Marx und Engels das Ziel der Kommunisten? Wie wird es begründet? (UG, TA)*

Ziel: Klassenlose Gesellschaft
- Keine Klassenunterschiede, alle gleichberechtigt
- Alle Produktion in den Händen der assoziierten Individuen
- Abbau der öffentlichen Gewalt (des Staates)
- Keine Herrschaft von Menschen über Menschen
- Freie Entwicklung jedes einzelnen

Begründung:
Die Proletarier sind die große Mehrheit in der Gesellschaft. Sie haben nichts in der kommunistischen Revolution zu verlieren als *ihre Ketten. Sie haben eine Welt zu gewinnen.*

6. *Wodurch ist die Sprache des Manifests charakterisiert?*

Wiederholungen: *Die Kommunisten . . . die Kommunisten . . . die Kommunisten*
Verallgemeinerungen: *die Bourgeoisie, die Kommunisten, das Proletariat*
Bilder: *Ketten; eine Welt gewinnen, Totengräber*
Aufruf: *Proletarier aller Länder, vereinigt euch!*

Der Text ist charakterisiert durch apodiktisch und imperativisch formulierte Aussagen, die gar keinen Zweifel an der Richtigkeit aufkommen lassen sollen. Zweimal wird das Wort *unvermeidbar* gebraucht.

7. *Welche Funktion hat dieses Manifest? (UG)*

Es will den Prozeß der Bewußtseinsbildung der Arbeiter, ihre Solidarität beschleunigen. Diesem Ziel dient auch die Sprache.

8. *Diskutieren Sie die Thesen von Marx und Engels!*

Auf folgende problematische Stellen sollte aufmerksam gemacht werden: die Forderung nach einem gewaltsamen, revolutionären Umsturz; auf die keinen Zweifel duldenden Aussagen (Gefahr der Intoleranz).

9. *Untersuchen Sie die Bedeutung und Auswirkung des Ausrufes „Proletarier aller Länder, vereinigt euch"! (Diskussion)*

Literatur

Werner Blumenberg, Karl Marx in Selbstzeugnissen und Bilddokumenten. Reinbek: Rowohlt 1962 (= rowohlts bildmonographie 76).

Walter Euchner, Karl Marx. München: Beck 1983.

Helmut Hirsch, Friedrich Engels in Selbstzeugnissen und Bilddokumenten. Reinbek: Rowohlt 1968 (= rowohlts monographien 142).

JÜRGEN VON MANGER, **Drei Maireden**

Lernziele

Die Schüler sollen erkennen, daß
- der Personalratsvorsitzende falsches Bewußtsein bei den Arbeitskollegen erweckt;
- der Firmenchef pathetisch das Zusammengehörigkeitsgefühl der „Betriebsfamilie" beschwört;
- von Manger den Verlauf von Betriebsausflügen mit der Bedeutung des 1. Mai für die Arbeiter verknüpft und durch seine Darstellungsweise ironisch kommentiert.

Arbeitshinweise

1. *Welche Gedanken entwickelt der Personalratsvorsitzende in seiner ersten Rede? Untersuchen Sie die sprachlichen Besonderheiten! Welches Ziel verfolgt Manger mit dieser Art der Darstellung? (StA, TA)*

Gedanken des Personalratsvorsitzenden

- wünscht guten Verlauf des Betriebsausflugs
- erinnert an die Bedeutung der arbeitenden Bevölkerung nach dem Zusammenbruch (wirtschaftlicher Aufstieg)
- an diesem Tag neue Kräfte sammeln
- nicht auf den Lorbeeren ausruhen
- wachsam sein
- Spaß beim Kegeln

Der Personalratsvorsitzende erweckt bei den Arbeitskollegen ein falsches Bewußtsein. Er erinnert daran, wie schwer alles erarbeitet werden mußte, welchen Anteil die ältere Generation daran hatte, um nebenbei einfließen zu lassen, daß über diese Ereignisse heute – am 1. Mai – nicht gesprochen werden soll. Er will auch ein Zusammengehörigkeitsgefühl bei den Kollegen erreichen, um dann aber – *leider* – mit dem Herrn Direktor schon vorauszufahren, um alles zu regeln.

Der ironische Unterton wird erreicht durch Satzabbrüche, die meistens durch das . . . äh . . . erfolgen und durch komisch wirkende Wiederholungen und Anspielungen *(daß die Räder wieder rollen konnten für . . . äh . . . das Vaterland, und eine Blüte ohnegleichen das Vaterland . . . woll'n ma sagen, daß es wieder aufblühen konnte das Vaterland)*.

2. *Worin sieht der Firmenchef den Wert der „Betriebsfamilie"? Berücksichtigen Sie die unterschiedlichen Anreden! (StA, TA)*

„Betriebsfamilie"

- in der Firma *(bei uns)* ist alles schön und liebenswert
- zusammenhaltende *Familie* ist die Zelle des Wohlstandes
- an einem Strang ziehen
- der Hausvater (= der Chef) bestimmt; er macht alles gut, denkt für die anderen mit
- *bei uns* ist alles in Ordnung, schön und nett
- wer Tag für Tag seine Arbeit tut, soll auch mal feiern

Der Firmenchef versteht es geschickt, durch den Übergang von der förmlichen Anrede *Sehr geehrte Damen und Herren!* über das sich mit seinen Angestellten und Arbeitern auf eine Stufe stellende *Meine Arbeitskameraden!* – nicht ohne Verwendung des besitzanzeigenden Pronomens ‚meine' – bis zur vertrauten, die Atmosphäre des Betriebsausflugs betonende *Liebe Betriebsfamilie!* seine Zuhörer für sich zu gewinnen.

3. *Was sagt der Firmenchef über sich, den Personalratsvorsitzenden und die Zukunft? (GA, TA)*

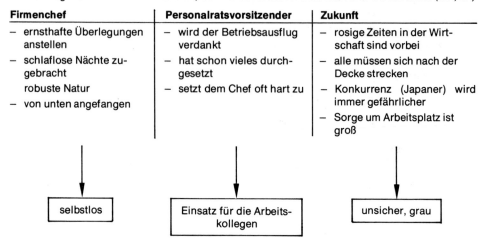

Firmenchef	Personalratsvorsitzender	Zukunft
– ernsthafte Überlegungen anstellen	– wird der Betriebsausflug verdankt	– rosige Zeiten in der Wirtschaft sind vorbei
– schlaflose Nächte zugebracht	– hat schon vieles durchgesetzt	– alle müssen sich nach der Decke strecken
– robuste Natur	– setzt dem Chef oft hart zu	– Konkurrenz (Japaner) wird immer gefährlicher
– von unten angefangen		– Sorge um Arbeitsplatz ist groß

| selbstlos | Einsatz für die Arbeitskollegen | unsicher, grau |

4. *Welches Resumee zieht der Personalratsvorsitzende (2. Rede)? (StA, TA)*

Resumee

– alle zufrieden (gutes Mittagessen)
– Bedeutung des 1. Mai hat sich gewandelt
– gerechter Anteil am Sozialprodukt gehört den Arbeitern
– der Tag soll mit Frohsinn und Kollegialität begangen und abgeschlossen werden *(Freut Euch des Lebens . . .)*

5. *Worauf will Manger mit diesen Reden aufmerksam machen? (Diskussion)*

Jürgen von Manger will zunächst einmal den Verlauf programmierter Betriebsausflüge charakterisieren, auf denen oft Reden gehalten werden, die im Grunde nur allgemeine Floskeln der Zusammengehörigkeit wiedergeben, während die wirklichen aktuellen Probleme des einzelnen unberücksichtigt bleiben.

Die historische Bedeutung des 1. Mai wird von den „Festrednern" mit den Ereignissen des Tagesausflugs zum Drachenfels (Essen, Trinken, Kegeln, schöne Aussicht) in humorvoller Form in Verbindung gebracht. Manger klagt nicht scharf an, aber der Hörer versteht seine Kritik; diese Wirkung wird durch die sprachliche Darstellung erreicht.

Literatur

Hans-Dieter Heistrüvers, Jürgen von Mangers „Ruhrdeutsch" als Mittel der Einführung in die Stilanalyse und Umgangssprache. In: DU 22 (1970), Heft 1, S. 87–103.

Henry Ford, Das Fließband

Lernziele

Die Schüler sollen erkennen, daß

- Ford aus verschiedenen Gründen (Sicherung des Lebensunterhalts, Erleichterung der Arbeit, Unschädlichkeit) die Fließbandarbeit positiv beurteilt;
- Ford von der Voraussetzung ausgeht, daß die Menschen naturgegeben unterschiedlich sind;
- das persönliche Interesse Fords Einfluß auf sein Denken hat.

Arbeitshinweise

1. Welche Argumente zur Fließbandarbeit bringt Ford vor? (StA, TA)

Ford stellt die These auf, daß Fließbandarbeit vorteilhaft ist.

Argumente
- Denkenmüssen ist eine Strafe für viele Menschen
- Jede Arbeit wiederholt sich
- Der Lebensunterhalt vieler Menschen ist nur durch Maschinen gesichert
- Fließbandarbeit ist unschädlich
- Der Durchschnittsarbeiter wünscht sich gar keine andere Arbeit

2. Wie begründet er seine Argumente? Mit welchen Beispielen versucht er sie zu belegen? (StA, TA)

a) Ford muß nach Menschen suchen, die schöpferische Arbeiten verrichten können *(wir sind stets auf der Suche nach Leuten, die eine Sache um ihrer Schwierigkeit willen lieben.)*
b) Auch der Bankdirektor macht immer wieder dieselbe Arbeit.
c) Die Menschen müßten ohne Fließbandarbeit verhungern.
d) Es hat keinen nachweisbaren Fall gegeben, wo ein Arbeiter Schaden genommen hat.
e) Die Arbeiter widersetzen sich sogar Veränderungen.

3. Von welchen Voraussetzungen geht Ford aus, sind sie überzeugend? (UG)

Ford geht von der Voraussetzung aus, daß es verschiedene Menschen gibt; die einen können denken, sind schöpferisch tätig (ihnen wäre Fließbandarbeit ein Greuel), die anderen können nicht denken; ihnen fehlt der Wille zum Lernen (für sie ist schöpferische Arbeit eine Strafe). Bei den Beispielen, die er für seine Argumente anführt, reflektiert Ford nicht, ob das Verhalten der Arbeiter nicht schon eine Folge der monotonen Arbeit ist.

Entscheidend ist aber besonders Fords Hinweis auf die wirtschaftliche Bedeutung rationeller Maschinenarbeit als Vorbedingung für den Wohlstand.

4. Welche sprachlichen Besonderheiten kennzeichnen seinen Bericht? (StA)

Persönliche Stellungnahme: *Mir wäre . . .; Unmöglich könnte ich . . .*

Abwertung Andersdenkender: *spenden ihr Mitgefühl ganz unnötigerweise dem Arbeiter; Salonexperten*

Viele Beispiele, die allgemeine Aussagen belegen sollen: z. B. Verhaltensweisen der Personengruppen (vgl. Frage 2)

Rhetorische Fragen: *Sollen wir ihn lieber verhungern lassen?*

Apodiktische Aussagen: *Wem unsere Arbeit nicht zusagt, muß gehen ...; Wir erwarten von den Leuten, daß sie tun, was ihnen gesagt wird.*

Die sprachlichen Mittel dienen dazu, keinen Zweifel an der Richtigkeit der eigenen Meinung aufkommen zu lassen.

5. *Welches Verhältnis besteht zwischen Fords Denken und seiner sozialen Stellung? (Diskussion)*

Ford war der erste, der Fließbandarbeit in großem Umfang eingeführt hat. Er konnte damals sicher noch nicht jene Nachteile dieser Arbeitsweise erkennen, die die Wissenschaft heute analysiert hat. Aber es spielt auch eine Rolle, daß Ford als Unternehmer ein Interesse an der Fließbandarbeit hatte. Die Rationalisierung ermöglichte ihm höhere Gewinne.

6. *Nehmen Sie kritisch zu dem biographischen Vorspann Stellung! Beachten Sie dabei die Fragestellung von Brechts Gedicht „Fragen eines lesenden Arbeiters" (S. 11)!*

In dem Vorspann zu dem Text von Ford „Das Fließband" wird genau jener Fehler gemacht, den Brecht in seinem Gedicht mit Recht zu bedenken gibt: *Ford konstruierte ... erlangte Weltruf ... hat zum erstenmal im großen Maße den Gedanken verwirklicht ... Er allein?*

GÜNTER WALLRAFF, **Am Fließband**

Lernziele

Die Schüler sollen
— Einblick in das Leben eines Fließbandarbeiters erhalten;
— die negativen Folgen der Fließbandarbeit erkennen;
— den Begriff Entfremdung erklären können;
— die Sprache der Reportage erläutern können;
— Überlegungen für Lösungsmöglichkeiten anstellen.

Arbeitshinweise

1. Erarbeiten Sie, wie die Gastarbeiter, die deutschen Arbeiter und die Frauen in der Fabrik behandelt werden! Diskutieren Sie über das gesellschaftspolitische Problem der Gleichberechtigung! (GA, TA)

Gastarbeiter	Deutsche Arbeiter	Frauen
— fast nur noch am Band beschäftigt	— Versetzungen gegen eigenen Willen	— geringerer Stundenlohn
— zweitklassige Menschen	— Arbeit trotz ärztlichen Attests	— keine Gleichberechtigung
— ohne Anrede	— Kündigungsgefahr bei Krankheit	
	— Kontrolle	

2. *Welche Aussagen werden über das Band gemacht? Wie wirkt die Fließbandarbeit auf den Menschen? (GA, TA)*

Eigenschaften
- Das Band frißt Menschen und spuckt Autos aus
- alle anderthalb Minuten rollt ein Auto vom Band
- Ewig eintönig
- Keine Möglichkeit des Haltmachens
- Mensch ist ein Rädchen am Getriebe „Band"

Wirkung
- Verhärtete Gesichtszüge
- Nach 3 Stunden selbst nur noch Band
- Spürt die fließende Bewegung des Bandes wie einen Sog in sich
- Zermürbend (schwimmen wie gegen einen Strom)
- Abstumpfung
- Gereizter Ausdruck, starrer Blick
- Anonymität
- Keine Gewöhnung an die Arbeit (Erschöpfung)

3. *Welche Folgen hat die Fließbandarbeit für das Leben der Arbeiter? (UG)*

Folgen der Fließbandarbeit
- Zerstörung der Ehe, kaum mehr ansprechbar
- Lange Umstellung auf die Freizeit
- Keine Initiativen, sein Leben sinnvoll auszufüllen
- Keine Hobbies (nur Bier und Faulenzen, Unterhaltung und Sport nur im Fernsehen, kein aktiver Sport, keine Weiterbildung, keine religiöse oder politische Betätigung)
- Überstunden für Ratenabzahlungen

4. *Welches Verhältnis haben die Arbeiter zu ihrer Arbeit? Welches Verhältnis besteht zwischen den Menschen in der Fabrik? (GA, TA)*

Arbeit
- Fremdheit des Produktionsablaufs
- Kein Wissen, was vor einem am Band geschieht
- Nach Arbeitsschluß werfen sie augenblicklich alles hin
- Leer und unausgefüllt
- Unzufriedenheit
- Arbeit wird nicht als Beruf angesehen

Menschen
- Man kennt sich nicht
- Man übersieht die anderen
- Nebeneinanderherarbeiten, keine Zusammenarbeit
- Keine Freundschaften
- Alleinsein

Die Arbeiter haben kein Verhältnis zu ihrer Arbeit, sie ist ihnen fremd; ebenso sind sie sich untereinander fremd (Entfremdung). Interessant sind zwei Bemerkungen: Von den Meistern wird einmal gesagt, sie spürten Verantwortung bei ihrer Arbeit. *Die Selbstbestätigung, die sie in ihrer Arbeit finden, überträgt sich auch auf ihre Freizeitbeschäftigung.* Und ein anderes Mal wird auf jene Zeit verwiesen, als die Arbeiter noch *Herr über das Band* waren. Hier wird deutlich, welchen positiven Wert die Arbeit für die Selbstverwirklichung des Menschen haben kann und wie negativ die Folgen im umgekehrten Fall sind.

5. Welche Rolle spielen die Direktoren und Manager in der Fabrik? (UG)

Das obere Management hat nach dieser Reportage die Funktion, Vertröstungen auszusprechen und schöne, salbungsvolle Reden zu halten, die aber nichts verändern. Die Mitglieder des Managements werden als *Hallengott* bezeichnet (vgl. die Ausführungen zur Betriebsversammlung und Begrüßung neuer Mitarbeiter).

6. Mit welchen sprachlichen Mitteln arbeitet Wallraff? (StA)

Kurze Sätze: *Eine Frau arbeitet mich ein.*

Viele „Wenn"-Nebensätze (Konditionalsätze): *Wenn man mit seiner Arbeit fertig werden will ... wenn er nicht fertig wird ... wenn man mich jetzt noch mal nach vorn ruft ... wenn das Band auf Hochtouren läuft.*

Der Arbeiter ist von bestimmten Bedingungen (Konditionen) abhängig.

Umgangssprache: *kaputtmachen; antanzen; Quatsch*

Genauigkeit im Detail (Bericht): *Linke Wagentür öffnen. Scharniersäule nachstreichen. Das abgeschliffene Scharnier neu streichen ...*

Bilder/Vergleiche: *Ich spüre die fließende Bewegung des Bandes wie einen Sog in mir. Die Bandarbeit ist wie das Schwimmen gegen einen starken Strom. Lackhölle; Hallengott*

Montagetechnik: Bei der Feuerwehrübung wird erklärt, daß man *beherzt und mutig, unter persönlichem Einsatz* versuchen solle, die *kostbaren Maschinen* zu retten. Soweit das wörtliche Zitat der Anweisung. Kommentar des Reporters Wallraff: *Wie man unter Umständen sein Leben retten kann, erklärt er nicht.*

Günter Wallraff hat in dem Aufsatz „Wirkungen in der Praxis" seine Methode folgendermaßen erläutert:

„Den ‚Chefs auf's Maul schauen' und das Vorgegebene messen am Wirklichen. Meist kann eine solch verblüffende Konfrontation stärker entlarven, Respektlosigkeit erzeugen und den ersten Schritt zur Solidarisierung tun, als es die härteste fiktive Satire vermag.

Die genau beobachtete und registrierte Wirklichkeit ist immer phantastischer und spannender als die kühnste Phantasie eines Schriftstellers. Nie denken: das ist uninteressant, das weiß doch hier jeder sowieso, und da haben wir uns schon daran gewöhnt! Das festgehaltene, geschriebene Wort schafft Distanz, macht das Gesprochene festlegbar, nachprüfbar. Es stellt, wenn es entsprechend abgeklopft und eventuell mit knappen Kommentaren versehen wird, Autorität in Zweifel, ist der erste Schritt zu einer späteren Analyse. Bei jeder Gelegenheit Öffentlichkeit herstellen, wo abgeschirmt wird. Alles das sagen, was ‚man nicht sagt'. [...]

Hervorragendes Mittel der Dokumentation ist die Montage, sie soll über die bloße Wiedergabe von zufälligen Realitätsausschnitten hinausgehen. So kann sich der Zusammenhang für den Leser entweder durch die Anordnung und Kombination der Realitätspartikel herstellen. Vor allem das Mittel des Kontrastierens, das auf Widersprüche und Brüche der Realität hinweist, setzt den Leser in die Lage, selbst aus dem ausgebreiteten Material Schlußfolgerungen zu ziehen." (Wallraff, S. 154 f.)

7. Stellen Sie die Argumente zusammen, die für und gegen die Fließbandarbeit sprechen, nennen Sie Alternativen, und diskutieren Sie darüber! (Vergleich Ford – Wallraff)

Beim Vergleich sollten die Entstehungszeit, aber auch die unterschiedliche Interessenlage der beiden Autoren beachtet werden: Ford schreibt am Anfang der Entwicklung, und er spricht als Unternehmer; Wallraff schreibt heute in der Rolle des Arbeiters bzw. des Reporters, der für einige Zeit am Fließband arbeitet. Er will die Menschen wachrütteln und zu Änderungen veranlassen.

Bei der Diskussion kann auf das Modell der schwedischen Autofirma Volvo verwiesen werden, in der das Fließband abgeschafft und Gruppenarbeit eingeführt wurde.

Literatur

Günter Wallraff, Neue Reportagen, Untersuchungen und Lehrbeispiele. Köln: Kiepenheuer & Witsch 1972 (= pocket 34).

Reinhard Dithmar, Günter Wallraffs Industriereportagen. Kronberg: Scriptor 1973.

Hanno Möbius, Arbeiterliteratur in der BRD. Eine Analyse von Industriereportagen und Reportageromanen. Köln: Pahl-Rugenstein 1970.

Wendula Dahle, Deutschunterricht und Arbeitswelt. Modelle kritischen Lernens. Materialien für Lehrer und Schüler. Reinbek: Rowohlt 1972 (= rororo 6785).

MAX VON DER GRÜN, **Die Entscheidung**

Lernziele

Die Schüler sollen erkennen, daß
- die Berufswahl nicht nur nach finanziellen Gesichtspunkten erfolgen sollte, sondern daß persönliche Fähigkeiten und Eignung ausschlaggebende Faktoren sein müssen;
- der Schweißer Egon Witty über die auf ihn zukommenden Probleme und Konflikte reflektiert und sich seiner Verantwortung als zukünftiger Meister bewußt ist;
- der Autor den Gehalt der Erzählung durch bestimmte sprachliche Mittel (Alltagssprache, Wiederholungen, Symbole) unterstreichen will.

Arbeitshinweise

1. Welches ist das zentrale Thema der Erzählung? (UG)

Der Gehalt der Erzählung kann durch drei Problemkreise angedeutet werden:

a) Max von der Grün beschreibt den inneren Zwiespalt und Kampf des Schweißers Egon Witty, der eine Entscheidung treffen muß, bei der ihm keiner helfen kann. (Er möchte zwar gern Meister werden, ist sich aber auch der Probleme und Konflikte bewußt, die mit der neuen Aufgabe verbunden sind.)

b) Zur Erweiterung der Diskussion:
Welche Faktoren sollten bei der Wahl eines Berufes ausschlaggebend sein?

c) Was ist Angst?

2. Erarbeiten Sie die einzelnen Phasen des Kampfes, die sich in Egon Witty abspielen! (GA)

Bei der Erarbeitung der Erzählung können zunächst die einzelnen Phasen des inneren Kampfes und ihre Darstellung durch den Autor analysiert werden. Die innere Situation des Schweißers Egon Witty wird an drei Handlungsorten, die wiederholt genannt werden, dargestellt:

a) vor dem Büro seines Meisters
b) draußen auf dem Verladeplatz
c) im Büro des Meisters.

Die längste Zeit verharrt der Schweißer Egon Witty zögernd vor der Bürotür seines Meisters; er kann sich nicht entscheiden, ob er die Beförderung zum Meister annehmen soll. Das Zögern Wittys kann symbolhaft für seine Unentschlossenheit angesehen werden: Witty ist unsicher; er zweifelt und glaubt, nicht der richtige Mann zu sein. Er kann nicht mit solcher Sicherheit wie der alte Meister Entscheidungen treffen; er benötigt einen Menschen, der ihm sagt, *wann was wo zu geschehen hat und wie.*

Die auf ihn zukommenden Fragen und Probleme und der Zwang zu einer Entscheidung werden angedeutet durch die immer wiederkehrende Frage, ob die Männer auf dem Verladeplatz Bier trinken oder Coca.

Wittys Frau freut sich, daß er befördert werden soll; sie wird enttäuscht sein. Alles kann er ihr erklären, nur nicht, daß er Angst hat. Sie ist stolz auf ihn, denn alle haben ihr bestätigt, wie tüchtig und gescheit ihr Mann ist.

Obwohl Witty sich die Vorteile, Meister zu sein, immer wieder vor Augen führt, steigern sich seine Bedenken zu einem Angstgefühl, so daß ihm eigentlich nur noch der Weg zur Ablehnung der Beförderung bleibt.

Als er sich entschlossen hat, dem Meister mitzuteilen, er solle einen anderen vorschlagen, wendet sich das Geschehen: Die Ereignisse haben sich geändert, der Meister geht in 3 Tagen in Pension. Durch aufmunternde Worte *(du machst das alles viel besser)* und sein Verständnis erleichtert der Meister Egon Witty die Entscheidung. Zum erstenmal wird nun auch klar zum Ausdruck gebracht, daß die Männer dort Bier tranken.

3. Welche Gründe sprechen dafür, den angebotenen Posten als Meister anzunehmen? Welche Bedenken werden angeführt? (GA, TA)

Beförderung zum Meister

Vorteile	Bedenken
– mehr Geld	– nicht der richtige Mann (kann gut arbeiten, aber nicht entscheiden)
– größeres Auto	– nicht die Sicherheit wie der alte Meister
– Kinder können zur Oberschule gehen	– letzte Entscheidung muß ihm jemand abnehmen
– größere Wohnung in der Siedlung für Angestellte	– Unsicherheit
– Arbeiter sprechen ihn mit „Meister" oder „Herr" an	
– etwas darstellen, kein Rad mehr im Getriebe sein	
– überwachen, bestimmen, anordnen	
– Lebensstellung	

```
       ↓                              ↓
┌──────────────────┐          ┌──────────┐
│  Verantwortung   │ ◄──────► │  Angst   │
└──────────────────┘          └──────────┘
```

4. Welche Wandlung vollzieht sich in ihm? Wodurch ist sie verursacht? (UG)

Die Einblendung zum Verladeplatz mit der Frage *Trinken die Männer nun Bier, oder Coca?* deutet noch die Unentschlossenheit Egon Wittys an, doch dann tritt er in das Büro seines Meisters, *forsch wie immer,* und man glaubt, daß er nun von seiner Angst sprechen wird. In diesem Augenblick tritt eine Wandlung ein, Witty stottert entschuldigend, daß er die Pläne vergessen habe.

Wodurch wird diese Wandlung verursacht? Die Haltung des Meisters, der seine Brille abnimmt und ihn dann − verständnisvoll − anlächelt (er hatte ihm vorher zu verstehen gegeben, daß er durch die plötzliche Wandlung des Geschehens − der Meister geht vorzeitig in Pension − wohl erschlagen sei, was auch verständlich sei) und ihm somit menschlich entgegenkommt, spielt dabei sicher eine entscheidende Rolle.

5. *Stellen Sie die Wortwiederholungen zusammen! Welche Funktion haben sie?*

a) *Der Schweißer Egon Witty:* Durch die häufige Wiederholung − besonders am Anfang der Erzählung − wird deutlich, daß die Probleme auf diese Person bezogen sind und daß es sich um einen Arbeiter handelt (Berufsbezeichnung). Außerdem wird durch die ständige Wiederholung das „Auf-der-Stelle-treten" symbolisch angedeutet;

b) *Ob sie Bier trinken? Oder Coca?:* Symbol für die Unentschlossenheit von Egon Witty (Leitmotiv);

c) *Was wird sein, wenn ich Meister bin?:* Darstellung des Geschehens als ständig wiederholt aufgeworfene Frage (innere Situation Egon Wittys);

d) Wortwiederholungen; Umgangssprache: einfache Menschen; Versuch der Anpassung an das Milieu; Arbeitsalltag; Einprägsame Wirkung.

Literatur

Didaktisch-methodische Analysen. Handreichungen für den Lehrer zum Lesebuch Kompaß. 9./10. Schuljahr, Paderborn: Schöningh 1973, S. 568 f.

Die deutsche Arbeiterbewegung 1848−1919 in Augenzeugenberichten, hrsg. von Ursula Schulz. München: dtv 1976 (= dtv 1219).

Max von der Grün. Materialienbuch. Hrsg. von Stephan Reinhardt. Neuwied: Luchterhand 1978 (= Sammlung Luchterhand 237).

DIETER FORTE, **Ein Tag beginnt**

Lernziele

Die Schüler sollen erkennen, daß

− Forte den Verlauf eines gewöhnlichen Alltags wiedergibt;

− der Autor das Verhältnis der Menschen untereinander als etwas Entpersönliches und Entfremdetes deutet;

− besondere sprachliche Mittel eingesetzt werden, um die „Hetze" und Anonymität im täglichen Leben darzustellen.

Arbeitshinweise

1. Wer ist der Erzähler? (UG)

Bei dem Text handelt es sich um den inneren Monolog eines Menschen auf dem Weg zum Arbeitsplatz: Die in Wirklichkeit unausgesprochenen Gedanken, Assoziationen und Ahnungen werden in direkter Ich-Form wiedergegeben, ohne daß der Autor sich einschaltet (Bewußtseinsprotokoll).

2. *Welche Informationen erhalten wir durch diesen Text? (StA, TA)*

Verlauf eines gewöhnlichen Alltags
- Nacht vorbei
- Tag bricht an
- passiert nichts Außergewöhnliches
- Flure im Hochhaus sind himmelblau
- Bedienungsanleitung im Aufzug enthält Verbot
- Hausmeister im Erdgeschoß

Der Weg zur Arbeitsstätte ist durch folgende Stationen gekennzeichnet:

Aufwachen	*(Wecker klingelt)*
Verlassen der Wohnung	*(den Flur entlang ... Etage ... Fahrstuhl ...)*
Straße	*(Rot – Grün ... Preßlufthämmer)*
U-Bahn-Station	*(Rolltreppe abwärts ... Vordermann ... Hintermann ... Drehkreuz)*
U-Bahn-Fahrt	*(Voll wie immer)*
Verlassen der U-Bahn	*(Nichts wie raus)*
Erreichen des Arbeitsplatzes	*(Pförtner)*

3. *Wodurch ist der Stil gekennzeichnet? (UG)*

Charakteristisch ist die Auflösung der gewöhnlichen Syntax; kurze Sätze; zum Teil nur Satzfragmente bzw. Aneinanderreihung einzelner Wörter *(Wecker klingelt. Sieben Uhr ... Himmelblau.)*

Wiedergabe von Wörtern, die erst durch den Zusammenhang einen Sinn ergeben *(Rot – Grün = Ampel)*. Viele Satzfragmente beginnen mit dem Prädikat *(Möchte nur wissen ... Passiert bestimmt nichts.)*

4. *Untersuchen Sie die Bilder und Vergleiche! (StA)*

Die verwandten Bilder geben keine Stimmung wieder, sondern sind sachlich, kühl, aus dem Alltagsleben gegriffen und auch kritisch:

Flur	*(endloser Schlauch)*
Wohnungen im Hochhaus	*(aufeinandergestapelte Schubladen)*
Menschen	*(emsige Bienen in ihren Waben)*
Angestellte in der U-Bahn	*(ein müde nickender Automat)*
U-Bahnfahrer	*(Müdes Vieh, das in seinen Waggon getrieben wird)*.

Verschiedene Bildmotive kehren immer wieder (Leitmotive), z.B. *Himmelblau* (= Etage). Die Farben in den Korridoren täuschen etwas vor, was in Wirklichkeit nicht vorhanden ist. Es gibt kein individuelles Dasein mehr *(Emsige Bienen in ihren Waben)*. Die Menschen sind auf wenige äußere Kennzeichen reduziert: Hüte, Zeitungen.

5. *Welches Verhältnis besteht zwischen den Menschen? Was nimmt der Erzähler von den anderen Menschen auf? (UG)*

Die Menschen, die zur Arbeit *hasten*, werden nicht mehr als Personen gesehen; sie werden zu Sachen *(zugeknöpfte Mäntel, besprizte Hosenbeine, Zeitungen)*.

Die Entpersönlichung und Entfremdung wird durch die Charakterisierung *Vordermann: Mantel. Hintermann: Zeitung* deutlich und durch die Darstellung der Menschen in der U-Bahn auf die Spitze getrieben, wenn es nur noch heißt: *Mantel – Zeitung, Mantel – Zeitung, Mantel – Zeitung.*

Die Anonymität ist vollkommen; der einzelne wird nicht mehr wahrgenommen; er versteckt sich sogar hinter den *Schlagzeilen*.

HEINRICH BÖLL, **Anekdote zur Senkung der Arbeitsmoral**

Lernziele

Die Schüler sollen erkennen, daß
- der Sinn des Lebens nicht nur im Streben nach Leistung und Erfolg liegen kann (der elegante Tourist vertritt das rein ökonomische Prinzip, der schlichte Fischer eine humanere Art des Lebens);
- der einfache Fischer moralischer Sieger bleibt, weil er es versteht, sein Leben zu genießen und so auszufüllen, daß er zufrieden ist (Gefühlsumschlag im Touristen vom „Mitleid" zum „Neid");
- der Versuch, dem Fischer Vorstellungen aus einer ihm fremden Welt (Tourist aus einem Industriestaat) aufzuzwingen, mißlingen muß;
- der Fischer arbeitet, um zu leben; der Tourist lebt, um zu arbeiten.

Arbeitshinweise

1. *Wie werden die beiden Personen beschrieben, die sich im Hafen begegnen? Wodurch unterscheiden sie sich? (StA, TA)*

Fischer	Tourist
– einfach gekleidet	– schick angezogen
– arm	– wohlhabend (Farbfilm)
– döst (schläfrig)	– fotografiert (dreimal klick)
– sucht Zigarettenschachtel	– gibt Zigarette
↓	↓
ruhig, gelassen, zufrieden	unruhig, nervös, unglücklich

Während der Fischer durch nichts aus der Ruhe zu bringen ist (nur das Fotografieren des Fremden hat ihn gestört) und in dem kleinen Hafen unter blauem Himmel vor sich hindöst (= Zufriedenheit), kann der Tourist nicht untätig sein; er fotografiert das idyllische Bild (= Unruhe). Die Anekdote stellt zwei grundverschiedene Lebensweisen gegenüber: Der Tourist sucht Zufriedenheit und Glück in Geschäftigkeit und Geld; der Fischer ist ohne diesen Aufwand längst zufrieden.

2. *Analysieren Sie das Gespräch zwischen dem Fischer und dem Touristen.*
3. *Welche Ratschläge erteilt der Tourist dem Fischer? Was halten Sie von den Empfehlungen? (UG, TA)*

Obwohl das Wetter zum Fischfang gut ist, fährt der Fischer nicht aus. Der Tourist kann diese Haltung nicht verstehen. Auch die Antwort auf seine Frage, ob er sich nicht wohl fühle, stellt ihn nicht zufrieden; der Tourist ist fast unglücklich, daß der Fischer die gute Chance nicht ausnutzt (. . . nagt an ihm die Trauer über die verpaßte Gelegenheit).

Während der Fischer mit seinem Fang vom Morgen zufrieden ist, glaubt der Tourist, daß man nicht genug tun könne, um für die Zukunft zu sorgen:
Im Verlauf des Gesprächs versucht der Tourist, den Fischer mit den folgenden „Ratschlägen" aus der Reserve zu locken und ihm eine verlockende Entwicklung für die Zukunft aufzuzeigen:
- eigenen Motor kaufen
- kleinen Kutter mit zwei Booten
- Kühlhaus – Räucherei – Marinadenfabrik – Hubschrauber – Funkgerät – Fischrestaurant.

Vor innerer Anteilnahme und Begeisterung verschlägt es dem Touristen fast die Sprache. Er erkennt nicht, daß seine Empfehlungen ganz auf die erfolgsbetonte Leistungsgesellschaft eines Industriestaates abgestimmt sind; die Mentalität des anderen wird nicht berücksichtigt.

4. Warum empfindet der Tourist zum Schluß „ein wenig Neid"? (Diskussion)

Der Tourist erteilt dem Fischer gute Ratschläge, damit er *beruhigt hier im Hafen sitzen, in der Sonne dösen – und auf das herrliche Meer blicken* kann; aber dieses Ziel braucht der Fischer gar nicht mehr anzustreben, denn nichts anderes tut er ja.

Die Antwort des Fischers zeigt dem Fremden auch, daß er gar kein Mitleid mit dem ärmlich gekleideten Mann zu haben braucht – im Gegenteil, ihm wird bewußt, daß der andere im Grunde der glücklichere und zufriedenere ist, ohne ein Leben lang nach Leistung und Erfolg zu streben; daher empfindet er zum Schluß sogar *ein wenig Neid*.

Tafelbild

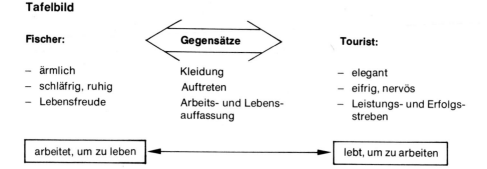

Fischer:	Gegensätze	Tourist:
– ärmlich	Kleidung	– elegant
– schläfrig, ruhig	Auftreten	– eifrig, nervös
– Lebensfreude	Arbeits- und Lebensauffassung	– Leistungs- und Erfolgsstreben

| arbeitet, um zu leben | ⟵⟶ | lebt, um zu arbeiten |

Literatur

Rudolf Kreis, Geschichten zum Nachdenken. In: Projekt Deutschunterricht 1. Kritisches Lesen – Märchen. Sage. Fabel. Volksbuch –, hrsg. von Heinz Ide. Stuttgart: Metzler 1971.

Hermann Pongs, Die Anekdote als Kunstform zwischen Kalendergeschichte und Kurzgeschichte. In DU 9 (1957), Heft 1, S. 5–20.

Reiner Friedrichs, Unterrichtsmodelle moderner Kurzgeschichten in der Sekundarstufe I. München: List 1972 (= Harms pädagogische Reihe 63), S. 124–130.

8. VERKEHR

Autor	Titel	Textform	Eigenart	Inhalt	Seite
Robert Musil	Der Verkehrsunfall	Romanauszug	ironisch-distanziert	Verhalten von Menschen am Unfallort	230/218
Erich Kästner	Im Auto über Land	Gedicht	humorvoll	Fahrt ins Blaue	232
Paul Flora	Touristen*	Karikatur	humoristisch	Urlaubsreise mit dem Auto	233/220
Horst Krüger	Auf deutscher Autobahn	Feuilleton	ironisch-kritisch	Verhalten von Autofahrern	234/221
Kurt Kusenberg	Schnell gelebt	Kurzgeschichte	paradox	Schnelllebigkeit	237/224
Paul Klee	Abfahrt der Schiffe*	Ölgemälde	surrealistisch	Ausfahrt einer Fischerflottille	239/226

ROBERT MUSIL, **Der Verkehrsunfall**

Lernziele

Die Schüler sollen erkennen, daß
- die Wirkung des Romanausschnitts durch einen psychologischen Effekt (Annäherungs- und Entfernungstechnik) erreicht wird;
- die Menschen, die den Verkehrsunfall miterleben, kein wahres Mitleid empfinden, sondern ihre Hilfeleistungen nur Verlegenheitslösungen sind;
- der Unfall bei den Umherstehenden nur unter sachlichem Aspekt betrachtet wird (technischsoziale Einrichtungen, Statistik) und dieser sachliche Aspekt eine Art Flucht darstellt;
- Musil gegen eine inhumane Grundhaltung der Menschen Anklage erhebt.

Vorbemerkung

Der Text ist ein Ausschnitt aus dem ersten Kapitel von Musils bekanntem Roman „Der Mann ohne Eigenschaften". In den beiden vorangehenden Absätzen beschreibt der Erzähler seinen Eindruck von der Atmosphäre der Großstadt.

Arbeitshinweise

1. *Beschreiben Sie die Reaktion der am Unfall beteiligten Personen! Wie sieht Ihre Hilfe aus? (StA, TA)*

Lkw-Fahrer	Umherstehende Personen	Dame	Begleiter
– grau wie Packpapier – versucht mit groben Gebärden den Unfallvorgang zu erklären	– blicken Lkw-Fahrer an – äußern sich zur Schuldfrage – knien abwechselnd beim Verletzten nieder	– neugierig – zögert – fühlt etwas Unangenehmes in der Herz-Magengrube (Mitleid) – erleichtert – nicht unmittelbar betroffen – hat etwas Besonderes erlebt	– neugierig – zögert – erklärt, daß Lkws einen zu langen Bremsweg haben – weist auf amerikanische Statistik hin

Hilfe

Man öffnete den Rock des Verletzten	— und schloß ihn wieder.
Man versuchte ihn aufzurichten	— um ihn wieder hinzulegen.
Man wollte die Zeit ausfüllen	— bis sachkundige Hilfe kam.

2. *Analysieren Sie den Aufbau des Textes! (StA, TB)*

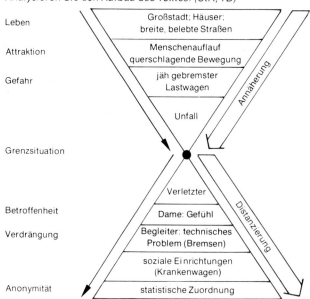

3. *Was ist das Besondere am Stil dieses Textes? In welcher Art und Weise berichtet der Erzähler von dem Ereignis? (UG)*

Es handelt sich um eine sorgfältige psychologische Studie, in der das Verhalten von Menschen analysiert wird, die Zeugen eines schweren Verkehrsunfalls werden; dabei widmet der Erzähler den beiden Personen – einer Dame und ihrem Begleiter –, die zufällig vorbeikommen, besonderes Interesse. Man kann davon sprechen, daß die Darstellung der eines Filmes ähnlich ist: Zunächst umfaßt die Kamera einen großen Ausschnitt, um dann immer dichter an das Objekt heranzugehen – von der Großaufnahme zur Nahaufnahme; auf diese Weise entsteht eine gedrängt verdichtete Erzählung, wobei das Geschehen am Unfallort vom Erleben der „Dame" aus gesehen wird *(Die Dame fühlte . . .),* das durch die ironische Distanz des Erzählers aber als Selbsttäuschung entlarvt wird. (Vgl. Thiemermann, S. 45 ff.)

Der Eindruck des Erzählers vom Lebensrhythmus einer Großstadt unterscheidet sich von dem seiner Personen: Er ist gekennzeichnet durch Widersprüche zwischen unkontrollierbaren Lebensvorgängen und einem starren Gesetzesgefüge.

4. Was will der Autor mit diesem Text erreichen? (Diskussion)

Menschen werden Zeugen eines schweren Unfalls und sind für einen kurzen Augenblick aus der wohlgefügten Ordnung gerissen – aber das Unpersönliche, die Anonymität, bleibt dominierend (dreimaliger Satzanfang mit *man).* Wir alle neigen dazu, „den Grenzsituationen des Lebens, die Karl Jaspers als Schuld, Krankheit, Leid und Tod versteht, entweder grundsätzlich auszuweichen oder, wenn wir in einem schicksalhaften Geschehen unmittelbar mit ihm konfrontiert werden, in einer selbsttäuschenden Weise uns vom Anspruch dieser Situation zu distanzieren". (Thiemermann, S. 48)

In dieser Skizze zeigt der Autor „die innere Auflösung hinter der anscheinend intakten Fassade". (Rasch, S. 389)

Der Mensch erscheint nur noch als Objekt einer technischen Ordnung:

„Alles ist organisiert: an die Stelle menschlicher Hilfsbereitschaft treten die Aktionen ‚der Rettungsgesellschaft', zwischenmenschliche Beziehungen haben wir ‚sozialen Einrichtungen' übertragen. Eine perfekte Welt, in der nicht einmal mehr Verletzung und Tod beunruhigen können. Als technische Probleme sind sie Teil ‚irgendeiner Ordnung' und überdies in der Statistik bereits eingeplant." (Breuer, S. 109).

Es geht dem Autor nicht um die neutrale Berichterstattung eines Verkehrsunfalls, sondern um die Reaktion der Passanten, die er in ironischer Weise beschreibt und deren Verhalten er kritisch kommentiert. Dreimal wird darüber reflektiert, ob die Eindrücke der Passanten *berechtigt,* nur *fast berechtigt* oder *unberechtigt* sind.

5. Wie würden Sie sich verhalten?

Als Grundlage zur Diskussion und zum Vergleich könnte ein sachlicher Bericht über einen Verkehrsunfall aus einer Tageszeitung herangezogen werden.

Literatur

Helmut Arntzen, Musil – Kommentar aus dem Roman ‚Der Mann ohne Eigenschaften'. München: Winkler 1982.

Gerhart Baumann, Robert Musil. Bern: Francke 1981.

Uwe Baur/Elisabeth Castex (Hrsg.): Robert Musil – Untersuchungen. Königstein: Athenäum 1981.

Paul-Joseph Breuer, Interpretationen von zwei themengleichen Texten auf Obertertia. In: DU 18 (1966), Heft 4, S. 102 ff.

Adolf Frisé, Plädoyer für Robert Musil. Hinweise und Essays 1931–1980. Reinbek: Rowohlt 1980 = dub 147.

Wolfdietrich Rasch, Musil „Der Mann ohne Eigenschaften". In: Der deutsche Roman, hrsg. von Benno von Wiese, Bd. 2. Düsseldorf: Bagel 1963, S. 361 ff.

Franz-Josef Thiemermann, Kurzgeschichten im Deutschunterricht. Bochum: Kamp [9]1973 (= Kamps pädagogische Taschenbücher 32).

ERICH KÄSTNER, **Im Auto über Land**

Lernziele

Die Schüler sollen
- den Aufbau des Gedichts und die sprachlichen Mittel analysieren können;
- die humorvoll-kritische, ironische Grundstimmung erkennen und einsehen, daß das Gedicht auch eine Ermahnung enthält.

Arbeitshinweise

1. *Welcher Zusammenhang besteht zwischen der sprachlichen Form und dem Thema des Gedichts? (StA, UG)*

In sechs Strophen (je sechs Verse) — charakterisiert durch vierhebige Trochäen — ziehen die Zeilen, rhythmisch sich fortbewegend, am Leser vorbei — wie die Landschaft bei einer Autofahrt. Der Tonfall ist heiter-ironisch, manchmal in der Wortwahl burschikos *(glatt zum Eierlegen)*. Die Grundstimmung im Gedicht ist durch eine heitere, menschliche Schwächen übersehende Überlegenheit gekennzeichnet (Optimismus).

Sprachliche Form:

unpassende Reime:	*Tagen — sozusagen*
Vergleiche:	Himmel *wie aus blauem Porzellan*
Doppelungen:	*Wald — Bier / Bier — Kuchen*
Überraschungseffekt:	*Und er steuert ohne Fehler / über Hügel und durch Täler. / Tante Paula wird es schlecht.*
Anapher:	<u>Und</u> das Auto ruht sich aus ... <u>Und</u> allmählich wird es kälter. / <u>Und</u> dann fahren wir nach Haus.

Die sprachlichen Mittel unterstreichen die Aussage: das Verhältnis zur Natur wird nicht mehr unmittelbar erlebt.

2. *Wie schildert Kästner diese Autofahrt? Was will er damit erreichen? (StA, TA)*

   I. **Natur**
      Der Himmel ist an besonders schönen Tagen wie aus blauem Porzellan ...;

   II. **Reaktion der Menschen**
      Alle Welt ist glücklich und „bewundert die Natur";

   III. **Ausflug**
      Fahrt „über Hügel und durch Täler";

   IV. **Nachteile**
      Brise, viel Benzingestank, man siehts auch ohne Onkel Theobald;

   V. **Überdruß**
      immer rascher, nur Wald, kein Bier;

   VI. **Ende**
      üblicher Schluß eines Ausflugs: Gesang, Essen, Trinken, Schimpfen, Preise.

Durch die sarkastische — jedoch nicht böse gemeinte — Beobachtung einer Familie und die Entlarvung ihrer „Erlebnisse" bei einem Ausflug will Kästner die Menschen daran erinnern, die wirklichen Schönheiten im Leben und in der Natur nicht zu übersehen.

3. Welches Verhältnis hat nach Kästner der Mensch zum Auto, welches zur Natur? (TA, Diskussion)

Auto
- wird ohne Fehler gesteuert
- begeistert
- wird schnell gefahren
- darf ausruhen

Natur
- Bewunderung nur bei schönem Wetter
- Benzin wird nicht als störend empfunden
- eintönig

HORST KRÜGER, **Auf deutscher Autobahn**

Lernziele

Die Schüler sollen
- die hintergründig-ironische Darstellung über das Verhalten der Deutschen beim Autofahren erkennen;
- die psychologische Bewußtseinslage und das Verhalten der Menschen am Steuer eines Autos reflektieren;
- das Gefühl der Betroffenheit (beteiligt – unbeteiligt) bei einem Verkehrsunfall analysieren können.

Arbeitshinweise

1. Analysieren Sie die Bilder und Vergleiche in diesem Feuilleton! (StA, UG)

Sonne, Wasser, Amore, das drängt sich jetzt auf der Autobahn:
Anstelle des konkreten Subjekts „Auto" stehen abstrakte Wünsche, die durch die Autofahrt zum Ferienziel erfüllt werden sollen.

Stauung der Sehnsucht, Fernweh auf Bremsen:
Begriffe aus dem Bereich der Technik und des Verkehrs werden mit den Sehnsüchten des Urlaubers kombiniert.

Künste im freien Deutschland:
Das Fertigwerden mit den Verkehrsproblemen wird ironisch als „Kunst" angesehen.

Eine blitzende Kobra windet sich auf dem Asphalt:
Bild einer kilometerlangen Autoschlange von blitzendem Chrom.

Viel Gift und Galle:
Gift und Galle kann doppeldeutig gesehen werden: auf menschliches Verhalten verweisend (Sprichwort: Gift und Galle spucken); auf den sachlichen Zusammenhang bezogen (Schwierigkeiten des Verkehrsproblems).

Ferienfreuden fliegen nach vorn:
Konkrete Urlaubsutensilien (Hüte, Bälle) symbolisieren abstrakte Freude.

Ein blutiges Schauspiel liegt ausgebreitet . . .:
Parallele eines Verkehrsunfalls mit einem Bühnenschauspiel *(Shakespeare im vierten Akt)*
Totentanz (Geige):
Verkehr (Wagen)
Pop Art oder Mobile:
Autowrack

2. Wie ist der Satz zu verstehen: „Ein Toter wäre jetzt gut, ja."? (UG)

Wenn kein erkennbarer Grund für das lange Warten in einem Verkehrsstau vorhanden ist, reagiert der Autofahrer aggressiv. Wäre der Grund für eine Stauung ein Toter (den man sehen könnte), würde das lange Warten leichter ertragen und verstanden (Krimi-Effekt).

3. Wie beurteilen Sie Krügers Beobachtungen in bezug auf menschliche Verhaltensweisen beim Autofahren! Welches Verhältnis besteht zwischen den Menschen! Können Sie die Beobachtungen des Autors bestätigen? (Diskussion)

Die Menschen am Steuer betrachten den Unfalltod mit einer Art Spannung: man schaut wie bei einem Schauspiel zu. Anklagend spricht Krüger von der *Servierung* des Unglücks. Das zentrale psychologische Moment ist die Neugier *(will alles sehen, will alles mitbekommen, will nichts versäumen)*.

Später am Strand denkt der Urlauber nicht mehr an die Verletzten oder Toten, sondern ab und zu an die Polizisten; sie *begleiten* den Autofahrer überall. Die letzte Frage *Aus welchem Lande kommst Du?* deutet Kritik an Verhaltensweisen deutscher Autofahrer an.

Literatur

Hans Dollinger, Die totale Autogesellschaft. München: Hanser 1972.

Kurt Kusenberg, Schnell gelebt

Lernziele

Die Schüler sollen erkennen, daß
- der Text eine Satire ist und Einzelerscheinungen unserer Zeit hintergründig – ironisch überspitzt – dargestellt sind;
- die stilistischen Mittel mit dem Inhalt korrespondieren;
- der Text mahnend auf die Schnellebigkeit von heute aufmerksam macht.

Vorbemerkung (Satire)

„Verspottung von Mißständen, Unsitten, Anschauungen, Ereignissen, Personen [. . .], allgemein eine mißbilligende Darstellung und Entlarvung des Kleinlichen, Schlechten, Ungesunden im Menschenleben." (Gero von Wilpert, Sachwörterbuch der Literatur. Stuttgart: Kröner[4] 1964)

Arbeitshinweise

1. Welche Probleme sollen mit dieser Erzählung enthüllt werden? Welche Einzelerscheinungen in unserer Zeit werden kritisiert? (StA, TA)

Trägheit bei der Arbeit: der einzige Laufbursche, der je gelaufen ist

Hetze im Alltag: Frühstück in der Badewanne, Zeitunglesen beim Anziehen, Rutschbahn ins Auto, Schnellgerichte

Insgesamt wird die Schnellebigkeit unserer Zeit kritisiert, in der kaum noch Raum für Muße oder Gespräche bleibt.

2. *Kennzeichnen Sie die besondere Form der Erzählung (Aufbau, Stilmittel), und untersuchen Sie die Paradoxien! (GA, TA)*

Aufbau

I. Kindheit, Jugendzeit, Schule (1)

II. Berufe: Laufbursche und Sekretär (2), Omnibusfahrer (3), Rennfahrer und Teilhaber einer Firma (4)

III. Hochzeit und Familie (5)

IV. Lebensweise: Alltag (6), Freizeit/Vermögen (7)

V. Folgen: schnelles Altern und früher Tod (8)

Stilmittel

Das „Schnelle" wird durch Verben und Vergleiche betont:
(1) *wie aus der Pistole geschossen . . . entliefen . . . blitzschnell . . . übersprang . . .*
(4) *rasend, Rennfahrer, überrennen*
(5) *jagen, Zeitraffer*
(6) *beschleunigen, davonschießen*
(7) *Schnelligkeit*
(8) *hastiges Dasein, rasch altern*

Paradoxien

(1) gleichzeitiges Gesehen-Werden an verschiedenen Orten
(3) einen fahrenden Wagen fortwährend anhalten
(5) im Winter schon Sommerkleidung
   vor der Zeit gebären
   in der Wiege fließend sprechen
   das Laufen noch vor dem Gehen lernen
   Schnellgerichte einnehmen und sogleich verdauen
   täglich bzw. stündlich den Dienstboten wechseln
(6) vom Traum bereits wieder wach
(8) mit dreißig ein gebrechlicher Greis
   zerfällt nach dem Tod, *da er die Verbrennung nicht abwarten wollte,* sofort in Asche

3. *Worin liegt die Bedeutung des letzten Satzes? (Diskussion)*

Der letzte Satz der Erzählung *(Seitdem er gestorben ist, kriecht die Minute wieder auf sechzig Sekunden dahin)* deutet an, daß der Autor nicht nur an einen Einzelfall gedacht hat, sondern allgemein an die Verhältnisse der Menschen, die *schnell* leben.

Erst wenn die Hetze abgelegt werden kann, *kriecht die Minute dahin,* wobei nicht unbedingt die meßbare Zeit gemeint ist, sondern die erlebbare. Denken Sie an Aussprüche wie:

Ich habe keine Zeit
Wie schnell ist die Zeit vergangen
time ist money
Einszweidrei! im Sauseschritt läuft die Zeit; wir laufen mit. (Wilhelm Busch)

9. LANDSCHAFTEN – STADT UND NATUR

Autor	Titel	Textform	Eigenart	Inhalt	Seite
Friedrich Engels	Die großen Städte	Bericht	sozialkritisch	Stadtviertel von London im 19. Jh.	240
Joseph von Eichendorff	Mondnacht	Gedicht	romantisch	Naturerlebnis (Landschaft)	243/207
Theodor Storm	Meeresstrand	Gedicht	poetisch-realistisch	Naturerlebnis (Meer)	244/208
Karl Schmidt-Rottluff	Gutshof in Dangast*	Ölgemälde	expressionistisch	Bauernhof	245/209
Heinrich Heine	Das Fräulein stand am Meere	Gedicht	ironisch	Desillusionierung der Romantik	246
Richard Dehmel	Predigt ans Großstadtvolk	Gedicht	naturalistisch	Großstadt	247
René Schickele	Großstadtvolk	Gedicht	expressionistisch	Großstadt	248
Stefan George	komm in den totgesagten park	Gedicht	ästhetizistisch	Naturerlebnis (Herbst)	249
Herbert von Borch	New York	Essay	informativ-euphorisch	Großstadt (New York)	250/210
Heinz Held	New York*	Foto	atmosphärisch	Wolkenkratzer von New York	252/214
Norman Mailer	Wir müssen es ändern	Essay	informativ-kritisch	Großstadtprobleme (New York)	254/214

FRIEDRICH ENGELS, **Die großen Städte**

Lernziele

Die Schüler sollen erkennen, daß
- die Stadt im 19. Jahrhundert ein doppeltes Gesicht (Wohlstand – Armut) hatte;
- Engels Partei für die in Not und Elend lebenden Menschen ergreift;
- der Autor eine Änderung der gesellschaftlichen Ordnung verlangt;
- sich die sozialen Bedingungen im Laufe der Jahrzehnte gewandelt haben.

Arbeitshinweise

1. Wie ist der Text aufgebaut? (Gliederung)

a) Erster Eindruck von der Weltstadt London
b) Opfer der Stadtentwicklung
c) schlechte Stadtviertel
d) Notlage in dem Arbeiterviertel Bethnal-Green
   - Kleidung
   - Wohnung
   - Nahrung
e) Vorwurf an die Gesellschaft: Mord

2. Wie wirkt die Großstadt auf Engels? Wie leben die Menschen in der Stadt? (StA oder GA, TA)

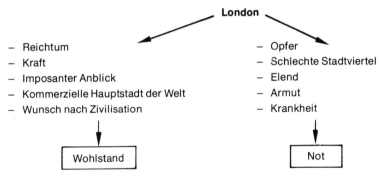

3. Warum nennt Engels das Elend der Arbeiter „Mord"? Untersuchen Sie in diesem Zusammenhang die Sprache (vor allem die Attribute)! (StA, TA)

Elend der Arbeiter (= „Mord")
- Arbeiter sind notwendig einem vorzeitigen, unnatürlichen Tod verfallen
- Tod ist so gewaltsam wie durch Schwert oder Kugel
- Verhältnisse, in denen sie nicht leben können
- gezwungen, so zu leben (durch Gesetz)
- ihr Tod ist versteckter, heimtückischer Mord
- keine Gegenwehr möglich
- Unterlassungssünde der Gesellschaft

Engels wirft der Gesellschaft hauptsächlich vor, nichts gegen die Verhältnisse in der Mitte des 19. Jahrhunderts getan zu haben. Also – das geht aus diesem Abschnitt nur indirekt hervor – muß man die Gesellschaft verändern, um andere Verhältnisse zu bekommen.

4. Untersuchen Sie den Satzbau dieses Textes! (StA)

Es fallen vor allem Aufzählungen und Parallelkonstruktionen auf (besonders im letzten Absatz): *Ohne zu ... ohne zu ...; diese ... diese ...; Wenn ... wenn ... wenn ... wenn ...; weil ... weil ... weil.* Mit neuen Formulierungen und sich wiederholenden Wendungen unterstreicht Engels seine Aussagen; er will ihnen besonderes Gewicht verleihen.

5. Vergleichen Sie die Situation der Arbeiter damals und heute! (GA, TA)

Damals	Heute
– 15-Stunden-Tag	– 40-Stunden-Woche, Urlaub
– Kinderarbeit	– Kinderarbeit verboten
– Frauenarbeit	– freiwillige Frauenarbeit (Schutzgesetze)
– geringer Lohn	– geregelter Lohn
– schlechte Fabrikräume	– verbesserte Arbeitsbedingungen
– keine Unfallfürsorge keine Krankenfürsorge kein Invaliditätsschutz kein Altersschutz	} Versicherungen
– schlechter Gesundheitszustand	– Krankenvorsorge, Krankenkasse
– keine politischen Rechte	– politische Rechte (Gewerkschaften, Mitbestimmung)

Allerdings sollte man auch auf Wallraffs Reportage (vgl. KL, S. 207) verweisen, aus der die Schattenseiten moderner Produktionsbedingungen deutlich werden. Slums gibt es auch heute noch in vielen Städten. Die Gastarbeiter müssen noch oft unter erniedrigenden Bedingungen leben und arbeiten.

Literatur

Hannelore Schlaffer, Literarische Erziehung und ästhetische Erfahrung des Alltags. Großstadtliteratur: Engels und Baudelaire. In: DD (1977), Heft 33, S. 13–22.

Joseph von Eichendorff, **Mondnacht**

Lernziele

Die Schüler sollen erkennen, daß
– die Stimmung des romantischen Gedichts vom Rhythmus und Versmaß geprägt wird;
– die irrealen Bilder der Gefühlslage des lyrischen Ichs entsprechen;
– das lyrische Ich zwischen Traum, Realität und Wünschen schwankt.

Arbeitshinweise

1. Wodurch sind die Bilder in den 3 Strophen charakterisiert? Was drücken sie aus?

2. Welche Bedeutung haben die beiden Sätze, die mit „als" beginnen (Strophe I und III)? (UG, TA)

I. Im Mittelpunkt der 1. Strophe steht ein konjunktivischer Vergleichssatz: *es war, als hätt der Himmel ...;* dadurch wird der Augenblick, in dem sich *Himmel* und *Erde* (Kosmos) berühren, ins Traumhafte, Irreale gehoben. Das Bild von der Begegnung zwischen den beiden entgegengesetzten Teilen gewinn auf diese Weise romantische Züge, die mit dem Träumen im Blütenschimmer korrespondieren.

II. Eine leise Bewegung – als Ausdruck der seelischen Empfindung, jedoch realistisch – geht durch die *Felder, Ähren* und *Wälder*, die *wogen* und *rauschen* (Natur).

III. Erst in der letzten Strophe wird ausgesprochen, was das lyrische Ich bewegt: Aus der Entgrenzung von Raum und Zeit in einer unrealistischen, traumhaft empfundenen Landschaft und ihrer geheimnisvollen Annäherung an den *Himmel* löst sich die *Seele* vom Irdischen. Der Flug der Seele durch die stillen Lande wird durch das *weite* Ausspannen der *Flügel* vorbereitet und indikativisch zum Ausdruck gebracht (Psyche).

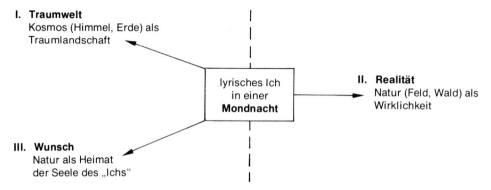

I. **Traumwelt**
Kosmos (Himmel, Erde) als Traumlandschaft

lyrisches Ich in einer **Mondnacht**

II. **Realität**
Natur (Feld, Wald) als Wirklichkeit

III. **Wunsch**
Natur als Heimat der Seele des „Ichs"

3. *Untersuchen Sie das Metrum und den Rhythmus des Gedichts! (TA)*

Drei regelmäßige Strophen (in der Grundform dreihebige Jamben |∪–| = Jambus) mit abwechselnd weiblicher und männlicher Kadenz (abab = Kreuzreim) vermitteln eine ruhige abgerundete Atmosphäre.

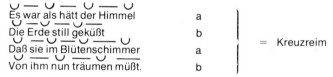

Die Verse bleiben rhythmisch fließend miteinander verbunden; der Rhythmus ist Ausdruck der Ruhe; nur in der 2. Strophe wird eine leise Bewegung *(sacht, leis)* spürbar.

4. *Was ist mit der letzten Zeile der dritten Strophe gemeint? Welches ist das dort angesprochene Ziel? (UG)*

Die letzte Zeile eröffnet noch einmal eine neue Dimension – jedoch als Zeichen der Ungewißheit und Unsicherheit im Konjunktiv *(als flöge sie nach Haus)*.

Als Zuhause empfindet das lyrische Ich die Heimat im Sinn des in der 1. Strophe angedeuteten, zur Erde geneigten Himmels, der das erahnte Ziel der suchenden Seele ist.

Literatur

Jörg Hienger und Rudolf Knauf, Deutsche Gedichte von Andreas Gryphius bis Ingeborg Bachmann. Göttingen: Vandenhoeck & Ruprecht 1969, S. 90 ff.

Theodor Storm, **Meeresstrand**

Lernziele

Die Schüler sollen

- den Aufbau des Gedichts erkennen;
- die Stimmung der Natur am Meeresstrand beschreiben;
- die romantischen Züge im Gedicht erkennen;
- die Situation des lyrischen Ichs reflektieren und sein Verhältnis zur Heimat bestimmen können;
- die besondere Art der Wirklichkeitserfassung erkennen.

Vorbemerkung (Biographisches)

Am 9. Juni 1854 schrieb Storm aus Potsdam – er hatte aus politischen Gründen seine schleswigsche Heimat (Husum) verlassen müssen – an seinen Vater: „Du wunderst Dich, wie ich Heimweh haben könne, ich will es Dir sagen: an dieser Stelle folgen die ersten drei Strophen des Gedichts, die vierte ist später hinzugefügt worden. Und so ist es noch jetzt und nirgend sonst auf der Welt; es ist eben das Geheimnis der Heimat, sie können's so toll gar nicht treiben, daß ich das Gefühl verlöre, diese Erde sei dennoch mein."

Ein Jahr später schickte er das vollständige Gedicht an Eduard Mörike; er schrieb dazu: „Die beiden ersten Zeilen der vierten Strophe sind mir eigentlich noch nicht tief und individuell genug, obgleich der Sache nach richtig. Es kommt nämlich darauf an, das Geräusch des Windes von dem des Meeres zu trennen. Wie oft, wenn ich an stillen Herbstabenden [...] in meinen Garten trat, hörte ich in der Ferne das Kochen des Meeres. Und wie liebte ich das!" (Theodor Storm, Sämtliche Werke. Bd. I. Berlin: Aufbau 1967, S. 684).

Arbeitshinweise

1. Untersuchen Sie den Aufbau des Gedichts! Welche verschiedenen Sinneswahrnehmungen muß der Leser nachvollziehen? (StA, TA)

I. Zur Abenddämmerung fliegt eine Möwe ans Haff (Wasserfläche zwischen einer Nehrung und der Küste); es herrscht Ebbe *(feuchte Watten)*, in denen sich der Abendschein widerspiegelt. Im ganzen herrscht eine freundlich-friedliche Stimmung zum Tagesausklang.

II. Das Bild wird dunkler *(grau,* das einzige direkt ausgesprochene Farbwort), und ein allmähliches Verwischen der Konturen deutet sich an (Geflügel anstelle der Möwe). Etwas Gespenstisches – eingeleitet durch *huschet* – kündigt sich an: Inseln, die wie Träume im Nebel auf dem Meer liegen (zu der wachsenden Dunkelheit kommt der Nebel; Wirklichkeit verwandelt sich zu Traumerscheinungen).

III. Während die beiden ersten Strophen ganz vom Sehen bestimmt waren, werden jetzt die Eindrücke vom Hören ergänzt *(hören, Ton, Vogelrufen)*. Es ist noch dunkler und geheimnisvoller geworden, und nach dem Gedankenstrich (III, 3) geht die Erinnerung in zeitlose Tiefen *(So war es immer schon)*. Das Abenderlebnis wird „aus dem Einmalig-Zufälligen ins Schicksalhaft-Ewige gehoben". (Merker)

Noch sind die wahrnehmbaren Geräusche erklärbar: der Schlamm gärt; allerdings weist das *geheimnisvoll* schon auf das Geschehen in der vierten Strophe. Besondere Bedeutung hat das Gefühl der Einsamkeit bei dem Erleben der Naturlandschaft.

IV. (Später hinzugefügt)
Durch das leise Schauern des Windes wird noch einmal direkt an die bisherige Situation erinnert; dann verstummt jedoch auch der Wind, und erst in dieser völligen Ruhe und Einsamkeit sind die *Stimmen* zu hören, *die über der Tiefe sind,* also jene dunklen „Schicksalsmächte über allem Lebendigen". (Merker) Sind es Ausrufe aus dem Jenseits, die für den Menschen nur in Ausnahmesituationen zu vernehmen sind? Die Stimmen über der Tiefe bleiben rätselhaft.

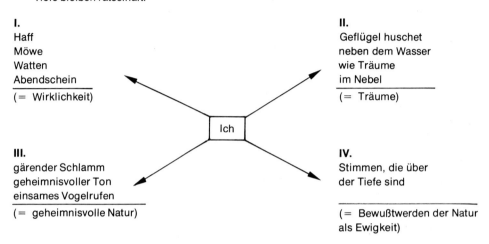

2. *Verfolgen Sie die Wortwahl in den 4 Strophen (Verben, Substantive, Adjektive)! Welche Tendenz läßt sich feststellen? (StA)*

Verben: vom konkreten *fliegen* Übergang zum verschwommeneren *huschen;* am Schluß dominieren die Geheimnis verbreitenden Verben *schauern, schweigen.*

Substantive: bei den Substantiven verläuft die Tendenz parallel: es beginnt (I) mit der eindeutig zu fixierenden *Möwe* (als Symbol des schweifenden Ichs); in II wird nur noch von *Geflügel* gesprochen;

Die Landschaftsbeschreibung ist in II geheimnisvoll: *neben dem Wasser, wie Träume, im Nebel;*

Steigerung bis IV, in der die *Stimmen* vernehmlich werden, *die über der Tiefe sind.*

Adjektive: In den ersten beiden Strophen fast ohne Bedeutung, nur einmal wird eine genaue Farbangabe gemacht *(grau).* Dagegen häufen sich die beschreibenden Adjektive in III: *gärend, geheimnisvoll, einsam.*

Der Dichter setzt die sprachlichen Mittel parallel zur inhaltlichen Aussage; es wird immer geheimnisvoller.

3. *Welches Verhältnis hat der Sprecher des Gedichts gegenüber der Natur? Was ist mit den „Stimmen" in der 4. Strophe gemeint? (UG)*

In heimatverbundener Sehweise des Meeresstrandes erlebt das lyrische Ich die Situation als nebelhafte Welt der Träume – die Elemente des Landschaftsbildes entstehen aus einem intensiven persönlichen Gefühl. Ganz verwachsen mit der Natur seiner Heimat vernimmt der Dichter die *Stimmen* der Ewigkeit.

4. *Setzen Sie das Gedicht mit der Biographie des Autors in Beziehung! (UG)*

Aus den Versen des Gedichts wird ersichtlich, welche Bedeutung für Storm die Landschaft (Natur) seiner Heimat (Nordseeküste bei Husum) hat. (Vgl. auch Vorbemerkung, Biographisches)

5. *Was für eine Art Wirklichkeitsdarstellung dominiert in dem Gedicht? Welche Wirklichkeit wird nicht gesehen? (Diskussion)*

Die Natur wird gefühlsmäßig „verklärt" gesehen (Spiegelung des Abendscheins) und als ein Bereich, in dem irrationale Kräfte tätig sind *(Stimmen, die über der Tiefe sind).*

Bei der Besprechung muß man berücksichtigen, daß diese Zeilen entstanden, als die Industrialisierung große Fortschritte machte (vgl. Engels, Über die großen Städte). Die Folgen dieser Veränderungen werden aber bei Storm nicht gesehen und finden keine Berücksichtigung.

Literatur

Paul Merker. In: Gedicht und Gedanke. Auslegungen deutscher Gedichte, hrsg. von H.-O. Burger. Halle 1942.

Wilhelm Schneider. Liebe zum deutschen Gedicht. Ein Begleiter für alle Freunde der Lyrik. Freiburg: Herder [5]1963.

Hartmut Vinçon, Theodor Storm. Stuttgart: Metzler 1973 = M 122.

Heinrich Heine, **Das Fräulein stand am Meere**

Lernziele

Die Schüler sollen erkennen, daß

— Heine Sentimentalität durch Witz und Ironie entlarvt;
— der Autor sich gegen die trivialisierte und verkitschte Romantik wendet;
— Romantik schwer in Sprache zu fassen ist, weil stark klischeebeladen.

Arbeitshinweise

1. *Welche Haltung nimmt Heine gegenüber dem Sonnenuntergang ein?*
2. *Durch welche sprachlichen Mittel wird diese Haltung deutlich? (UG, TA)*

I. Die erste Strophe schildert in knappen Worten die Situation: Eine junge Frau beobachtet den Sonnenuntergang am Meer. Die Objektivität dieser Schilderung wird durch die Sprache zerstört:

Übertreibung: *lang und bang*
‚Nicht' passende Wörter: *rührte; Sonnenuntergang*
Antiquierte Sprache: *Meere; sehre*

Vor allem der letzte Vers der Strophe klingt im herkömmlichen Sinn „schön" und wirkt sentimental.

II. Die zweite Strophe wiederholt in veränderter Form den Anfang der ersten: Aus *Das Fräulein* ist *Mein Fräulein* geworden — die persönliche Ansprache. Die „Stimmung" des Mädchens soll durch die folgenden Aussagen zerstört werden:

Aufruf: *sein Sie munter*
Versachlichung: *das ist ein altes Stück*
Banalität: *vorne — hinten*

Der von Heine verwendete Jargon klingt schon zum Teil schnoddrig; seine ironische Grundhaltung wird dadurch deutlich.

I. Schilderung einer typisch romantischen Situation	II. Desillusionierung der Situation
– in sich gekehrt, sentimental – Abheben des Alltäglichen von der Wirklichkeit	– durch Aufforderung zur „Munterkeit" – Hinweis auf Alltäglichkeit des Vorgangs
↓	↓
Rührung, Sentimentalität (Romantik)	Sachlichkeit, Nüchternheit (Wirklichkeit)

3. Welche Wirkung erzielt das Gedicht? Wie kommt sie zustande? (UG)

Der Dichter zerstört die sentimentale Stimmung des Fräuleins durch Witz. Er macht sich lustig, so daß der Leser ernüchtert wird. Auf diese Weise entlarvt er die unrealistische (romantische) Haltung und macht gleichzeitig auf die Wirklichkeit aufmerksam.

4. Gegen welche Erscheinungen richtet sich Heine mit diesem Gedicht? (Diskussion)

Heine sieht im Sonnenuntergang keinen angemessenen Gegenstand für das romantisch-sentimentale Verhalten des Mädchens. Er wendet sich damit indirekt auch gegen die romantische Naturlyrik, in der auch Gedichte mit kitschigem Inhalt verfaßt wurden. „Wie Platen und Lenau litt auch Heine unter dieser Inflation. Wenn er sich widersetzte, indem er das Aufgeblasene zum Platzen brachte, so geschah das nicht aus Übermut, sondern aus künstlerischer Notwehr." (Jaspersen, S. 146)

Es ist auch heute außerordentlich schwierig, solche Stimmungen und Naturerlebnisse als subjektive Empfindungen wiederzugeben. Die Wörter sind ‚abgenutzt' (vgl. dazu auch die Sprache des Schlagers). Nur Schnoddrigkeit, Jargon und Ironie scheinen Möglichkeiten zu sein, um solchen Phänomenen entgegenzutreten.

Literatur

Ursula Jaspersen. In: Die deutsche Lyrik, Bd. 2, hrsg. von Benno von Wiese. Düsseldorf: Bagel 1962, S. 144–149.
Wolfgang Hegele, Der romantische Aufklärer Heinrich Heine. In: DU 19 (1967), Heft 4, S. 39–63.

RICHARD DEHMEL, **Predigt ans Großstadtvolk**

Lernziele

Die Schüler sollen erkennen, daß
- Dehmel Kritik an der modernen Großstadt übt, weil sie den Menschen in seiner Freiheit beeinträchtigt;
- der Autor Aktivität und Freiheit nur auf dem Lande – in der Natur – sieht;
- diese Vorstellungen unrealistisch sind und – durch das Aufgreifen ähnlicher Gedanken im Nationalsozialismus – sogar gefährlich.

Arbeitshinweise

1. *Welche Folgen werden der Großstadt zugeschrieben?*
2. *Wo wird das Ideal des Ichs deutlich? (GA, TA)*

Folgen	**Ideal**
– Großstadt macht klein	– Sehnsucht zur Sonne
– Sehnsucht erstickt	– Vater zwischen den Riesen seines Kiefern- und Eichen-Forstes ein Zaubermeister
– Menschendünste	
– prahlende Mauern	– Hinausgehen und die Bäume wachsen sehen
– Vater nur ein verbauertes altes Männchen	
– Drangsal	– Land schaffen
– in einen bezahlten Saal kriechen	
– die Menschen schaffen sich Zuchthausmauern	

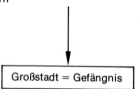

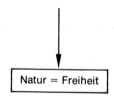

3. *Wie reagieren die Menschen auf das Leben in der Stadt?*
4. *Wozu werden die Menschen aufgerufen? (UG)*

Die Menschen leiden unter dem Leben der Großstadt *(Drangsal)*; sie suchen einen Ausweg: sie versammeln sich in Sälen und handeln politisch. *Freiheit, Gleichheit und dergleichen* verweisen auf politische Schlagwörter der französischen Revolution und der Arbeiterbewegung. Für Dehmel ist dies *(dergleichen)* ein falscher Weg. Er ruft die Menschen auf, die Stadt zu verlassen und auf das Land zurückzukehren. Bezeichnend sind die Verben des Tuns: *rühren, hinausgehen, ihr habt Füße und Fäuste, schafft euch, rückt aus.*

5. *Worin liegt die Problematik der im Gedicht vertretenen Auffassung? (Diskussion)*

Das moderne städtische und industrielle Leben ist Voraussetzung für den allgemeinen Wohlstand. Eine reine Agrargesellschaft kann nicht so viele Menschen ausreichend ernähren. Vom Nationalsozialismus wurden später ähnliche Vorstellungen in radikaler Weise aufgegriffen (Blut- und Boden-Ideologie).

RENÉ SCHICKELE, **Großstadtvolk**

Lernziele

Die Schüler sollen erkennen, daß
- dieses Gedicht eine Antwort auf Richard Dehmels Aussagen darstellt;
- Schickele die Großstadt auch kritisch sieht, aber zu anderen Schlußfolgerungen kommt.

Arbeitshinweise

1. *Worin besteht für Schickele die Bedeutung der Stadt? (StA)*

Das Gedicht wird vor allem durch das dreimalige *weil* strukturiert:
a) Die Stadt beherbergt die *Macht,* ist *Macht.* Dort wird regiert, dort werden die *Edikte* erlassen.
b) Die Eisenbahnen *erobern* alle Tage das Land. Wirtschaft und Verkehr werden von den Städten bestimmt.
c) Die Stadt gestaltet die moderne Welt; sie ist *Quelle des Willens.*

2. *Wie leben die Menschen in dieser Stadt? (UG)*

Viele Adjektive und Verben zeigen, daß das Leben in der Stadt bedrückend ist; der Mensch ist abhängig, er muß gehorchen, muß sich vieles gefallen lassen: *gedrückt, blaß, Wogen, die Millionen Nacken drücken.*
Die Analyse des städtischen Lebens ist derjenigen Dehmels gar nicht so unähnlich.

3. *Untersuchen Sie die Bilder und Vergleiche, mit denen das Wesen der Stadt bezeichnet wird! (StA, TA)*

begehrenswerte Feste... der Macht: Wahl- und Machtkämpfe

blaß machende Edikte: die Menschen müssen gehorchen, sind abhängig

Macht wie Maschinen: Unabänderbarkeit der Macht

bewaffnete Züge: Macht der modernen Verkehrsmittel, gegen die man sich nicht wehren kann.

4. *Warum stellt Schickele seinen Versen einen Teil des Gedichts „Predigt ans Großstadtvolk" von Richard Dehmel voran? (Diskussion)*

Für Schickele ist die Großstadt im Grunde etwas ähnlich Belastendes und Problematisches wie für Richard Dehmel; aber Schickele zieht die gegenteilige Konsequenz: Er ruft die Menschen auf, in den Städten zu bleiben. *Ihr werdet mit der Stadt die Erde Euch erobern:* Städtisches Leben wird sich auf der ganzen Welt ausbreiten; die Städte werden die Geschicke der Welt bestimmen und gestalten. Wer sich aus ihnen davonmacht, entläßt sich aus der Realität, flieht vor ihr, weicht den Problemen, mit denen er konfrontiert wird, aus, ohne sie zu lösen.

Hinweis

Der 5. Arbeitsauftrag „Vergleichen Sie die beiden Gedichte zur Stadt! Worin liegen die Unterschiede?" kann in Gruppenarbeit beantwortet werden.

STEFAN GEORGE, komm in den totgesagten park

Lernziele

Die Schüler sollen erkennen, daß

- George vom vermeintlich totgesagten Park ein stimmungsvolles Herbstbild malt, das durch seine Schlichtheit besonders wirkungsvoll ist;
- der Dichter die Schönheit des Herbstes durch die Wahl seiner Attribute farbig gestaltet;
- im Kranz als Symbol für die Empfindungen und Erlebnisse des lyrischen Ichs die Ergebnisse festgehalten werden sollen.

Arbeitshinweise

1. Wie erlebt George die Natur? (StA, TA)

I. Schauen (Naturgeschehen)

Der Dichter fordert sein Gegenüber auf, in den *totgesagten park* zu kommen, um zu schauen: *den schimmer ferner lächelnder gestade* (sie sind nicht mehr irdisch, sondern lächeln am Himmel), den vom Blau des Himmels erhellten Weiher und die bunten Pfade.

II. Tun (Handlung)

Beim Gang durch den Park fordert der Dichter dazu auf, den Kranz zu flichten und dafür Zweige von Birken und Buchs zu verwenden. Die noch nicht verwelkten *späten* Rosen ermuntern ihn, die Schönheit der Natur im Herbst voll auszukosten *(Erlese küsse sie . . .).*

III. Entstehen des Kranzes (Ergebnis)

Die *letzten* Astern, das Weinlaub *und auch was übrig blieb von grünem leben* soll nicht vergessen werden, sondern den Kranz – als Sinnbild des Herbstes – vollendet erscheinen lassen.

2. Wie setzt der Dichter das Erfahrene in Sprache um? Wodurch sind die Bilder gekennzeichnet? (UG)

An wen richtet der Dichter seine Aufforderungen? Ist er nicht allein im Park? Da sein Gegenüber nicht genannt wird, kann der Leser nur Vermutungen anstellen (an eine Freundin?, an sich selbst?).

I. Das Gedicht beginnt mit einem doppelten Imperativ *(komm . . . und schau)*; betrachtet werden soll ein Naturbild, das durch auffällige Adjektive (ungegenständlich) dargestellt wird *(totgesagt, fern lächelnd, rein, unverhofft, bunt).*

II. Die zweite Strophe setzt mit einer Aufforderung fort *(nimm . . .)*; das Bild der Natur wird ergänzt durch Farben *(tiefe gelb; weiche grau;* auffällig sind die *späten* Rosen. In der letzten Verszeile steigert sich die Aufforderung zu einer dreifachen: *Erlese küsse sie und flicht . . .*

III. Auch in der letzten Strophe werden die Imperative weitergeführt *(vergiß . . . verwinde . . .)*; die eingeschlossenen Verszeilen ergänzen und vervollständigen das farbige Bild von der Natur *(purpur, grün)* und zeigen, was der Kranz noch enthalten soll.

„Die fernen himmlischen Gestade wirken erhellend auf das Irdische; – wilde Lebenskräfte werden in den Kranz gezwungen. Von den fernen lächelnden Gestaden geht ein Schimmer aus; – von den Ranken wilder Reben her leuchtet der Purpur auf. Das unverhoffte Blau der reinen Wolken findet seine Entsprechung in dem grünen Leben, das im Herbst ebenso unverhofft anmutet wie das Himmelsblau." (Loock, S. 269)

3. Untersuchen Sie den Reim! (StA, UG)

I. a b a b
Die Reimfügung (Kreuzreim) unterstützt die inhaltlichen Zusammenhänge: Miteinander und Verbundenheit von Betrachter (Mensch), Himmel und Erde (Natur) kreuzen sich.

II. a a b b
Der Paarreim zeigt das noch Getrennte, nicht Zusammengefügte der einzelnen Teile des Kranzes.

III. a b b a
Der umgreifende Reim zeichnet ein Bild des Kranzes in der Form, daß der Reim von Vers 1 und 4 (männliche Kadenz) die weiblichen Reime der eingeschlossenen Verse (die dem Inhalt entsprechend von offenem, weiten Charakter sind) fest umschließen.

4. Welche Bedeutung hat der Kranz? (Diskussion)

Der Kranz enthält – durch die farbigen Adjektive betont – alles, was der Dichter im Park geschaut hat; er will diese Eindrücke symbolisch in Form des Kranzes festhalten und bewahren. „Wie im totgesagten Park plötzlich Schimmer, Helle und Buntheit da waren, so findet der Dichter in der ersterbenden Natur noch so viel Leben und Farbe, daß er daraus ein schönes Gebilde formen kann." (Loock, S. 269)

Hinweis

Zur Einleitung oder Abrundung des Unterrichtsgesprächs können Gottfried Benns Worte dienen:
„Jeder ist schon durch einen Garten, einen Park gegangen, es ist Herbst, blauer Himmel, weiße Wolken, etwas Wehmut über den Triften, ein Abschiedstag. Das macht Sie melancholisch, nachdenklich, Sie sinnen. Das ist schön, das ist gut, aber es ist kein Gedicht. Nun kommt Stefan George und sieht das alles ganz wie Sie, aber er ist sich seiner Gefühle bewußt, beobachtet sie und schreibt auf:
> Komm in den totgesagten park und schau [...]

Er kennt seine Wege, er weiß mit ihnen etwas anzufangen, er kennt die ihm gemäße Zuordnung der Worte, formt mit ihnen, sucht Reime, ruhige, stille Strophen, ausdrucksvolle Strophen, und nun entsteht eines der schönsten Herbst- und Gartengedichte unseres Zeitalters – drei Strophen zu vier Reihen, diese faszinieren kraft ihrer Form das Jahrhundert". (Gottfried Benn, Probleme der Lyrik. In: G. B., Gesammelte Werke in 8 Bdn., hrsg. von Dieter Wellershof. Bd. 4. Reden und Vorträge. München: dtv 1975 (= dtv-bibliothek 6048), S. 1072.)

Literatur

Werner Kraft, Stefan George. München: edition text + kritik 1980.
Wilhelm Loock, Stefan George. Komm in den totgesagten Park. In: Wege zum Gedicht, hrsg. von R. Hirschenauer und A. Weber. München: Schnell und Steiner [8]1972, S. 266–272.
Carol Petersen, Stefan George. Berlin: Colloquium 1980.
Franz Schonauer, Stefan George in Selbstzeugnissen und Bilddokumenten. Reinbek: Rowohlt 1960 (= rowohlts bildmonographie 44).
Michael Winkler, Stefan George. Stuttgart: Metzler 1970 (= M 90).

HERBERT VON BORCH, **New York**

Lernziele

Die Schüler sollen

- darstellen können, mit welchen sprachlichen Mitteln Borch seine Eindrücke von New York beschreibt;
- analysieren, was unter der „Lebensform" zu verstehen ist;
- die Haltung des Autors gegenüber der Entwicklung einer Großstadt analysieren und die Probleme der explosionsartig wachsenden Großstädte erkennen.

Arbeitshinweise

1. Wie schildert der Autor seinen ersten Eindruck von der Großstadt New York? Was sagt er über Manhattan und seine Wolkenkratzer? (StA, TA)

Der Autor empfindet die erste Konfrontation mit den gigantischen Ausmaßen der Großstadt New York *wie einen elektrischen Schlag* und glaubt, daß keiner, der sich vom Flughafen der Peripherie nähert, der Faszination dieser Stadt entgehen könne:

Peripherie	**Zentrum (Manhattan)**
– verstaubte und vernachlässigte Siedlungen	– ungeheuerliche Wolkenkratzergruppe
– Autofriedhöfe	– schwindelerregende Höhe der Häuser
– Gebrauchtwagen in allen Farben	– Stahl, Aluminium, goldleuchtende Bronze, Glasflächen
– flache, nichtssagende Häuser	

Enge, Rückschritt
Resignation

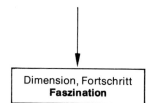

Dimension, Fortschritt
Faszination

2. Untersuchen Sie die Sprache des Berichts! Was fällt auf? (UG)

Der Autor spricht enthusiastisch über seine Eindrücke von der Stadt New York, die ihn fasziniert. Die Ausmaße der Wolkenkratzer erinnern ihn an das Gebirge, die Größe der Flächen scheinen kaum „machbar" zu sein; sie sind *schwindelerregend*. Die Gebäude werden mit Ausdrücken aus der Naturwissenschaft beschrieben *(Rechtecke, Kuben)*. Die Acht-Millionen-Stadt ist ein *Vitamin, etwas Einzigartiges, Kosmopolitisches, Mächtiges*.

3. Was wird über die Lebensform dieser Stadt gesagt? (UG)

Für den Europäer entsteht der Eindruck, daß diese Stadt ohne landschaftliche oder historische Ausstrahlung sei, aber auch, daß man sich rasch in und mit ihr vertraut fühlt.

Gegenüber dem einzelnen herrscht eine *souveräne Gleichgültigkeit* vor, aber für den Fremden hat diese Stadt auch nichts Abweisendes.

Es gibt keinen genormten Lebensstil mit festgefügten Überlieferungen; aber der Kampf im Wettbewerb ist *mörderisch!*

In New York sind alle fremd oder alle zu Hause.

4. Wie sieht der Autor New York? Welche Haltung gegenüber dieser Stadt wird deutlich? (UG, TA)

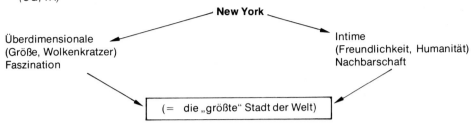

Der Autor ist gegenüber den Erscheinungsformen dieser Weltstadt positiv eingestellt.

5. Welche Unterschiede bestehen zwischen den Aussagen von Borch und denen im folgenden Text von Mailer? (GA)

Borch ist **optimistisch** eingestellt; er berichtet enthusiastisch von der großen Faszination, die von New York ausgeht.

Mailer ist **pessimistisch,** obwohl er glaubt, daß bei der richtigen Einstellung der Menschen gegenüber der Weltstadt ihre Rettung möglich ist; insgesamt erscheint seine Darstellung realistischer.

Literatur
Herbert von Borch, Amerika – Dekadenz und Größe. München: Piper 1981.

Norman Mailer, **Wir müssen es ändern**

Lernziele
Die Schüler sollen
- sich der Gefahren, die sich aus der Entwicklung der Großstadt New York ergeben, bewußt werden;
- erkennen, daß Mailer die Öffentlichkeit auf Probleme aufmerksam machen will und versucht, Auswege aufzuzeigen;
- unterschiedliche Standpunkte zur Entwicklung der Stadt (Borch – Mailer) analysieren und Alternativen zur Sanierung und Städteplanung aufzeigen können.

Arbeitshinweise
1. Worin sieht Mailer die Krankheit der Stadt New York? (StA, TA)

Krankheit der Stadt

Am Morgen:	Opfer einer „Äthernarkose"	Gegen Mitternacht:	Angst breitet sich aus Unsicherheit in den Straßen
Am Nachmittag:	Stadt wie ein Gefängnis Dunst bedeckt den Himmel ätzende, verseuchte Luft Anonymität		

2. Welche Beobachtungen stellt der Autor an? Womit vergleicht er die Stadt? (StA, TA)

1. Luft	– verdichtet – grau – deprimiert – Erkältungen – entsetzlich	⟶ Luftverschmutzung
2. Verkehr	– stagniert – City (Manhattan) unpassierbar – geringe Durchschnittsgeschwindigkeit (= Zottelschritt eines Pferdes) – Stauungen an Brücken, Tunneln, Schnellstraßen	⟶ Zeitverlust
3. Lärm	– veraltete Verkehrsmittel – enge City	⟶ Umwelt
4. Armut	– Fürsorge – Wohlfahrt – Arbeitslosigkeit – keine Ausbildung	⟶ Finanznot
5. Wohnung	– keine Wohnungen für niedrige Einkommen – schlechte Ausstattung – abbruchreife Häuser – Zwangsräumungen	⟶ Slums
6. Bildung	– nationale und rassische Vorurteile – Emotionen – veraltete Erziehungsmethoden	⟶ Unruhen
7. Ordnung	– Angestellte lassen sich treiben – Polizisten fahren in Nachbarstädte – Verwaltung ist apathisch – Unterschlagungen	⟶ Unordnung

Der Autor zieht ein resignierendes Resumee *(alles ist im argen)*. Es kommt ihm so vor, *als habe die Umgebung unter dem Leichentuch der Vergangenheit geschlafen*. Die Stadt wird mit einem *Gefängnis und einer in Ungnade gefallenen Stadt aus der Bibel* verglichen.

3. Welche Absicht verfolgt der Autor mit seiner Darstellung? (UG)

Der Autor will mit seinem engagierten Bericht auf die Probleme der Großstadt (New York) aufmerksam machen und ihnen *zu Leibe* rücken.

4. Was halten Sie von seinen Thesen und Vorschlägen? (Diskussion)

Nachrichten über New York in den letzten Jahren (1970–1976) beweisen, daß die Befürchtungen von Mailer berechtigt waren. Eine systematische Planung muß der Sanierung von Städten vorausgehen, wenn die Probleme sinnvoll gelöst werden sollen.

Die Vorschläge des Autors zur Verbesserung erscheinen zu emotional: Allein der Glaube, *daß New York die imposanteste und schönste Stadt der Welt werden muß, die großartigste, schöpferischste, außergewöhnlichste, gerechteste, überwältigendste und ausgeglichenste aller Städte sei*, wird zur Rettung nicht reichen, obwohl der gute Wille und die aufklärende Intention hervorgehoben werden sollten.

10. KRIEG

Autor	Titel	Textform	Eigenart	Inhalt	Seite
Andreas Gryphius	Tränen des Vaterlandes. Anno 1636	Sonett	Barock	Zustand Deutschlands im 30jährigen Krieg	258
Georg Heym	Der Krieg	Gedicht	expressionistisch	Krieg als Strafgericht	259
Rudolf G. Binding	Ausbruch	Gedicht	heroisierend-pathetisch	Lobpreis des Krieges	261
Günter Grass	Der Ritterkreuzträger[1]	Reden (Novellenauszug)	ironisch	Entlarvung des Kriegspathos	262/19
Heinrich Böll	Brief an einen jungen Katholiken	fiktiver Brief	anklagend	Kirche und Militär	266
Günter Grass	In Ohnmacht gefallen	Gedicht	provozierend	Ohnmacht der Intellektuellen	270
Marie Luise Kaschnitz	Hiroshima	Gedicht	klagend-wehmütig	Abwurf der ersten Atombombe	272
Ernest Hemingway	Alter Mann an der Brücke	Kurzgeschichte	unpathetisch	Opfer des Krieges	273
Pablo Picasso	Guernica*	Ölgemälde	expressionistisch-anklagend	Grauen des Krieges	276
Franz Josef Degenhardt	Die Befragung eines Kriegsdienstverweigerers	Protestsong	sarkastisch	Verfahren zur Anerkennung als Kriegsdienstverweigerer	280/246

---

1 In der Kurzausgabe befindet sich dieser Text unter dem Titel „Zwei Reden" im Kap. „Schule und Erziehung".

ANDREAS GRYPHIUS, **Tränen des Vaterlandes. Anno 1636**

Lernziele

Die Schüler sollen

— Inhalt, Sprache, Diktion eines Gedichts (Sonett) aus dem Zeitalter des Barock analysieren können und über die zeitlose Aktualität der Aussagen reflektieren;

— die in einer reichen Bilderfülle (Barock) dargestellte apokalyptische Zerstörungslandschaft des Krieges erkennen;

— die Haltung des lyrischen Ichs gegenüber den Menschen und seinem Vaterland während des 30jährigen Krieges erkennen.

Vorbemerkung (Sonett)

Sonett (ital. sonetto = Tönchen, kleiner Tonsatz); Gedichtform von strengem Aufbau, der in 2 deutlich abgesetzte Teile zerfällt:

I.	1. Quartett	} Aufgesang	III.	1. Terzett (Terzine)	} Abgesang
II.	2. Quartett		IV.	2. Terzett (Terzine)	

Arbeitshinweise

1. *Analysieren Sie die Aussagen der Bilder des Sonetts! (StA, TA)*

I. 1. Quartett (visionäre Bilder des Kriegselends)

Deutschland verheeret
Völker Schar (Kriegsvölker, Soldaten, rasende Posaun)   Gewalt
    (Weltgericht)   des
vom Blut fette Schwerter, donnernde Kartaun (schwere   Krieges
    Geschütze)
_____
aller Schweiß, Fleiß und Vorrat ist aufgebraucht

II. 2. Quartett (konkrete Bilder des Krieges)

Türme, Kirche (wehrhafte Sicherheit, geistliches Leben)   Klerus (Religion)
Rathaus (weltliche Verwaltung)   Adel (Macht)
Männer besiegt, Frauen vergewaltigt   Bürger (Mann und Frau)
_____
Überall ist Feuer, Pest und Tod

III. 1. Terzett (übersteigerte Bilder, Chaos)

durch Schanz und Stadt rinnt immer Blut
Ströme sind seit nunmehr   Hinfälligkeit
3 × 6 Jahren mit Leichen verstopft   Zerstörung

IV. 2. Terzett (Apokalypse)

Schweigen von dem, was ärger ist als Tod,
Pest, Glut, Hungersnot: Seelen-   Verlust der Seele
schatz abgezwungen

2. *Welche Einstellung der Menschen (17. Jahrhundert) zum Krieg wird deutlich?*

3. *Beschreiben Sie die Einstellung des Dichters zum Krieg! (UG)*

Das Entstehungsjahr (Anno 1636) verweist den Leser auf die Hintergründe der „Tränen des Vaterlandes"; seit zwei Jahrzehnten wütet der Dreißigjährige Krieg (1618–1648) in Deutschland. Die lange Dauer des Krieges wird durch die rhetorische Formel *Dreimal ... sechs Jahr* betont; „das endlos Lange dieses Krieges kann nicht einfach mit einer Zahl abgetan sein; sechs Jahre trug man es, und dann noch einmal sechs Jahre, und dann noch einmal so lange – die Formel hat hier echtes Leben." (Trunz, S. 141)

Der anfängliche Glaubensstreit hat sich zu einem Kampf ausgeweitet, in den alle Menschen hineingezogen sind.

Der Grundton des Sonetts ist von Trauer und Pessimismus geprägt; der Dichter entwickelt ein Bild grenzenloser Verwüstung – nicht nur der Städte, Türme, Mauern und Häuser, sondern auch der Seele der Menschen. Deutschland ist zerstört und moralisch am Ende. Der Verlust der Seele wird von dem Dichter am meisten beklagt: *Doch schweig ich noch von dem, was ärger als der Tod . . . Daß auch der Seelenschatz so vielen abgezwungen.*

„Doch zunächst muß man fragen, was in dieser christlich-barocken Wortwahl denn eigentlich ausgesagt ist. ‚Seelen-Schatz' ist eins der beliebten Komposita des Barock. Damals waren solche Wörter noch nicht so fest zusammengewachsen wie in späterer Zeit; es ist noch ‚der Seelen Schatz'. Der Schatz, das kostbarste Gut der Seele ist in der Wertordnung des Barock der christliche Glaube. ‚Der Seelen Schatz' ist aber auch zugleich die Seele selbst, die Seele als Schatz. So ist der Ausdruck wohl vieldeutig, aber gerade das gibt hier inneren Reichtum. ‚Abzwingen des Seelen-Schatzes' heißt zunächst ganz einfach, daß viele Menschen durch äußere, staatliche Gewalt, die gemäß dem Grundsatz ‚cuius regio, eius religio' ausgeübt wurde, zu einem Wechsel der Konfession gezwungen wurden. Sodann bedeutet es, daß die Menschen durch die Not der Zeit den Glauben verloren haben oder im Glauben schwach geworden sind. Diesen Gedanken weiterführend kann das Wort ‚Seelen-Schatz' schließlich auch einfach das Gute in den Menschen meinen, abgezwungen hat es ihnen der Teufel. Nicht nur Tod, Pest, Brand und Hunger haben die Menschen vernichtet, sondern in der Umwelt des Kriegselends sind sie sittlich verkommen, eigensüchtig, bösartig, seelenlos geworden." (Trunz, S. 142 f.)

Das Sonett spricht von einem Phänomen, das die Menschen seit den Anfängen der Schöpfung immer wieder begleitet – bis in unsere heutige Zeit: Ertragen von unermeßlichem Leid durch Kriege. Gryphius – aus ihm spricht der Schmerz der Erfahrung – macht sich in den Versen zum Sprecher derer, die das gleiche Schicksal erfahren *(Wir sind doch nunmehr ganz ... verheeret);* im *doch* sich des Einverständnisses der Zeitgenossen gewiß und nur durch dieses Wort die Klage andeutend, die sonst – nur unausgesprochen – durch die Aufzählung der Substantive herauszuhören ist, zeichnet der Dichter das physische und sittliche Elend der Menschen im Krieg.

4. Ist die zentrale Aussage des Sonetts heute noch aktuell? (Diskussion)

Auch heute werden die Menschen im Krieg moralisch „überfordert". Immer wieder sind Inhumanität und Brutalität kennzeichnende Verhaltensweisen. Dafür lassen sich viele Beispiele aus der Geschichte aufzeigen (vgl. auch die Texte dieses und des folgenden Kapitels im KL).

Literatur

Richard Alewyn (Hrsg.), Deutsche Barockforschung. Dokumentation einer Epoche. Köln: Kiepenheuer & Witsch 1970 (= Neue Wissenschaftliche Bibliothek 7).
Jörg Hienger/Rudolf Knauf (Hrsg.), Deutsche Gedichte von Andreas Gryphius bis Ingeborg Bachmann. Eine Anthologie mit Interpretationen. Göttingen: Vandenhoeck & Ruprecht 1969, S. 14–17.
Eberhard Mannack, Andreas Gryphius. Stuttgart: Metzler 1968 (= M 76).
Erich Trunz, Andreas Gryphius. Tränen des Vaterlandes. In: Die deutsche Lyrik, Bd. 1, hrsg. von Benno von Wiese. Düsseldorf: Bagel 1962, S. 139–144.

Georg Heym, **Der Krieg**

Lernziele

Die Schüler sollen
- Aufbau und Struktur des Gedichts erkennen;
- lernen, Bilder in einem Gedicht zu dechiffrieren;
- Gehalt und Sprache miteinander in Beziehung setzen;
- erkennen, daß Heym hier ein Strafgericht über die Menschheit hält.

Arbeitshinweise

1. *Wie ist das Gedicht aufgebaut? Berücksichtigen Sie dabei folgende Gesichtspunkte: Thema, Standort des Krieges, Zeit, Bewegung, Aktion/Wirkung! (GA, TA)*

	Thema	Standort	Zeit	Bewegung	Aktion/Wirkung
A. (I/III)	Vorspiel: Bedrohung	unten (Tiefe)	Abend (Dämmrung)	Verlassen der Ruhe	Erstarrung
B. (IV/IX)	Entfesselung: Vernichtungswerk	oben (Berg, Turm)	Nacht	Wüten	Verderben
C. (X/XI)	Triumph des Krieges über sein Zerstörungswerk	hoch (Wolken)	ewige Nacht	Todesruhe	absolute Vernichtung

2. *Was „tut" der Krieg? (StA, TA)*

A.
- aufstehen
- schlafen (trügerische Sicherheit)
- stehen
- Mond zerdrücken (Kosmos, Trost zerstören)
- läßt die Welt erstarren

B.
- tanzen (Vernichtungstaumel, Totentanz)
- schreiben (Aufhetzen zum Kriege, alle!)
- schallen
- töten
- tritt die letzte Glut aus (Nacht, Dunkelheit)
- Feuer jagt er in die Welt
- Flüchtende (Wimmelnde) jagt er in die Feuerhaufen
- vernichtet die Natur

C.
- triumphiert
- schwingt die Fackel
- dreht die Fackel in den Himmel (gnadenlose Entgötterung des Daseins bis in den Kosmos hinein)

3. Welche sprachlichen Mittel verwendet Heym zur Charakterisierung des Krieges? (Analyse der Verben.) Können Sie eine Entwicklung feststellen, wenn sie den Gebrauch der Verben verfolgen? (StA)

aufgestanden, zerdrückt, fällt, faßt, tanzt, schreit, schwenkt, tritt, jagt, fegt, haut, dreht, träufet
Der Bewegungsablauf wird zunehmend schneller und hastiger.

4. Wie wird der Krieg dargestellt? (StA, TA)

Der Krieg wird als eine Person dargestellt, leibhaftig nur durch die Bewegungen und Aktionen:
Der Krieg verwandelt Natur und Kosmos. Er stammt aus der Unterwelt und steigt in den Himmel; er ist der Antigott.

Eigenschaften:
- lebendig
- groß
- übermächtig
- unzähmbar
- unfaßbar
- allgegenwärtig
- anonym
- unheimlich
- erbarmungslos
- triumphierend

5. Welche Farben spielen eine Rolle? Was bedeuten sie? (StA, TA)

Die Farben werden durch Substantive ergänzt, deren Zusammenhang unmittelbar deutlich wird:

schwarz	(Dämmrung, Dunkelheit, Nacht)	⟶	Vernichtung
weiß	(Frost, Eis, Leichen)	⟶	Kälte (Tod)
rot	(Blut, Glut, Vulkan)	⟶	Brand
gelb	(Rauch)	⟶	Fackeln } (Feuer)
blau	(Flammen)	⟶	Glut

Die Farben sind nicht illustrativ, sondern absolut. Sie symbolisieren die Katastrophe selbst.

6. Welche Bilder verwendet der Schriftsteller? (StA, TA)

Zerstörungsdämon Krieg, der schläft	— trügerische Sicherheit
sich in einem Gewölbe aufhält	— Unterwelt
Mond zerdrücken	— Ausgreifen in den Kosmos, Trostlosigkeit
Tänzer	— Totentanz
Turm	— Größe
letzte Glut	— Abendsonne
Köhlerknecht	— Schwärze
Roter Hund, rote Zipfelmütze	— Feuer
Wilde Mäuler	— Gier
Gelbe Fledermäuse	— Verschlingen
Vulkan	— Ausbruch
Todesvogel	— Vernichtung

■ Diese Bilder sind Ergebnisse von Alpträumen und anderer Visionen.

7. Wie sieht Heym das Verhältnis der Menschen zum Krieg? Beachten Sie alle Stellen, an denen von Menschen die Rede ist! (StA)

Die Menschen erscheinen als: unwissend, ahnungslos, hilflos, einsam, schwach, anonym, ratlos, wehrlos, maskenhaft, unfähig, antwortlos, befremdet.

Die Menschen folgen ohne Widerstand und Protest dem Befehl des Krieges und unterwerfen sich ihm völlig – sie sind willenlose Kreaturen. Die Menschen hören auf, Subjekte des Krieges zu sein; sie werden zu Objekten.

Da die Menschen in den Tag hinein leben und die Gefahr nicht sehen, ist ein Entrinnen nicht möglich.

8. Was bedeutet die letzte Zeile des Gedichts? (UG)

Die Anspielung auf die biblische Stadt Gomorrha, die wegen ihres sündigen Verhaltens zerstört wurde, zeigt, daß Heym den Krieg als Strafgericht deutet: die Menschheit ist schuldig geworden und geht daher mit Recht unter. Diese Deutung wird auch durch die im KL abgedruckten Tagebuchnotizen unterstützt: *Mein Gott – ich ersticke noch mit meinem brachliegenden Enthusiasmus in dieser banalen Zeit. Denn ich bedarf gewaltiger äußerer Emotionen, um glücklich zu sein. Ich sehe mich in meinen wachen Phantasien ... Ich hoffe jetzt wenigstens auf einen Krieg.* (Tagebuchnotiz vom 15. 9. 1911) Heym begrüßt den Krieg als Befreiung.

9. Setzen Sie die Zeit, in der das Gedicht geschrieben wurde, mit dem Inhalt in Beziehung! (Diskussion)

Literatur

Friedrich Leiner, Georg Heym „Der Krieg". In: Otmar Bohusch (Hrsg.), Interpretationen moderner Lyrik. Frankfurt: Diesterweg ¹⁵1983, S. 41–50.

Fritz Martini, Georg Heym: Der Krieg. In: Die deutsche Lyrik. Bd. 2, hrsg. von Benno von Wiese. Düsseldorf: Bagel 1964, S. 442ff.

Johannes Pfeiffer, Georg Heym: Der Krieg. In: Rupert Hirschenauer/Albrecht Weber (Hrsg.), Wege zum Gedicht. München: Schnell und Steiner 1962, S. 349–353.

RUDOLF G. BINDING, **Ausbruch**

Lernziele

Die Schüler sollen erkennen, daß

– Binding den Krieg als etwas Heiliges verherrlicht;
– der Krieg hier eine positive menschliche Eigenschaft darstellt;
– ein solches Gedicht die Funktion hat, Menschen auf den Krieg vorzubereiten und sie auf das Geschehen einzustimmen.

Arbeitshinweise

1. Wie wird der Krieg gedeutet? (StA, TA)

Krieg

– Heilig
– Herz der Völker
– Mahner an Größe und Freiheit
– Befreier
– Gott

Der Krieg wird als eine im Menschen wahrzunehmende Eigenschaft gedeutet *(wie ein Gott stand er in uns auf)*, durch die sich das Schicksal entfaltet *(alles erfüllte sich durch den Gott und mußte sich also erfüllen)*. Der Krieg wird mit den nur denkbar positivsten Werten behaftet: *Freiheit, Gott, Größe, Sonne . . .*

2. *Welche Vorstellungen und Verhaltensweisen werden direkt oder indirekt abgelehnt? Warum werden sie abgelehnt? Wie beurteilen Sie diese Haltung? (UG)*

Die Völker haben *dies alles* (gemeint ist die Auffassung des Krieges, wie sie in der ersten Strophe gezeigt wurde) *entweiht*. Der Dichter bezeichnet die seiner Meinung nach falsche und negative Verhaltensweise der Menschen mit einer ganzen Reihe von entsprechenden Ausdrücken: *Irren der Sinne, entweihen, betört von Haß, vergiftet von Habgier, verblendet in Dünkel, betäubt von der Lüge.* Welche Haltung und Auffassung wird mit diesen Wörtern bezeichnet? Wer den Krieg ablehnt, wird in dieser Form negativ beurteilt.

3. *Welche Bilder und Motive verwendet der Autor? (StA)*

Dominierend ist die religiöse Sphäre: *heilig, entweihen, fromm, Gott.* Der Krieg ist etwas Heiliges, Göttliches. Er ist etwas Kosmisches.

Vom Autor wird eine Haltung abgelehnt, die von Haß und Habgier bestimmt ist, von Dünkel und Lüge. Es geht ihm also nicht um die Eroberung von Macht und Land, sondern um den Krieg als Einstellung und Verhaltensweise des Menschen.

4. *Welche besonderen sprachlichen Mittel sollen die Aussagen verdeutlichen? Wie wirken sie auf den Leser? (StA)*

a) Auch die Sprache ist religiös bestimmt; sie zeigt Anklänge an die Bibel: *Denn wie ein Gott stand er in uns auf, und alles erfüllte sich durch den Gott und mußte sich also erfüllen.*
b) Anaphern: *Dreimal heilig . . . dreimal heilig . . .; alle . . . alle . . .; daß er . . . daß uralte Sehnsucht . . . daß er . . . daß wir . . . daß wir . . . daß wir . . .*
Durch diese Anordnung erhält das Gedicht einen pathetischen Charakter.
Bilder und Sprache überhöhen den Krieg. Wie der Krieg in Wirklichkeit ist, wird an keiner Stelle auch nur angedeutet.

5. *Welche Funktion erfüllt dieser Text? Worin sehen Sie die Problematik eines solchen Gedichts? (Diskussion)*

Mit diesem Text will der Autor erreichen, daß die Menschen den Krieg als etwas Gutes ansehen; diese Verse sollen sie kriegsbereit machen. Realistische Vorstellungen vom Krieg werden verdrängt; die natürliche Angst der Menschen vor dem Krieg wird unterdrückt; die Menschen werden „vernebelt".

Literatur

Ernst Loewy, Literatur unterm Hakenkreuz. Das dritte Reich und seine Dichtung. Eine Dokumentation. Frankfurt: Fischer 1969 (= Fischer Taschenbuch 1042).

Klaus Vondung, Völkisch-nationale und nationalsozialistische Literaturtheorie. München: List 1973.

GÜNTER GRASS, **Der Ritterkreuzträger**

Lernziele
Die Schüler sollen erkennen, daß
- junge Menschen einer negativen Sozialisation unterliegen können;
- Sprache sowohl verschleiern als auch aufklären kann; die Möglichkeiten zur Steuerung (Manipulation) des Bewußtseins der Menschen groß sind.

Arbeitshinweise
1. Wie sieht der Leutnant den Krieg? Welcher Sprache bedient er sich? (StA)

Unangemessene Vergleiche: *Karnickeljagd*

Ellipsen (unvollständige Sätze): *Aber als wir an den Kanal . . .*

Umgangssprache: *mit drauf und los und hastenichjesehn*

Fachsprache: *Propellernabe, Spitfire*

Militärjargon: *Mühle* (für Flugzeug), *Spritze* (statt Bordwaffe), *Badengehen* (statt abstürzen), *vor die Nase kommen, einen herauspicken, auf die Tube drücken* (Kasino-Atmosphäre).

Umgangssprache und Jargon charakterisieren die Sprachebene.

2. Was will der Autor mit dieser Sprache erreichen? Warum sind die Sätze oft unvollständig? (UG)

Die verkürzten Sätze vermitteln den Zuhörern das Gefühl der Unmittelbarkeit. Der Leutnant will den Schülern zeigen, daß der Krieg sportlich ist, Spaß macht, ein Spiel ist (Handball). Er gewinnt dadurch Interesse und Sympathie der Schüler. Von den Grauen des Krieges ist nirgends direkt die Rede. Nur sehr indirekt werden sie durch Aussparung deutlich *(Er mußte in den Bach . . . der bekommt seinen Segen . . . auch ich bin kurz vorm Badengehen)*. Der Leutnant ist ein typischer ‚Fachidiot', der die gesellschaftlichen Zusammenhänge seines Tuns überhaupt nicht bedenkt.

Der Leutnant behauptet, der Kampf verlaufe nicht wie eine *Karnickeljagd*, stellt ihn aber dann doch so dar. Die Verharmlosung schlägt in ihr Gegenteil um.

Der Ritterkreuzträger ist jugendlich-naiv und entlarvt sich selbst gegenüber kritischen Lesern durch seine Sprache.

3. Welche Tugenden spricht der Direktor in seiner Rede an? (StA, TA)

Tugenden:
- Sauberkeit
- Reinheit
- Reifwerden
- Mannhaftigkeit
- Verzichten lernen
- Glaube an Schule, Militär, Volk.

Phrasen:

Jenedienachunskommen – Undindieserstunde: Verpflichtung einer spendenden und gebenden Generation auf die Nachkommen in geheiligter Stunde;

Wandererkommstdu: „Wanderer, kommst du nach Sparta, verkündige dorten, du habest Uns hier liegen gesehn, wie das Gesetz es befahl."
(Zitat aus Schillers „Spaziergang"; im 3. Reich als Durchhalte-Parole gebraucht.)

dochdiesmalwirddieheimat: Verkündigung, daß es im zweiten Weltkrieg keine Niederlage geben wird, da diesmal die Heimat der Front nicht – wie im ersten Weltkrieg – in den Rücken fallen wird (‚Dolchstoßlegende');

flinkzähhart: macht den Wunsch des Führers zum Leitsatz, der sich die deutsche Jugend flink wie Windhunde, zäh wie Leder und hart wie Kruppstahl wünschte;

Mitschillerwortschließen: klischeehaftes Klassikerpathos.
(Vgl. Tiesler, S. 65 und die beiden Hitler-Reden im Kritischen Lesebuch).

4. Was fällt an der Sprache auf, in der diese Rede wiedergegeben ist? Welche Absicht verfolgt Grass? (UG)

In markigem Telegrammstil werden ohne Reflexion Schlagwörter heruntergeredet – „Kolonnen nationalsozialistischer Wortklischees und leergedroschener Tugendmahnungen" (Tiesler, S. 65).
Dadurch daß Grass diese Phrasen in diesen Wortmißbildungen wiedergibt, wird deren Unverständlichkeit noch stärker unterstrichen.

5. Wie reagieren die Schüler auf beide Reden? (Diskussion)

Von der Rede des Leutnants sind die Schüler begeistert. Der Redner hat sein Ziel erreicht. Nur Mahlke klatscht nicht, weil er gern ein Ritterkreuz erwerben möchte, um seinen Adamsapfel zu verdecken (das geht nicht aus dieser Textstelle hervor). Als er aber vom Leutnant hört, welche Anforderungen dazu nötig sind, stiehlt er zunächst eines.
Die Rede des Direktors ruft bei den Zuhörern dagegen nur Langeweile hervor.

6. Was kann man mit Sprache erreichen! Denken Sie daran, wie die Reden damals aufgenommen wurden, wie sie heute bei dem Leser ankommen. Wodurch gelingt es Grass, eine andere Wirkung zu erzielen? (Diskussion)

Die Rede des Leutnants hat zu ihrer Zeit begeisternd gewirkt; die Rede des Direktors war langweilig. Aber bei Grass sind die Reden nicht im Original wiedergegeben, sondern etwas variiert: *So etwa äußerte sich jener hochdekorierte Leutnant [. . .]* Der Autor verändert sie, was besonders an der Rede des Direktors deutlich wird. Durch die extreme Verkürzung und die Wortzusammenschreibungen wird eine Ironisierung des Inhalts erreicht. Sprache kann also sowohl verschleiern als auch aufklären.

Literatur

Günter Grass. Materialienbuch, hrsg. von Rolf Geißler. Darmstadt: Luchterhand 1976 (= Sammlung Luchterhand 214).

Günter Grass, Katz und Maus, Erläuterungen und Dokumente. Stuttgart: Reclam 1977 (= RUB 8137).

Ulrich Karthaus, ‚Katz und Maus' von Günter Grass – eine politische Dichtung. In: DU 23 (1971), Heft 1, S. 74–85.

Ingrid Tiesler, Günter Grass, Katz und Maus. München: Oldenbourg 1971.

Werner Zimmermann, Deutsche Prosadichtungen unseres Jahrhunderts. Bd. 2. Düsseldorf: Schwann 1969, S. 267–300.

ERICH MARIA REMARQUE, **Im Westen nichts Neues**

Lernziele

Die Schüler sollen
- die sachlich-unpersönliche Atmosphäre des Lazaretts beschreiben;
- die Aussagekraft des Dialogs der beiden Freunde angesichts des Todes erkennen;
- die Bedeutung der Erinnerungen an die gemeinsamen Erlebnisse in der Vergangenheit als Verdrängen der Gefühle in der grausamen Gegenwart empfinden;
- erkennen, daß durch die einfache, aber dennoch anschauliche Sprache die Situation realistisch wiedergegeben ist;
- die Sinnlosigkeit und Grausamkeit jedes Krieges einsehen.

Literatur

Franz Baumer, Erich Maria Remarque. Berlin: Colloquium 1976 = Köpfe des XX. Jahrhunderts 85.

Arbeitshinweise

1. *Beschreiben Sie die Situation im Lazarett! (PA/TA)*

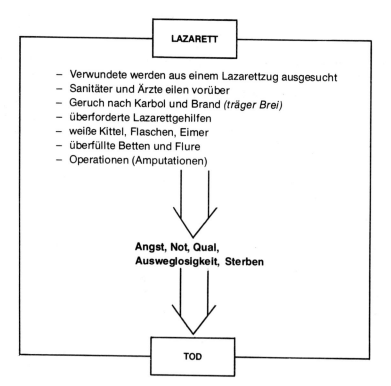

2. Analysieren Sie den Dialog der beiden Freunde! Welche Rolle spielen die Erinnerungen? (GA/TA)

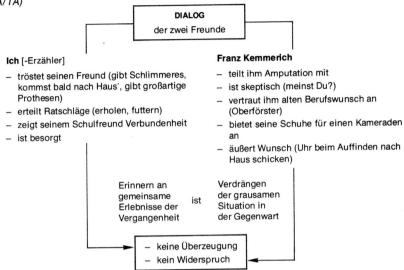

3. Warum sollte man die ganze Welt am Bett Kemmerichs vorbeiführen? (UG)

Der Ich-Erzähler sitzt in einem Lazarett erschüttert am Bett seines Jugendfreundes Franz Kemmerich und muß hilflos zusehen, wie sein Freund im Sterben liegt – kurz zuvor hatte man ihm ein Bein amputiert.

Er fragt sich in dieser Situation, warum ein neunzehnjähriger junger Mann dort liegen muß und weiß im Grunde keine Antwort darauf: „Er will nicht sterben. Laßt ihn nicht sterben!" In dem Bewußtsein, daß es in ein paar Stunden vorbei sein wird, wird klar, daß ein Krieg und die Opfer, die er fordert, etwas Grausames und nicht etwas Heroisches ist. Durch die zum Ausdruck gebrachte Vorstellung, daß man die ganze Welt an dem Bett des sterbenden Freundes vorbeiführen müßte, wird der Wunsch deutlich, allen Menschen zu zeigen, welche Sinnlosigkeit und Grausamkeit Kriege mit sich bringen und sich vielleicht verhindern ließen, wenn alle dieses Schicksal selbst verfolgen könnten.

4. Wodurch wirkt der Text? Mit welchen Mitteln erreicht der Autor diese Wirkung? (UG)

5. Ist der Text zeitlos? (Disk)

Die Wirkung des Textes liegt zum einen im Inhalt, der Betroffenheit hervorruft – zwei Schulfreunde müssen in den Krieg ziehen und kämpfen; einer wird schwer verletzt, und der andere muß mitansehen, wie sein Freund immer mehr verfällt, und er Abschied von ihm nehmen muß.

Zum anderen erreicht der Autor die starke Wirkung, die von dem Roman ausgeht, durch seine schlichte Sprache. In einfachen Sätzen wird die innere Erregung des Freundes verdeutlicht. (Es wird dunkel. Kemmerichs Gesicht verbleicht, es hebt sich von den Kissen und ist so blaß ... Der Mund bewegt sich leise. Ich nähere mich ihm. Er flüstert ...)

Durch die Erinnerung an die gemeinsamen Erlebnisse, die die beiden Freunde in der Vergangenheit gehabt haben, erlebt der Leser die Gefühle der beiden zueinander besonders intensiv.

Der Text ist zeitlos, da sich das Geschehen aus dem 1. Weltkrieg, von dem in diesem Romanauszug erzählt wird, auch bei jeder anderen kriegerischen Auseinandersetzung wiederholt. Die Geschichte bietet dafür sehr viele grausame Beispiele.

Günter Grass, In Ohnmacht gefallen

Lernziele

Die Schüler sollen

- das Verhalten der Menschen angesichts der Auswirkung von Napalm analysieren und Alternativen aufzeigen können;
- die Struktur des Gedichts erfassen;
- die ironische Grundhaltung erkennen.

Arbeitshinweise

1. *Wie verhalten sich – nach Grass – die Menschen angesichts von Napalm? (StA, TA)*

Verhalten der Menschen
- machen sich ein Bild von Napalm durch Lesen in den Zeitungen
- versuchen, sich das Ausmaß der Folgen vorzustellen
- informieren sich, weil sie sich nichts unter Napalm vorstellen können
- protestieren gegen Napalm
- sind stumm, sehen sich Fotos an
- produzieren bessere Fotos (preiswertere Bildbände)
- informieren andere
- denken über Napalm nach
- schreiben Proteste
- müssen ihre Ohnmacht erfahren

2. *Wie ist das Gedicht aufgebaut? Wodurch kommt die ironische Grundhaltung zum Ausdruck? Was vermag Napalm? (UG)*

Einführung in das Thema durch Chiasmus (= Kreuzstellung von Satzgliedern) des bedeutungstragenden Wortes *Napalm,* das in den ersten 5 Verszeilen sechsmal betont wird.

Die Frage, was Napalm vermag, wird nur indirekt beantwortet: Wenn man sich Bilder ansieht, ist man stumm – aber erst *nach* dem Frühstück.

In Zeile 11 bis 15 wird die Reaktion der Menschen auf Napalm angesprochen: sie machen bessere Fotos und produzieren preiswertere Bildbände, damit die Folgen *deutlicher* zu sehen sind. Beim Betrachten kauen die Menschen Nägel, vielleicht werden sogar Proteste geschrieben, aber – so ist zu lesen – *es gibt Schlimmeres,* und schnell wird gegen Schlimmeres protestiert. Der ironische Grundton ist unverkennbar und wird bis zur 20. Verszeile sarkastisch gesteigert *(unsere berechtigten Proteste, die wir jederzeit verfassen falten frankieren dürfen, schlagen zu Buch).*

In den Schlußversen wird ein Fazit gezogen, indem sich Ironie mit Resignation mischt: der Macht der Herrschenden *(Aber feinmaschig und gelassen / wirkt sich draußen die Macht aus)* wird die Ohnmacht der Beherrschten *(Ohnmacht, an Gummifassaden erprobt)* gegenübergestellt.

Der hochwirksamen Napalmbombe werden die ohnmächtigen, wirkungslosen Protestsongs *(Ohne Macht mit Guitarre)* entgegengesetzt.

3. Was kritisiert Grass in diesem Gedicht? (UG)

Grass kritisiert das Unbeteiligtsein, Unberührtsein der Menschen angesichts verheerender Massenvernichtungsmittel – im Gegenteil, einige versuchen noch, Geschäfte aus der Not zu machen. Das Schreiben der Proteste stellt für ihn nur eine Alibifunktion dar. Dem Protest fehlt die Aktion, die verändernde Konsequenz.

„Er beschreibt realistisch die Position der Protestbewegung, die moralischen Abscheu vor Kriegsverbrechen bekundete, aber ohne es zu wollen in die Verwertungszusammenhänge der Kulturindustrie integriert wurde (Lesen, Fotos, Bildbände, Platten)." (Hoffacker. In: Projekt Deutschunterricht 8)

4. Wie beurteilen Sie die Aussagen von Grass? (Diskussion)

Grass spricht nur davon, wie sich die Menschen nicht verhalten sollen, es fehlt das Aufzeigen von Alternativen. „Aus der richtigen Einsicht, daß der Protest mit Guitarre ein Protest ohne Macht ist, wird der falsche Schluß der Resignation gezogen: Die kapitalistischen Produktionsverhältnisse erscheinen in einem ihrer Resultate, der den Produzenten entfremdeten, doch von ihrer eigenen Aktion gezeugten Macht, als derart verselbständigt, daß sie als unabhängig und unbeeinflußbar gesehen werden. Macht wird zum selbständigen Subjekt, Menschen erscheinen als ihre Objekte.

Grundsätzlich bleibt zum moralisch-appellativen Protest festzuhalten, daß diese Form des Protestes nicht mehr liefern kann, als die emotionale Motivation, den Ursachen des eigenen Scheiterns nachzugehen." (Anne Hermanns u. a., Protestsongs, S. 209)

Ob Proteste in Form von Songs oder Plakaten wirklich so *ohnmächtig* in ihrer Wirkung sind, sollte zur Diskussion gestellt werden (vgl. Texte von Degenhardt, Biermann, Plakate von Staeck im KL).

Literatur

Projekt Deutschunterricht 8. Politische Lyrik, hrsg. von Bodo Lecke in Verbindung mit dem Bremer Kollektiv. Stuttgart: Metzler 1974.

Anne Hermanns, Michael Köhlmeier, Angelika Peppel, Rainer Urban, Protestsongs – Thesen zu einem Unterrichtsprojekt. In: DD (1974), Heft 17, S. 199–211.

Volker Neuhaus, Günter Grass. Stuttgart: Metzler 1979 (= M 179).

Marie Luise Kaschnitz, Hiroshima

Lernziele

Die Schüler sollen
- den Aufbau des Gedichtes – die Zweiteiligkeit (Illusion und Wirklichkeit) – erkennen;
- das gezeichnete Bild des Mannes, der die erste Atombombe abwarf, analysieren;
- über die Schuldfrage (Verantwortung) nachdenken.

Arbeitshinweise

1. *Wodurch unterscheiden sich die beiden Strophen? Was wird gegenübergestellt? (GA, TA)*

I. **Illusion** (= Ergebnis des Denkens)	II. **Wirklichkeit** (= Darstellung des Geschehens)
Vorstellung vom Leben des Menschen, der die 1. Atombombe abwarf, wie er eigentlich nur leben könnte: – Dasein im Kloster – Selbstmord – dem Wahnsinn verfallen	sachlich-nüchterne Negierung des bisher Gesagten: – kleinbürgerliche Idylle – Familienleben – Spiel mit Kindern
↓	↓
intensiv, engagiert, anteilnehmend	nüchtern, sachlich, berichtend

2. *Welches Verhältnis besteht zwischen beiden Strophen? (UG)*

I. Ausdruck der Phantasie und des Denkens, daß ein Weiterleben nach der Hiroshima-Katastrophe nicht mehr denkbar ist

II. nüchterne Darstellung eines Bildes, das die Realität beschreibt (Klischee eines bürgerlichen Familienlebens)

In 2 Strophen werden Illusion und Wirklichkeit gegenübergestellt.

3. *Wie wird der Mann dargestellt? (UG)*

I. Durch dreifache Wiederholung des Subjektsatzes *(Der den Tod auf Hiroshima warf)* wird intensiv auf die namenlos bleibende zentrale Gestalt – den Mann, der die Atombombe abwarf – hingewiesen, und dreimal werden Aussagen über sein erdachtes mögliches Schicksal angedeutet. Die indikativische Ausdrucksform soll noch einmal hervorheben, daß ein anderer als der aufgezeigte Weg der Reue und Verzweiflung gar nicht möglich sein könne.

II. In Form eines sachlichen Berichts wird das Bild einer harmlosen, glücklichen Familienidylle entwickelt. Erst zum Schluß werden direkt Aussagen über den Mann gemacht *(sehr gut erkennbar war er selbst ...)*; hintergründig, nicht mehr harmlos glücklich *(vierbeinig ... das Gesicht verzerrt ...)* und über seinem Kopf schwingt der kleine Sohn die Peitsche (spielerisch oder drohend?).

4. *Interpretieren Sie die Metapher „Im Wald des Vergessens"!*

Der Mann hat die Hoffnung, daß die Menschen vergessen könnten. Er könnte sich dann *verbergen*. Aber: das geht *nicht so schnell*.

5. *Wie ist der Schluß zu deuten? (Diskussion)*

Die letzten 3 Verszeilen ermöglichen keine eindeutige Interpretation: Zum erstenmal wird die Vermutung nahegelegt, daß sich dieser Mann doch vor der Öffentlichkeit, vor dem *Auge der Welt* verborgen hält. Der Versuch, trotz des unfaßlichen Geschehens ein glückliches Leben zu führen, wird in Frage gestellt; vielleicht ist es doch nicht möglich, ein ungezwungenes Verhältnis zu Nachbarn und der eigenen Familie und den Kindern zu haben.

6. *Diskutieren Sie die Problematik des Abwurfs einer Atombombe!*

Literatur

Theodor Brüggemann, Marie-Luise Kaschnitz. „Hiroshima", „Die Katze". In: Kristalle. Moderne deutsche Gedichte für die Schule. München: Kösel ²1968, S. 227–238.

Ernest Hemingway, **Alter Mann an der Brücke**

Lernziele

Die Schüler sollen

- die historischen Hintergründe (Spanischer Bürgerkrieg 1936–1939) der Kurzgeschichte kennen;
- erkennen, daß die Wirkung dieser Kurzgeschichte nicht in der Wiedergabe einer Handlung liegt, sondern durch den persönlichen Dialog zustande kommt;
- einsehen, daß die Folgen des Krieges Unschuldige am härtesten trifft und der Autor mit seinem erbarmungslosen Bericht (Reportage) ein vernichtendes Urteil über die damaligen Ereignisse ausspricht.

Vorbemerkung

Hemingway ging 1936 als Berichterstatter nach Spanien, um über die politischen und militärischen Ereignisse des Bürgerkrieges zwischen Republikanern und Faschisten (General Franco) zu berichten. Diese Kurzgeschichte entstand 1938 als unmittelbares Ergebnis seiner Eindrücke. Er kabelte sie während eines Aufenthalts in Barcelona an seine New Yorker Zeitung. Auch der später entstandene Roman „Wem die Stunde schlägt" (1940) ist eine Auseinandersetzung mit dem Kriegserlebnis in Spanien. Vgl. auch „Guernica" von Pablo Picasso, KL, S. 276.

Arbeitshinweise

1. Nennen Sie alle Textstellen, die auf den Schauplatz „Krieg" hinweisen! (StA, TA)

- Soldaten (Pontonbrücke)
- Brückenkopf auskundschaften
- Feind
- Artillerie
- Hauptmann befiehlt
- Faschisten rücken vor

2. Wer sind die beiden Gesprächspartner? Wie werden sie dargestellt? Wer erzählt die Geschichte? (UG)

Im Mittelpunkt der Kurzgeschichte steht ein alter Mann (76 Jahre), der seine Heimatstadt San Carlos verlassen mußte und auf der Flucht vor der immer näherrückenden Artillerie ist. In dem allgemeinen Flüchtlingstreiben achtet kaum jemand auf den anderen; so sitzt auch der alte Mann allein, mit *sehr staubigen Kleidern*, entkräftet am Straßenrand *(saß da, ohne sich zu bewegen ... war zu müde, um noch weiter zu gehen)*. Sein Hab und Gut *(allerhand Tiere)* mußte er zurücklassen.

Ein Soldat, der den Auftrag hat, den Brückenkopf auszukundschaften *(Ich beobachtete die Brücke ...)*, wird auf den alten Mann aufmerksam und beginnt mit ihm zunächst ein gewöhnliches, alltägliches Gespräch *(Wo kommen Sie her?)*, das sich aber zu einem persönlich-anteilnehmenden Dialog ausweitet, in dessen Mittelpunkt der Heimatort und einige Tiere *(zwei Ziegen, eine Katze; vier Paar Tauben)*, die der alte Mann zurücklassen mußte, stehen.

Die Kurzgeschichte ist die Ich-Erzählung eines namenlosen Soldaten. Der Erzähler bleibt als neutraler Beobachter im Hintergrund; die Tatsachen werden emotionslos aneinandergereiht und nur gelegentlich kommentiert *(... machte es ihm Freude ... blickte mich ganz ausdruckslos und müde an ... war alles Glück, was der alte Mann je haben würde)*. Wenig Handlung, konzentrierte Darstellung, nüchterne Alltagssprache kennzeichnen die Aussagen (= Merkmal der Reportage).

3. Worin bestand die Haupttätigkeit des alten Mannes, bevor der Krieg ausbrach? Welche Bedeutung hatte sie für ihn? (UG)

Ich habe Tiere gehütet erklärt der alte Mann, und diesen Tieren gehört auch seine ganze Liebe und Sorge. *(Eine Katze kann für sich selbst sorgen, aber ich kann mir nicht vorstellen, was aus den anderen werden soll.)* Zweimal wiederholt er noch bekümmert und sorgenvoll diesen Satz. Die Tiere stehen stellvertretend für alle, die nicht für sich selbst sorgen können und daher den Folgen des Krieges besonders schutzlos ausgesetzt sind.

Die Gedanken des alten Mannes sind unablässig auf die Vergangenheit gerichtet; die Gefahren der Gegenwart scheint er gar nicht in sich aufzunehmen. *(Man konnte nichts mit ihm machen.)* Und der Weg in die Zukunft interessiert ihn auch nicht mehr *(Ich kenne niemand in der Richtung)*; er ist alt, einsam, verzweifelt. Resignierend wiederholt er: *Ich habe doch nur Tiere gehütet.*

4. Wie ist die plötzlich aufgeworfene Frage „Wo stehen Sie politisch?" zu verstehen? Wie beurteilen Sie die Reaktion des alten Mannes?

5. Welche Probleme will Hemingway durch das Schicksal des alten Mannes zum Ausdruck bringen? (Diskussion)

Die Situation und Einstellung des alten Mannes wird am eindringlichsten in der Antwort auf die Frage nach seiner politischen Gesinnung deutlich: *Ich bin nicht politisch ... Ich bin sechsundsiebzig Jahre alt. Ich bin jetzt zwölf Kilometer gegangen, und ich glaube, daß ich jetzt nicht weiter gehen kann.*

Im Augenblick ist es dem alten Mann gleichgültig, wer den Kampf gewinnt. Er muß die Folgen der kriegerischen Politik erleiden: Flucht aus seinem Heimatort, Trennung von seinen geliebten Tieren, keine Zukunft. Das Überqueren der Brücke, die beide Ufer (Vergangenheit und Gegenwart) verbindet, bedeutet, alles verlassen zu müssen, was bisher das Leben ausgemacht hat: Schicksal aller Flüchtlinge.

Inwieweit ein Mensch überhaupt politisch oder unpolitisch sein kann und welchen Stellenwert die aktuelle Situation bei dieser Aussage hat, könnte mit der Klasse diskutiert werden. In jedem Fall unterstreicht sie hier die Allgemeingültigkeit, daß keiner durch den Krieg verschont bleibt.

Der weitere Weg des Mannes bleibt ungewiß. Das jenseitige Ufer, das ihn aus dem Kriegsschauplatz befreien könnte, wird er nicht erreichen *(schwankte hin und her und setzte sich dann rücklings in den Staub)*. Im letzten Abschnitt erfährt der Leser auch, daß diese Episode aus dem Krieg am Ostersonntag – einem christlichen Feiertag – stattfand.

Literatur

Interpretationen moderner Kurzgeschichten. Frankfurt: Diesterweg 1956, S. 31–38.
Paul Nentwig, Die moderne Kurzgeschichte im Unterricht. Braunschweig: Westermann ⁴1967 (= Westermann Taschenbuch 45).

WOLFGANG BORCHERT, **Dann gibt es nur eins!**

Lernziele

Die Schüler sollen erkennen, daß
- der Text alle Menschen eindringlich auffordert, Kriege zu verhindern;
- der Text keinen Menschen aus der Verantwortung entläßt;
- nach Borchert die Mütter eine besondere Rolle bei der Verhinderung des Krieges spielen sollen;
- der Text besondere sprachliche Mittel verwendet.

Arbeitshinweise

1. Welche Forderungen werden an die einzelnen Personen gerichtet? (Vergleichen Sie auch die Tätigkeiten im Frieden und im Krieg miteinander!) [GA, TA]

In der folgenden Übersicht werden die Alltagstätigkeiten und die Kriegstätigkeiten gegenübergestellt. Die Alltagstätigkeiten sind teilweise nur zu erschließen; sie sind deshalb in Klammern gesetzt. Als eindringliche Antwort auf die persönlich, mit „Du" angesprochenen Adressaten wird empfohlen, NEIN zu sagen.

Adressat	**Alltagstätigkeit**	**Kriegstätigkeit**
Arbeiter	Wasserrohre/Kochtöpfe	Stahlhelme/Maschinengewehre
Verkäuferin/Sekretärin	(Tätigkeit im Laden und Büro)	Granaten füllen, Zielfernrohre montieren
Fabrikbesitzer	Puder/Kakao	Schießpulver
Forscher	(Lebenserhaltung)	neuer Tod
Dichter	Liebeslieder	Haßlieder
Arzt	(Kranke heilen)	Kranke kriegstauglich schreiben
Pfarrer	Morde und Kriege verurteilen	Morde und Kriege segnen
Kapitän	Weizen fahren	Kanonen und Panzer fahren
Pilot	(Passagiere und Fracht)	Bomben und Phosphor
Schneider	(Anzüge)	Uniformen
Richter	(Urteile)	Kriegsgericht
Bahnmann	(Signal zur Abfahrt von Personen- und Güterzügen)	Signal zur Abfahrt von Munitionszügen und Truppentransporten
Mann (Land und Stadt)	(normale Arbeit)	Gestellungsbefehl
Mutter (überall)	(normale Arbeit, Familie, Geburt von Kindern)	Kinder gebären, damit es Krankenschwestern und Soldaten für den Krieg gibt

2. Warum wird die Gruppe der Mütter besonders herausgehoben? (UG)

Die zuletzt angesprochene Gruppe, die Mütter, erhält eine besondere Bedeutung: Zunächst spricht der Autor verschiedene Gegenden an; er kann dadurch das Wort Mutter mehrfach wiederholen (insgesamt achtmal). Dabei ist auch eine Steigerung zu erkennen; zunächst wird von einzelnen Landschaften und Städten gesprochen, dann – am Schluß – von der ganzen Welt. Im Unterschied zu allen anderen angesprochenen Gruppen wird hier der Adressat teilweise auch im Plural angeredet: *Mütter*. Auch der Aufruf zum Neinsagen ist verändert: Wegen des Plurals heißt es hier „sagt"; außerdem ist noch einmal die angesprochene Gruppe genannt, mit der Wiederholung zum Neinsagen: *sagt Nein! Mütter, sagt Nein!* In der Überleitung zum 2. Teil des Textes werden die Mütter noch einmal besonders hervorgehoben: IHR.

Borchert denkt an das besondere Elend, das die Mütter in den Kriegen zu erleiden haben. Sie ziehen Kinder unter Mühen groß, die dann eingezogen werden und sterben. Die Mütter sind alleingelassen. Es liegt aber auch eine besondere Problematik darin, daß an dieser Stelle der Befehl wenig greifbar ist.

Bei allen anderen Berufsgruppen gibt es einen direkt erkennbaren Zusammenhang zwischen Befehl (z. B. statt Kochtöpfe Maschinengewehre zu produzieren) und Krieg. Hier ist das nicht der Fall. Die Geburt von Kindern steht nicht in direktem Zusammenhang mit der Möglichkeit zum späteren Kriegseinsatz.

3. *Welche Konsequenzen werden aufgezeigt, wenn nicht Nein gesagt wird? Gehen Sie dabei auch auf die sprachliche Gestaltung ein! (GA, TA)*

Borchert nennt einige Gegenstände und Objekte der Welt und kennzeichnet ihren Zustand nach einem neuen Krieg:

Gegenstände/Objekte	**Zustand nach einem Krieg**
Hafenstädte	– Verstummen der Schiffe
Straßenbahnen	– Stahlskelette
Schulen und Gebäude	– Stille
Äcker	– verdorrte Erde
Institute	– Erfindungen verrotten
Küchen und Keller	– Nahrungsmittel verkommen

Die Vision der nach einen neuen Krieg untergehenden Welt wird vor allem durch eine Fülle teilweise neuer **Adjektive** und **Verben** veranschaulicht:
- wasserleichig, muschelüberwest, friedhöflich fischfaulig duftend
- sinnlos glanzlos glasäugig, blöde verbeult
- schlammgraue, dickbreiige Stille
- verfaulen, vertrocknen, erfrieren
- sauer werden, verrotten, pilzig verschimmeln
- zerbröckeln (zweimal wiederholt)

Borchert benutzt dabei häufig aktivistische Wörter, die scheinbar im Widerspruch zu der Ödnis und Leere stehen, sie aber dadurch um so deutlicher hervorheben: *Stille wird sich heranwälzen, gefräßig, wachsend . . . grausig und gierig, unaufhaltsam.*

Eine besondere Funktion haben auch die vielen **Vergleiche**:
- Schiffe wie titanische Mammutkadaver
- Straßenbahnen wie sinnlose glanzlose glasäugige Käfige
- die totsteifen Beine (der Kühe) wie umgekippte Melkschemel
- Butter wird stinken wie Schmierseife; Korn . . . neben verrosteten Pflügen wie ein erschlagenes Heer

> Gewalt und Tod kennzeichnen diese Vergleiche.

Eine besondere Rolle spielt der **letzte Mensch**, über den folgendes gesagt wird:
- Gedärme zerfetzt
- Lunge verpestet
- einsam
- umherirrend
- dürr, wahnsinnig, lästernd, klagend

- furchtbare Klage nach dem WARUM
- ungehört, antwortlos
- Tierschrei des letzten „Tieres Mensch"

Die Sonne glüht giftig, überall sind Massengräber, die Städte sind verödet, die Landschaft ist wie eine Steppe, überall nur Ruinen, Schutt, Blutlachen – in dieser Welt stellt der letzte Mensch die Frage nach dem WARUM. („Warum ist das geschehen? Warum habt ihr das gemacht?")

Der Text ist eine eindringliche Aufforderung an alle Menschen der Gegenwart, im Gedenken an die Vernichtungsmöglichkeiten des Krieges (Atomkrieges) alles zu tun, einen solchen Atomkrieg zu verhindern. Dabei trägt **jeder** Mensch eine besondere Verantwortung; niemand kann und darf sich herausreden.

4. *Welche Wirkung hinterläßt der Text? Ist er aktuell? Warum steht er am Ende dieses Kapitels? (fragend-entw.)*

Der Text ist ohne Zweifel aktuell, und er macht betroffen. Der Krieg ist schon immer Thema der Dichtung gewesen. Aber in Anbetracht der neuen ‚Qualität' des Krieges ist ein radikales Umdenken der Menschen nötig.

Zwei Zitate aus Schriften über Borchert:

Peter Rühmkorf: „Borcherts einzige in der Schweiz entstandene Arbeit ist keine Geschichte und kein Gedicht, sondern ein Manifest. Eine Kampfansage an den Krieg, ein Protest wider den Tod, aber darüber hinaus eine letzte Apologie des Neinsagers, des Sondergängers, des Befehlsverweigerers. Vierzehn Aufforderungen, vierzehn Anrufe des Mannes an der Maschine, des Mädchens hinterm Ladentisch, des Forschers, des Kapitäns, des Richters, des Schneiders, des Arztes, des namenlosen Jedermann, vierzehn Beschwörungen, Nein zu sagen, unter allen Umständen Nein, wenn jemals wieder zum Krieg gerüstet wird. Es ist das abschließende Vermächtnis eines jungen Dichters, der niemals mit dem großen Haufen paktierte, nicht mit dem opportunistischen Durchschnitt und nicht mit der Macht vom Dienst."

Bernhard Meyer-Marwitz: „Niemals hätte er das Leben verleugnen können. Er trug ihm eine verzehrende Sehnsucht und tiefe Ehrfurcht entgegen. Aber er bangte auch oft um dieses Leben; denn er spürte, wie sehr es in seiner Zerbrechlichkeit immer und überall bedroht war. Bedroht vom Unbegreiflichen jenseits des Menschen, bedroht aber auch vom Menschen selbst; denn der Mensch kann auf den Menschen nicht vertrauen. Der Mensch scheint oft des Menschen größter Feind zu sein. Aus dieser Erkenntnis und Angst erhob Borchert, wenige Tage vor seinem Tode, seine Stimme noch einmal zu einem letzten gellenden Warnruf. Hiroshima vor Augen, appelierte er an das Gewissen der Welt."

5. *Wie beurteilen Sie die Möglichkeit, Borcherts Forderungen zu realisieren?*

6. *An wen würden Sie heute mit welchen Worten einen Appell richten? (Imp./Disk)*

Beide Fragen können nur in völliger Freiheit und Ungebundenheit von einer Klasse mit ihrem Lehrer beantwortet werden.

Literatur

Interpretationen zu Wolfgang Borchert, verfaßt von einem Arbeitskreis. München: Oldenbourg ⁵1969. (Dort auch ein Aufsatz von Bernhard Meyer-Marwitz.)

Peter Rühmkorf, Wolfgang Borchert in Selbstzeugnissen und Bilddokumenten. Reinbek: Rowohlt 1961 = rororo bildmonographien 58.

11. VERFOLGUNG UND WIDERSTAND

Autor	Titel	Textform	Eigenart	Inhalt	Seite
Carl Jakob Burckhardt	Im KZ Esterwegen	Bericht	sachlich	Besichtigung eines KZ	284
Peter Weiss	Meine Ortschaft	Autobiographie	nachdenklich	Auschwitz – heute	287
A. Paul Weber	Das Verhängnis*	Lithographie	prophetisch-warnend	Blindheit der Menschen	295
Rudolf Höß	Kommandant in Auschwitz	Autobiographie	rechtfertigend	Tätigkeit eines Lagerkommandanten	296
Anna Seghers	Das Verhör	Romanauszug	sozialkritisch, optimistisch	Überlegenheit eines Verhörten	299
Paul Celan	Espenbaum	Gedicht	antithetisch	Tod der Mutter	303
Elisabeth Langgässer	Saisonbeginn	Kurzgeschichte	methaphorisch	Judenverfolgung	304/239
Paul Celan	Todesfuge	Gedicht	liturgisch	Judenvernichtung	307/243
Nelly Sachs	Chor der Geretteten	Gedicht	hymnisch-psalmodierend	Zuversicht und Hoffnung	310

CARL JACOB BURCKHARDT, **Im KZ Esterwegen**

Lernziele

Die Schüler sollen
- die Organisation eines Konzentrationslagers (Wachmannschaft – Sträflinge) und das Leben der Insassen kennenlernen;
- zwischen der unterschiedlichen Behandlung gegenüber offiziellen Vertretern internationaler Institutionen (Rotes Kreuz) und den Häftlingen differenzieren können;
- die bedrückende Atmosphäre in einem Lager, das zur Vernichtung von Menschen errichtet wird, erkennen.

Arbeitshinweise

1. Welche Eindrücke gibt Burckhardt von der Ankunft im KZ Esterwegen wieder? (StA, TA)

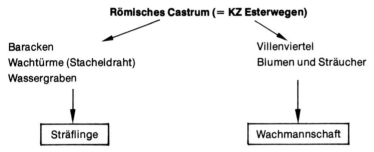

Der erste Eindruck des aus dem Bodennebel auftauchenden, im abgelegenen Moor liegenden Konzentrationslagers ist gespenstisch und Unheil kündend *(Aus dem Bodennebel . . . Dammweg . . . tauchten Umrisse . . . Wassergräben . . . Türme mit Maschinengewehren . . . Schießscharten . . . Starkstrom . . . Stacheldrahtumzäunung . . . Baracken . . .).*

2. Was fällt an der Behandlung Burckhardts im KZ auf? Wie verhalten sich die KZ-Bewacher? (UG, TA)

Zur Begrüßung eines offiziellen Vertreters des internationalen Roten Kreuzes, der mit dem Wagen vom Flughafen abgeholt wird, finden *Höflichkeitszeremonien ohne Ende* statt; sogar ein Sektcocktail soll gereicht werden. Auffällig ist das gespaltene Verhalten der Wachmannschaft:

unterwürfig	**anordnend**
– verlegenes Gehorchen (knirschend)	– Befehle
– angsterfüllt	– Kasernenton

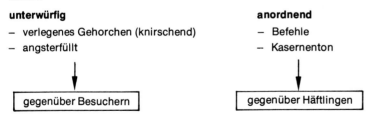

3. Wie reagieren die anderen Menschen, denen Burkhardt begegnet? Wie werden sie im Lager behandelt? (GA, TA)

Die Insassen sind in drei große Gruppen unterteilt: BV (= Berufsverbrecher), P (= politische Gegner), gelbe runde Scheibe (= Juden).

Im Mittelpunkt des Berichts von Burckhardt steht die Begegnung mit drei Inhaftierten:

Staatsminister	**junger Katholik**	**Carl von Ossietzky**
– verlangt das Unmögliche (= die Normen des Rechtsstaates)	– geht an Krücken (Mißhandlung oder Streit?)	– kann kaum noch gehen
– klagt nicht, sondern verlangt	– ist verhaftet, weil er zur Kirche ging	– zittert, totenblaß, gefühlloses Wesen
– unmenschliche Behandlung, weil er politisch anders dachte		– mißhandelt, weil er den Frieden wollte

Häftlinge, die bestimmten Arbeitsgruppen zugeteilt waren, mußten unter unmenschlichen Bedingungen arbeiten, weil der *Führer . . . keine Arbeitskraft ungenützt lassen* wollte.

4. Inwieweit macht Loritz einen „Regiefehler"? (UG)

Obwohl der Lagerkommandant des KZs Loritz und ein Arzt zum Aufbruch der Besucherdelegation mahnen, will Bruckhardt die ihm zur Verfügung stehende Zeit für Gespräche mit vielen Häftlingen nutzen; durch die entstehende Zeitverzögerung begegnet er nun denjenigen, die er eigentlich sehen wollte *(eine Gruppe von lauter Ossietzkys, Krüppel aus dem Dunkel auftauchend . . .).*

Der Vertreter einer internationalen Organisation sollte diese geschundenen Kreaturen nicht sehen – auch die Nationalsozialisten waren darum bemüht, gegenüber dem Ausland ein gutes Image zu verbreiten –; der Regiefehler liegt darin, daß es der Lagerleitung nicht gelungen ist, diese nicht vorherzusehende Begegnung doch noch zu verhindern. Ein Handlanger des Regimes hatte nach ihrer Auffassung versagt, so daß er selbst zur Strafe (= Bewährung) in ein KZ verbannt wurde.

5. Warum werden zwei Fassungen des Berichts angefertigt? (UG, TA)

offiziell	**persönlich**
kurzer, sachlicher Bericht zur Information an das Deutsche Rote Kreuz	Nachricht für Adolf Hitler, um der damals noch in Deutschland verbreiteten Legende entgegenzutreten, daß der Führer nichts von diesen grauenhaften Vorgängen wisse.

Zur Diskussion

Bertolt Brecht, Auf den Tod eines Kämpfers für den Frieden

Dem Andenken Carl von Ossietzkys

Der sich nicht ergeben hat
Ist erschlagen worden
Der erschlagen wurde
Hat sich nicht ergeben.

Der Mund des Warners
Ist mit Erde zugestopft.
Das blutige Abenteuer
Beginnt.
Über das Grab des Friedensfreundes
Stampfen die Bataillone.

War der Kampf also vergebens?

Wenn, der nicht allein gekämpft hat, erschlagen ist
Hat der Feind
Noch nicht gesiegt.

(Aus: Bertolt Brecht, Gesammelte Werke, Bd. 9. Frankfurt: Suhrkamp 1967 [= werkausgabe edition suhrkamp], S. 681.)

PETER WEISS, **Meine Ortschaft**

Lernziele

Die Schüler sollen

- die Besonderheit eines Emigrantenschicksals erkennen;
- die Schwierigkeit sehen, das Geschehene in einem KZ zu verstehen und sprachlich zu formulieren;
- die ideologischen Schlagwörter des Nationalsozialismus entlarven können;
- den Schlußsatz „es ist noch nicht zuende" aus dem Zusammenhang des Textes deuten können.

Arbeitshinweise

1. *Warum wählt Weiss Auschwitz zu „seiner" Ortschaft? Wie unterscheidet sie sich von allen anderen Aufenthaltsorten? (GA, TA)*

Andere Städte	**Auschwitz**
– etwas Provisorisches	– bleibt bestehen
– Durchgangsstellen	– war für Weiss bestimmt, er ist aber entkommen
– das Unhaltbare, schnell Verschwindende	– unveränderlich
– blinde Flecken	– unverwechselbar
– keine bestimmten Konturen, sie fließen ineinander	

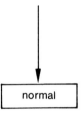
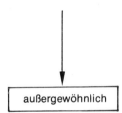

normal   außergewöhnlich

2. *Aus welchen zeitlichen und gedanklichen Ebenen besteht der Bericht? (Verknüpfung des Geschehenen mit Kenntnissen)*

a) Heutiges Museum: Autos, Omnibusse, Parkplätze, Schulklassen, Postkarten, Broschüren

b) Beschreibung der Gebäude: Krematorium, Baracke, Standesamt

   Weiss beschreibt nüchtern, was er sieht, ergänzt es durch Angaben über die Verwendung der Räumlichkeiten, der Folter- und Mordanlagen.

c) Empfindungen: *Empfinde nichts.* Nur in den Baracken ist *das Atmen, das Flüstern und Rascheln noch nicht ganz von der Stille verdeckt...*

d) Vorstellungen, Kenntnisse: *Viel darüber gelesen und viel darüber gehört...*

Weiss beschreibt die Schwierigkeit, sich das Geschehene vorzustellen. Der Besuch im heutigen Auschwitz erleichtert ihm das Verständnis nicht: *Ich hatte es vor mir gesehen, als ich davon hörte und davon las. Jetzt sehe ich es nicht mehr.* Er kann sich lediglich *orientieren.*

Schlußfolgerung: *Und diese Worte, diese Erkenntnisse sagen nichts, erklären nichts.* Und: *Nichts ist übriggeblieben als die totale Sinnlosigkeit ihres Todes. Vor dem Leben verschließt sich, was an diesem Ort geschehen ist.*

3. *Analysieren Sie die Aufschrift auf dem Dach des Küchengebäudes! (StA, TA)*

Aufschrift		Wirklichkeit
Es gibt einen Weg zur Freiheit	=	Vernichtungslager
Gehorsam	=	kritiklose Unterordnung
Fleiß	=	Ausbeutung
Sauberkeit	=	Elend
Ehrlichkeit	=	Heuchelei, Tarnung
Wahrhaftigkeit	=	Unwahrhaftigkeit
Nüchternheit	=	Anpassung
Liebe zum Vaterland	=	Nationalismus

Die Menschen sollen innerlich zersetzt und zerstört werden. Es soll ihnen ihr eigentliches Selbst genommen werden.

4. *Wodurch erhält dieser Text seine besondere Wirkung? (UG)*

Die Wirkung kommt vor allem durch die Sachlichkeit, die Knappheit der sprachlichen Gestaltung, die Distanz zustande. Die Darstellung enthält sich jedes anklägerischen Pathos, das das Ausmaß des Elends ohnehin nicht erreichen könnte. Oft wird nur telegrammstilartig aufgezählt: *Lokomotivpfiffe und polternder Rauch. Klirrend aneinanderstoßende Puffer ... Kalt. Hauch vor dem Mund. Weit draußen Stimmen, Schritte. Ich gehe langsam durch dieses Grab. Empfinde nichts.*

Präzise, exakt und detailliert beschreibt Weiss auch das scheinbar Unwichtige *(Die Luft voll Regendunst, die Wege aufgeweicht, die Bäume kahl und feucht. Rußgeschwärzte Fabriken ... Holzkarren knirschen ... dürre Pferde ... Alles trübe und zerschlissen ...).*

Die harten Tatsachen, die Brutalität, das Karge, das schrecklich Ordentliche kommen durch diesen Stil um so deutlicher zum Vorschein *(Abweichgleise führen weiter, zu den Kasernen, und noch weiter, über öde Felder zum Ende der Welt).*

5. *Analysieren Sie die Aussage: „Es ist noch nicht zuende."*

Weiss erkennt, daß das Geschehene nicht bewältigt werden kann, daß es wiederholbar ist. Das Leben geht zwar weiter: Schüler, die Auschwitz besuchen, beschäftigen sich, spielen und lachen. Sie verstehen nicht; können auch nicht verstehen; das gelingt schließlich nicht einmal dem Autor. Das Tote bleibt den Lebenden verschlossen.

6. *Beschreiben Sie das Verhältnis des Autors zur Vergangenheit!*

Zur Diskussion

Rudolf Höß, Der Vernichtungsvorgang in Auschwitz

„Der *Vernichtungsvorgang* verlief in *Auschwitz* wie folgt.
Die zur Vernichtung bestimmten Juden wurden möglichst ruhig – Männer und Frauen getrennt – zu den Krematorien geführt. Im Auskleideraum wurde ihnen durch die dort beschäftigten Häftlinge des Sonderkommandos in ihrer Sprache gesagt, daß sie hier nun zum Baden und zur Entlausung kämen, daß sie ihre Kleider ordentlich zusammenlegen sollten und vor allem den Platz zu merken hätten, damit sie nach der Entlausung ihre Sachen schnell wiederfinden könnten. Die Häftlinge des Sonderkommandos hatten selbst das größte Interesse daran, daß der Vorgang sich schnell, ruhig und reibungslos abwickelte. Nach der Entkleidung gingen die Juden in die Gaskammer, die, mit Brausen und Wasserleitungsröhren versehen, völlig den

Eindruck eines Baderaumes machte. Zuerst kamen die Frauen mit den Kindern hinein, hernach die Männer, die ja immer nur die (an Zahl) wenigeren waren. Dies ging fast immer ganz ruhig, da die Ängstlichen und das Verhängnis vielleicht Ahnenden von den Häftlingen des Sonderkommandos beruhigt wurden. Auch blieben diese Häftlinge und ein SS-Mann bis zum letzten Moment in der Kammer.

Die Tür wurde nun schnell zugeschraubt und das Gas sofort durch die bereitstehenden Desinfektoren in die Einwurfluken durch die Decke der Gaskammer in einen Luftschacht bis zum Boden geworfen. Dies bewirkte die sofortige Entwicklung des Gases. Durch das Beobachtungsloch in der Tür konnte man sehen, daß die dem Einwurfschacht am nächsten Stehenden sofort tot umfielen. Man kann sagen, daß ungefähr ein Drittel sofort tot war. Die anderen fingen an zu taumeln, zu schreien und nach Luft zu ringen. Das Schreien ging aber bald in ein Röcheln über, und in wenigen Minuten lagen alle. Nach spätestens 20 Minuten regte sich keiner mehr. Je nach Witterung, feucht oder trocken, kalt oder warm, weiter je nach Beschaffenheit des Gases, das nicht immer gleich war, nach Zusammensetzung des Transportes, viele Gesunde, Alte oder Kranke, Kinder, dauerte die Wirkung des Gases fünf bis zehn Minuten. Die Bewußtlosigkeit trat schon nach wenigen Minuten ein, je nach Entfernung von dem Einwurfschacht. Schreiende, Ältere, Kranke, Schwächliche und Kinder fielen schneller als die Gesunden und Jüngeren. Eine halbe Stunde nach dem Einwurf des Gases wurde die Tür geöffnet und die Entlüftungsanlage eingeschaltet. Es wurde sofort mit dem Herausziehen der Leichen begonnen. Eine körperliche Veränderung konnte man nicht feststellen, weder Verkrampfung noch Verfärbung, erst nach längerem Liegen, also nach mehreren Stunden, zeigten sich an den Liegestellen die üblichen Totenflecken. Auch waren Verunreinigungen durch Kot selten. Verletzungen irgendwelcher Art wurden nicht festgestellt. Die Gesichter zeigten keinerlei Verzerrungen.

Den Leichen wurden nun durch das Sonderkommando die Goldzähne entfernt und den Frauen die Haare abgeschnitten. Hiernach (wurden sie) durch den Aufzug nach oben gebracht vor die inzwischen angeheizten Öfen. Je nach Körperbeschaffenheit wurden bis zu drei Leichen in eine Ofenkammer gebracht. Auch die Dauer der Verbrennung war durch die Körperbeschaffenheit bedingt. Es dauerte im Durchschnitt 20 Minuten. Wie schon an früherer Stelle gesagt, konnten die Krematorien I und II innerhalb 24 Stunden ca. 2000 Leichen verbrennen, mehr war, ohne Schäden zu verursachen, nicht möglich. Die Anlagen III und IV sollten 1500 Leichen innerhalb 24 Stunden verbrennen können, meines Wissens sind diese Zahlen dort nie erreicht worden. Die Asche fiel während des ohne Unterbrechung fortgesetzten Verbrennens durch die Roste und wurde laufend entfernt und zerstampft. Das Aschenmehl wurde mittels Lastwagen nach der Weichsel gefahren und dort schaufelweise in die Strömung geworfen, wo es sofort abtrieb und sich auflöste. Auch mit der Asche aus den Verbrennungsgruben bei Bunker II und Krematorium IV wurde so verfahren. Die Vernichtung in den Bunkern I und II war genauso wie in den Krematorien, nur waren die Witterungseinflüsse dort noch stärker spürbar [...]."

(Aus: Rudolf Höß, Kommandant in Auschwitz. Autobiographische Aufzeichnungen, hrsg. von Martin Broszat. München: dtv 1963 = dtv 114.)

Literatur

Heinz Ludwig Arnold (Hrsg.), Peter Weiß. In: Text + Kritik, Nr. 37. München: edition text + kritik 1982.

Fritz J. Raddatz, Wen spreche ich eigentlich beim Schreiben an? Skizze zu einem Portrait [Peter Weiss zum 65. Geburtstag]. In: Die Zeit, Nr. 46 vom 06.11.1981, S. 55.

Heinrich Vormweg, Peter Weiss. München: Beck 1981 = Autorenbücher 21.

Volker Canaris (Hrsg.), Über Peter Weiss. Frankfurt: Suhrkamp 1970 = es 408.

Rudolf Höss, **Kommandant in Auschwitz**

Lernziele

Die Schüler sollen
- die zwiespältige Haltung von Höß erkennen;
- den Rechtfertigungscharakter seiner Begründungen durchschauen;
- den verräterischen Charakter der Sprache analysieren;
- sich der Tragik dieser Person – als Resultat der gesellschaftlichen Verhältnisse – bewußt werden.

Arbeitshinweise

1. Welche Haltung nimmt Höß zu seiner Aufgabe als Kommandant ein? (GA, TA)

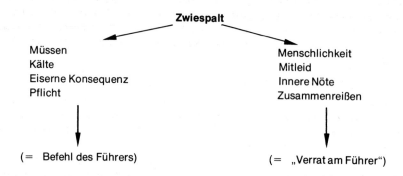

2. Warum „mußte" Höß alle Vorgänge mit ansehen? (UG)

Diese Frage wird im Grunde nicht beantwortet. Nachweislich ist niemand direkt zu bestimmten Aufgaben in KZs gezwungen worden. Das geht auch mittelbar aus dem Text hervor: *Stets wurde ich dabei gefragt, wie ich, wie meine Männer d i e s e n Vorgang dauernd mitansehen könnten, wie wir das aushalten könnten...*
Der tiefere Grund liegt in der absoluten Hingabe an den Führer, dessen Befehle etwas Unbezweifelbares für Höß hatten. *Ich antwortete stets darauf, daß eben alle menschlichen Regungen zu schweigen hätten vor der eisernen Konsequenz, mit der wir den Befehl des Führers durchzuführen hätten.* Und die menschlichen Regungen kommen ihm wie *Verrat am Führer* vor.

3. Analysieren Sie die Sprache von Höß! Was fällt auf? (StA)

a) Wiederholungen: *Ich mußte* ... Diese entscheidende Aussage wird immer wieder getroffen. Allein im ersten Absatz heißt es zwölfmal *ich mußte* und zweimal *ich durfte nicht.*

Diese häufige Wiederholung deutet darauf hin, daß Höß spürt, er hätte auch anders handeln können. Aber er versucht sich einzureden, daß er so handeln „mußte"; er will sich rechtfertigen.

b) Superlativische Tendenz in den Adjektiven und Adverben: *allzumenschliche Regungen; eiserne Konsequenz; innerste, wirklichste Überzeugung; innerlich zutiefst Aufwühlende; zutiefst...*

c) Bürokratischer Stil: *bei der grausigen, unheimlichen Gestank verbreitenden Ausgrabung der Massengräber; Auch von den Verheirateten unter den an den Krematorien oder den Freianlagen Diensttuenden...*

d) Unangemessenheit der Sprache: *Vernichtungsvorgänge; Vorgang; allzumenschliche Regungen; tief beeindruckt; keine Langeweile; fand bei meinen Lieblingen Beruhigung; meine Familie hatte es in Auschwitz gut.*

4. *Welches Bild von seinem Privatleben entwirft Höß? Welche Beziehung besteht zwischen Privatleben und Beruf? (UG)*

Höß entwirft ein idyllisches Bild seines Privatlebens, besonders seiner Familie: *Lieblinge, traulicher Kreis der Familie, Kinder glücklich, überglücklich, Glück, gut haben, Blumenparadies, Häftlinge tun etwas Liebes, Gärtner beliebt, Liebe für die Landwirtschaft, den Pferden und Fohlen galt die besondere Liebe,* größte Freude der Kinder: *Vati badet mit.*

Überraschend ist auch hier die widersprüchliche Haltung: Der Massenmörder und KZ-Kommandant erweist sich in der Familie als liebevoller, gütiger *Vati*, dem Glück und Liebe seiner Familie die höchsten Güter sind, der keiner Fliege etwas zuleide tun könnte. Bekannt ist auch, daß sich viele NS-Verbrecher in ihrer Freizeit mit klassischer Musik beschäftigten (Orgelspiel, Mitwirkung in einem Chor).

5. *Worin liegt die Tragik der Person Rudolf Höß? (Diskussion)*

Die gesellschaftlichen und politischen Verhältnisse haben latent vorhandene schizophrene Anlagen des Menschen zum Vorschein kommen lassen. *Heute bereue ich es schwer, daß ich mir nicht mehr Zeit für meine Familie nahm. Ich glaubte ja immer, ich müsse ständig im Dienst sein... übertriebenes Pflichtbewußtsein...*

Und für die Millionen Ermordeten empfindet er keine Reue? Das Ungeheuerlichste ist, wie Höß der zentralen Frage ausweicht: *Denk nicht immer an den Dienst, denk auch an deine Familie.* Als wäre dies das Problem gewesen!

Literatur

Eugen Kogon. Der SS-Staat. Das System der deutschen Konzentrationslager. München: Kindler 1974.

Kommandant in Auschwitz. Autobiographische Aufzeichnungen des Rudolf Höß. München: dtv 1963 (= dtv 114).

Anna Seghers, Das Verhör

Lernziele

Die Schüler sollen erkennen, daß
- Wallau durch sein Schweigen der eigentliche Sieger bleibt und warum es ihm gelingt, seinem Gegner standzuhalten;
- Anna Seghers das Verhalten der beiden Kontrahenten sprachlich durch aussagestarke Bilder veranschaulicht.

Arbeitshinweise

1. Wie wird der Mann dargestellt, der die Verhöre durchführt? Verfolgen Sie seine Taktik! (StA, UG)

Overkamp ist der Typ des geschickten und erfolgreichen Verhörers. *Seine Verhöre waren berühmt: Overkamp könnte einer Leiche noch nützliche Aussagen entlocken.* Er geht nach einem bestimmten System vor. Sein Grundsatz lautet, daß jeder reden wird, wenn die richtigen Mittel angewandt werden; *es gibt keine uneinnehmbare Festung.* Seine Methode: Zuerst beginnt er mit einfachen Fragen (nach Geburt, Eltern, Frau und Familie). Danach versucht er, seinen Gegner zum Reden zu bewegen, indem er von der Verhaftung der Frau und der Überweisung der Kinder in eine nationalsozialistische Erziehungsanstalt berichtet. Ohne Erfolg. Auch politische Fragen bleiben unbeantwortet. Dabei verhält er sich während des ganzen Verhörs sehr ‚freundlich'. Schließlich muß Overkamp kapitulieren. Hat er am Anfang voller Hoffnung und Optimismus mit dem Bleistift *ein Pünktchen* gemacht, so bricht jetzt am Schluß des Verhörs *die Spitze* des Bleistifts ab. Er kann nur noch sagen: *Sie mögen sich selbst die Folgen zuschreiben, Wallau.*

2. Wie wird Wallau gezeichnet? Welche Vergleiche werden verwandt?

3. Was heißt: „Es gab einmal einen Mann, der Ernst Wallau hieß. Dieser Mann ist tot."? (StA, UG)

Wallau wird zunächst durch die ironische Bemerkung Fischers vorgestellt, daß man eher aus einem Beefsteak als aus diesem Mann eine Aussage herausklopfen könne. Und die Erzählerin kommentiert ergänzend: *Diese Festung war uneinnehmbar.*

Wallau wird als *kleiner, erschöpfter Mensch* eingeführt, *ein häßliches kleines Gesicht, dreieckig aus der Stirn gewachsenes dunkles Haar, starke Brauen, dazwischen ein Strich, der die Stirn spaltete. Entzündete, dadurch verkleinerte Augen, die Nase breit, etwas klumpig, die Unterlippe ist durch und durch gebissen.* Physisch sind ihm der Aufenthalt im KZ, die mißglückte Flucht und die Folterungen anzusehen.

Aber psychisch ist er der Überlegene. Ihm gelingt es, jede Aussage zu verweigern. Er scheint nach außen tot zu sein. Regelmäßig kehrt die Formulierung wieder: *Als ich noch am Leben war* ... In Wirklichkeit ist Wallau aber noch lebendig: *Geradeaus ist der Blick des Mannes gerichtet, quer durch die Dinge der Welt, die plötzlich gläsern geworden ist und durchsichtig ... quer durch auf den Kern, der nicht mehr durchsichtig ist und den Blicken der Sterbenden standhält.* Er kann zwischen Oberfläche und Kern unterscheiden.

Wallau gelingt es, die Stichworte Overkamps zu einer kraftvollen Erinnerung an die Vergangenheit umzufunktionieren. Er vermag Vergangenheit und Gegenwart zu trennen. *Jetzt bin ich entkommen. Umsonst schnuppern die Hunde an meiner Spur, die sich ins Unendliche verloren hat.* Am Schluß heißt es, daß *eine eisige Flut von Schweigen* aus seinen Lippen ausbrach. Die Formulierung bekräftigt noch einmal die Macht des Schweigenden und des Schweigens. *In den vier Wänden bleibt das Schweigen zurück und will nicht weichen.*

4. Wer ist der Sieger des Verhörs? Warum?
5. Warum kann sich Wallau in dieser Form verhalten? (Diskussion)

Am Anfang ist Wallaus Gesicht *bleich;* am Schluß ist es *hell.* Wallau bleibt der Sieger des Verhörs. Er hat keine Geheimnisse preisgegeben, die andere hätten gefährden können. Der Schwächere ist der psychisch und geistig Überlegene, dem körperliche Qualen nichts anhaben können. Overkamp ist lediglich ein Technokrat. Er kann Verhöre durchführen; ihm fehlt aber menschliche und geistige Substanz. Fischer und Overkamp sehen nur die *saftige und pralle Welt, die undurchsichtig ist und kernlos.* Hinter Wallau stehen seine Überzeugungen und das Gefühl der Solidarität mit anderen Menschen: *Heute antworten andere für mich: die Lieder meines Volkes, das Urteil der Nachlebenden.*

Tafelbild

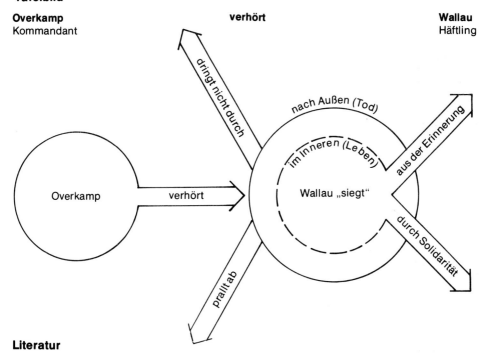

Literatur

Heinz Ludwig Arnold (Hrsg.), Anna Seghers. In: Text + Kritik, Nr. 38. München: edition text + kritik 1982.

Annette Delius, Anna Seghers' ‚Das siebte Kreuz' in einer 9. Klasse. In: DU 34 (1982), Heft 2, S. 32–41.

Gerhard Hass, Veränderung und Dauer. Anna Seghers, Das siebte Kreuz. In: DU 20 (1968), Heft 1, S. 69–78.

Heinz Neugebauer, Anna Seghers. Ihr Leben und Werk. Berlin: Volk und Wissen 1970 (= Schriftsteller der Gegenwart 4).

Marcel Reich-Ranicki, Deutsche Literatur in West und Ost. Prosa seit 1945. München: Piper 1963.

Anna Seghers. Materialienbuch. Hrsg. von Peter Roos und Friederike J. Haussauer-Roos. Neuwied: Luchterhand 1977 (= Sammlung Luchterhand 242).

Paul Celan, **Espenbaum**

Lernziele

Die Schüler sollen

- die Struktur des Gedichts erkennen (im 1. Vers wird trotz Krieg und Zerstörung eine Erscheinung der umgebenden Natur angerufen; im 2. Vers wird die Aussage aufgenommen und auf die Mutter bezogen);
- das Grunderlebnis (Krieg – Leid – Tod) nachempfinden können (Klage eines Menschen um die erschossene Mutter);
- die lyrischen Bilder entschlüsseln;
- den historischen Hintergrund (Krieg, Verfolgung und Hinrichtung der Juden) reflektieren.

Vorbemerkung

Das Gedicht erschien am 7.2.1948 („Die Tat", Zürich) mit dem Titel „Mutter", in der Anthologie „An den Wind geschrieben" nur mit der in Klammern gesetzten Jahreszahl „1946" und später ohne Titel. In „Mohn und Gedächtnis" (DVA) wird als Titel das kursiv gedruckte Anfangswort verwandt.

Arbeitshinweise

1. *Was spricht der Dichter jeweils im 1. Vers der Strophen an? Welche Bilder verwendet er?*
2. *Welche Bedeutung hat jeweils der 2. Vers? Worauf gibt er eine Antwort? Inwiefern unterscheidet sich die 5. Strophe von den anderen? (StA, TA)*

Im 1. Vers erfolgt jeweils ein Anruf aus dem Bereich des Lebens, der Natur – der 2. Vers antwortet mit einem Bild aus dem Bereich des Todes (Erinnerung an die Mutter).

Espenbaum:	die Blätter glitzern silbern im Dunkeln, dagegen wird das Haar der Mutter nicht mehr weiß (Andeutung des Verlustes); *weiß – nimmer weiß*).
Löwenzahn:	die Blumen in einem fernen Land sind gold-grün (in voller Blüte), – dem wird das Fernbleiben der blonden Mutter entgegengesetzt *(grün – blond)*.
Regenwolke:	in direkter Entsprechung weisen „Regenwolke" und „Brunnen" auf die Tränen der „leisen" Mutter *(säumt – weint)*.
Runder Stern:	der Himmelskörper ist in Bewegung, dagegen verharrt die Mutter in ewiger Bewegungslosigkeit, da ihr Herz *wund von Blei* ist *(runder Stern – Blei)*.
Eichne Tür:	als einzige Strophe ohne naturhaftes Bild; Menschen haben die Tür aus den Angeln gehoben (Bild der Zerstörung), durch die niemand mehr kommen kann – auch nicht die *sanfte Mutter (Tür – nicht kommen)*.

Bilder aus der Natur (= Bereich des Lebens)	**Verlust der Mutter** (= Bereich des Todes)
I. Baum	Haar (Mutter kann nicht mehr altern)
II. Blume	Heimat (Mutter kann nicht mehr nach Hause kommen)
III. Wolken	Tränen (leise, Mutter weint für alle)
IV. Stern	Herz (Mutter ist erschossen)
V. Tür (Zerstörung durch Menschen)	friedliche, sanfte Mutter (Endgültigkeit des Todes)

3. Welches Thema wird in diesem Gedicht kontrapunktisch angesprochen? (UG)

Leben und Tod werden gegenübergestellt: auf dem Hintergrund des Lebendigen (der Natur) werden der Verlust und das Leid um die tote Mutter um so intensiver und nachdrücklicher erfahren.

4. Wodurch wird der Tod der Mutter angedeutet? (UG)

Bereits in der 1. Strophe wird angedeutet, daß das Haar der Mutter nicht mehr weiß werden kann. Der Hinweis auf die Ukraine (Rußland), die Tränen und endgültig das Blei im Herzen der Mutter lassen zur Gewißheit werden, was bisher nur angedeutet war: der gewaltsame Tod der sanften Mutter durch Waffengewalt.

5. Welcher Symbolgehalt liegt in den Worten „Meine leise Mutter weint für alle"? (Diskussion)

Die *sanfte* Mutter, die nun für immer *leise* ist, weil sie erschossen wurde, weint für alle. Stellvertretend für alle Leidtragenden sind ihre Tränen das Symbol für die unendliche Grausamkeit und Sinnlosigkeit des Krieges.

„Es scheint fast, als stehe die Natur still, als wolle sie das Leben nicht mehr tränken, der Himmel seine Tränen versagen angesichts solchen Unrechts und Leides, aber da tritt diese eine Leidende selbst in mütterlicher Vollmacht für alle weinend ein." (Wilfried Buch, Paul Celan, S. 176 f.)

Literatur

Wilfried Buch, Paul Celan. „Espenbaum", „Todesfuge", „Die Krüge". In: Kristalle. Moderne deutsche Gedichte für die Schule. München: Kösel ²1968.

„Zwischen Stein und Stern". Mystische Formgebung in der Dichtung von Else Lasker-Schüler, Nelly Sachs und Paul Celan. Bern: Francke 1977.

Paul Celan. In: Text und Kritik. Zeitschrift für Literatur, hrsg. von Heinz Ludwig Arnold, Heft 53/54. München: Boorberg 1977.

Harald Weinrich, Paul Celan. In: Dietrich Weber (Hrsg.), Deutsche Literatur seit 1945 in Einzeldarstellungen. Stuttgart: Kröner ²1970 (= Kröners Taschenausgabe 382), S. 87–102.

Holger Pausch, Paul Celan. Berlin: Colloquium 1982.

ELISABETH LANGGÄSSER, **Saisonbeginn**

Lernziele

Die Schüler sollen
- den Aufbau der Geschichte erkennen;
- die Besonderheit der Kurzgeschichte durch die Bedeutung des letzten Satzes (Höhepunkt) erkennen;
- sich der sprachlichen Mittel bewußt werden (Doppeldeutigkeit des Saisonbeginns);
- über die Suche nach dem geeigneten Platz für das Schild reflektieren;
- die unterschiedliche Reaktion der Menschen und die Beziehung zwischen den beiden Schildern erkennen;
- das Geschehen mit Hilfe des Gesetzes „Zum Schutze des deutschen Blutes und der deutschen Ehre" in den historischen Kontext einordnen können.

Arbeitshinweise

1. *Wie ist die Kurzgeschichte aufgebaut? (Gliederung, TA)*

I. Ort, Zeit und Geschehen
II. Suche nach dem geeigneten Platz für das Schild
III. Wirkung des neuen Schildes auf die Vorübergehenden
IV. Beziehung zwischen Schild und Wegekreuz
V. Inhalt der Inschrift

2. *Wo liegt ihr Höhepunkt? Welchen Sinn hat dieser Aufbau? (UG)*

Der Höhepunkt der Kurzgeschichte „Saisonbeginn" ist von Elisabeth Langgässer ganz bewußt auf den letzten Satz hin angelegt, der den Leser mit der Inschrift des Schildes bekannt macht, von dem die Erzählung handelt.
Obwohl das Schild gleich im ersten Satz erwähnt wird, muß der Leser bis zum Schluß warten, bis die desillusionierende Mitteilung die Unbeschwertheit der Saisonvorbereitungen zerstört, um Spannung zu erregen und zu schockieren, um die Unsinnigkeit und Unchristlichkeit zu betonen, aber auch um die erschreckende Gleichgültigkeit der Menschen gegenüber dem Inhalt darzustellen.

3. *Wie wird zu Beginn der Frühlingstag beschrieben? Warum heißt diese Geschichte „Saisonbeginn"? (UG)*

Zu Beginn der Erzählung wird das Bild eines schönen Frühlingstages gezeigt, an dem sich die Natur entfaltet *(die Wiesen ... standen wieder in Saft und Kraft; die Wucherblume verschwendete sich, der Löwenzahn strotzte ... Trollblumen ... platzten vor Glück ...).*
Dieser Saisonbeginn zeigt sich am deutlichsten in der üppigen Lebensfülle der Natur, die sich in ihrer ganzen Pracht entfaltet. Vokabeln, die Lebensfülle, Kraft und Reichtum ausdrücken, sind vorherrschend (Beginn einer neuen Jahreszeit: Natur). Auch die Menschen bereiten sich auf die Eröffnung der Fremdenverkehrssaison vor und erwarten Touristen (Beginn des Geldverdienens). Aber es beginnt noch eine andere „Saison"; nicht nur der Anfang der schönen Jahreszeit und der Urlaubssaison ist gemeint, sondern auch der Beginn der Judenverfolgung (Beginn eines neuen historischen Abschnitts).

4. *Welche Bedingungen muß dieses Schild erfüllen? Warum werden die verschiedenen Plätze für das Schild verworfen? (StA, TA)*

Das Schild sollte für alle, die in das Dorf kamen, als Blickfang dienen und durfte nicht verfehlt werden. Die Inschrift sollte nicht verdeckt werden und mußte gut zu lesen sein.

Platz für das Schild	Hindernisse
1. vor dem Wegekreuz	Pflasterbelag einer Tankstelle
2. Gemeindewiese	zu weit vom Ortsschild entfernt
3. gegenüber dem Kreuz	uralte Buche wirft zu starken Schatten
4. rechts neben dem Herrenkreuz	—

5. *Wie wirkt die Tätigkeit der Männer auf die Bewohner des Dorfes? (StA, TA)*

Personenkreis	Reaktion
Schulkinder	— Freude, zu helfen
Frauen	— Neugier
Nonnen	— Unsicherheit
Männer	— differenziert ⟨ Lachen / Kopfschütteln ⟩
Arbeiter	— dienststeifrig, ohne eigenes Urteil
Mehrzahl der Menschen	— unbeteiligt, gleichgültig, kein Widerstand

6. *Welche Beziehung besteht zwischen den beiden Schildern? (UG, TA)*

Da die Arbeiter einen *Kreuzigungsort* verlassen (die Vokabeln *Hammer, Zange, Nägel* verstärken noch die Erinnerung an die Kreuzigung Christi), wird nicht nur an das politisch indifferente Verhalten der Deutschen erinnert, sondern ebenso an eine erneute Kreuzigung, an ein zweites Golgatha.

Gegenüberstellung der Schilder:

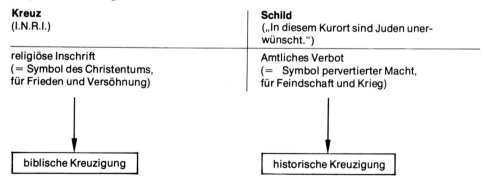

Kreuz (I.N.R.I.)	**Schild** („In diesem Kurort sind Juden unerwünscht.")
religiöse Inschrift (= Symbol des Christentums, für Frieden und Versöhnung)	Amtliches Verbot (= Symbol pervertierter Macht, für Feindschaft und Krieg)
↓	↓
biblische Kreuzigung	historische Kreuzigung

Zur Diskussion

Schätzungen über den zahlenmäßigen Umfang der Ausrottungen

	Mindest-zahl	Höchst-zahl	Schätzungen des Anglo-Amerikan. Komitees, April 1946
Deutschland (Grenzen von 1937)	160 000	180 000	195 000
Österreich	58 000	60 000	53 000
Tschechoslowakei (Grenzen von 1937)	233 000	243 000	255 000
Dänemark	(weniger als 100)		1 500 (meist Flüchtlinge in Schweden)
Frankreich	60 000	65 000	140 000
Belgien	25 000	28 000	57 000
Holland	104 000	104 000	120 000
Luxemburg	3 000	3 000	3 000
Norwegen	700	700	1 000
Italien	8 500	9 500	20 000
Jugoslawien	55 000	58 000	64 000
Griechenland	57 000	60 000	64 000
Bulgarien (Vorkriegsgrenzen)	–	–	5 000
Rumänien (Vorkriegsgrenzen)	200 000*	220 000*	530 000
Ungarn (Grenzen vor Erstem Wiener Schiedsspruch)	180 000	200 000	200 000
Polen (Vorkriegsgrenzen)	2 350 000*	2 600 000*	3 271 000
Sowjetunion (Vorkriegsgrenzen plus baltische Staaten)	700 000*	750 000*	1 050 000
			6 029 500
		Abzüglich DPs	308 000
	4 194 200*	4 581 200*	5 721 500

* Verläßliche Zahlenangaben liegen in diesem Fall nicht vor. Es handelt sich also nur um annähernde Schätzungen.

(Aus: *Der Nationalsozialismus. Dokumente 1933-1945*, hrsg. von Walther Hofer. Frankfurt: Fischer 1957 (= Fischer-Bücherei 172), S. 306f.)

Gesetz: Zum Schutze des deutschen Blutes und der deutschen Ehre

Durchdrungen von der Erkenntnis, daß die Reinheit des deutschen Blutes die Voraussetzung für den Fortbestand des deutschen Volkes ist, und beseelt von dem unbeugsamen Willen, die deutsche Nation für alle Zukunft zu sichern, hat der Reichstag einstimmig das folgende Gesetz beschlossen, das hiermit verkündet wird.

§ 1. Eheschließungen zwischen Juden und Staatsangehörigen deutschen oder artverwandten Blutes sind verboten. Trotzdem geschlossene Ehen sind nichtig, auch wenn sie zur Umgehung dieses Gesetzes im Auslande geschlossen sind.

Die Nichtigkeitsklage kann nur der Staatsanwalt erheben.

§ 2. Außerehelicher Verkehr zwischen Juden und Staatsangehörigen deutschen oder artverwandten Blutes ist verboten.

§ 3. Juden dürfen weibliche Staatsangehörige deutschen oder artverwandten Blutes unter 45 Jahren nicht in ihrem Haushalt beschäftigen.

Literatur

Franz-Josef Thiemermann, Kurzgeschichten im Deutschunterricht. Bochum: Kamp [9]1973 (= Kamps pädagogische Taschenbücher 32).

Paul Nentwig, Die moderne Kurzgeschichte im Unterricht. Braunschweig: Westermann [4]1967 (= Westermann Taschenbuch 45).

Interpretationen zu Erzählungen der Gegenwart, hrsg. von Fritz Bachmann. Frankfurt: Hirschgraben 1964.

Klaus Gerth, Beiträge zum literarischen Unterricht in der Realschule 9./10. Klasse. Hannover: Schroedel 1971, S. 51–53.

Christa Lohmann, Das Judenproblem im Literaturunterricht. In: DU 18 (1966), Heft 2, S. 78–90.

Paul Celan, **Todesfuge**

Lernziele

Die Schüler sollen
- die Form des Gedichts (Fuge) erfassen;
- Metaphern, Chiffren, Oxymora aufschlüsseln können;
- die historische Dimension erkennen und über ihre Auswirkung reflektieren;
- sich mit dem Schicksal der Juden (KZ, Verfolgung, Vernichtung) auseinandersetzen und verstehen, daß bestimmte Zusammenhänge aus der Geschichte in die Gegenwart reichen und von der Gesellschaft getragen werden müssen, um die Zukunft neu zu gestalten.

Arbeitshinweise

1. *Notieren Sie alles, was Ihnen an Ungewöhnlichem auffällt! (StA, TA)*

Form
- keine Satzzeichen
- scheinbar willkürliche Großschreibung beim Zeilenanfang
- unterschiedlicher Strophenaufbau
- Wiederholungen
- freie Rhythmen

Inhalt (Gehalt)
- alogische Wortkombinationen
- Chiffren
- Unverständlichkeit
- Realität und Irrealität
- Variationen über den Tod

2. *Von welchen Menschen wird in diesem Gedicht gesprochen? Wie kann man die verschiedenen Personen gruppieren? In welcher Situation befinden sie sich? (StA, TA)*

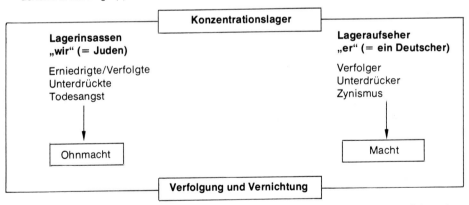

3. *Analysieren Sie die Tätigkeiten der Personengruppe, die durch das „wir" (Wir-Stimme) gekennzeichnet ist! Analysieren Sie die Tätigkeiten des Gegenspielers „er" (Er-Stimme)! (GA, TA)*
4. *Welche Assoziationen verbindet der Leser mit den Tätigkeiten der angesprochenen Personen? Was sagen die Verben aus? Welche Namen werden kontrapunktisch gegenübergestellt? (GA, TA)*

wir (= die Juden) Lagerinsassen		er (= ein Deutscher) Lageraufseher	
„wir" trinken schwarze Milch schaufeln ein Grab in den Lüften spielen zum Tanz auf stechen tiefer ins Erdreich spielen süßer den Tod streichen dunkler die Geigen steigen als Rauch in die Luft haben ein Grab in den Wolken werden mit bleierner Kugel getroffen	Abhängigkeit Not Leiden **Tod**	„er" wohnt im Haus spielt mit den Schlangen schreibt nach Deutschland pfeift seine Rüden herbei und Juden hervor läßt schaufeln ein Grab befiehlt ruft greift nach dem Eisen und schwingts trifft hetzt	Macht Bösartigkeit Zynismus **Brutalität**
↓ dein **aschenes** Haar Sulamith		↓ dein **goldenes** Haar Margarethe	

Der Mann läßt tanzen und spielen; er pfeift und befiehlt, greift nach dem Eisen, ordnet an und bereitet Gräber in der Erde. Er, der nach Deutschland schreibt an seine blonde Margarete (goldenes Haar im Kontrast zum aschenen Haar aller Verbrannten), ist ein Unbekannter, Namenloser und wohnt im Haus – neben uns, bei uns, in uns?

5. In der Musik spricht man von einer Fuge, wenn sie nach den folgenden Gesichtspunkten komponiert ist:

1. Durchführung
   1. Thema – in der ersten Stimme
   2. Gegenthema – meistens in der 2. Stimme intoniert
   3. Wiederholung des Themas – erste Stimme
   4. Wiederaufnahme des Gegenthemas – zweite Stimme
   5. Weiterführung des Themas – überwiegend in der 1. Stimme

   Zwischensatz oder Episode

2. Durchführung
   1. Thema
   2. Gegenthema
   3. Thema
   4. Gegenthema
   5. Weiterführung des Themas

   meistens in verkürzter Form

   Zwischensatz (nimmt thematisch den ersten Zwischensatz wieder auf)

3. Durchführung { in Form eines Kanons; die einzelnen Melodien (Themen) werden ineinander verschachtelt

Ermitteln Sie, inwieweit Celan in seinem Gedicht „Todesfuge" diese Kategorien einer Fuge berücksichtigt hat. Kennzeichnen Sie die jeweiligen Abschnitte im Text! Worin liegt die Bedeutung dieser Kompositionsart?

Der Dichter verweist selbst auf eine Fuge (Todesfuge), daher kann das Gedicht auch wie eine Fuge (Musikstück für Stimmen und Instrumente, in dem die Stimmen nicht geschlossen anheben, sondern in aufeinanderfolgender Weise) aufgenommen werden:

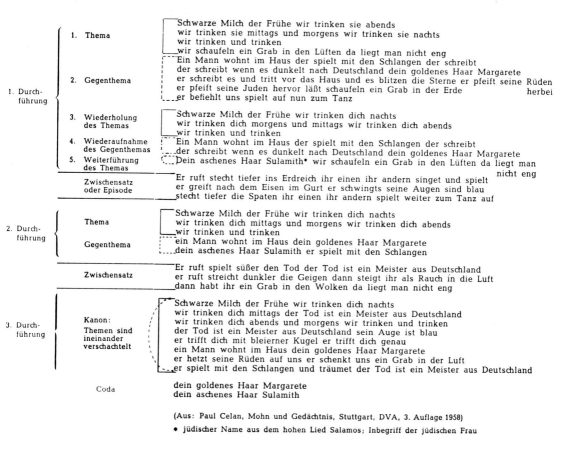

(Aus: Paul Celan, Mohn und Gedächtnis, Stuttgart, DVA, 3. Auflage 1958)

* jüdischer Name aus dem hohen Lied Salamos; Inbegriff der jüdischen Frau

Die Bedeutung der konsequenten formalen Einhaltung kann darin gesehen werden, daß dem inhaltlichen Chaos die äußere strenge Form entgegengesetzt werden soll. Im KZ herrschte auch eiserne Disziplin, die durch Einhalten von Prinzipien erzwungen wurde.

6. Was verbirgt sich hinter dem Oxymoron (Stilfigur, die zwei sich scheinbar widersprechende Begriffe vereint) „schwarze Milch der Frühe"? Entschlüsseln Sie auch andere Bilder und Metaphern! (UG)

Oxymoron *schwarze Milch der Frühe*

schwarz =	Dunkelheit	**Milch** =	Nahrungsmittel	**Frühe** =	Frische
	Trauer		nahrhaft		Anfang
	Gefahr		Gesundheit		Morgen
	Krankheit, Fäulnis		Erquickung		
	Vernichtung (Tod)		Leben		

213

In der Zusammensetzung bedeutet es jedoch den Verlust jeder Ordnung; wenn jemand schwarze Milch trinken muß, assoziiert man etwas Negatives, das durch die monotone intensive Wiederholung des Trinkens – abends, morgens, mittags, nachts (also immer) – noch verstärkt wird. Das Vertraute ist verlorengegangen, das Normale abnorm geworden, das Natürliche unnatürlich.

Alogische Wortverbindung *Grab in den Lüften:*
> Die Absurdität der Sprachführung wird deutlich; die Realität wird übersprungen; der Anfangsphase *(wir schaufeln ein Grab)* in der Erde wird das furchtbare Ende noch hinzugefügt *(dann steigt ihr als Rauch in die Luft)* (Verbrennungsöfen der Krematorien).

Metapher *spielt mit den Schlangen*
> Die Schlange gilt als Symbol des Bösen, der Versuchung: wenn ein Mann mit ihr spielt, hat er Verfügungsgewalt über unheimliche Kräfte und verderbliche Macht; es handelt sich um das vermessene Umgehen mit der Schuld.

7. Welche Wirkung hinterläßt dieses Gedicht? (UG)

In der Lyrik hat Paul Celan nach neuen Wegen und Ausdrucksformen gesucht, um auch das „Unsagbare" sagen zu können; dazu hat er sich weit von überlieferten Formen gelöst. Sein Gedicht enthält oft fremdartige Bilder und Vergleiche, die nur schwer „dechiffriert" werden können. Seine Lyriksammlung „Mohn und Gedächtnis", zu der auch die „Todesfuge" gehört, entstand unter dem Eindruck der Verfolgung und Vernichtung der Juden durch den Nationalsozialismus.

Die spezifische Form der Wirklichkeitssuche, „die aus dem Gewohnten und der vertrauten Formulierung aufbricht, den plausiblen Vergleich und das geschlossene Bild hinter sich läßt, um in einer paradoxalen Sprache neue, fundamentalere Beziehungen zu setzen und Welt zu gewinnen – sie wird verständlicher auf dem Hintergrund eines Weges, der vom Sprachverlust bedroht war." (Beda Allemann, Nachwort. In: Paul Celan. Ausgewählte Gedichte, S. 162). Es geht um die Markierung von Geschehnissen und die Verdeutlichung von Schicksalen, die zugleich in und jenseits der Alltäglichkeit liegen.

Die formale Außergewöhnlichkeit macht es auch so schwer, die Wirkung des Gedichts zu beschreiben: Keine Lehr- oder Tendenzrichtung; nicht Schilderung, Beschreibung oder Handlung; eine rhythmische, nahezu hymnische Darstellung des Übermaßes an Leid, Schuld und Pervertierung der Macht und Vernichtung. Celans Gedicht individualisiert das massenhafte Schicksal der Gefangenen von Auschwitz, Buchenwald und aller anderen Vernichtungslager; insofern hält die „Todesfuge" das Bewußtsein der Menschen wach für die Realität, denn Unterdrückung ist gegenwärtig.

Literatur

Dietlind Meinecke, Über Paul Celan. Frankfurt: Suhrkamp 1970 (= edition suhrkamp 495).

W. Menzel/K. Binneberg, Modelle für den Literaturunterricht. Entwurf einer Elementarlehre Lyrik. Braunschweig: Westermann 1972 (= Westermann Taschenbuch 66).

Zwei Bemühungen um ein Gedicht: Paul Celan, ‚Todesfuge'. In: DU 12 (1960), Heft 3, S. 34–51.

Ernst Goette, Paul Celan. Todesfuge – Versuch einer Interpretation. In: EWuB 24 (1976), S. 39–49.

Wilhelm Jacob, „Todesfuge" von Paul Celan; Ursula Jaspersen, „Todesfuge" von Paul Celan. In: Walter Urbanek (Hrsg.), Begegnung mit Gedichten. 60 Interpretationen. Bamberg: Buchners ²1970 = texte 23, S. 272–280.

NELLY SACHS, Chor der Geretteten

Lernziele

Die Schüler sollen erkennen, daß
- in diesem Gedicht Erinnerungen an die „Wohnungen des Todes" (Vernichtungslager) lyrisch dargestellt sind;
- die Tragik der Judenverfolgung in Chiffren ausgedrückt wird;
- die Chiffren entschlüsselt werden können.

Arbeitshinweise

1. Versuchen Sie das Gedicht in Sinnabschnitte zu gliedern! (StA, TA)

In dem einstrophigen, an Psalmenform angelehnten lyrischen Gesang (Totenklage) wird das gemeinsame Leiden der Juden nach der „Rettung" aus den Vernichtungslagern (Auschwitz, Dachau, Bergen-Belsen . . .) in Form eines Chores dargestellt: Fünfmal setzt der Chor mit dem Ausruf *Wir Geretteten* ein, der in diesem Zusammenhang nicht nur als Ausdruck der Befreiung bewertet werden kann, da er auch noch Wehklage enthält.

I. Schrecken der Vergangenheit
   Nähe des Todes
   Schreckensbilder der Vernichtung *(Aus deren hohlem Gebein der Tod schon seine Flöten schnitt)*

II. Wirkung
   Hinweis auf die Zeit *(immer noch . . . Stundenuhren)*

III. Gegenwärtige Situation
   Andeutung der Verwesung *(Immer noch essen an uns die Würmer der Angst)*

IV. Bitten für die Zukunft
   1. Humanität: langsames Hinführen an das wiedergewonnene Leben *(zeigt uns langsam . . . laßt uns das Leben leise wieder lernen . . .)*
   2. Rücksicht: keine Konfrontation mit realen Dingen, die an die Zeit der Vergangenheit im Lager erinnern *(Zeigt uns noch nicht einen beißenden Hund. Es könnte sein . . . Daß wir zu Staub verfallen . . .)*

V. Vergebung
   Versöhnung nur im Tod *(Aber zusammen hält uns nur noch der Abschied/Der Abschied im Staub . . .)*

2. Wer sind die „Geretteten"? (UG)

Der Chor der Geretteten gibt stellvertretend das Erlebnis der Menschen wieder, die in den Vernichtungslagern zusammengetrieben wurden, um dort von den Handlangern des Regimes (Nationalsozialismus) hingerichtet zu werden. Nur wenige konnten 1945 nach dem Ende des 2. Weltkrieges befreit werden. Die Erinnerungen an die Tage und Jahre als Gefangene werden nie aus dem Bewußtsein der Betroffenen weichen.

3. *Welche Chiffren verwendet die Dichterin? Versuchen Sie eine Deutung! (StA, UG)*

Aus deren hohlem Gebein der Tod schon seine Flöten schnitt (Der Tod als Hypostase [= Personifizierung])
Assoziation: Verwertung der Knochen von Toten für Musikinstrumente

Würmer der Angst (Verknüpfung konkreter Dinge mit abstrakten Begriffen)
Assoziation: Verwesung, Fäulnis, Krankheit, Elend, Tod

Unser Gestirn ist vergraben im Staub (Gegenteil von dem, wo ein Gestirn wirklich ist)
Assoziation: Gestirne am Himmel können der Orientierung dienen; im Staub dagegen ist sie nicht mehr möglich.

4. *Versuchen Sie die Thesen von Adorno und Enzensberger (die im Vorspann zitiert sind) anhand der Textbeispiele dieses Kapitels zu erläutern!*

5. *Worin liegt die Problematik, Auschwitz und die Judenverfolgung in der Literatur zu beschreiben? (Diskussion)*

Adorno kommt zu dem Ergebnis, daß es nicht möglich sei, nach Auschwitz ein Gedicht zu schreiben. Er meint damit, daß ein solch ungeheuerliches Geschehen wie die Ermordung von Millionen Menschen nicht Gegenstand eines – nach ästhetischen Maßstäben – „schönen" Gedichts sein könne, weil dadurch die Gefahr der Verharmlosung gegeben sei.
Die Beispiele im „Kritischen Lesebuch" von Paul Celan und Nelly Sachs zeigen, daß Adorno unrecht hat: Die Eigenart dieser Lyrik vermag das „Unsagbare" zu sagen. Dazu trägt die besondere Metaphorik bei.
Durch den versöhnlichen Ton, dem „etwas Rettendes innewohnt", ist es Nelly Sachs gelungen, nicht nur mahnend auf die historischen Ereignisse hinzuweisen, sondern auch das Bewußtsein der Menschen in der Weise zu prägen, daß das Miteinander und die Versöhnung in eine neue Zukunft weisen.

6. *In welcher Weise ist Versöhnung möglich? (Diskussion)*

Die *Geretteten* sind – trotz allem Erlebten – bereit, den anderen die Hand entgegenzustrecken und den Versuch zu unternehmen, mit ihnen zu leben; sie bitten darum, wieder *sehen, gehen* und *hören* zu lernen, die anderen wieder zu *erkennen*.
Ein Verstehen und das Gefühl des Zusammengehörens mit denen, die ihr Schicksal verursacht haben, ist allerdings im irdischen Leben noch nicht wieder möglich; diese Symbiose kann erst mit dem Tod erfolgen (*Aber zusammen hält uns nur noch der Abschied,/Der Abschied im Staub/Hält uns mit euch zusammen*).

Literatur

Manfred Seidler, Moderne Lyrik im Deutschunterricht. Frankfurt: Hirschgraben [4]1971, S. 78–80.
Das Buch der Nelly Sachs, hrsg. von Bengt Holmqvist. Frankfurt: Suhrkamp 1977 (= st 398).
Hellmut Geißner, Nelly Sachs. In: Dietrich Weber (Hrsg.), Deutsche Literatur seit 1945 in Einzeldarstellungen. Stuttgart: Kröner [2]1970 (= Kröners Taschenausgabe 382), S. 17–41.
Ehrhard Bahr, Nelly Sachs. München: Beck 1980.

12. NACHKRIEGSZEIT

Autor	Titel	Textform	Eigenart	Inhalt	Seite
Günter Eich	Inventur	Gedicht	lakonisch (Kahlschlagdichtung)	Alltag eines Kriegsgefangenen	312
Hans Magnus Enzensberger	konjunktur	Gedicht	metaphorisch	Macht und Ohnmacht	313
Franz Josef Degenhardt	Horsti Schmandhoff	Protestsong	balladenhaft	Opportunismus	315/80
Wolf Biermann	Die Ballade von dem Drainage-Leger Fredi Rohsmeisl aus Buckow	Ballade	bitterironisch	Funktionärsverhalten in der DDR	317/250
Kurt Bartsch	Sozialistischer Biedermeier	Gedicht	kritisch-ironisch	Opportunismus in der DDR	320
Günter Wallraff	Hier und dort	Gedicht	Montage	Vergleich Bundesrepublik – DDR	321
Duden (Mannheim) – Duden (Leizpig)		Rechtschreibwörterbuch	lexikalisch	Worterklärungen (Volk)	322/288
Zwei Rätsel		Kreuzworträtsel	Fragen	Allgemeinwissen Bundesrepublik – DDR	323/286
„Alle reden vom Wetter. Wir nicht."*		Plakate	appellativ	DB: Vorteil der Eisenbahn SDS: Kritik an unpolitischer Haltung	325
Kurt Georg Kiesinger	Zwei Reden zu den Studentenunruhen von 1968	Fernsehansprache	rhetorisch-abwehrend	Studentenunruhen (1968)	326/83
Gustav Heinemann		Fernsehansprache	rhetorisch-selbstkritisch	Studentenunruhen (1968)	327/84

GÜNTER EICH, **Inventur**

Lernziele

Die Schüler sollen erkennen, daß
- geistige Freiheit unabhängig von der äußeren Situation existiert;
- triviale Dinge unter bestimmten Umständen lebenswichtige Bedeutung erhalten;
- die besondere Wirkung des Gedichts in der lapidaren Aufzählung der Gegenstände liegt.

Arbeitshinweise

1. Was heißt im allgemeinen Sprachgebrauch Inventur? (UG)

Inventur ist die Bestandsaufnahme des Vermögens und der Schulden eines Unternehmens zu einem bestimmten Zeitpunkt (meist zum Jahresende).

2. Worauf beziehen sich in diesem Gedicht die Dinge der Inventur? (StA)

Ein Kriegsgefangener zählt die wenigen einfachen Dinge auf, die er noch besitzt, für ihn aber lebenswichtig sind (1). Durch das Einritzen des Namens in den Becher markiert er seinen individuellen Bereich, grenzt ihn von den anderen ab (2).
Der Nagel wird zu einem *kostbaren* Werkzeug, der vor *begehrlichen Augen* versteckt werden muß (3). Im Brotbeutel ist etwas, was er niemandem verrät (4); für ihn wird er zum Kopfkissen; Pappe dient als Bett (5). Der Bleistiftmine kommt eine besondere Bedeutung zu (6); in der letzten Strophe werden die Gegenstände noch einmal aufgezählt (7).

3. Welche Bedeutung hat die Bleistiftmine? (UG)

Die Bleistiftmine schafft einen persönlichen Lebensraum. Der Gefangene schreibt damit Verse und kann auf diese Weise die Welt nach seiner Vorstellung gestalten. Auch bei äußerer Gefangenschaft gibt es eine innere, geistige Freiheit und – in seiner Situation – einen kleinen Raum des Privaten: Im Brotbeutel ist *einiges, was ich/niemand verrate*. Es mag sich dabei um irgendein Erinnerungsstück handeln, das an sich wertlos ist. Für den Gefangenen besitzt es aber einen hohen Wert: Es gehört ihm allein; ein anderer kann nichts damit anfangen; ihn ginge es auch nichts an.

4. Welche sprachlichen und formalen Mittel verwendet Eich? Welcher Zusammenhang besteht zwischen dieser Gestaltung und dem Inhalt? (UG)

Nominalstil: *Mütze, Mantel, Rasierzeug, Beutel . . .*

Anaphern: *Dies ist mein . . . dies ist mein . . .* (Demonstrative Wiederholung des Possessivpronomens).

Aneinanderreihung, Aufzählung: Der Zusammenhang wird nicht direkt deutlich, sondern ergibt sich aus dem Kontext.

Überwiegend statische Verben: *sein, liegen.* Die wenigen dynamischen Verben *(bergen, ritzen)* dienen der Abwehr.

„Das wiederholte ‚Dies ist mein' läßt das Bewußtsein des relativen Reichtums in einer Welt der Besitzlosen fühlen. Die letzte Strophe enthält nur sieben verschiedene Vokabeln. Aber sie enthält ebensoviele Jubelrufe zwischen den Worten." (Bräutigam, S. 702)

5. In welchem Sinn macht Eich Inventur? (Diskussion)

Das Gedicht ist keine Klage oder Anklage. Die Grausamkeit des Krieges wird nur indirekt deutlich. Das Wort „Inventur" hat im Zusammenhang des Gedichts einen leicht ironischen Unterton. Aber es zeigt die Möglichkeiten des Menschen in extremen Notsituationen auf; es gibt auch Reichtum in der Armut.

Tafelbild

Inventur → Code → **Nachricht (Mitteilung)**

Mütze ⎱
Mantel ⎬ Kleidung
Socken ⎰

Rasierzeug ⎱
Leinenbeutel ⎪
Brotbeutel ⎪
Zeltbahn ⎪
Handtuch ⎬ Ausrüstungs-
Zwirn ⎪ gegenstände
Konservenbüchse ⎪ (Materialien)
Nagel ⎪
Pappe ⎪
Bleistiftmine ⎪
Notizbuch ⎰

1. Konservenbüchse dient mir als Teller, Becher
2. In das Weißblech hab ich den Namen geritzt
3. Geritzt mit dem kostbaren Nagel, den ich vor begehrlichen Augen berge
4. Im Brotbeutel sind Socken und einiges, was ich nicht verrate
5. Bleistiftmine lieb ich am meisten; schreibt tags Verse, die ich nachts erdacht habe

Literatur

Kurt Bräutigam, Moderne deutsche Balladen. Frankfurt: Diesterweg 1968, S. 68–70.
Heinz F. Schafroth, Günter Eich. München: Beck 1976 (= Autorenbücher 1).
Hans Kügler, Literatur und Kommunikation. Poetische und pragmatische Lektüre im Unterricht. Stuttgart: Klett ²1975, S. 110–124.

HANS MAGNUS ENZENSBERGER, **konjunktur**

Lernziele

Die Schüler sollen erkennen, daß
— Enzensberger durch Verschlüsselung (Metaphern) das Verhältnis von Mächtigen (Angler) und Machtlosen (Fische) darstellt;
— der Autor gegenüber beiden Gruppen ironische Distanz hält;
— Enzensberger die Menschen vor Passivität und Kritiklosigkeit warnt und den Begriff der „konjunktur" doppeldeutig verwendet.

Arbeitshinweise

1. Was fällt an diesem Gedicht auf? (StA, TA)

— Kleinschreibung
— paradoxe Wortkombinationen *(haken – biscuit)*
— Unverständlichkeit
— fehlender Reim
— keine strenge Strophen- und Versformen
— freie Rhythmen (dadurch prosaähnliche Wirkung)
— Vermutung „vielleicht" ist in Klammern gesetzt

2. *Von welchen zwei Personengruppen wird in dem Gedicht gesprochen? Erarbeiten Sie Ihre Tätigkeiten, Merkmale und Aussagen! (GA, TA)*

ihr euch	{	Unterdrückte Arbeitnehmer Machtlose Manipulierte		sie	{	Unterdrücker Arbeitgeber Mächtige Herrschende/Regierende
fische				**angler**		
ihr	–	glaubt zu essen aber das ist kein fleisch – werdet aus der lauen brühe gerissen – werdet euch wälzen – eure glieder werden sich festkrallen – sollt euch nicht sorgen – schlagt euch das gebiß in die hälse – kämpft um den tödlichen köder		*sie*	–	füttern euch mit einem süßen köder – (vergessen vielleicht die schnur, haben vielleicht ein gelübde getan zu fasten) – haben ein gutes gedächtnis, alte erfahrung – tragen zu euch die liebe des metzgers zu seiner sau – sitzen geduldig am rhein, potomac, beresina ... – weiden euch, warten
↓				↓		
Passive (Leidtragende) – werden getäuscht – müssen sich um ihre Existenz sorgen				**Aktive** (Sieger) – sitzen an den Schalthebeln der Macht – haben den längeren Atem		

3. *Welche Bedeutung hat der Vergleich mit den „anglern"? (UG)*

In Enzensbergers Lyrikband „verteidigung der wölfe gegen die lämmer" werden die unterschiedlichen Verhaltensweisen und Charaktere der Menschen durch Tierbilder verdeutlicht: den mächtigen „anglern", die die Angel nach ihrem Belieben auswerfen, stehen die nach dem „köder" schnappenden Fische (Abhängige, Mitläufer) gegenüber.

4. *Untersuchen Sie die Bildersprache und den Wortschatz des Gedichts! (StA oder UG, TA)*

Der Autor verwendet Wörter aus allen Sprachbereichen, die von ihm umgeformt und in ungewöhnlichen Zusammenhang gebracht werden:

Alltagssprache: Angler, Köder, Biscuit
Bibel: Gelübde, fasten
Paradoxien: Köder, das schmeckt süß *(der haken schmeckt nicht nach biscuit/er schmeckt nach blut)*
Metaphern: laue brühe (= Welt der Menschen, die nur an das wirtschaftliche Wohlergehen denken, sich um den Verlauf der „Konjunktur" sorgen)
Periphrasen: gebiß in die hälse schlagen (= prügeln)
 tödlicher köder (materieller Wohlstand verführt zu Gleichgültigkeit/Passivität)
Geschichtliche Anspielungen: beresina (Erinnerung an Rußlandfeldzug Napoleons → Vergangenheit)
 nevada (Atombombenversuche der USA → Gegenwart)
 potomac (Verteidigungsministerium der USA; Entscheidungen für die → Zukunft)

220

Auf die Vergangenheit zurückweisend, die Gegenwart erwähnend und in die Zukunft vorausschauend, versteht es Enzensberger, Bilder zu entwerfen, die den Menschen in seiner Existenz bedrohen.

5. *Warum spricht Enzensberger von „konjunktur"? Was kritisiert er? Vor welchen Gefahren will er warnen? (UG)*

Der Autor meint, daß die Angler immer „konjunktur" haben, wenn die Abhängigen sich nicht von ihnen lösen. Daß die Angler ihre Schnur vergessen oder ein Gelübde ablegen zu fasten, ist eine trügerische Hoffnung. (Der Autor klammert diese Aussagen direkt aus.)

Enzensberger kritisiert die Abhängigkeit, aber auch – mit bitterer, an Verzweiflung grenzender Ironie – die Passivität und Kritiklosigkeit der Menschen. Er erkennt die Gefahr, die ihnen durch eigene Schuld droht, weiß allerdings auch, wie abhängig Unterdrückte sein können *(euch vor dem hunger fürchtend/kämpft ihr um den tödlichen köder).*

Das Gedicht will warnen und aufrütteln; Enzensberger ist sich bewußt, daß der Ausdauer und den vielseitigen Möglichkeiten der Machthaber nicht so einfach etwas entgegengesetzt werden kann; allerdings dürfen sich die Betroffenen auch nicht *das gebiß in die hälse* schlagen.

Literatur

Bärbel Gutzat, Bewußtseinsinhalte kritischer Lyrik. Eine Analyse der ersten drei Gedichtbände von Hans Magnus Enzensberger. Wiesbaden: Akademische Verlagsgesellschaft Athenaion 1977.

Karl Heinz Welder, geburtsanzeige – konjunktur – schläferung. Drei Enzensberger-Gedicht im Unterricht. In: DU 25 (1973), Heft 2, S. 49–63.

FRANZ JOSEF DEGENHARDT, **Horsti Schmandhoff**

Lernziele

Die Schüler sollen erkennen, daß
- sich in Horsti Schmandhoff die Geschichte Deutschlands von der Weimarer Republik bis in die Gegenwart widerspiegelt;
- Horsti Schmandhoff ein Opportunist ist;
- Horsti Schmandhoff einen bestimmten Typ darstellt, dessen Verhaltensweisen den Menschen als Spiegel vorgehalten werden sollen, um sie zu ändern (Funktion des Protestliedes).

Arbeitshinweise

1. Wer wird durch diesen Protestsong angesprochen? (UG)

Schon mit den ersten Worten wird der Adressat angesprochen *(Ihr, die Kumpanen . . .)*; Horsti *(Sohn einer Serviererin)* ist wie die anderen kleinen Leute, die nach einem besseren Leben streben, das sich in materiellen Äußerlichkeiten erschöpft *(Gier nach hellen Häusern, Rasen, Chrom und Kies . . .)*. Horstis Lebenslauf verkörpert den Traum der kleinen Leute.

2. *Verfolgen sie die verschiedenen Stufen des Lebensweges von Horsti Schmandhoff! Achten Sie dabei darauf, welche Kleidungsstücke, Handlungsweisen, Gegenstände für die jeweilige Epoche typisch sind! (GA, TA)*

Strophe	Zeit (Stufen)	Kleidung	Äußeres	Gang/Gestik	Gegenstände	Handlung
I	Einleitung					
II	Weimarer Republik (Jugend)	Lederhose, weißes Hemd	schmal, blond	in den Himmel sehend	Schifferklavier	Spiel
III	NS-Zeit (Heranwachsender)	Halbschuhe, weiße Söckchen, Uniform, Panzerkäppi		kurzer Tänzelschritt, Wackelhintern, einherschreiten	Siegelring, Fahrtenmesser, EK II	Abnehmen des EK II, Erzählen von Stalingrad (militärische Erfolge)
IV	Nachkrieg bis 1949 (Mann)	Khakizeug, Ledermantel, Hut/Halstuch	rosig, dick, rund	schleppend ... zog	Gummi, Lucky, Bierchen	Lucky rauchend, Küchenhelfer, Erzählen von Stalingrad (Widerstand gegen Militär)
V	Bundesrepublik (Wohlstand)	grünchangierter Anzug, Kreppsohle	sehr blond und braun und schmal	weicher Kreppsohlengang, geschmeidig, im Schritttempo durchs Viertel	statt Bier nur Möselchen, Wagenschlüssel, Jaguar	Singt amerikanische Lieder, Autofahren
VI	Afrika (Macht)	Leopardenfell	fett, lächelte brutal	Fäuste in den Hüften	Schwanzquast	Ratgeber des Präsidenten

3. *Welche Funktion hat Horsti? (UG)*

Im passenden Kostüm der Zeit hat er mit knappen Gesten eure Träume dargestellt. Zu jeder Zeit – in jeder Situation – ist Horsti bei den Stärkeren, bei den Erfolgreichen. Er ist der Typ des Mitläufers, des Anpassers, des Karrieristen, des Ehrgeizigen, des Angebers, der seine Meinung immer nach dem Winde dreht. Während des Krieges brüstet er sich noch mit seinen militärischen Erfolgen bei Stalingrad; nach dem Krieg prahlt er damit, daß er General Paulus in den Arsch getreten habe. (General Paulus hatte wider bessere Einsicht aufgrund eines Führerbefehls vor Stalingrad die Front nicht zurückgezogen, wodurch die 6. Armee vernichtet wurde.) Allerdings sollen die anderen Menschen sich nicht über ihn erheben, sie wollten dasselbe: sie waren nur nicht so erfolgreich: Ihr wolltet mal genau wie Horsti Schmandhoff sein (Funktion des Kehrreims mit seiner einhämmernden Wirkung).

4. Was kritisiert Degenhardt mit diesem Song? (Diskussion)

Durch die Darstellung des Lebensweges von Horsti Schmandhoff – von allen als Vorbild angesehen – will Degenhardt den Menschen einen Spiegel vorhalten und erreichen, daß sie sich über die problematischen Seiten dieser Haltung klar werden und sie über Bord werfen. Es handelt sich um einen Protestsong, der sich gegen allgemeine menschliche Schwächen wendet, aber kein konkretes politisches Ziel hat.

5. Welche sprachlichen und stilistischen Mittel unterstützen die Aussagen? (UG)

Die häufige Anwendung der Alliteration *(aus gleichen grauen Reihenhäusern und aus gleichem Guß)* wirkt eindringlich.

Aufzählungen und Appositionen erzielen häufig einen leicht komischen und ironischen Effekt *(Gier... nach schlanken Frauen, Kachelbad; Hut im Nacken, Halstuch in der Hand, Bierchen in der Hand.)*

Der Zeilensprung (Enjambement) zerreißt stellenweise den Erzählfluß und betont dadurch bestimmte Verhaltensweisen *(Kumpanen, die ihr dies/fast alle heute habt...)*.

Die Umgangssprache verstärkt die Glaubwürdigkeit dieses „Kumpanen" *(Kumpanen; irgendwo zusammensteht; ihr wolltet mal).*

Der Kehrreim wiederholt die entscheidende Ansprache an die Zuhörer, damit sie sich nicht dem Erzählten entziehen.

WOLF BIERMANN,

Die Ballade von dem Drainage-Leger Fredi Rohsmeisl aus Buckow

Lernziele

Die Schüler sollen erkennen, daß
— mit Buckow die DDR gemeint ist;
— Biermann die kleinlichen Willkürmaßnahmen des Staates kritisiert;
— der Autor aber nicht grundsätzlich gegen den Sozialismus und die DDR eingestellt ist;
— Biermann vor allem beklagt, daß der Staat seine Anhänger mit kleinen unnötigen Schikanen vergrault;
— der Refrain wichtiger Sinnträger für die politische Aussage ist.

Arbeitshinweise

1. Wer ist Fredi Rohsmeisl? Was wird von ihm gesagt? (StA)

Fredi Rohsmeisl ist Arbeiter (Drainage-Leger) in Buckow. Mit seiner Verlobten tanzt er – nach westlicher Beatmode – *auseinander,* was *verboten* ist. Daraufhin wird er von *zwei Kerlen* aus dem Lokal herausgeschmissen, verprügelt diese, wird wiederum von den Polizisten des herbeigerufenen Überfallautos verhauen. In einem Prozeß wird er zu 12 Wochen Gefängnis verurteilt *(als Konterrevolutionär).* Seitdem ist er zornig und *voll Bitterkeit.* Er hat den Glauben an die Gerechtigkeit verloren; er ist zwar noch für den Sozialismus, aber den Staat hat er gründlich satt.

2. Wer sind die „zwei Kerle"? Wie verhalten sie sich? (UG)

Die *zwei Kerle* sind Funktionäre, die darauf achten, daß alle Verbote hundertprozentig eingehalten werden. Ihre Reaktion auf das Übertreten des Verbots ist unangemessen; sprachlich wird das durch die Wiederholung ihres gewalttätigen Auftretens unterstrichen: *Und schmissen ihn auf die Taubengasse./Und schmissen ihn über den Lattenzaun/Und haben ihn in die Fresse gehaun...*

3. *Warum wird Fredi verurteilt? (UG)*

Fredi wird als *Konterrevolutionär* verurteilt. Damit ist – aus der Sicht des Staatsanwalts – gemeint, daß er westliche Verhaltensweisen übernommen hat, die dem Staat schaden, ihn in seiner Struktur zersetzen.

4. *Warum ist er voll Bitterkeit?*
5. *Welches Verhältnis hat Fredi zu dem neuen Staat? Welcher Staat ist damit gemeint? (UG)*

Fredi kann nicht begreifen, daß sein Tanz etwas Staatszersetzendes und Konterrevolutionäres ist. Er hat infolgedessen allen Glauben an Gerechtigkeit verloren. Er ist im Grundsatz für den Sozialismus und für den neuen Staat (= DDR), aber nicht für einen kleinkarierten, bürokratischen, den Menschen übersehenden Staat. Durch das Verhalten des Staates wird also ein Anhänger des Systems zu einem Kritiker; er wird vergrault.

Dieses kurzsichtige Verhalten der Bürokraten will Biermann kritisieren. Die Reaktion des Staatsapparates, seine kleinlichen Verbote und Drangsalierungen demaskiert der Autor dann vollends dadurch, daß jene Tanzmode einige Jahre später erlaubt wurde (6. Strophe).

6. *Vergleichen Sie die verschiedenen Refrains miteinander! Welche Unterschiede lassen sich feststellen? Welche Funktion hat der letzte Refrain? (StA)*

Der Refrain hat in diesem Song eine tragende Rolle. Der Text wird nur geringfügig variiert: Verändert werden die Verben: *tanzen* (1), *schlagen* (2), *zusehn* (3), *weinen* (4), *fluchen* (5), *sich ändern* (6). Außerdem weicht der Refrain der 1. Strophe in der Frage *(Aber schadet uns das?)* und der 6. Strophe in der Antwort *(Ja – in Klammern)* von den übrigen Strophen ab. Die Klammer der Ja-Antwort zeigt eine gewisse Skepsis gegenüber der neuen Situation.

Tafelbild

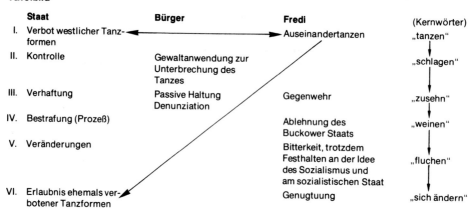

Literatur

Wolf Biermann, Liedermacher und Sozialist, hrsg. von Thomas Rothschild. Reinbek: Rowohlt 1976 (= rororo 4017).

Ekkehard Kloehn, Die Lyrik Wolf Biermanns. In: DU 21 (1969), Heft 5, S. 126–133.

Dieter P. Meier-Lenz (Hrsg.), Wolf Biermann und die Tradition. Von der Bibel bis Ernst Bloch. Textausgabe mit Materialien. Stuttgart: Klett 1981.

Karl Riha, Moritat, Bänkelsong, Protestballade. Zur Geschichte der engagierten Lyrik in Deutschland. Frankfurt: Fischer 1975 (= FAT 2100).

KURT BARTSCH, **Sozialistischer Biedermeier**

Lernziele

Die Schüler sollen erkennen, daß
- Bartsch Kritik am Leben und Verhalten vieler DDR-Funktionäre übt;
- der Autor von einem marxistischen Standpunkt aus Kritik übt;
- seine Kritik formal vor allem durch Wortspiele zum Ausdruck gebracht wird.

Arbeitshinweise

1. Was versteht man unter Biedermeier? (Schlagen Sie in einem Lexikon nach!)

„Der Name stammt von L. Eichrodts Parodie des treuherzigen Spießbürgers der Vormärzzeit im ‚schwäbischen Schullehrer Gottlieb Biedermeier' und seinen Gedichten (‚Münchener Fliegende Blätter' 1850–1857), zuerst auf die bürgerliche Wohnkultur (B.-Stil), dann auf die beschauliche Genremalerei der Zeit (Spitzweg) übertragen, wurde es zum Schlagwort für die philiströs-unpolitische Zeit 1815–48 und als solcher Epochenbegriff auch für die Dichtung beansprucht: Es bezeichnet hier die genügsame, unheroische und unpolitische bürgerliche Dichtung zwischen der patriotischen Bewegung der Befreiungskriege und dem Beginn des Realismus, neben der Romantik und dem Jungen Deutschland." (Gero von Wilpert, Sachwörterbuch der Literatur, Stuttgart: Kröner ⁴1964, S. 70)

2. Wer ist mit dem Pronomen „sie" gemeint? Wie leben „sie"? (StA, TA)

Gemeint sind die Funktionäre in der DDR. Ihre Lebensweise ist folgendermaßen charakterisiert:

Lebensweise der Funktionäre in der DDR

- Bequemlichkeit   (Sofa)
- Fassadenhaftigkeit   (Emblem)
- Lippenbekenntnisse   (Lippe . . . Thesen)
- Wohlstand   (Auto, Sekt)
- Empfindlichkeit   (betroffen . . . von Kritik und Ironie)
- keine Schmutzarbeit leistend (zur Schippe greifen nie)
- Opportunismus   (Mäntelchen nach dem Winde hängen)
- ohne Nachdenken   (Wozu noch den Kopf verrenken)

3. Auf welche Weise vermittelt Bartsch seine Kritik? (StA, TA)

Sprachspiel: *Wand- und Widersprüche*
Schippe (doppelte Bedeutung: Gesichtsausdruck – Schaufel)
Sonne – Sahne
Marx wie Moritz (Max und Moritz)

Anspielungen: *Kapital trägt Zinsen* (Verweis auf die Hauptschrift von Karl Marx)
Auto – außen rot
rote Fahne – zur Küche raus
Marx wie Moritz

Variationen geflügelter Worte:
Links ein Sofa, rechts ein Sofa, in der Mitte ein Emblem (statt: „Prophete rechts, Prophete links, das Weltkind in der Mitten.")
Mäntelchen im Wind („Den Mantel nach dem Winde hängen")

Antithesen: *Früher – jetzt*
Linsen – Sekt
außen – innen

4. Was kritisiert Bartsch? Von welchem Standpunkt aus übt er seine Kritik? (Diskussion)

Bartsch kritisiert Eigenschaften und Verhaltensweisen, wie sie vielen Funktionären zu eigen sind. Sein Standpunkt ist dabei nicht ein westlich orientierter, sondern ein systemimmanenter, marxistischer. Aus der letzten Zeile geht hervor, daß er bedauert, daß nun *Marx wie Moritz* aussieht. Auch in der 2. Strophe wird auf Marx verwiesen, den die Funktionäre gelesen, aber jetzt nicht mehr nötig haben. Bartsch kritisiert, daß die theoretischen sozialistischen Ideale wie Gleichheit, Wahrhaftigkeit, Opferbereitschaft und Einsatz in der Praxis nicht in die Tat umgesetzt werden.

Günter Wallraff, **Hier und dort**

Lernziele

Die Schüler sollen

— die Struktur des Gedichts analysieren;
— die Gegenüberstellung des „hier" und „dort" politisch definieren können;
— das jeweils verwendete Vokabular als Schlagwörter des offiziellen Sprachgebrauchs entlarven und die Sinnlosigkeit in der gegenseitigen Konfrontation erkennen;
— die Synthese als Anregung verstehen, Alternativen aufzuzeigen.

Arbeitshinweise

1. Erläutern Sie den Aufbau des Gedichts! (UG)

In I (Hier) wird in den ersten vier Strophen ein *hier* und *dort* dialektisch gegenübergestellt; in der 5. Strophe wechselt allerdings die Reihenfolge *(dort – hier)*. Damit wird die „Austauschbarkeit" der Begriffe angedeutet, die jeweiligen Vokabeln werden als beliebig auswechselbare Schlagwörter entlarvt.

In II (dort) wird parallel zu I (Hier) verfahren.

In III (jenseits von hier; fernab von dort) zieht der Autor eine Art Synthese, indem er sich weder in I noch in II ansiedeln will, sondern irgendwo dazwischen, wo auf *feste begriffe* verzichtet wird (man also nicht auf einem bestimmten Begriffsvokabular besteht); graphisch wird diese Schlußfolgerung in der Form dargestellt, daß die Aussage zwischen den beiden Orten *hier* und *dort* „angesiedelt" ist.

2. Vergleichen Sie das „hier" und „dort"! Was ist damit gemeint?

3. Welchen Schluß zieht Wallraff? (StA, TA)

In I und II stehen sich die Bundesrepublik und die DDR in dem jeweils vorherrschenden Vokabular, das das jeweilige Selbstverständnis zum Ausdruck bringt, gegenüber: In jeder Strophe wird den eigenen positiven Erscheinungsformen das Negative des anderen Staates phrasenhaft gegenübergestellt. Der Wechsel in der 5. Strophe betont nur die Austauschbarkeit und Sinnlosigkeit des gegenseitigen Verhaltens von Phrasen.

I „hier" (= Bundesrepublik) WESTEN	II „dort" (= DDR) OSTEN
hier alles positiv	hier alles positiv
dort alles negativ	dort alles negativ
dort teufel	dort böse
hier gott	hier gut

III jenseits und fernab

ansiedlung
(wo das Klischee nicht gilt)

4. Stimmen Sie seinem Ergebnis zu? (Diskussion)

Wallraff kritisiert beide Seiten; er wirft ihnen denselben Mißbrauch – nur unter jeweils anderem Vorzeichen – vor. Seine Schlußfolgerung muß in bezug auf die Phase des kalten Krieges in den 50er und 60er Jahren gesehen werden. Seit Beginn der 70er Jahre sind verstärkt Versuche unternommen worden, die gegenseitigen Ressentiments abzubauen; man denke in diesem Zusammenhang auch an die Schulbuchkommissionen zwischen West und Ost.

Duden (Mannheim) – Duden (Leipzig)

Lernziele

Die Schüler sollen erkennen, daß

- in beiden Duden unterschiedliche Wörter aufgenommen sind;
- jene Wörter, die nur im DDR-Duden stehen, bei uns weithin unbekannt sind;
- zu bestimmten Wörtern differenzierte Erklärungen gegeben werden;
- ein Lexikon von den gesellschaftlichen Bedingungen, in denen es entstanden ist, abhängig ist;
- sich die Sprache in Deutschland auseinander entwickelt.

Arbeitshinweise

1. Untersuchen Sie, welche Wörter in beiden Duden vorkommen und welche nur in einem abgedruckt sind! Warum? (StA)

Der Mannheimer Duden enthält zum Stichwort „Volk" 86 Wörter, der Leipziger Duden 48.

Im **Mannheimer** Duden fehlen: volksdemokratisch, Volkseigentum, Volkskorrespondent, Volksröntgenkataster, Volkssolidarität, Volkssport, Volkstanzgruppen, Volkswirtschaftsplan.

Im **Leipziger** Duden fehlen: Volksabstimmung, Volksaktie, Volksaktionär, Volksarmist, Volksausgabe, Volksbad, Volksbank, Volksbelustigung, Volksbibliothek, Volksbrauch, Volksdeutsche, Volkseinkommen, Volksempfinden, Volksfeind, Volksganze, Volksgeist, Volksglaube, Volksheilmittel, Volksherrschaft, Volkskirche, Volkslauf, Volksleben, Volksmärchen, Volksmusik, Volksnahrungsmittel, Volksredner, Volksschicht, Volksschule, Volksschüler, Volksschülerin, Volksschullehrer, Volksseele, Volksstaat, Volksstamm, Volkstanz, Volkstrauertag, volksverbunden, Volksverbundenheit, Volksvermögen, Volkswagen, Volkswagenwerk, Volkswirtschaftler, Volkswirtschaftslehre, Volkswohl.

In dem ausführlicheren Duden aus der Bundesrepublik kommen zwar die wichtigsten Institutionen und Begriffe, die für die DDR typisch sind, vor: z.B. Volksarmee, volkseigen, Volkskammer, Volkspolizei; aber andere Einrichtungen wie Volksröntgenkataster, Volkskorrespondent fehlen, ebenso ideologisch orientierte Begriffe wie Volkssolidarität.

Im DDR-Duden fehlen Wörter, die für die Bundesrepublik typisch sind, vor allem aus folgenden Bereichen:

a) Begriffe der kapitalistischen Wirtschaftsordnung: Volksaktie, Volksbank, Volksvermögen, Volkswagen, Volkswirtschaftslehre

b) Begriffe aus der parlamentarischen Demokratie: Volksabstimmung, Volksherrschaft, Volksstaat

c) Religiöse Begriffe: Volkskirche, Volkstrauertag

d) Bildung: Volksschule

e) Irrationale Begriffe: Volksempfinden, Volksfeind, Volksganze, Volksgeist, Volksglaube, Volksseele.

2. *Vergleichen Sie die Deutung der Wörter! (GA)*

Im **Mannheimer** Duden werden von den 86 aufgenommenen Wörtern folgende inhaltlich genauer erläutert: Volksdemokratie, Volksetymologie, Volkskammer;

Im **Leipziger** Duden: Volksdemokratie, Volksetymologie, Volkskammer, Volkskorrespondent, Volksröntgenkataster, Volkssolidarität, Volkswirtschaftsplan.

Die drei im bundesdeutschen Duden näher definierten Wörter sind also auch im Ost-Duden enthalten, der aber noch 5 weitere ausführliche Erklärungen aufweist. Bei zwei der drei im Mannheimer Duden näher erläuterten Begriffe (Volksdemokratie, Volkskammer) handelt es sich um Wörter aus der DDR, die auch im DDR-Duden definiert werden und zu einem genaueren Vergleich herausfordern:

Duden (Mannheim)

Volksdemokratie: Staatsform kommunistischer Länder, bei der die gesamte Staatsmacht in den Händen der Partei liegt.

Volkskammer: höchstes staatliches Machtorgan der DDR.

Duden (Leipzig)

Volksdemokratie: Staatsform der politischen Herrschaft der Arbeiterklasse (Diktatur des Proletariats) in der Übergangsperiode zum Sozialismus.

Volkskammer: oberste Volksvertretung, höchstes staatliches Machtorgan in der DDR.

Der DDR-Duden erläutert die Begriffe nach der marxistisch-leninistischen Theorie; der Duden aus der Bundesrepublik macht sich diese Ideologie nicht zu eigen, sondern versucht eine an der Wirklichkeit orientierte Beschreibung, die aber z.T. nicht exakt genug ist (z.B.: Macht in den Händen welcher Partei? In der DDR gibt es offiziell mehrere Parteien; hier wäre eine genauere Darstellung hilfreich).

3. *Was kann man an diesen Beispielen aus den zwei Duden erkennen? (Diskussion)*

Die Sprache entwickelt sich in den beiden deutschen Staaten auseinander. Es gibt schon eine Reihe von Wörtern, die im jeweils anderen Staat nicht erklärt werden, teilweise auch ganz unbekannt sind. Ein Lexikon steht immer im Zusammenhang mit den gesellschaftlichen Verhältnissen, in denen es entsteht (vgl. auch: Zwei Rätsel, KL, S. 323).

ZEIT-LUPE 20

Zur Diskussion

Als würde man ins Ausland fahren

Junge Leute diskutieren, was Ost- und Westdeutsche noch verbindet

Der beiderseitige Wunsch nach Familienzusammenführung – einmal abgesehen von der gemeinsamen Sprache – ist wohl der wichtigste Aspekt, der Ostdeutsche und Westdeutsche heute noch verbindet. Aber sonst? Es fällt schwer, andere Gemeinsamkeiten zu benennen. Zu dominierend ist der Unterschied der politischen Systeme: Dort ein verfälschter Sozialismus mit Einheitspartei, hier Kapitalismus und parlamentarische Demokratie. So ist auch nicht weiter verwunderlich, daß selbst das gemeinsame geschichtliche und kulturelle Erbe – systembedingt – in der DDR anders verwaltet wird als in der Bundesrepublik. In der Literatur sei zum Beispiel auf Jean Paul und Hölderlin hingewiesen, deren geistige Haltung von DDR-Germanisten im Gegensatz zu ihren West-Kollegen als revolutionär und antibürgerlich festgeschrieben wird.

Wilhelm M. Haefs, 19 Jahre

*

Im Juni dieses Jahres habe ich meine Mutter und ihre Geschwister für einige Tage in die DDR begleitet. Der Grund der Reise war das Wiedersehen mit Verwandten, die man zum Teil seit 20 Jahren nicht mehr gesehen hatte. Bei diesem Aufenthalt in Ostdeutschland wurde mir klar, daß Ostdeutsche und Westdeutsche heute nur noch die verwandtschaftlichen Beziehungen und die gemeinsam verlebte Vergangenheit verbindet. Von morgens bis abends wurden alte Erinnerungen wachgerufen und Photos ausgetauscht. Gespräche über aktuelle politische Kontroversen wurden bewußt vermieden. Vor allem Diskussionen über Kommunismus, Marxismus oder die Sowjetunion wurden, wenn sie sich zufällig ergaben, sofort unterdrückt. Der Meinungsaustausch über wirtschaftliche Fragen ging über den oberflächlichen Vergleich von Preisen alltäglicher Konsumartikel nicht hinaus.

Die äußeren Umstände der DDR-Reise, wie beispielsweise Grenzkontrollen oder Geldumtausch, vermittelten mir den Eindruck, ich würde ins Ausland fahren. Dagegen wird jedoch in der menschlichen Begegnung deutlich, daß drüben Menschen leben mit den gleichen Anschauungen und Problemen, soweit sie nicht durch faktische Gegensätze beeinflußt sind.

Ich glaube, jemanden, der keine Verwandten drüben hat, mit denen er noch in Kontakt steht, zieht kaum etwas in die DDR. Darum bin ich überzeugt, daß die Bindungen immer geringer werden, denn bei den jungen Leuten bestehen die gemeinsamen Erinnerungen nicht, die verwandtschaftlichen Beziehungen übertragen sich auch nicht mehr. Die DDR wird mehr und mehr zum Ausland.

Renate Marquardt, 19 Jahre

*

In dem „noch" der Frage liegt die ganze Tragik, denn die Relationen über den „Zaun des Anstoßes" hinweg verebben immer mehr. Analysiert man die familiären, freundschaftlichen und kulturellen Beziehungen, so stellt man resignierend fest, daß das Wissen um die inhumane Trennung das gewichtigste verbindende Element ist. Diesbezüglich wäre das „noch" allerdings erfreulich!

Walter Franz, 18 Jahre

*

Viele Jahre haben sich die Regierungen der Bundesrepublik vergeblich bemüht, den Wiedervereinigungsauftrag des Grundgesetzes wörtlich zu realisieren. Der Mißerfolg war vorprogrammiert – es war der falsche Weg, er kam der DDR in ihrer separatistischen Politik entgegen. Der 1972 abgeschlossene Grundvertrag akzeptierte die Teilung mit Einschränkungen, ermöglichte aber menschliche Kontakte auf breiter Basis und führte somit zu einer Neubelebung des Zusammengehörigkeitsgefühls der Menschen in Ost und West. Ich glaube, daß die

Tatsache der gewaltsamen Trennung, von der die DDR offensichtlich nicht abrücken will, das Zusammengehörigkeitsgefühl nicht schwächt, sondern stärkt. Die vorhandenen Möglichkeiten des Beisammenseins werden nämlich auf Grund der Trennung intensiver erlebt, neue Bande werden geknüpft und alte gestärkt, weil man sich der Gewalt nicht beugen will und weil das Bewußtsein, *ein Volk zu sein,* bei vielen Menschen existiert. Ist das nicht die eigentliche Einheit?

Ernst-Joachim Regier, 16 Jahre

*

Gern werden natürlich die gemeinsame Sprache, Kultur und Geschichte herbeizitiert, um den Wunsch nach Wiedervereinigung zu rechtfertigen. In Österreich und der Schweiz wird aber auch Deutsch gesprochen. Und welche gemeinsame Geschichte ist denn gemeint? Doch wohl höchstens die von 1871 bis 1945, das scheint mir etwas mager. Ich fahre fast jedes Jahr in die DDR, um Freunde zu besuchen. Das ist für mich eine Reise ins Ausland, und ich finde, die Anerkennung der DDR als souveräner Staat ist längst überfällig. Es gibt keinen vernünftigen Grund, vor dieser Realität die Augen zu verschließen, und Begründungen von wegen Diktatur oder Schießbefehl sind doch hirnrissig. Die SU, Südafrika oder Chile sind auch anerkannt und werden unterstützt. Erst eine Anerkennung der DDR und eine Beendigung der gegenseitigen Hetze könnten wieder mehr Gemeinsamkeiten bringen, die nun schon seit fast 30 Jahren systematisch abgebaut werden.

Andreas Hub, 18 Jahre

*

Als jugendlicher Normalbürger, der auch keine verwandtschaftlichen Beziehungen zur DDR unterhält, verbindet mich persönlich eigentlich nichts mit der DDR. Politisch sehe ich die DDR als eigenständigen Staat aus dem sozialistischen Lager, und der „Todesstreifen" ist die ideologische Grenze zwischen West und Ost und dient der DDR zugleich als Symbol ihrer Eigenständigkeit, Unabhängigkeit und Macht. Die DDR, so wie sie besteht, kann ich zwar nicht akzeptieren, muß sie aber tolerieren.

Michael Husen, 19 Jahre
(Aus: Die Zeit, Jg. 31, Nr. 41 [01.10.76], S. 55.)

Literatur

Gustav Korlén, Führt die Teilung Deutschlands zur Sprachspaltung? In: DU 21 (1969), Heft 5, S. 11 ff.

W. R. Langenbucher/R. Rytlewski/B. Weyergraf (Hrsg.), Kulturpolitisches Wörterbuch Bundesrepublik Deutschland/Deutsche Demokratische Republik im Vergleich. Stuttgart: Metzler 1983.

Zwei Rätsel

Lernziele

Die Schüler sollen erkennen, daß

- die beiden Rätsel in deutscher Sprache aus der Bundesrepublik Deutschland und der DDR stammen;
- in Deutschland zwar immer noch dieselbe Sprache gesprochen wird, die Lösung des Rätsels aus der DDR aber schon Schwierigkeiten bereitet (Entfremdung);
- unterschiedliche Wissensschwerpunkte gesetzt werden (West – Ost);
- einige nachgefragte Begriffe und Wörter aus dem DDR-Rätsel in der Bundesrepublik Deutschland unbekannt und nur sehr schwer zu ermitteln sind;
- die Gefahr der sich immer stärker auseinander entwickelnden deutschen Sprache groß ist.

Arbeitshinweise

1. Lösen Sie die beiden Rätsel! (StA oder GA, auch als HA möglich)

Waagerecht: 1. osteurop. Hauptstadt (Landessprache), 5. Nagetier, 8. Oblasthauptstadt i. d. Belorussischen SSR, 11. Frühlingsblume, 15. Fluß i. d. Kasachischen SSR, 16. ital. Münze, 17. Aussehen, Miene, 18. rillenart. Vertiefung, 19. Regenschutz, 20. holl. Landschaftsmaler d. 17. Jh., 21. Schiffssteuer, 22. Amtstracht, 23. ital. Kratersee im Albanergebirge, 24. Mädchenname, 25. fläm. Maler d. 16. 17. Jh., 26. straußenähnl. Laufvogel, 28. Urvolk Spaniens, 30. Hobelabfall, 32. Wundmal, 35. Abschnitt d. Korans, 38. Warta-Nebenfluß, 39. Mädchenname, 40. Bewohner ein. SSR im NW d. UdSSR, 43. griech. Buchstabe, 44. holl. Maler d. 17. Jh., 46. Handwagen, 48. Bewohner (Mz.) einer ASSR im Wolgaland, 52. Gangart d. Pferdes, 54. weibl. Bühnenrolle, 55. Titelgestalt ein. Tschaikowski-Oper, 57. dt. Komponist (gest. 1916), 60. Wisla-Nebenfluß, 62. ringförmige Koralleninseln, 63. Mädchenname (Kurzform), 65. Doppelsalz, 66. Verkaufshäuschen, 67. Ferment, 69. poln. Schriftsteller d. 19. Jh., 71. sowj. Schwarzmeer-Kurort, 73. Stockwerk, 75. Stadt i. d. Ukrainischen SSR, 78. Meßwerkzeuge, 80. Fluß i. Zentrum d. Ind. Union, 81. langer Gebäudeteil, 84. Blume (Mz.), 86. Lebenshauch, 87. Opernlied, 89. Ruhegeldempfänger, 91. griech.: Wind, 93. heimliches Gericht, 96. Schwermetall, 97. alkohol. Getränk, 100. Schwanzlurch, 101. rumän. Währung, 102. unvergorener Fruchtsaft, 105. Herbstblume, 107. Vorfahre, 109. Flaumfedern, 110. sowj. Fluß zum Asowschen Meer, 112. jugosl. Adria-Insel, 113. Strom in Ostsibirien, 114. Hauptstadt der Ukrainischen SSR, 115. Angehöriger einer tungusomandschur. Sprachfamilie in der UdSSR, 116. aus Kuba stammend. Gesellschaftstanz, 117. Gewürz, 118. altröm. Redner u. Schriftsteller (106–42 v. u. Z.), 119. bulgar. Währungseinheit, 120. ungebraucht, 121. Verbindungsbolzen, 122. Ackergrenze, 123. Karpfenteich, 124. Maßeinheit der elektr. Kapazität, 125. russ. Mädchenname, 126. engl. Physiker u. Astronom d. 17/18 Jh.

Senkrecht: 1. sowj. Filmgesellschaft, 2. Gleis, 3. Männername, 4. Finkenvogel, 5. russ. Bildhauer (1891–1966), 6. islam. Rechtsgelehrter, 7. Alarmgerät, 8. Bürge, 9. Humusart, 10. Gesichtsmaske, 11. von den Truppen mitgeführter Gefechtsbedarf, 12. auf den Mond bezüglich, 13. Schwimmvogel, 14. Verkehrsstockung, 27. Zentrum, 29. Überbleibsel, 31. vergleichende Gegenüberstellung, 33. Betriebsteil d. VEB Zentralzirkus, 34. Überbringer, 36. Zeitmesser, 37. Flüßchen bei Aschersleben, 39. Chemie-Facharbeiter, 41. Holzraummaß, 42. Ausdrucksform, 45. Gebirge i. d. Kirgisischen SSR, 46. Takelung kleiner Segelboote, 47. altgriech. Philosophenschule, 49. griech. König, Führer d. Griechen vor Troja, 50. Rätselart, 51. Oper von Verdi, 53. Flugkörper, 56. Strom in Afrika, 58. Bergkammlinie, 59. alte span. Münze, 60. Kartenspiel, 61. Drama v. Ibsen, 64. Hausflur alter Bauernhäuser, 68. Windstoß, 70. latein.: Würfel, 72. Formation d. Erdaltertums, 74. Stadt i. d. Schweiz, 76. männl. Kind, 77. Wüsteninsel, 79. Titelgestalt ein. Gotovac-Oper, 82. Jalousie, 83. Schwarzmeer-Halbinsel, 85. Malaiendolch, 88. Kletterpflanze, 90. jugosl. Stadt in Serbien, 92. Oper von Richard Strauss, 94. vom ZK der SED herausgeg. Monatszeitschrift, 95. Fabeltier, 96. europ. Inselstadt, 99. Rückentragetasche, 101. stürzende Schneemasse, 103. See i. d. Karel. ASSR, 104. Grundrichtung ein. Entwicklung, 105. Anforderung gekaufter Waren, 106. Geschwulst, 108. Stadt d. Großen Antillen, 109. Stadt i. d. CSSR, 110. Küchenkraut, 111. Abfluß d. Ladogasees.

2. *Woher stammen die beiden Rätsel? An welchen Kriterien ist ihre Herkunft zu erkennen? (GA, TA)*

Beide Kreuzworträtsel stammen aus Deutschland; Grundlage ist die gemeinsame deutsche Sprache. Dennoch unterscheiden sie sich im einzelnen erheblich voneinander; ihre Herkunft aus der Bundesrepublik und der DDR kann an folgenden Kriterien verdeutlicht und aufgezeigt werden:

Bundesrepublik Deutschland	**DDR**
– Autokennzeichen aus der Bundesrepublik	– Städte, Flüsse, Gebirge, Namen aus der UdSSR (z.T. in Landessprache, Abkürzungen)
– Anglizismen (Selfmademan, Happening, City)	
– politisch ‚westlich'-orientierte Begriffe (Efta)	– Oblasthauptstadt
	– sowjetische Kunst, Film
– moderne Kunstrichtung (Pop-art)	– politisch ‚östlich'-orientierte Begriffe (VEB, ZK, SED)

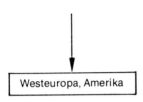

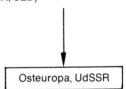

3. *Was fällt beim Vergleich der beiden Rätsel auf? (UG, TA)*

Aus den gestellten Fragen und den erforderlichen Antworten wird deutlich, daß der Schwerpunkt der Wissensgebiete bei dem Rätsel aus der Bundesrepublik Deutschland im Westen, bei dem aus der DDR im Osten liegt. Das gilt nicht nur für geographische Begriffe, sondern auch bei Fragen von mehr allgemeinbildendem Charakter (Komponisten, Maler, Dichter). Verallgemeinernd kann festgestellt werden, daß Fragen, die Deutschland betreffen – vor allem bei dem Rätsel aus der DDR –, zeitlich in die Vergangenheit (vor 1945) zurückgreifen. Der Versuch der Abgrenzung und das Bemühen, einen eigenständigen Weg zu gehen, wird deutlich. Nur unpolitische Begriffe können noch in beiden Rätseln gemeinsam stehen:

Bundesrepublik und DDR
– Deutschland vor 1945 (Kultur)
– Antike (Geschichte)
– Blumen, Getränke
– Namen
– Farben

Die Lösung des Rätsels aus dem jeweils anderen Teil Deutschlands bereitet Schwierigkeiten. Wie unterschiedlich Wörter und Begriffe einer gemeinsamen deutschen Sprache definiert werden können, zeigt auch ein Vergleich der Nachschlagwerke: vgl. Duden-Mannheim mit Duden-Leipzig (KL, S. 322).

Literatur

Wolfgang Langenbucher u.a. (Hrsg.), Kulturpolitisches Wörterbuch Bundesrepublik Deutschland/DDR im Vergleich. Stuttgart: Metzler 1983.

Zwei Reden zu den Studentenunruhen von 1968 (Kurt Georg Kiesinger, Gustav Heinemann)

Lernziele

Die Schüler sollen erkennen, daß

- die beiden Reden einen appellativen Charakter haben;
- die Redner sich der rhetorischen Figuren Aufwertung, Abwertung und Beschwichtigung bedienen;
- Reden einen bestimmten Zweck haben und bestimmte Absichten verfolgen;
- in diesen Reden unterschiedliche Auffassungen und Reaktionen über die Bedeutung jugendlichen Protestes zum Ausdruck kommen.

Arbeitshinweise

1. *Stellen Sie die am häufigsten vorkommenden Wörter (Schlüsselwörter) zusammen! (GA, TA)*

Kiesinger		Heinemann	
– Gewalt, militant	8	– Jugend, Studenten, Recht	6
– Staat, öffentliche Ordnung	6	– Gesetz, Grundgesetz	6
– radikal, linksextremistisch	5	– Gewalt	6
– Abwehr	4	– Besinnung, Selbstbeherrschung, Gewissen	5
– Demokratie, freiheitlich-demokratische Grundordnung	3	– wir alle, wir selber	4
– ich weiß, ich warne	3	– Demokratie, Freiheit, demokratischer Rechtsstaat	3
– Verbrecher	2	– andere ernst nehmen	2

Schlüsselwörter sind Begriffe, die „Gruppen, Staaten, politische Richtungen, Ideale und Probleme bezeichnen; ihre Häufigkeit sagt etwas aus über die Vorlieben des Autors, ihre negativen und positiven Attribute sagen etwas über seine Wertungen." (Zimmermann, S. 28)

2. *Welche Wörter vermitteln eine positive, welche eine negative Wirkung? Warum? (GA, TA)*

Kiesinger

positiv:
Staat, öffentliche Ordnung, Demokratie, freiheitlich-demokratische Grundordnung

negativ:
Gewalt, militant, radikal, linksextremistisch, Abwehr, Verbrecher, Rädelsführer

Heinemann

positiv:
Jugend, Studenten, Gesetz, Recht, Grundgesetz, Besinnung, Selbstbeherrschung, Gewissen, wir alle, Demokratie, Freiheit, Kritik, ernst nehmen

negativ:
Gewalt, Ausschreitung, Gefühlsaufwallung, Erregung

Aus dieser Gegenüberstellung geht deutlich hervor, daß Kiesinger vor allem bestrebt ist, den Gegner abzuwerten, während Heinemann um Verständnis wirbt (beschwichtigt) – bei aller grundsätzlichen Ablehnung der Gewalt durch beide Politiker.

3. Welche Attribute werden verwandt? Welche Funktion haben sie? (StA, TA)

Kiesinger
- verbrecherischer Anschlag
- gewalttätige, ungesetzliche Aktionen
- kleine, aber militante linksextremistische Kräfte
- abseitiger Verbrecher
- radikale studentische Gruppen
- unheilvolle Entwicklung
- unvermeidliche Folgen

Heinemann
- erschütternde Vorgänge
- gutes Gewissen
- junge Menschen (Generation)
- demokratisches Verhalten
- öffentliche Meinung
- gemeines Unrecht
- politisch bewegte Studenten
- offene Diskussion
- gemeinsame Aufgabe

Die Attribute sollen die Schlüsselwörter in ihrer negativen oder positiven oder beschwichtigenden Weise hervorheben und dadurch die Intentionen des Redners unterstützen.

4. Analysieren Sie die Verwendung der 1. Person (Singular/Plural)! (StA)

Zimmermann hat in seinem Buch „Die politische Rede" die Verwendung der 1. Person des Personalpronomens genauer untersucht. Er kommt zu dem Ergebnis, daß die 1. Person Singular (‚ich') selten verwandt wird, die 1. Person Plural (also ‚wir') wirkt bescheidener. Durch den pluralis auctoris entsteht der Eindruck, alle Anwesenden würden dasselbe denken. Bei der Rede von Heinemann kann man unterscheiden zwischen *ich, wir alle* und *wir Älteren. Ich* kommt nur einmal vor. Der Justizminister identifiziert sich mit seinen Zuhörern; das zeigt auch schon die Anrede *verehrte Mitbürger*. Er wendet sich an alle Bürger der Bundesrepublik. Doch die Anrede leistet noch mehr: In der Vorsilbe „mit" erniedrigt der Redner seine Position; er betont, wie alle Zuhörer ein Staatsbürger mit gleichen Rechten und Pflichten zu sein. Und in die Kritik, die er vorbringt, bezieht er sich mit ein: *Wir Älteren.*

Kiesinger verwendet dagegen häufiger den Singular: *Ich.* Er stellt als Bundeskanzler eine besondere Autorität dar und will Entschlußkraft und Härte zeigen.

5. Vergleichen Sie die beiden Reden miteinander! (Was wird abgewertet und kritisiert? An welchen Normen orientieren sich die Redner? Welche Ziele werden von ihnen verfolgt?) (GA)

Ein wichtiges Instrumentarium für Reden bilden die rhetorischen Figuren. Zimmermann arbeitet mit dem Schema: Abwertung, Aufwertung, Beschwichtigung und ordnet diesen Zielen die verschiedenen rhetorischen Figuren zu:

Zusammenstellung der wichtigsten rhetorischen Figuren

Aufwertung:
Günstige Seite hervorheben, ungünstige abschwächen oder verschweigen;
positive Attribute für Wir-Gruppe;
dynamisches Wortfeld für Wir-Gruppe;
Koppelung mit positiven Werten (Freiheit, Gerechtigkeit, Demokratie etc.);
aufgrund von zwei/drei konkreten Beispielen positive Verallgemeinerung;
eigennützige Ziele als uneigennützig ausgeben (»Gemeinwohl«);
Übersteigerung eigener Verdienste: einziger Garant für Sicherheit und Freiheit;

Fehler anderen zuschieben: anderer Gruppe oder den Umständen (»unabwendbares Schicksal«);
Einladung der Zuhörer zur Identifikation mit Wir-Gruppe;
wer anderer Meinung ist, dem gegnerischen Lager zuschlagen;
unverfängliche Zeugen aufrufen.

Abwertung:
Ungünstige Seite hervorheben, günstige abschwächen oder verschweigen;
Häufung negativer Attribute;
Koppelung des Gegners mit negativen Werten (Unfreiheit, Unrecht, Tyrannei);
aufgrund von zwei/drei konkreten Beispielen negative Verallgemeinerung;
uneigennützige Ziele des Gegners als eigennützig ausgeben;
Fehler des Gegners ins Maßlose vergrößern: »Untergang des Abendlandes«;
Fehler dritter Gruppen dem Gegner zuschieben; Erfolge dem Gegner absprechen;
Deformation gegnerischer Argumente: ins Absurde übersteigern;
Verzerrung gegnerischer Zitate, um sie leichter widerlegen zu können;
Gegner verrät eigene Grundsätze; Gegner ist von Geschichte längst widerlegt;
gegnerische Forderungen halb anerkennen, doch: sie wurden längst von Wir-Gruppe erfüllt bzw. vor dem Gegner von Wir-Gruppe aufgestellt;
Diffamierung durch Assoziation;
Neudefinition gegnerischer Schlagworte;
Parzellierung des Gegners: Teil auf eigene Seite ziehen;
innenpolitischen Gegner mit außenpolitischem Feind koppeln;
unverfängliche Zeugen aufrufen.

Beschwichtigung:
Verständnis bekunden;
auf Gemeinschaft hinweisen: »wir sind alle eine Familie«:
als Vertreter einer Gruppe sich zum Sprecher einer anderen machen: Vermittlerrolle; alle Interessen als berechtigt anerkennen, Widersprüche verschweigen: sowohl – als – auch, weder – noch; für jeden etwas;
auf »unabwendbares Schicksal« hinweisen;
allgemeine Weisheiten: Irren ist menschlich;
Formulierungen, die für jede Interpretation offen sind;
wenn eine Intressengruppe belastet wird: »alle müssen Lasten tragen«, »Dienst am Allgemeinwohl«;
Tabuisierung von Problemen, so daß deren Erörterung unmöglich wird.
(Aus: Hans Dieter Zimmermann, Die politische Rede. Der Sprachgebrauch Bonner Politiker. Stuttgart: Kohlhammer 1969 (= Sprache und Literatur 59), S. 160–161).

Aufwertung meint also den Aufbau der Position des Redners bzw. seiner Gruppe. Der Redner versucht seine Position so günstig darzustellen, daß ihm die Zustimmung seiner Hörer gewiß ist.

Abwertung hat dagegen die Zerstörung der gegnerischen Position zum Ziel. Der Gegner wird so dargestellt, daß die Hörer ihn ablehnen sollen.

Beschwichtigung will dagegen Kontroversen verdecken. Sie stammt aus der Tradition der Diplomatensprache. Ein Ansatz zur Beschwichtigung liegt schon in der Mehrdeutigkeit der allgemeinen Begriffe.

Während Kiesinger massiv die zu bekämpfende Gruppe abwertet und kaum den Versuch macht, Verständnis aufzubringen und zu beschwichtigen, sondern einfach Konsequenzen androht und ankündigt, fällt bei Heinemann auf, daß er die Gegner kaum abwertet (nur Gewalt wird 6mal verneint); vielmehr macht er den weitgehenden Versuch, Verständnis aufzubringen und zu beschwichtigen. Heinemann spricht von den jungen Leuten, deren Kritik ernst genommen werden müsse; außerdem wird deutlich von der Schuld der Älteren gesprochen. Kiesingers Ablehnung ist kompromißlos. Er verlangt die totale Kapitulation. Durch den Schlußsatz wird deutlich, daß die rebellischen Studenten nicht zu *seinem Volk* gehören, denn er weiß sich in der Behandlung der Studenten mit *seinem Volk* einig.

Heinemann dagegen vermeidet abwertende Formulierungen; er will die Jugend zurückgewinnen, wirbt um sie, weist auf eigene Fehler hin, auf die Berechtigung der Kritik und charakterisiert unser System in jeder Konsequenz positiv; er interpretiert es als *Aufgabe*, die es auszuführen gelte, an deren Bewältigung die Jugend mitzuarbeiten aufgefordert wird. Für die Gestaltung der Demokratie kann seiner Meinung nach sogar *Gewinn* aus dem studentischen Protest gezogen werden. Beachtenswert ist seine Aussage: *Wer mit dem Zeigefinger allgemeiner Vorwürfe auf den oder die vermeintlichen Anstifter oder Drahtzieher zeigt, sollte daran denken, daß in der Hand mit dem ausgestreckten Zeigefinger zugleich drei andere Finger auf ihn selbst zurückweisen.*

Wenn auch vorsichtiger formuliert, so ist doch erkennbar, daß Heinemanns eigentlicher Gegner jemand anders ist: *Nichts ist jetzt so sehr geboten wie Selbstbeherrschung – auch an den Stammtischen oder wo immer sonst das Geschehen dieser Tage diskutiert wird.* Seine Gegner sind Kleinbürger, Stammtischmentalität, früh Altgewordene, die nicht differenzieren können und festgelegt sind; also Leute, mit denen sich seine Vorstellung von Demokratie wohl kaum verwirklichen läßt; dazu benötigt er jene kritischen Jugendlichen, denen er mit weitgehender Sympathie – vor allem aber Verständnis – begegnet.

Allen Reden ist gemeinsam, daß der Zuhörer die Probleme so aufnimmt, wie sie der Redner sieht. Dem Hörer wird keine Möglichkeit gegeben, sich dieser Sehweise zu entziehen.

Vor allem die letzten Sätze der beiden Reden verdeutlichen das; auch die sonst etwas aus dem Rahmen fallende von Heinemann: *Die Bewegtheit dieser Tage darf nicht ohne guten Gewinn bleiben.*

Literatur

Theodor Pelster, Rede und Rhetorik. Arbeitsheft. Düsseldorf: Schwann ⁴1975.

Theodor Pelster, Politische Rede im Deutschunterricht. Modell für eine Unterrichtsreihe auf der gymnasialen Oberstufe. In: DU 24 (1972), Heft 2, S. 76.

Theodor Pelster, Zur Semantik politischer Leitwörter. In: PD (1976), Heft 17, S. 53–56.

Hans Dieter Zimmermann, Die politische Rede. Der Sprachgebrauch Bonner Politiker. Stuttgart: Kohlhammer 1969 (= Sprache und Literatur 59).

Hans Dieter Zimmermann, Elemente zeitgenössischer Rhetorik. In: DD 2 (1971), Heft 4, S. 157–168.

Ulrich Gaier, Fragen an eine politische Rede. In: DU 24 (1972), Heft 5, S. 64–93.

Helmut Lindemann (Hrsg.), „Es gibt schwierige Vaterländer..." Reden und Schriften Bd. 3. Frankfurt: Suhrkamp 1977.

13. MACHT UND GERECHTIGKEIT

Autor	Titel	Textform	Eigenart	Inhalt	Seite
Gotthold Ephraim Lessing	Der Rabe und der Fuchs	Fabel	lehrhaft	Schmeichelei und Eitelkeit	329/227
Friedrich Schiller	Geben Sie Gedankenfreiheit	Drama	pathetisch	Menschenrechte	330/228
Heinrich Heine	Die schlesischen Weber	Gedicht	anklagend-drohend	Weberaufstand (1844)	331/231
Käthe Kollwitz	Weberzug*	Radierung	sozialkritisch	Arbeiter-Demonstration	335/233
Georg Weerth	Das Hungerlied	Gedicht	lakonisch-kritisch	Armut und Revolution	336
Walter Hasenclever	Die Mörder sitzen in der Oper	Gedicht	expressionistisch	Ungerechtigkeit im Krieg	337
George Grosz	Stützen der Gesellschaft*	Ölgemälde	Montage (satirisch)	Gefahren durch Vormachtstellung von Kirche, Militär, Wirtschaft	339/242
Heinrich Böll	Das „Sakrament des Büffels"	Romanauszug	symbolisch	Macht und Rache	341
George Grosz	Treue um Treue*	Zeichnung	satirisch-kritisch	Falsches Verhältnis von Treue	343
Heinrich Böll	Die Waage der Baleks	Kurzgeschichte	sozialkritisch-resignativ	Ungerechtigkeit in einer Klassengesellschaft	343/253
Siegfried Lenz	Ein Freund der Regierung	Erzählung	symbolisch	Unterdrückung und Widerstand in einer Diktatur	350/259

GOTTHOLD EPHRAIM LESSING, **Der Rabe und der Fuchs**

Lernziele

Die Schüler sollen

– die dialektische Gestalt (Spieler – Gegenspieler) der Fabel erkennen und sich ihrer „Doppelbödigkeit" (zwei Ebenen: Fabelhandlung und Lehre) bewußt werden;
– in die Lage versetzt werden, vom Besonderen (Einzelfall) auf das Allgemeine zu schließen;
– die soziologische Bedeutung der Fabeltheorie Luthers erkennen und die Fabel auch als Produkt einer Reflexion über gesellschaftliche Verhältnisse ansehen (soziologische Intention).

Arbeitshinweise

1. Wie handeln der Rabe und der Fuchs? Wie ist ihr Verhalten zu erklären? (StA, TA, UG)

Rabe	Fuchs
– trägt vergiftetes Fleisch fort	– schleicht herbei, grüßt den Raben überschwenglich
– fragt, für wen er gehalten wird	
– freut sich, für einen Adler gehalten zu werden, und will den Fuchs in dem Irrtum lassen	– sieht in ihm den rüstigen Adler
	– schmeichelt dem Raben, um die Beute zu erhaschen
– überläßt dem Fuchs großmütig seinen Raub	– fängt das Stück Fleisch auf, frißt es und verreckt

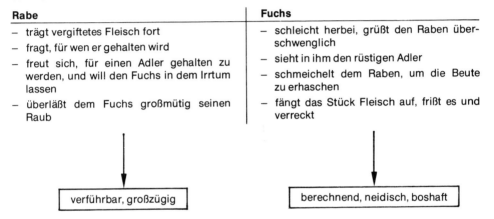

Der Fuchs empfindet Neid auf die Beute des Raben; er schmeichelt seinem Gegenspieler, indem er ihn übergebührend anredet und preist, um ihm das begehrte Stück Fleisch „abzuluchsen". Der Fuchs glaubt, besonders klug und listig zu sein, geht aber gerade deshalb – verbunden mit dem Neidgefühl – zugrunde. Der Verführer, der den anderen überlisten will (Schmeichelei), ist am Ende selbst der Verführte und scheitert an seinen „Schwächen".

2. Worin sehen Sie den Sinn dieser Fabel? (UG, TA)

Die Fabel bedeutet für Lessing „praktische Sittenlehre", die dann entsteht, wenn „wir einen allgemeinen moralischen Satz auf einen besonderen Fall zurückführen, diesem besonderen Fall die Wirklichkeit erteilen und eine Geschichte daraus dichten, in welcher man den allgemeinen Satz anschauend erkennt". Es geht um eine reale Abbildung gesellschaftspolitischer Verhältnisse.

Im Interesse eines objektiven Urteils über die reale Welt fordert Lessing Präzision und Kürze, Anschaulichkeit, Verzicht auf Vers und Reim.

Die Aussage des Dichters – eine allgemeingültige moralische Wahrheit – wird in verschlüsselter Form (Tiere) dargestellt; in dem Geschehen sollen die Menschen aber ihre eigenen Eigenschaften (Schwächen) und Verhältnisse (Abhängigkeiten) wiedererkennen.

```
                    Sinn der Fabel  =  Wahrheit
                                │
                         übermittelt durch
    ┌───────────────────────────┼───────────────────────────┐
```

Kürze:
Reduktion des Epischen; moralische Wahrheit muß unmittelbar ersichtlich sein

Anschaulichkeit:
einfache Struktur; lebendiges Geschehen

Transparenz:
Verzicht auf Psychologisierung, einfache Charaktere (Tiere) Typen

3. *Was soll mit dieser Form der Darstellung (Fabel) erreicht werden? Berücksichtigen Sie dabei auch die einleitende Aussage von Luther! (GA, TA)*

Luthers Fabeltheorie – eingebettet in die Vorrede zu den Fabeln des Aesop – verdeutlicht den sozialkritischen Charakter dieser Gattung und hebt 3 Dinge hervor (nach Kreis):

Entstehungsprozeß:
Erleben oder Erleiden einer sozialen Misere; Reflexion der Lage; Erkenntnis der „Wahrheit"

Konstruktion:
„Wahrheit" wird in eine Tiergeschichte verschlüsselt: Luther nennt diesen Übersetzungsvorgang *(in eine listige Lügenfarbe kleiden);* er macht die Wahrheit „doppelbödig" (Helmers); er „kodiert" sie (Kreis)

Intention:
Durch die Kodierung erreicht der Fabeldichter:
1. Wahrheit wird nicht besonders hervorgehoben, bleibt aber auch nicht verborgen.
2. Distanzhaltung derer, die er treffen will (verzögerte Reaktionsmöglichkeit);
3. Enträtselung (Dekodierung) für den engagierten Leser

„Die verfremdende Abbildung der Wahrheit ist die *poetische* Seite der Gattung Fabel, weshalb Herder sie als ‚Miniaturstück großer Dichtkunst' lobte. Da aber die Fabel darauf hinzielt, das *Urteil* des Lesers oder Hörers zu provozieren, ist sie vor allem ein rationales Gebilde, erwachsen aus einem Denkansatz, der über das, was im Pro- oder Epimythion direkt zutage tritt, meist weit hinausweist. Dieser Denkansatz ist, wie die Luthertheorie darlegt, seiner Struktur nach *dialektisch.* Konsequent tritt er – ins Bild übersetzt – in der Fabel zutage, und zwar in groben, holzschnittartigen Strichen: große gegen kleine Tiere, ungerechte gegen gerechte, mächtige gegen ohnmächtige, reiche gegen arme, brutale gegen friedfertige, nichtswürdige gegen arbeitsame etc. Damit hält die Fabel eine bestimmte Entwicklungsphase menschlicher Geschichte fest: die der Klassengesellschaften; und zwar [...] der vorindustriellen Klassengesellschaften. In der Abbildung von sozialen Prozessen der Vergangenheit offenbart die Fabel ihren Realismus, d.h. sie unterscheidet sich grundlegend von einer Dichtung, die aus der Methode subjektiven Hineindeutens in die Realität erwachsen ist.

Von Aesop bis Lessing erweisen sich die Fabeldichter als unbestechliche Analytiker, die die soziale Welt auseinandernehmen, um ihre Grundproblematik aufzudecken." (Kreis, Fabel- und Tiergleichnis, S. 60)

Literatur

Reinhard Dithmar (Hrsg.), Fabeln, Parabeln und Gleichnisse. München: dtv ^{5}1978 = dtv 6092.
Karl S. Guthke, Gotthold Ephraim Lessing. Stuttgart: Metzler ^{3}1979 = M 83.
Dieter Hildebrandt, Lessing. Biographie einer Emanzipation. München: Hanser 1979.
Rudolf Kreis, Fabel und Tiergleichnis. In: Projekt Deutschunterricht 1. Kritisches Lesen – Märchen. Sage. Fabel. Volksbuch, hrsg. von Heinz Ide. Stuttgart: Metzler ^{4}1974, S. 57–117.
Erwin Leibfried, Fabel. Stuttgart: Metzler ^{3}1976 = M 66.
Wolfgang Ritzel, Gotthold Ephraim Lessing. Stuttgart: Kohlhammer 1975.

FRIEDRICH SCHILLER, **Geben Sie Gedankenfreiheit**

Lernziele

Die Schüler sollen erkennen, daß
- sich in diesem Text Freiheit und Staatsräson, aber auch Idee und Realität dialektisch gegenüberstehen;
- die Sprache des Marquis Posa pathetisch ist;
- Freiheit in Unfreiheit umschlagen kann und darum genau definiert und abgegrenzt werden muß.

Arbeitshinweise

1. *Analysieren Sie die Ideen des Marquis Posa! Welches Bild vom Menschen und von der Welt kommt zum Ausdruck? (StA, TA)*

Der Marquis geht davon aus, daß den Menschen etwas genommen worden ist, daß das Staatsleben eng und arm ist, daß der König auf unnatürliche Weise vergöttert wird.

Ideen und Ziele des Marquis Posa
- Menschenglück
- Freiheit im Weltgebäude
- ein König von Millionen Königen (= Gleichheit)
- König (= Muster des Ewigen und Wahren) als Vorbild
- Gedankenfreiheit
- der Schöpfer regiert unsichtbar durch ewige Gesetze – Übertragung dieses Prinzips auf die Staaten
- Adel der Menschheit
- Mensch wird sich selbst zurückgegeben

Der Marquis geht von einem positiven Menschenbild aus. Der Mensch soll und kann sich selbst regieren; jeder sei ein König.

2. *Charakterisieren Sie die Sprache des Marquis Posa! Welche Funktion hat sie? (StA, UG)*

Ausrufe:	*Ja, beim Allmächtigen! Geben Sie, was Sie uns nahmen, wieder! Lassen Sie... Werden Sie...*
Wiederholungen:	*Geben Sie... Geben Sie... Sie... Sie... Wenn... dann... wenn... dann*
Superlative:	*zum glücklichsten der Welt...*
Absoluta:	*Niemals – niemals besaß ein Sterblicher so viel...*
Schwärmerei:	*Sehen Sie sich um in seiner herrlichen Natur!*

Abstrakte philosophische Begriffe: *Freiheit, Menschenglück, Adel, Tugend, Ewiges, Wahres.*
Schon die Regieanweisungen zeigen die Eigenart dieses Sprechens an: *mit Feuer, kühn, feste und feurige Blicke, sich ihm zu Füßen werfend.* Posa ist von einem enthusiastischen Glauben an ein Reich der Freiheit auf der Erde durchdrungen und bedient sich eines pathetischen Stils, der der Größe seiner Gedanken angemessen ist.

3. *Kennzeichnen Sie das Verhältnis zwischen dem König und dem Marquis! Wie ist die Reaktion des Königs zu erklären? (UG)*

Urteil des Königs: *Sonderbarer Schwärmer;* außerdem stellt er die Frage, ob der Marquis die Gesetzmäßigkeit der ewigen Natur für die Staaten übernehmen wolle. Aus diesen Worten sprechen Skepsis, Abgewogenheit, Realismus.

4. Nehmen Sie zu dem letzten Satz Stellung: „Dann ist es Ihre Pflicht, die Welt zu unterwerfen"!
5. Diskutieren Sie die Losung „Geben Sie Gedankenfreiheit"! Hat sie an Bedeutung verloren? (Diskussion)

Der Verkünder der Freiheit (Marquis Posa) wird schnell zum Fanatiker der Macht, der um seines Ideals willen die Welt erobern und die Menschen zu diesem Ideal und zu ihrem Glück zwingen will. Hier lassen sich geschichtliche und aktuelle Parallelen ziehen: die französischen Revolutionskriege (die im Sinne des Marquis Posa die Ideen der Französischen Revolution [Freiheit, Gleichheit, Brüderlichkeit] über Europa verbreiten wollten), Napoleon, der Kommunismus, die Anarchisten. An diesen Beispielen läßt sich die Dialektik von Freiheit und Unterdrückung aufzeigen.

Problematisch ist auch der obrigkeitliche Aspekt, der sich aus der Entstehungszeit erklärt: durch einen Federstrich des Königs sollen die Menschen frei werden. Aber die Menschen müssen ja erst lernen, mit dieser Freiheit umzugehen, wie die Geschichte lehrt. Das schwierigste Problem hängt mit der Definition der Freiheit zusammen. Absolute Freiheit kann es nicht geben; sie ist immer eine eingegrenzte: Sie findet dort eine Grenze, wo die Freiheit des anderen eingeschränkt wird. Außerdem ist Freiheit auch an soziale Bedingungen geknüpft. Zwei Drittel der Menschheit lebt im Elend und leidet Hunger. Was bedeutet für diese Menschen Freiheit?

Zur Diskussion

Friedrich Schiller, Die Schaubühne als moralische Anstalt (1784)

Nicht bloß auf Menschen und Menschencharakter, auch auf Schicksale macht uns die Schaubühne aufmerksam und lehrt uns die große Kunst, sie zu ertragen. Im Gewebe unseres Lebens spielen Zufall und Plan eine gleich große Rolle; den letztern lenken wir, dem erstern müssen wir uns blind unterwerfen. Gewinn genug, wenn unausbleibliche Verhängnisse uns nicht ganz ohne Fassung finden, wenn unser Mut, unsre Klugheit sich einst schon in ähnlichen übten und unser Herz zu dem Schlag sich gehärtet hat. Die Schaubühne führt uns eine mannigfaltige Szene menschlicher Leiden vor. Sie zieht uns künstlich in fremde Bedrängnisse und belohnt uns das augenblickliche Leiden mit wollüstigen Tränen und einem herrlichen Zuwachs an Mut und Erfahrung. [...]

Aber nicht genug, daß uns die Bühne mit Schicksalen der Menschheit bekannt macht, sie lehrt uns auch gerechter gegen den Unglücklichen sein und nachsichtsvoller über ihn richten. [...] – Menschlichkeit und Duldung fangen an, der herrschende Geist unsrer Zeit zu werden; ihre Strahlen sind bis in die Gerichtssäle und noch weiter – in das Herz unsrer Fürsten gedrungen. Wie viel Anteil an diesem göttlichen Werk gehört unsern Bühnen? Sind sie es nicht, die den Menschen mit dem Menschen bekannt machten und das geheime Räderwerk aufdeckten, nach welchem er handelt?

Eine merkwürdige Klasse von Menschen hat Ursache, dankbarer als alle übrigen gegen die Bühne zu sein. Hier nur hören die Großen der Welt, was sie nie oder selten hören – Wahrheit; was sie nie oder selten sehen, sehen sie hier – den Menschen.

(Aus: Friedrich Schiller, Sämtliche Werke. München: Hanser ⁴1965.)

Literatur

Rudolf Ibel, Schiller. Don Carlos. Frankfurt: Diesterweg ⁶1974 (= Grundlagen und Gedanken zum Verständnis des Dramas).

HEINRICH HEINE, **Die schlesischen Weber**

Lernziele

Die Schüler sollen
- den historischen Hintergrund (Lage der Weber um 1844) skizzieren können;
- aufzeigen, daß Heine keine Beschreibung des Weberaufstandes, sondern eine Zeitdiagnose gibt, indem er den Kampf des ausgebeuteten Proletariats gegen die herrschenden Mächte ankündigt;
- die Verwendung kompositioneller Elemente in agitatorischer Absicht kennenlernen.

Arbeitshinweise

1. *In welcher Situation befinden sich die Weber? (StA, TA)*

Lage der Weber

I. Weber bei der Arbeit am Webstuhl; sie fletschen die Zähne und weben in das Leinentuch für Deutschland den dreifachen Fluch; dabei ist in ihren düstern Augen keine Träne

II. Fluch der Weber gegen Gott, der sie vergebens hoffen ließ und ihre Gebete nicht hörte. Das Gebet erwies sich als nicht geeignet, die irdische Lage zu verbessern

III. Fluch der Weber gegen den König, der von ihnen Steuern erpreßt, sich von ihrem Elend nicht erweichen läßt und sie bei Aufständen sogar – wie Hunde – niederschießen läßt

IV. Fluch gegen das falsche Vaterland, in dem nur „Schmach" und „Schande" gedeihen und die Privilegierten gefördert werden; das Aufbäumen ist sinnlos; die Lebenserwartung gering („früh geknickt"). Unrecht und Korruption dominieren („Fäulnis und Moder")

V. Fleiß der Weber, die sich an Altdeutschland wenden; die nationale Idee soll erhalten bleiben; nur die Erinnerungen und Erfahrungen sollen zugrunde gehen: Altdeutschland mit seiner unkontrollierbaren Macht der Könige, den Vorrechten des Adels und dem fehlenden politischen Einfluß des Bürgertums.

Heine verzichtet auf eine konkrete Darstellung des Weberelends; er gestaltet die Situation symbolisch.

Die Weber können ihre fundamentalen Bedürfnisse nicht stillen. Sie haben eine geringe Lebenserwartung, sind ohne ausreichende ökonomische Mittel und politische Rechte.

2. *Wogegen richtet sich der dreifache Fluch? Was kritisieren die Weber? (StA, TA)*

Kritik

Gott   – er hat nicht geholfen
König   – er schützt die Reichen
Vaterland – es verrät seine eigenen Kinder

Gott macht gemeinsame Sache mit den Unterdrückern. Der König wird als Klassenfeind entlarvt. Das Vaterland ist im Besitz der Herrschenden.

„Die patriotische Parole ‚Mit Gott – für König und Vaterland' enthüllt sich als verlogene Ideologie. Während Gott und König bedingungslos verflucht werden, trifft das Vaterland nur insofern Verdammnis, als es sich gegenüber den Webern als ‚falsch' erwiesen hat." (Hienger, S. 107)

3. *Was kündigt sich in dem Wort „Leichentuch" an? (UG)*

In diesem Wort kündigt sich der Tod des *falschen* Vaterlandes an. Die Formulierung *Altdeutschland* läßt die Hoffnung auf ein neues Deutschland aufkommen. Elend härtet den Willen zum Umsturz.

4. *Welche sprachlichen Besonderheiten enthält das Gedicht? (StA)*

Wiederholungen: *weben; Fluch*

Doppelungen: *in Winterskälte und Hungersnöten*

Syntaktisch gleiche Sätze (besonders in III und IV): *wo ... wo ... wo ...; unser ... uns ... uns ...*

Kehrreim: *wir weben, wir weben*

Durch diese Stilmittel werden die Eindrücke wachsender Qual und steigender Drohung erkennbar.

5. *Welche Hoffnung enthält das Gedicht? (Diskussion)*

Das Gedicht enthält die Hoffnung auf Zustände, in denen es den Webern besser geht, in denen sie ein menschenwürdiges Leben führen können.

„Das Gedicht zielt auf Identifizierung und Auflösung dieser moralisch-metaphysischen Vernebelungsideologie. Ein durch seine Herkunft besonders geschärftes soziales Gewissen und demokratische Überzeugung richten sich gegen die Deklassierungs-, Ausbeutungs- und Unterdrückungspraktiken der Klassengesellschaft." (Fritsch, S. 55)

Tafelbild

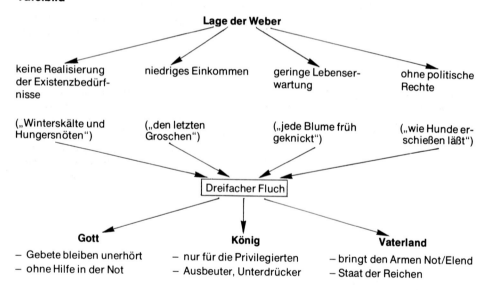

Literatur

Deutsche Gedichte von Andeas Gryphius bis Ingeborg Bachmann. Eine Anthologie mit Interpretationen, hrsg. von Jörg Hienger und Rudolf Knauf. Göttingen: Vandenhoeck 1969, S. 106f.

Gerolf Fritsch, Das soziale Gedicht. In: Projekt Deutschunterricht, Bd. 8. Stuttgart: Metzler 1974, S. 47–66.

Walter Wehner, Heinrich Heine: „Die schlesischen Weber" und andere Texte zum Weberelend. München: Fink 1981 = UTB 973.

Georg Weerth, **Das Hungerlied**

Lernziele

Die Schüler sollen erkennen, daß
- Weerth sich auf die Seite der Armen stellt;
- der Autor die herrschenden Mächte vor die Alternative Reform oder Revolution stellt;
- die Wirkung des Gedichts in seiner Schlichtheit liegt.

Arbeitshinweise

1. *Wer ist der Adressat dieses Gedichts?*
2. *Wozu ruft der Schriftsteller auf? (UG)*

Das Gedicht baut auf dem Gegensatz *König – wir* auf. In der 1. Zeile wird der König ehrerbietig angesprochen *(Verehrter Herr und König)*, in der letzten Zeile wird ihm gedroht *(packen und fressen dich)*. Der König wird mit dem persönlichen *du* angeredet. Vielleicht weiß er von der Notlage der Menschen gar nichts? Trotzdem ist der König nicht der eigentliche Adressat des Gedichts. Natürlich weiß er Bescheid! Vielmehr sollen die Menschen ihre Situation erkennen und sich wehren, wenn keine Änderung eintritt. In den letzten beiden Zeilen wird unverhüllt ein Angriff gegen den König als den Repräsentanten des bestehenden Systems angedroht. Es stehen sich folgende zwei Möglichkeiten gegenüber: Reform von oben *(Brot backen)* oder Revolution von unten *(packen, fressen)*.

3. *Wie ist das Gedicht gestaltet? (UG)*

Das Gedicht schildert die Notlage des *wir*. Wer damit gemeint ist, wird nicht genau gesagt: Es sind die Armen. Aus der Situation der Zeit heraus, in der das Gedicht geschrieben wurde, kann man sagen, daß es sich um die verelendeten Arbeiter am Anfang des Industriezeitalters handelt. Die sprachliche Variation verdeutlicht die Vielfältigkeit des Elends: für jeden Wochentag (Montag – Freitag) wird die Not durch eine andere Formulierung charakterisiert. Dabei steigert sich das Ausmaß des Elends in der Wortwahl: *aßen wir wenig – aßen wir nicht – darben – litten wir Not – starben wir fast den Hungertod*. Das anaphorische *und* unterstreicht den Gleichklang der Not, die ohne Ende zu sein scheint.

Tafelbild

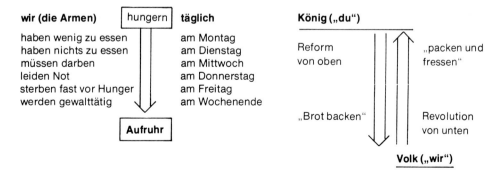

Walter Hasenclever, Die Mörder sitzen in der Oper

Lernziele
Die Schüler sollen erkennen, daß
- sich Hasenclever mit den Soldaten im Massengrab identifiziert;
- der Autor unerbittlich und ohne Differenzierung die für den Krieg Verantwortlichen geißelt;
- dieser Haßgesang aus der persönlichen und politischen Situation im 1. Weltkrieg heraus zu erklären ist.

Arbeitshinweise
1. Was wird von den einfachen Soldaten gesagt, wie werden die „Herrschenden" gesehen?
2. Welche Eigenschaften und Handlungsweisen stehen sich direkt gegenüber? (StA, TA)

Als Ordnungsprinzip könnte man die Fragen „wer, wo was, wie" nach den Kategorien „oben – unten" verwenden.

	oben	unten
Wer?	Generäle (prangen, mit Orden)	Soldaten (verachtet)
	Dirigent	Deserteure
	Offiziere	Arme Grenadiere
	Leutnant	„Schweine"
	Stabsärzte	Krüppel
	Feldmarschall (mit Eichenlaub)	Gefangene
	Unteroffizier (mit Herrscherfratze)	Gefallene
	Dicker König (Majestät)	
Wo?	Oper	Straße
	Königsloge	Massengrab
		Zuchthaus
Was?	Mörder	Erschießungen
	Brüllen	Gehorchen
	Musterung	
	Prassen	Hungern
	Raub von Kirchengut (straflos)	Gerechte werden hingerichtet
Wie?	Prächtig	Verachtet
	Orden	Arm
	Kriegsgewinn	Verlaust
	Länder verteilt	Gespenster
		Mißhandelt, Knochen bleichen

3. Was bedeutet das Bild von der „Oper"? (UG)

Das Bild von der Oper soll zum Ausdruck bringen, daß die für den Krieg Verantwortlichen im Luxus schwelgen und keine Notiz von dem angerichteten Elend nehmen. Die Leidtragenden sind diejenigen, die sich keinen Besuch in der Oper (Loge) leisten können.

4. Wodurch ist die Sprache gekennzeichnet? (StA)

Umgangssprachliche Wendungen:	krepieren, Schwein
Drastische Bilder:	Sie halten blutige Därme in den Krallen; beim ersten spritzenden Blut; in alter Leichen Brei
Sarkastische Formulierungen:	Das Feld der Ehre hat mich ausgespieen; die Mörder sitzen in der Oper; Unteroffizier mit Herrscherfratze; Ein Denkmal . . . macht Reklame für die Ewigkeit
Antithesen:	Der Mensch ist billig, und das Brot wird teuer; Die Länder sind verteilt. Die Knochen bleichen
Ironie:	Mein Vaterland, mir ist nicht bange

Sarkasmus und Bitterkeit kennzeichnen dieses Gedicht; an Schärfe ist es kaum zu überbieten. Man kann deshalb von einem Haßgesang sprechen.

5. Warum ist dieses Gedicht Karl Liebknecht gewidmet? (UG)

In der Reichstagssitzung vom 4. August 1914 (am 1. August hatte Deutschland Rußland, am 3. August Frankreich den Krieg erklärt) stimmte die SPD geschlossen für die Bewilligung der Kriegskredite; eine oppositionelle Minderheit von 14 Abgeordneten – unter ihnen Karl Liebknecht – beugte sich der Fraktionsdisziplin. Später lehnte er die Kriegskredite im Reichstag ab und wurde zum Austritt aus der Fraktion gezwungen. Zusammen mit Rosa Luxemburg gründete er 1916 den Spartakusbund, bekämpfte leidenschaftlich den Krieg und forderte den Frieden. Wegen seiner politischen Haltung wurde Liebknecht mehrfach inhaftiert. Im Januar 1919 wurden Rosa Luxemburg und Karl Liebknecht von Soldaten der Freikorps ermordet.

6. Wogegen wendet sich das Gedicht? (Diskussion)

Hasenclever identifiziert sich mit den einfachen Soldaten im Massengrab, erwacht dort und tritt als Gespenst den Mördern gegenüber: der Autor zeigt sich als unerbittlicher Gegner des Krieges. Der Haß gegen alle am Krieg Verantwortlichen verhindert jede Differenzierung, rechtfertigt sich aber aus der Situation und der persönlichen Überzeugung.

HEINRICH BÖLL, Das „Sakrament des Büffels"

Lernziele

Die Schüler sollen
- verschiedene dichterische Gestaltungsmittel kennenlernen (innerer Monolog, kursivgedruckte Wörter und Begriffe, Symbolik);
- die Bedeutung von Symbolen in einem literarischen Text (Romanausschnitt) entschlüsseln;
- erkennen, daß Romane nicht ausschließlich der Unterhaltung dienen, sondern zu kritischem Denken anregen, und daß historische Ereignisse und politische Aussagen im Romangeschehen verschlüsselt angesprochen sind.

Vorbemerkung (Romanzusammenhang)

Das Romangeschehen findet am 6. September 1958, dem 80. Geburtstag des alten Heinrich Fähmel, statt. Die Fabel des Romans wird durch Rückblenden aus dem Schicksal der Fähmels – einer angesehenen Architektenfamilie in einer rheinischen Großstadt – entwickelt.
Der Großvater Heinrich Fähmel hat einst die Abtei St. Anton gebaut, sein Sohn Robert zerstörte sie im 2. Weltkrieg, und der Enkel Josef baute sie wieder auf.

Heinrich Fähmels Frau Johanna lebt seit 16 Jahren in einer Heilanstalt, um der historischen Wirklichkeit zu entfliehen. Durch den inneren Monolog wird an den Tod ihres im 1. Weltkrieg gestorbenen kleinen Sohnes erinnert. (Durch den inneren Monolog werden die in Wirklichkeit unausgesprochenen Gedanken, Assoziationen und Ahnungen der Personen in direkter Ich-Form wiedergegeben.)

Arbeitshinweise

1. *Welche Personen werden direkt, welche indirekt genannt? Welche Bedeutung haben sie für Johanna Fähmel? (StA oder GA, TA)*

a) **direkt:**
- Hindenburg
- Heinrich
- Robert

b) **indirekt:**
- mein Sohn (kleiner Bengel)
- Personengruppe, die auf das Hindenburgdenkmal zureitet
- Vater

Johanna Fähmel kann den Tod ihres kleinen Sohnes nicht verwinden; für sie ist Hindenburg an allem schuld. Die Mutter spricht in Gedanken mit ihrem anderen, noch lebenden Sohn Robert, zu dem sie Vertrauen zu haben scheint, und erklärt ihm, daß sie sich rächen müsse. Dabei werden religiöse Motive angedeutet: *Ich werde es tun . . . ich werde das Werkzeug des Herrn sein.*

2. *Welche historischen Ereignisse werden im Text angesprochen? (TA)*

Historische Ereignisse
- Erster Weltkrieg
- Hindenburg (Reichspräsident von 1925–1934)
- Erinnerung an den Sieg der Schlacht bei Tannenberg (Hindenburgdenkmal)
- Inflation
- Weimarer Republik

3. *Analysieren Sie die Einstellung von Johanna Fähmel zur Person Hindenburgs! (UG)*

Der innere Monolog von Johanna Fähmel geht vor allem auf die Person Hindenburgs ein: Johanna Fähmel ist verbittert, weil sie in Hindenburg den Schuldigen am Tod ihres unschuldigen kleinen Sohnes sieht *(bringen wir Kinder zur Welt, damit sie mit sieben Jahren sterben und als letztes Wort* Hindenburg *hauchen?).*

Für sie bedeutet Hindenburg die Inkarnation des Bösen; Johanna vergleicht ihn mit einem Büffel *(uralter Büffel . . . großer Büffel . . . sah nach Einigkeit aus mit seinen Büffelbacken . . .).*

In dem Roman werden Personen gegenübergestellt, die entweder vom *Sakrament des Lammes* (die Guten, Sanftmütigen, Leidenden) oder aber vom *Sakrament des Büffels* (die Bösen, Gewalttätigen, Unterdrücker) gekostet haben. Der Hauptvertreter der 2. Personengruppe, der *geheiligte Büffel*, ist Hindenburg mit seinen *Büffelbacken* (Briefmarke), der für *Ordnung bis zum letzten Atemzug* sorgte und den Böll als exemplarische Gestalt des deutschen Militarismus zeichnet.

4. *Was bedeutet die Frage „Ist er denn wirklich tot?" (UG)*

Johanna Fähmel muß erleben, daß noch lange nach dem Tod von Hindenburg Menschen an ihrem Haus vorbei auf das Hindenburgdenkmal zureiten, um dort Kränze niederzulegen, ihn also zu ehren. Sie fürchtet, daß er im Herzen seiner Anhänger nie stirbt und daß die Deutschen ihn in der Ewigkeit noch als Briefmarke serviert bekommen, um immer wieder den Mythos, der um den erfolgreichen Schlachtherren verbreitet wird, aufrechtzuerhalten.

Not, Inflation, verlorene Kriege haben nicht ausgereicht, um den in Stein gemeißelten, in Erz gegrabenen Hindenburg aus dem Bewußtsein der Menschen zu verdrängen, deshalb bittet Johanna um ein Gewehr. Sie fühlt sich von Gott berufen, dem Treiben endgültig ein Ende zu bereiten.

5. *Was will der Autor mit dem „Sakrament des Büffels" zum Ausdruck bringen? Wo wird es geweiht? Versuchen Sie den ideologischen Hintergrund zu ergründen! (UG, TA)*

In dem Mythos, der um Hindenburg verbreitet wurde, in den falschen, von vaterländischen Parolen gekennzeichneten Prinzipien *Ehre und Treue, Eisen und Stahl* und der mißverstandenen Erdverbundenheit (Blut und Boden), *wo die Äcker dampfen und die Wälder rauschen, da wird das Sakrament des Büffels geweiht.*

Das Symbol „Büffel" erhält dadurch einen besonderen Akzent, daß Böll ihm die Bedeutung eines „Sakraments" (nach der katholischen Lehre die sieben von Christus eingesetzten Gnadenmittel: Taufe, Firmung, Altarsakrament, Buße, Letzte Ölung, Priesterweihe, Ehe) zuerkennt.

Das „Sakrament des Büffels" umfaßt in „Billard um halbzehn" das Negative und Kritikwürdige. Man kann davon ausgehen, daß der Autor im Naturhaften des Büffels die Verkörperung des starken, beherrschenden und von roher Kraft gekennzeichneten Militaristen-Typs sieht. Der Büffel tritt in Herden auf, gilt als starkes, aber dummes Tier und wird wild und gefährlich, wenn man ihn angreift. Das Symbol bezeichnet mit seinen Attributen „dumpfer Gefährlichkeit und hemmungsloser Kraft" den deutschen Militarismus und Imperialismus, deren Entwicklung durch Hindenburg verkörpert und angesprochen wird. (Klaus Hermsdorf, Aufforderung zur Tat. Heinrich Böll, Billard um halbzehn. In: NDL 8 (1960), Heft 11, S. 146)

Böll verknüpft das Symbol mit dem konkreten historischen Hintergrund der letzten fünfzig Jahre deutscher Staats- und Kirchenpolitik.

Das „Sakrament des Büffels"

„Vorwärts mit Hurra und Hindenburg"	– Begeisterung, Nachlaufen ohne Reflexion (Militarismus)
Hindenburg (Büffel) „sorgte für Ordnung bis zum letzten Atemzug"	– Pflichterfüllung, Gehorsam, Anpassung
„Gemeißelt in Stein, gegraben in Erz"	– Ewigkeit
„Ehre und Treue, Eisen und Stahl"	– Ehre, Treue, Unterwürfigkeit, Härte (Unbeugsamkeit)
„Wo die Äcker dampfen und die Wälder rauschen"	– Erdverbundenheit (Blut und Boden)

deutsche „Tugenden" (= Nationalismus)

Literatur

Horst Bienek, Werkstattgespräche mit Schriftstellern. München: dtv 1965 (= dtv 291).

Therese Poser, Heinrich Böll. Billard um halbzehn. In: Rolf Geißler (Hrsg.), Möglichkeiten des modernen deutschen Romans. Frankfurt: Diesterweg ⁴1970, S. 232–255.

Ernst Goette, Heinrich Böll. Das politische Engagement des Schriftstellers. Das „Sakrament des Büffels" aus dem Roman „Billard um halbzehn". In: EWuB 22 (1974), Heft 3, S. 311–320.

HEINRICH BÖLL, **Die Waage der Baleks**

Lernziele

Die Schüler sollen erkennen, daß
- Böll ein Bild von der feudalen Gesellschaftsordnung zeichnet;
- der Autor aus der Perspektive der Unterdrückten schreibt;
- Gerechtigkeit, Macht und Kirche von den Herrschenden abhängig sind;
- kritisches Hinterfragen die scheinbar selbstverständlichen Machtansprüche der Herrschenden in Frage stellen können;
- den Menschen in dieser Geschichte nur ein passiver Protest gegen die Ungerechtigkeit bleibt.

Arbeitshinweise

1. Wie werden die Dorfbewohner beschrieben? Warum dürfen sie keine Waage besitzen? (StA, TA)

Die Dorfbewohner leben in trostloser Armut in den Flachsbrechen (das mürbe gewordene Holz wird vom Bast gelöst, gleichzeitig werden die Fasern voneinander getrennt – mit einer Handbreche). Deutlich wird das an einzelnen Bildern:

Dorfbewohner:

Lebensform	Arbeit
– Ziegenkäse	– Staub
– Kartoffeln	– Hitze
– Pfefferminztee	– mühselig
– Brennsuppe	– Kinder helfen (Pilze sammeln)
– ein Bett für die Eltern	– von früh bis spät
– Bänke als Schlafstätte für die Kinder	– geringe Entlohnung

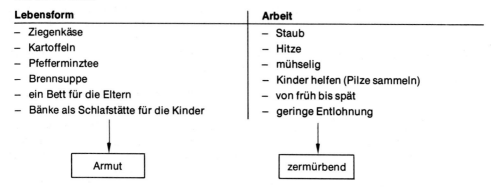

Die Menschen sind tödliche Opfer der Umstände *(langsam dahinmorden)*.

Das Verbot, eine Waage zu besitzen, zeigt deutlich ihre Situation als Unterdrückte und Unselbständige.

Diese Menschen lehnen sich nicht gegen ihr Schicksal auf; sie sind *geduldig und fröhlich*. Sie kennen keine andere Ordnung, fügen sich stumm und ergeben – seit Generationen – in ihr Schicksal. „Die Stille in ihren Gesichtern ist nicht einmal die Stille der Resignation, sondern die Stille des noch nicht zum Bewußtsein gekommenen, noch nicht zur Erkenntnis erwachten Menschen." (Frank, S. 59)

2. Wie werden die Baleks dargestellt? Welche Bedeutung hat ihre Waage? (StA, TA)

Im Gegensatz zu den Dorfbewohnern hat die Großgrundbesitzerfamilie in dieser feudalen Gesellschaftsordnung Macht und Reichtum. Die Baleks verkörpern die herrschende Schicht. Die Geschichte spricht zumeist von „den Baleks". Vornamen erfährt der Leser nicht. Böll zeichnet das Bild üppiger Wohlhabenheit.

Die Baleks:

Lebensform	Arbeit
– Schloß (Doppelallee)	– Besitz der Wälder
– zwei Kutschen	– Besitz der Flachsbrechen (Fabrik)
– einem Jungen des Dorfes wird das Studium der Theologie bezahlt	– Besitz der Waage (Gerechtigkeit)
– Pfarrer kommt zum Kartenspiel	– Überwachung/Einhalten der Gesetze
– Bezirkshauptmann (kaiserliches Wappen) Gast des Hauses	
– Adelsverleihung (durch den Kaiser)	
↓	↓
Reichtum	nur verwaltend

■ Die Waage ist das Symbol ihrer Macht. Die Baleks bestimmen allein, was Gerechtigkeit ist.

3. Was erfahren wir über den Großvater Franz Brücher? (UG)

Franz Brücher ist fleißig, klug, etwas kühner und furchtloser als die anderen. Er hat z. B. keine Angst vor dem Riesen Bilgan. Er fordert die Riesen heraus, prüft ihre Grenzen und überwacht auch, ob die Waage stimmt.
In ihm steckt der Trieb, allen Dingen auf den Grund zu gehen, selbst die Richtigkeit zu überprüfen, nichts ungefragt zu akzeptieren und hinzunehmen.

4. Wie reagieren die Menschen auf die Entdeckung der Ungerechtigkeit? Warum reagieren sie so? (UG)

Die Dorfbewohner stimmen ein altes Kirchenlied an, das als mittelbarer Protest gegen die Ungerechtigkeit gedacht ist: es predigt allerdings nicht den Aufstand, sondern zeigt die Ohnmacht der Abhängigen. Die Eltern des Großvaters verlassen nach dem Tode ihres Kindes das Dorf. Die Erfahrung der Ungerechtigkeit und Unterdrückung der Schwachen wird vom Autor ins Allgemeine gerückt, weil deutlich wird, *daß in allen Orten das Pendel der Gerechtigkeit falsch ausschlug.*
Ihr Lied ist aber trotzdem ein Akt des Widerstandes. Das äußere Ordnungsgefüge der Welt wird durch Gewalt wieder hergestellt. Den Menschen selber bleibt nur das Stillhalten. Aber es ist nicht mehr die Stille der Unwissenheit. Bisher haben die Menschen in naiver Unwissenheit gelebt; jetzt werden sie in den Zustand der Erkenntnis und des Bewußtseins gestoßen. Sie erkennen, daß die Gerechtigkeit eine Illusion ist.

5. Warum hört fast niemand den Urgroßeltern zu, wenn sie die Geschichte von den Baleks erzählen? (UG)

„Die Geschichte endet in bitterer Wahrheit. Die Dorfbewohner kapitulieren vor der Gewalt und Übermacht, ein unschuldiges Kind wird getötet, die Familie Brücher wird vertrieben und ruhelos, die Ungerechtigkeit ist überall, und fast niemand will sie sehen. Doch läßt das Wort ‚fast' im letzten Satz der Geschichte einen, wenn auch winzig kleinen, Hoffnungsschimmer aufkommen." (Frank, S. 65)

6. Welcher Zusammenhang besteht in dieser Erzählung zwischen Macht, Recht und Religion? (Diskussion)

Die Kirche, die eigentlich für alle Menschen da ist (in der Bergpredigt besonders auch für die Armen), befindet sich hier ebenso auf der Seite der Reichen und Besitzenden wie die staatliche Macht, die mit Polizeigewalt die scheinbaren Rechte schützt. In unserer Welt kann Gerechtigkeit nicht siegen, wenn ein falsch verstandenes Machtstreben einzelner Gruppen nicht gebrochen werden kann.

Zur Diskussion

Die Ständepyramide der Feudalgesellschaft

(Aus: Informationen zur politischen Bildung Nr. 163 [1975], Heft 1. Das 19. Jahrhundert. Monarchie. Demokratie. Nationalstaat, S. 2.)

Literatur

Brigitte Frank, „Die Waage der Baleks". In: Interpretationen zu Heinrich Böll, verfaßt von einem Arbeitskreis. Kurzgeschichten. Bd. 2. München: Oldenbourg ²1968, S. 57–65.

Franz-Josef Thiemermann, Kurzgeschichten im Deutschunterricht. Bochum: Kamp ⁹1973, S. 89–106.

Rudolf Kreis, Geschichten zum Nachdenken. In: Projekt Deutschunterricht. Bd. 1. Stuttgart: Metzler 1971, S. 125.

Karl-Heinz Kreter, Heinrich Böll, Die Waage der Baleks. In: Interpretationen zu Erzählungen der Gegenwart. Frankfurt: Hirschgraben ⁵1969, S. 52–53.

Cesare Cases, „Die Waage der Baleks" dreimal gelesen. In: In Sachen Böll. Ansichten und Einsichten, hrsg. von Marcel Reich-Ranicki. München: dtv ²1972 (= dtv 730), S. 172–178.

SIEGFRIED LENZ, **Ein Freund der Regierung**

Lernziele

Die Schüler sollen erkennen
- wie Sprache die Wirklichkeit zugleich verschleiern und aufzeigen kann (Ironie);
- welche Aussagemöglichkeiten Zeichen und Bilder haben;
- welche Möglichkeiten der Unterdrückung und staatlichen Gewalttätigkeit Diktaturen besitzen, wie hilflos der einzelne sein kann, welche Abwehrkräfte aber auch vorhanden sind, so daß der einzelne sich trotz allem behaupten kann.

Arbeitshinweise

1. *Wodurch ist die Fahrt der Journalisten in dem fremden Land charakterisiert?*
2. *Welche Wörter stören das Bild einer fast vollkommenen Welt? (GA, TA)*

Positive Eindrücke	**Negative Eindrücke**
– sehr höfliche Einladung	– Soldaten
– tadellos gekleideter Beamter	– Maschinenpistolen
– neuer Bus (Musik, Sandwiches)	– im Dorf: Fenster mit Kistenholz vernagelt
– Garek (sanfte Stimme, bescheiden, fröhlich, lächelnd)	schäbige Zäune
– Schönheiten der Hauptstadt (Mustersiedlung, Parks)	keine Wäsche
– Kultivierungspläne	abgedeckte Brunnen
– sauber gekalkte Hütte	graue Fahne von Staub

Fassade

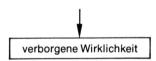

verborgene Wirklichkeit

Klar wird die Absicht der Regierung, das Bild einer heilen und vollkommenen Welt zu bieten; aber alles wirkt zu deutlich arrangiert, zu aufdringlich. Es drängt sich die Frage auf, welche verborgene Wirklichkeit sich hinter dieser Fassade verbirgt, die im Widerspruch zur Absicht der Regierung steht.

3. *Was fällt bei Bela Bonzo auf! Sind ähnliche Widersprüche wie bei der Fahrt der Journalisten erkennbar? (GA, TA)*

Positive Eindrücke	**Fragwürdige Eindrücke**
– gut gekleidet	– Hausarbeit
– sauber gekämmt	– Oberlippe geschwollen
– sorgfältige Rasur	– verkrustete Blutspuren
– frisches Baumwollhemd	– zu kurze Baumwollhosen
– neue, gelbliche Rohlederstiefel	– wie bei den Rekruten
– Zufriedenheit	– Rätselhaftigkeit
– Vergessen des Sohnes	– Erinnern an den Sohn
– Schmunzeln	– Fehlen eines Schneidezahns

Ein Freund der Regierung?

Vom Schluß der Erzählung werden diese Widersprüche geklärt; Bela Bonzo ist – wie sein Sohn – gegen die Regierung und wurde vermutlich von Regierungsbeamten gefoltert (geschwollene Oberlippe, verkrustete Blutspuren). Er erhielt neue (Soldaten-)Kleidung, die ihm aber nicht einmal richtig paßt. Die Regierung hat ihn in der Hand, weil das Leben seiner Familie in Gefahr ist. Daher wagt sie es sogar, den Journalisten einen solchen Mann und keinen wirklich überzeugten Mitläufer vorzuführen.

4. Warum ist Bela Bonzo erleichtert, als Garek wieder zurückkehrt? (UG)

Bela Bonzo fürchtet, daß er seine Rolle nicht zu Ende spielen kann. Die Nachricht von den Folterungen seines Sohnes trifft ihn sehr. (Er ist erregt, was an dem heftigen Inhalieren der Zigarette deutlich wird.) Aber er muß seine wirklichen Absichten verbergen, um sich und seinen Sohn nicht zu gefährden.

5. Warum nennt er sich einen „Freund der Regierung"? (UG)

Bela Bonzos Reden wirken auswendig gelernt; er spricht nicht die Sprache eines einfachen Bauern. Die Wiederholungen verraten, daß die Wirklichkeit anders aussieht. Der Widerspruch zwischen Gesagtem und der Realität erweist seine Reden als bittere Ironie, die nur indirekt und sehr vorsichtig andeutet, was er tatsächlich denkt.

6. Welche Bedeutung hat der abgespaltene Zahn? (Diskussion)

Die anfänglich skeptischen Journalisten müssen sich mit den Antworten zufrieden erklären, die Bela Bonzo gegeben hat. *Niemand von uns zweifelte daran, daß wir in ihm einen aufrichtigen Freund der Regierung getroffen hatten.*
Der in das Papier eingewickelte Zahn zeigt aber die Wahrheit – ohne Worte – nur durch das Zeichen (Symbol). Dieser Zahn verdeutlicht die Wirklichkeit und deklariert alles andere als Fassade.
Mit diesem Ergebnis lassen sich andere Bilder deuten: Das Graue der Landschaft *(grau wie die Fahne der Resignation)* und die faustgroßen Früchte, die das Gefühl vermitteln, *in eine frische Wunde zu beißen.*

7. Worin liegt der Sinn dieser Erzählung? (Diskussion)

Eine moderne Diktatur – z. B. Spanien unter Franco, Albanien oder Chile – kann Menschen brutal unterdrücken, aber in der letzten Bedeutung nur äußerlich. Es erweist sich nämlich, daß die inneren Widerstandskräfte der Menschen stärker sind. Zwar kann sich Bela Bonzo zur Zeit nicht frei äußern und wehren, er zeigt sich aber als ein Mann, dessen Inneres unangreifbar ist. Er wird zwar erniedrigt und entwürdigt, aber der Kern seiner Persönlichkeit wird nicht vernichtet. Die Wirklichkeit ist in ihrer brutalen Realität aufgedeckt, so daß die Scheinwelt einer totalitären Propaganda entlarvt wird.

Zur Diskussion

In politisch interessierten Klassen kann die Frage diskutiert werden, ob Bela Bonzos Verhalten richtig ist. Hätte er nicht vor den Journalisten die Wahrheit sagen und vor aller Welt die Regierung entlarven sollen? Aber hätte diese Selbstvernichtung wirklich einen Sinn?

Literatur

Franz Josef Thiemermann, Kurzgeschichten im Deutschunterricht, Bochum: Kamp [9]1973 (= Kamps pädagogische Taschenbücher 32).
Hans Wagener, Siegfried Lenz. München: Beck 1976 = Autorenbücher 2.

14. DER EINZELNE IN DER GESELLSCHAFT

Autor	Titel	Textform	Eigenart	Inhalt	Seite
Walther von der Vogelweide	Ich saz ûf eime steine	Gedicht	Spruchdichtung	Reichsordnung um 1200	355
Gotthold Ephraim Lessing	Ringparabel	Parabel	gleichnishaft	Toleranz	356
Johann Wolfgang Goethe	Wer nie sein Brot mit Tränen aß	Gedicht	elegisch	Weltschmerz	360
Heinrich von Kleist	Das Bettelweib von Locarno	Erzählung	dramatisch	Schuld	361
Brüder Grimm	Die Sterntaler	Märchen	optimistisch	Belohnung	364
Georg Büchner	Märchen	Anti-Märchen	nihilistisch	Ausweglosigkeit	365
Rainer Maria Rilke	Der Panther	Gedicht	Dinglyrik	Gefangenschaft	366/234
Franz Kafka	Der Nachbar	Kurzgeschichte	parabolisch	Isolation durch Mißtrauen	367
Franz Kafka	Der Kübelreiter	Parabel	surrealistisch	Isolation und Gemeinschaft	369/235
Edward Munch	Der Schrei*	Lithographie	expressionistisch	Angst	371/237
Gottfried Benn	Nur zwei Dinge	Gedicht	metaphorisch	Verhältnis des Ich zur Welt	373
Heinrich Böll	Über mich selbst	Essay	autobiographisch	Herkunft und Umwelt	374
Christa Reinig	Gott schuf die Sonne	Gedicht	schlicht	Natur, Mensch – Gott	376
Françoise Sagan	Die Einsamkeit der Brigitte Bardot	Interview	Selbstreflexion	Person und Rolle	377

WALTHER VON DER VOGELWEIDE, Ich saz ûf eime steine

Lernziele

Die Schüler sollen
- Walther als politisch-engagierten Dichter kennenlernen;
- den Aufbau des Reichsspruchs erkennen;
- Einblick in die historische Situation des Reichs zu Beginn des 13. Jahrhunderts gewinnen;
- einsehen, daß Probleme – dargestellt in der Dichtung des Mittelalters – auch unsere sein können (Aktualität der Aussagen Walthers).

Vorbemerkung zur Spruchdichtung (Lehrervortrag oder Schülerreferat)

„Ich saz ûf eime steine" (1198) gehört neben „Ich hôrte ein wazzer diezen" (1198) und „Ich sach mit mînen ougen" (1201) zu den bekanntesten Reichssprüchen Walthers.

Walther hat die Form des Spruchs zu einer allgemeinen Lehre (ethische, soziale und politische Erziehung, Zeitkritik) entwickelt; damit ist der Dichter nicht nur Chronist politischer Ereignisse, sondern auch ihr Kritiker und Mahner.

Walther verleiht Einblick in die Reichsordnung und ihre Gefährdung durch die politische Situation. In den Gedichten des „Reichstons" wird die Absicht deutlich, aktiv in die politischen Verhältnisse einzugreifen: Ihn beschäftigt die Möglichkeit der Zusammenführung von den drei Werten **(ére, guot, gotes hulde),** die in der Antike und später in der Philosophie des Mittelalters immer wieder auftauchen:

„Es ist die Stufenfolge des *summum bonum*, des *honestum* und des *utile*. In ihrer ursprünglichen antiken Geltung sind alle drei Kategorien für den Menschen erstrebbar und erreichbar, das *summum bonum* als die Weisheit des rechtschaffenen Mannes, das *utile* als die äußeren Lebensgüter, das Ziel des praktisch Tätigen. Als diese Güterordnung der christlichen Lehre angepaßt wurde, mußte sie eine tiefe Umdeutung erfahren. Wenn alle wahre Glückseligkeit nur im Jenseits zu finden ist, so kann auch das höchste Gut nur transzendent begriffen werden; Gott allein, oder vom Menschen her gesehen, das Leben in Gott, konnte als *summum bonum* gelten. Die Stufung in drei aufsteigende, aber grundsätzlich koordinierte Glieder muß sich unter dem Gesichtswinkel einer dualistischen Lehre in zwei inkommensurable Gruppen aufspalten. Das *summum bonum* allein ist ein absoluter Wert, *honestum* und *utile* sind nur zwei Stufen von Gütern, die bestenfalls einen relativen Wert besitzen. Das Problem Gott und Welt tut sich abermals auf." (Helmut de Boor, Geschichte der deutschen Literatur. Die höfische Literatur. Vorbereitung, Blüte, Ausklang. München: C. H. Beck 1953, S. 17 f.)

êre	guot	gotes hulde
honestum	utile	summum bonum
Ehre/Ansehen	Besitz	Gottes Gnade (ewige Seligkeit)

Arbeitshinweise

1. *Versuchen Sie den Text zu lesen und zu gliedern!*
2. *Welches ist die Kernfrage? Was für Thesen stellt Walther auf? Gibt es eine Synthese? (GA, TA)*

Der Spruch kann in vier Abschnitte gegliedert werden:

I. **Einleitung** (Vers 1–5)

Anmerkungen über den meditierenden Dichter, der in Sorge über die politischen Verhältnisse im Vaterland – das geneigte Haupt in seine Hand gestützt – pessimistisch gestimmt ist (vgl. die Abbildung in der Manessischen Liederhandschrift, Kritisches Lesebuch, S. 355).

II. **These** (Vers 6–15)
Walther reflektiert über die Kernfrage *(wie man zer welte solte leben)*. Der Mensch befand sich im Mittelalter in der dualistischen Spannung von Gott und Welt, und für den Ritter trat das Problem der Erhaltung seiner *êre* hinzu. Daher versucht Walther auch *êre* (Ruhm, Anerkennung, Geltung, Ehre), *varnde guot* (Besitz), die bereits miteinander konkurrieren, und *gotes hulde . . . in einen schrîn* zu bringen.

III. **Gegenthese** (Vers 16–23)
Diese drei hohen Güter *(driu dinc)* können aber leider nicht zusammen *in ein herze* kommen, weil ihnen die Wege dazu versperrt sind *(stîg unde wege sint in benomen)*.
In Bildern von der Untreue, die im Hinterhalt lauert (21), und der Gewalt, die in der Straße vorherrscht (22), wird die Situation der Menschen angedeutet: *fride unde reht* werden verletzt.

IV. **Schlußfolgerung** (Vers 24)
Die drei Dinge *(êre, varnde guot, gotes hulde)* können so lange nicht zusammenkommen, bis Friede und Recht vorherrschen; erst dann ist eine menschliche Existenz gesichert.

3. *Was beklagt der Dichter? In welcher Funktion begreift er sich? (UG)*
Walther sieht keine Möglichkeit des harmonischen Ausgleichs zwischen *êre, guot* und *gotes hulde (diu wolte ich gerne in einen schrîn: jâ leider desn mac niht gesîn)*, weil die politischen Verhältnisse im Reich um 1198 dies nicht zulassen:

Historische Situation
Nach dem Tode des römisch-deutschen Kaisers Friedrichs I. („Barbarossa") aus dem Geschlecht der Staufer wurde sein Sohn Heinrich VI. 1190 sein Nachfolger, der aber schon 1197 starb. 1198 werden zwei Könige gewählt: Philipp von Schwaben (aus dem Geschlecht der Staufer) und Otto IV. (aus dem Geschlecht der Welfen). Durch die Thronkämpfe zwischen beiden wird das Königtum geschwächt. Der Papst steht auf Seiten der Welfen, weil er die Macht der Staufer fürchtet. Erst der Staufer Friedrich II. besiegt die welfische Partei endgültig.
Zur Zeit der Reichssprüche begannen die Streitigkeiten: Walther warnt bereits vor *untriuwe* und *gewalt* und beklagt, daß das Ideal der Vereinigung von den drei großen Ordnungen der mittelalterlichen Welt *(êre, guot* und *gotes hulde)* nicht zu verwirklichen ist, solange nicht Frieden und Recht in der Welt vorherrschen.
In der angedeuteten Lösung, daß die Friedlosigkeit der Welt gesunden müsse (indirekte Aufforderung an den König), liegt das politische Engagement Walthers. Walther sieht zwischen der Ordnung im Reich und der Verwirklichung der inneren Werte des Ritters eine gegenseitige Abhängigkeit. Ohne starken König als obersten Richter ist das Reich dem Machtstreben und Unfrieden der einzelnen mächtigen Lehnsträger ausgeliefert. Walther läßt sich von folgender Idee leiten: „die sittlichen Prinzipien sind die führenden, aus ihnen müssen sich die politischen ergeben. Die realpolitischen Erfordernisse werden an der Idee abgemessen und durch sie bestimmt. Walthers Grundkonzeption der Gegenwart ruht in seinem Geschichtsbild, und dieses ist das alte, große dualistische Geschichtsbild des 12. Jhs. Weltgeschichte ist Spannung und Ausgleich zwischen Gottesreich und Weltreich, verwirklicht in *sacerdotium* und *imperium*, verkörpert in Papst und Kaiser." (de Boor, Geschichte, S. 314)

Zur Diskussion
Inhalte und Tendenzen politischer Lyrik im Mittelalter und heute, Verhältnis zwischen Dichter und Gesellschaft (soll sich ein Schriftsteller politisch engagieren?) können aufgezeigt werden.

Literatur

Hans Uwe Rump, Walther von der Vogelweide in Selbstzeugnissen und Bilddokumenten. Reinbek: Rowohlt 1974 (= rowohlts bildmonographie 209).
Walther von der Vogelweide, Ich saz ûf eime steine. In: Didaktisch-methodische Analysen. Handreichungen für den Lehrer zum Lesebuch Kompaß. 9./10. Schuljahr. Paderborn: Schöningh 1973, S. 30–33.
Gert Kaiser, Die Reichssprüche Walthers von der Vogelweide. In: DU 28 (1976), Heft 2, S. 5–24.
Kurt Herbert Halbach, Walther von der Vogelweide. Stuttgart: Metzler ³1973 (= M 40).

GOTTHOLD EPHRAIM LESSING, Ringparabel

Lernziele

Die Schüler sollen
- Sinn und Eigenart der Parabel erkennen;
- die symbolische Bedeutung der Ringe in bezug auf die Religionen (Christentum, Judentum, Islam) analysieren;
- einsehen, daß Lessings Ideal die Toleranz des einzelnen gegenüber anderen ist.

Vorbemerkung (Quelle)

Die Quelle für den Stoff des „Nathan" – und das Motiv von den 3 Ringen als Allegorie der drei Religionen (Christentum, Judentum, Islam) – geht auf eine Novelle von Boccaccio zurück (aus dem „Dekameron"). Lessings Hauptquelle ist François Louis Claude Marins (1721–1809) „Geschichte Saladins Sulthans von Egypten und Syrien". (G. E. Lessing, Nathan der Weise. Erläuterungen und Dokumente, hrsg. von Peter von Düffel. Stuttgart: Reclam 1972 (= RUB 8118/18 a), S. 73–87.)

Arbeitshinweise

1. *Welches sind die Kriterien des wahren Ringes?*
2. *Welche Fähigkeit besitzt er? Worin besteht seine Gefahr? (StA, TA)*

Kriterien, Fähigkeit	Gefahr
– unschätzbarer Wert (Opal, spielt hundert schöne Farben)	– Ungerechtigkeit beim Vererben, wenn mehrere Söhne gleichermaßen gehorsam waren
– wirkt nicht aus sich selbst heraus	– Betrug, um keinen zu kränken
– verfügt über die geheime Kraft, den Träger vor Gott und den Menschen angenehm zu machen, wenn er den Ring in einer bestimmten Zuversicht trägt	– Streit um den wahren Ring
	– Klage beim Richter
– der dem Vater liebste Sohn soll jeweils den Ring erben und Haupt (Fürst) des Hauses werden	

3. *Wie sieht die Lösung des Richters aus? (StA)*

Der Richter geht vom vorliegenden Sachverhalt aus; da die drei Brüder untereinander streiten, anstatt miteinander auszukommen, kann keiner von Ihnen den wahren Ring mit seiner besonderen Kraft besitzen; denn keiner zeigt sich dem Erbe als würdig. *(Jeder liebt sich selber nur am meisten! – O so seid ihr alle drei betrogene Betrüger!)*

Der Richter gibt zu bedenken, daß der echte Ring wahrscheinlich verlorengegangen sei, und erteilt den Rat, jeder solle seinen für den echten halten. Der pure Besitz des echten Ringes ist wirkungslos, solange die Einsicht fehlt, daß es um die Einstellung des einzelnen geht: *Es eifre jeder seiner unbestochnen von Vorurteilen freien Liebe* nach!, die jeder *mit Sanftmut, mit herzlicher Verträglichkeit, mit Wohltun, mit innigster Ergebenheit in Gott* erreichen kann. Nicht eine überlieferte (vererbte) Form, sondern die tätige Liebe, Menschlichkeit und Toleranz entscheiden über die Wahrheit (einer Religion). Der zukünftige Weg kann gemeinsam gegangen werden, um den Willen Gottes *(weisrer Mann)* zu tun.

4. *Was will Nathan mit dieser Parabel in bezug auf die Frage nach der Wahrheit der verschiedenen Religionen aussagen? (UG)*

In der Ringparabel, die im Mittelpunkt des Dramas „Nathan der Weise" (III, 7) steht, werden die Wahrheit und Eigenart der Religionen – ihre Rolle im Prozeß der Menschheit – in ihrer konkreten und bleibenden Bedeutung untersucht. „Das Wahrheitsproblem der Religionen ist dem Verfügungsbereich der theoretischen Vernunft entzogen und der praktischen Vernunft zur Entscheidung vorgelegt. Das heißt aber nichts anderes, als daß der Mensch selbst als einzig möglicher Bezugspunkt allen religiösen Meinens und Urteilens aus der lehrhaft dringlichen Hülle der Gestalt der Religionen als bewegende und lebendige Mitte hervortritt. [...] Die sittliche Praxis wird zum Kriterium der Beantwortung der Frage nach der wahren Religion." (Benno von Wiese, S. 123)

Der Wert überkommener, überlieferter Glaubensrichtungen liegt nicht in ihrem Besitz, sondern in der Kraft und dem Willen, in aufopferungsfähiger, toleranter Haltung gegenüber dem anderen.

5. *Versuchen Sie die Eigenart der Parabel zu kennzeichnen! (UG)*

a) Aufbau:

Die Handlung wird in ferne Vergangenheit *(vor grauen Jahren)* und Gegend *(in Osten)* gelegt. Gleichnis von dem Ring und seiner Wirkung *(geheime Kraft)*, an die der Träger glauben muß. Die Situation: ein sterbender Vater vermacht jeweils seinem liebsten Sohn den Ring. Steigerung: ein Vater versucht dem drohenden Konflikt auszuweichen, indem er für seine drei Söhne noch zwei dem ersten Ring völlig gleiche nachmachen läßt.

b) Analogie:

Durch den Vergleich der drei Ringe mit den drei Religionen wird die Ebene der Erzählung durchbrochen: Die Religionen sind äußerlich nicht gleich, aber in ihrer Überlieferung und Offenbarung.

c) Folge:

Es ergibt sich die Erkenntnis, daß die Echtheit des Ringes (Wahrheit der Religionen) von den Menschen nicht auszumachen ist. Sie muß durch die Praxis (ethischer Gehalt der Religionen), durch das Verhalten erwiesen werden.

Eine Entscheidung wird auf die Zukunft *(über tausend tausend Jahre)* verlegt und enthält somit indirekt die Aufforderung, täglich Nächstenliebe auszuüben und andere Glaubensrichtungen als gleichberechtigt anzuerkennen (Toleranz).

Literatur

Günter Rohrmoser, Gotthold Ephraim Lessing. Nathan der Weise. In: Das deutsche Drama, hrsg. von Benno von Wiese. Düsseldorf: Bagel 1964.

Hans Ritscher, Lessing. Nathan der Weise. Frankfurt: Diesterweg [7]1974 (= Grundlagen und Gedanken zum Verständnis des Dramas).

Josef Schnell, Dramatische Struktur und soziales Handeln. Didaktische Überlegungen zur Lektüre von Lessings ‚Nathan der Weise'. In: DK 28 (1976), Heft 2, S. 46–54.

Johann Wolfgang Goethe, **Wer nie sein Brot mit Tränen aß**

Lernziele

Die Schüler sollen erkennen, daß
- die Wirkung der Verse von der schlichten Struktur, der klaren Sprache und der die Seele des Menschen ergreifenden Aussage bestimmt ist;
- das Gedicht tiefempfundene Mitteilung (elegische Klage) des lyrischen Ich ist;
- der Wert des Gedichts weniger in der inhaltlichen Aussage, sondern mehr in der stimmungsvollen Atmosphäre liegt.

Arbeitshinweise

1. Welchen Eindruck vermittelt das Gedicht? Wodurch entsteht dieser Eindruck? (UG)

Die schlichte Sprache, der klare Aufbau und die poetische Verknappung („karge Sachlichkeit") kennzeichnen das Gedicht, das jedoch eine um so tiefere innere Erregung erzeugt. Die acht Verse sind eine einzigartige lyrische Klage, die tiefen Eindruck hinterläßt.

„Die Kürze dieser zwei Strophen stellt einen Wesenszug unseres Gedichts dar. Es ist epigrammatisch in seiner Fügung, es hat die Kraft einer Inschrift, zu dauern, es ist trotz persönlichster Herkunft und Aussage allgemeingültig wie eine Inschrift: es ist lapidar." (Storz, S. 51)

Auffallend ist die Wiederholung des Beginns *Wer nie* – ein Stoßseufzer aus tiefer Seele, der Schmerz, Not, Enttäuschung und Sehnsucht zum Ausdruck bringt.

2. Welche Bereiche werden aufeinander bezogen? Welche Bedeutung haben die „Tränen" in diesem Gedicht? (UG)

In beiden Strophen wird durch einen Aussagesatz – jeweils eingeleitet durch einen Vordersatz (mit gleichem Anfang) – Spannung auf den verzögerten Nachfolgesatz erweckt; dieser löst sie, aber überrascht zugleich, „indem er die Folge oder das Ergebnis der in den Vordersätzen aufgestellten Prämissen ausspricht. Beide Strophen haben also das Gepräge von logischen Schlußfolgerungen..." (Storz, S. 51)

Wer nie sein Brot mit Tränen aß, wer nie die kummervollen Nächte auf seinem Bette weinend saß, kennt nicht die himmlischen Mächte (Ewigkeit), die nicht in entrückter Ferne bleiben, sondern in das Leben der Menschen hineinwirken *(Ihr führt ins Leben uns hinein)*.

Der Harfner mußte die Kraft der himmlischen Mächte in langen Nächten erfahren; er rechnet daher mit ihrer Existenz und spricht sie sogar direkt an: *ihr himmlischen Mächte; ihr führt; ihr laßt den Armen schuldig werden; ihr überlaßt ihn der Pein.*

Diese Anhäufung verdichtet sich zum Vorwurf, zur Anklage. Die Zurückhaltung wird aufgegeben, dennoch spricht er nicht von und über sich, sondern vom allgemeinen *(alle Schuld rächt sich auf Erden)*. Der Mensch ist der Getriebene, Erleidende, die mißhandelte Kreatur. Er wird auf seinem Lebensweg schuldig und quält sich unter der Last der Schuld; nur die Tränen bedeuten Trost und wirken befreiend. Sie sind hier Ausdruck für einen möglichen Weg aus der Verzweiflung.

3. Wie wirkt dieses Gedicht auf den Zuhörer? (Vgl. dazu den Vorspann!) (Diskussion)

Das Gedicht spricht die Seele des Menschen an. Die Klage des Harfners bewegt Wilhelms Herz zutiefst („drang tief in die Seele des Hörers..."). Der Gesang zieht Wilhelm aus der Sphäre Philinens auf sein inneres Selbst zurück.

Emil Staiger sagt, daß ungezählte Menschen aus diesen „tiefschmerzlichen Zeilen" Trost geschöpft haben. „Denker und Dichter finden hier das Rätsel des Tragischen reiner und erschütternder ausgesprochen als irgend sonst in der klassischen Poesie. Der Harfner wird zum Inbegriff des tragischen Irrsals. Er scheint der Schatten von Wilhelm Meisters Glauben zu sein, düstere Mahnung an das Los, das ungewiß über den Menschen schwebt, die leibgewordene, in den Tiefen der Seele schlummernde Schicksalsangst. Der Umgang mit ihm wirkt aber auf Wilhelm Meister in keiner Weise bedrückend." (Staiger, S. 457)

Nach den ersten Liedern, die der alte Harfner vorträgt, heißt es: „Wilhelm fühlte sich wie neugeboren."

Literatur

Gerhard Storz, Die Lieder aus Wilhelm Meister. In: DU 1 (1948—49), Heft 7, S. 56.

Emil Staiger, Goethe. 1749—1786. Zürich: Atlantis ³1960.

HEINRICH VON KLEIST, **Das Bettelweib von Locarno**

Lernziele

Die Schüler sollen
- die Besonderheiten (Hypotaxe, Interpunktion, Konjunktionen) des dramatischen Stils (Spannung) bei Kleist erkennen und analysieren;
- den Aufbau der Erzählung strukturieren können;
- das Verhalten der Personen (Gleichgültigkeit, Lieblosigkeit) gegenüber dem einzelnen differenzieren;
- den Spuk als Zeichen für das unbegreifliche und unfaßbare Wirken geheimnisvoller Mächte verstehen.

Arbeitshinweise

1. Welche auffallenden sprachlichen Mittel verwendet Kleist (Satzbau, Interpunktion, Konjunktionen)? (StA, UG)

Emil Staiger hat in seiner Interpretation auf folgende sprachliche Mittel hingewiesen:

„Wenn aber in einer Spukgeschichte das Kolorit nicht wesentlich ist, wenn die Fabel eines tieferen ideellen Gehalts entbehrt, worauf kommt es dann eigentlich an? Die Frage soll in Form einer kleinen Stilanalyse beantwortet werden. [...]

Hypotaxe   Das Eine kann niemand übersehen, daß Kleist sich hier in überschwenglicher Weise der Hypotaxe bedient. Der erste, der sechste und zumal der neunte Satz erreichen oder überschreiten sogar die Grenze dessen, was in deutscher Sprache möglich oder geläufig ist. Aufs engste damit zusammen hängt die

Interpunktion	Sorgfalt in der Interpunktion. Vom Doppelpunkt und Strichpunkt wird ausgiebig Gebrauch gemacht; das Komma drängt sich überall ein, wo es sich irgend verantworten läßt. Das ergibt denn eine Prosa, die bis ins Letzte gegliedert, deren Teile mit schärfster Logik gefügt und aufeinander bezogen sind.

Es gilt nun weiterhin, zu prüfen, was in diesen Satzgebilden über-, was untergeordnet ist. Oft erscheint das Prädikat des Hauptsatzes ziemlich blaß und belanglos: ‚befand sich' (1), ‚fand sich ein' (4), ‚ließ' (10), ‚fand sich ein' (14). Noch öfter drückt es die Reaktion der Personen auf ein Ereignis aus, sei es, daß diese Reaktion in einem Entschluß, in einer Tat oder bloß in einem Gefühl bestehe: ‚befahl' (2), ‚gab ... auf' (5), ‚wie betreten war' (6), ‚lachte ... aus' (7), ‚bat' (8), ‚wie erschüttert war' (11), ‚fragte' (12). Das heißt, es wird meist nicht gefragt: Was geschieht jetzt? sondern: Wenn das geschieht, was tut oder fühlt einer dann! Die wenigen Sätze, in denen eine Situation oder ein Ereignis in einem Hauptsatz mitgeteilt wird, können das nur bestätigen. Dort nämlich wird das Gewicht, das ausnahmsweise im Hauptsatz zu liegen scheint, sofort energisch wieder verlegt, indem ein Doppelpunkt oder das bei Kleist so beliebte ‚dergestalt, daß' den Hauptsatz zur bloßen Voraussetzung des Nebensatzes hinunterdrückt: ‚Befand sich ... ein Schloß ...: ein Schloß mit ... Zimmern, in deren einem einst ...' (1); ‚die Frau ... glitschte ... aus und beschädigte sich ... das Kreuz; dergestalt, daß ...' (3); ‚dieser Vorfall ... schreckte ... mehrere Käufer ab; dergestalt, daß ...' (9); ‚fand sich ... der Haushund ... ein; dergestalt, daß ...' (14). Auf diese Weise verlieren alle Einzelheiten die Selbständigkeit und lösen sich in finale und konsekutive Funktionen auf.

Subjekte	Die Subjekte jedoch, sobald sie von Personen gebildet werden, treten nicht nur an den Anfang, sondern werden geradezu am Anfang des Satzes isoliert, dadurch, daß der Erzähler zwischen sie und die Prädikate einschiebt, was nur immer hineingehn mag: Nebensätze, prädikative Bestimmungen, Partizipialkonstruktionen, so kunstreich, daß man einen Querkopf von Kanzlisten am Werk glauben möchte, hielte diesen Gedanken nicht das atemberaubende Tempo, eine deutlich fühlbare Unrast, fern: ‚Der Marchese, der, bei der Rückkehr von der Jagd, zufällig in das Zimmer trat, wo er seine Büchse abzusetzen pflegte, befahl ...' (2); ‚der Marchese, erschrocken, er wußte selbst nicht warum, lachte ...' (7); ‚die Marquise, am andern Morgen, da er herunterkam, fragte ihn ...' (12). Das Kühnste wagt der fünfzehnte Satz: ‚Das Ehepaar, zwei Lichter auf dem Tisch, die Marquise unausgezogen, der Marchese Degen und Pistolen, die er aus dem Schrank genommen, neben sich, setzten sich ...' Wohin grammatisch das ‚zwei Lichter auf dem Tisch' gehört, bleibt unklar; es steht da, hart neben dem Subjekt, aber völlig ohne Bezug. Man meint, im Drama eine eingeklammerte Szenenangabe zu lesen. Und wenn man erst ans Drama denkt, möchte man überhaupt die beharrliche Isolierung des Subjekts mit dem Nennen der sprechenden Person im Dialog vergleichen.

In der Regel ist eine Person Subjekt, fünfmal der Marchese, dreimal das Ehepaar, zweimal der florentinische Ritter, einmal die Marquise und einmal die Frau, in den übrigen drei Sätzen das ‚Schloß', der ‚Vorfall' und der ‚Haushund'.

Sätze	Das bewegt uns, darauf zu achten, wie denn die Sätze abgeteilt sind. Offenbar nicht nach Ereignissen! Der erste Satz gibt eine Situation: die Alte im Schloß auf dem Lager von Stroh. Der zweite enthält den Befehl des Marchese, den die Situation veranlaßt; der dritte die Folge des Befehls. Ebenso das zweite

Alinea. Satz vier bringt die neue Situation; das Schloß soll dem Ritter verkauft werden. Im fünften Satz wird der Auftrag des Marchese, im sechsten wieder die Folge, der Schrecken des Ritters, mitgeteilt. Weiterhin bleibt das dreiteilige Schema freilich nicht gewahrt. Situation und Entschluß oder Tat, Tat und Folge werden hin und wieder in einem Satz vereint. Doch immer ist es nicht das schlichte Nacheinander des Geschehens, sondern seine Deutung als Voraussetzung und Folge, was die Abteilung in Sätze bestimmt. Mit anderen Worten: Die schon innerhalb der Sätze bemerkte Auflösung des einzelnen in finale und konsekutive Funktionen setzt sich auch in den Beziehungen zwischen den ganzen Sätzen fort. Kein Satzgebilde steht allein und kann für sich gewürdigt werden; jedes bereitet vor, schließt Vorbereitetes ab; und das Ergebnis wird seinerseits wieder Voraussetzung. [...]

Die Bedeutung, der Bezug, die Funktion ist sicher bei keinem andern Dichter deutscher Zunge auch grammatisch so entschieden ausgeprägt wie bei Heinrich von Kleist, in dessen Prosa das Geschehen hinter den Fugen seiner Teile beinah zu verschwinden droht, oder, um es syntaktisch zu fassen, in dessen Prosa

Konjunktionen die Konjunktionen, ‚als', ‚als ob', ‚da', ‚dergestalt, daß', die Infinitive mit ‚zu' und die vielen Partizipialkonstruktionen, auch die Doppelpunkte und Kommas, zu den Urelementen des Satzes, den Prädikaten und Subjekten, in fast groteskem Verhältnis stehn." (Emil Staiger, S. 90 ff.)

Hervorzuheben ist noch, daß Kleist den paarweisen Ausdruck bevorzugt, wobei sich die beiden Teile nicht ergänzen, sondern der Inhalt des ersten Teils in der Regel im zweiten wiederholt bzw. leicht variiert: *Ein Schloß mit hohen und weitläufigen Zimmern (1); unter Stöhnen und Ächzen (3); schön und prächtig (5); verstört und bleich (6); befremdend und unbegreiflich (9); unter Geseufz und Geröchel (11); mit scheuen und ungewissen Blicken (12)*.

2. *Wie ist die Erzählung aufgebaut? (Gliederung, TA)*

Entsprechend dem Gehalt kann die Erzählung nach der Einleitung im Hauptteil in 5 Szenen gegliedert werden; es folgt die Katastrophe im Schlußteil.
A. Ort des Geschehens
B. Spukgeschehen
 I. Umstände, die den Befehl an das Bettelweib und ihren Tod herbeiführen
 II. Notlage des Marchese durch Krieg und Mißernte; Schloßverkauf; Bericht des Ritters über den im Gästezimmer erlebten nächtlichen Spuk; Abreise des Ritters
 III. Wahrnehmung des Spuks durch den Marchese
 IV. Wahrnehmung der Geräusche durch Marchese, Marquise und Bedienten
 V. Wahrnehmung der Erscheinung durch das Ehepaar und den Haushund
C. Katastrophe

3. *Wie verhält sich die Marquise gegenüber der alten Frau? Wie der Marchese? (StA, UG)*

Die Handlungsweise des Ehepaares ist unterschiedlich: Im 1. Satz wird deutlich (durch die Reihenfolge der Aussagen), was man tat *(Stroh)*, wie *(ihr unterschüttete)*, für wen *(alte kranke Frau)* und erst zum Schluß von wem *(von der Hausfrau aus Mitleiden)*. Auffällig ist das für die adlige Hausherrin gewählte Wort *Hausfrau*, das in besonderer Form die Fürsorge und Hilfsbereitschaft hervorhebt.

Dagegen tritt der Marchese als gebietender Hausherr auf (sprachlich durch die Stellung im Satz ausgedrückt: *Der Marchese, der . . .*). Er fühlt sich gestört, ist *unwillig* (eher gleichgültig als hartherzig) und befiehlt der Frau, sich *hinter den Ofen zu verfügen*.

4. Wodurch wird die Spannung erreicht? (StA, TA)

Hauptthema der Erzählung sind 4 Spukszenen, die durch Wiederholung und Steigerung des Grauens spannend und sprachlich nuanciert dargestellt werden:

1. Szene	**2. Szene**	**3. Szene**	**4. Szene**	
– Ehepaar ist betreten	– Marchese ist erschüttert	– Ehepaar ergreift Entsetzen	– um der Sache auf den Grund zu kommen, besteigen sie mit Herzklopfen die Treppe	– Marquise sträuben sich die Haare, und sie flieht
– Marchese ist erschrocken, lacht Ritter aus	– scheuer, ungewisser Blick	– hören in Gegenwart eines treuen Dieners dasselbe unbegreifliche, gespensterartige Geräusch		– Marchese gleicht einem Rasenden; von Entsetzen überreizt steckt er das Schloß an und wählt den Freitod
– Marchese will die Sache (unterkühlt, abweisend) selbst untersuchen	– Marquise erschrickt wie noch nie in ihrem Leben; bittet, gemeinsam die Sache einer *kaltblütigen* Prüfung zu unterziehen		– nehmen den Hund mit, um noch etwas Drittes, Lebendiges bei sich zu haben	
			– Hund erwacht, spitzt die Ohren, weicht zurück	

5. Welche Bedeutung hat die nächtliche Erscheinung des Geistes?

6. Worum geht es in dieser Geschichte? (Diskussion)

Der Inhalt der Erzählung ist im Grunde einfach; es handelt sich um eine Gespenstergeschichte (Staiger), wobei das Grauen in der genauen Wiederholung des Spuks liegt; das Rascheln des Strohs, der Sturz des Bettelweibs, das Schleppen quer durchs Zimmer, das Ächzen und der Sterbeseufzer.

Auf die Vorliebe der Romantik für das Irrationale und Geheimnisvolle sollte hingewiesen werden. Der Spuk steht als Zeichen für das unbegreifliche und unfaßbare Wirken fremder Mächte.

Der Marchese kann das nächtliche Spukgeschehen nicht mit dem durch ihn verursachten Tod an der alten, kranken, hilflosen Frau in Verbindung bringen (bei dem Bericht des Ritters wird ihm der Kausalzusammenhang offensichtlich nicht bewußt). Die Forderung des Schicksals wird vom Menschen nicht erkannt.

Dadurch daß die Leute, die das Geschehen nicht kennen, die Gebeine des Marchese genau in der bewußten Zimmerecke zusammentragen, stellt der Dichter den Tod als Mahnung hin, die Gleichgültigkeit (= Lieblosigkeit) gegenüber dem einzelnen (hier Hilfesuchenden) nicht zu übertreiben. Der Tod des Marchese kann als Bestrafung ausgelegt werden, dagegen spricht aber die Tatsache, daß er sich nicht an den Vorfall erinnert und das Fehlen der eigentlichen Todesursache. (Der Sturz der alten Frau wird nicht wieder erwähnt; er muß gar nicht dabei gewesen sein.)

Literatur

Emil Staiger, Heinrich von Kleist. Das Bettelweib von Locarno. Zum Problem des dramatischen Stils. In: E. S., Meisterwerke deutscher Sprache aus dem 19. Jh. München: dtv 1973 (= dtv 4141), S. 87–102.

Egon Werlich, Kleists Bettelweib von Locarno. Versuch einer Aufwertung des Gehalts. In: WW 15 (1965), S. 257.

Helmut Sembdner (Hrsg.), Kleist in der Dichtung. Frankfurt: Insel 1977.

Helmut Sembdner, In Sachen Kleist. Beiträge zur Forschung. München: Hanser 1984.

BRÜDER GRIMM, **Die Sterntaler**

Lernziele

Die Schüler sollen
- die Wesensmerkmale des Märchens (Aufbau, Sprache, Wahrheitsgehalt) kennenlernen;
- erkennen, daß dieses Mädchen – bei aller Armut – reich ist, weil es vertrauen kann und zur Nächstenliebe bereit ist;
- einsehen, daß im Märchen nicht zwischen Wirklichkeit und Wunder unterschieden wird.

Arbeitshinweise

1. Was ist ein Märchen! Erläutern Sie Aufbau, Inhalt und Sprache dieses Märchens! (StA, TA)

Märchen:
„Märchen, kürzere volksläufig-unterhaltende Prosaerzählung von phantastisch-wunderbaren Begebenheiten und Zuständen aus freier Erfindung ohne zeitlich-räumliche Festlegung: Eingreifen übernatürlicher Gewalten ins Alltagsleben [...]" (Gero von Wilpert, Sachwörterbuch der Literatur)

Aufbau und Inhalt:
Das Märchen kann vom Aufbau erläutert und verstanden werden:
I. **Einleitung:** *Es war einmal* ... Ein Waisenkind, ohne jeden Besitz und *von aller Welt verlassen*, geht *im Vertrauen auf den lieben Gott* in die Welt hinaus.
II. **Hauptteil:** Fünf Begegnungen; jede Gabe bedeutet einen noch größeren Verlust (5 nach unten führende Stufen), aber nach dem höchsten Grad der Güte und Selbstlosigkeit auch den größten Gewinn (Wendepunkt).
III. **Schluß:** Das hilfsbereite Kind wird belohnt ... *und fielen auf einmal die Sterne vom Himmel und waren lauter blanke Taler* ... und *das Mädchen war reich für sein Lebtag*.

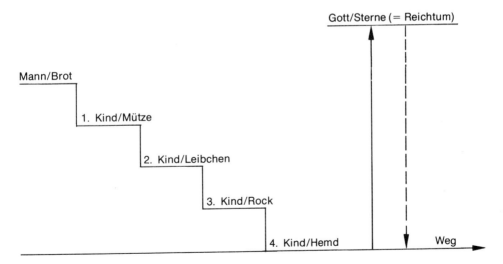

Zusammenfassend läßt sich sagen: Ein Märchenheld geht in die weite Welt hinaus, legt einen Weg voller Gefahren und Prüfungen zurück, an dessen Ende aber immer das Glück steht.

Sprache:

Die sprachliche Gestaltung ist betont einfach; die schlichte Erzählweise paßt sich der Armut des Mädchens an. Die einzelnen Personen werden nicht näher charakterisiert; auch die „Heldin" wird ohne Namen, Alter, Gestalt gelassen. Dagegen erfolgt eine detaillierte Darstellung der Armut *(kein Kämmerchen mehr ... kein Bettchen ... gar nichts mehr als die Kleider auf dem Leib und ein Stückchen Brot).*

Lange durch *und, da* aneinandergereihte Sätze (geeignet für die mündliche Wiedergabe = volkstümlicher Stil) kennzeichnen die syntaktische Form.

„Das Märchen verzichtet auf Beschreibung und psychologische Analyse." (Christa Bürger, Sage und Märchen, S. 41)

2. Welche Funktion erfüllen Armut und Verlassenheit des kleinen Mädchens? (UG)

Das kleine Mädchen steht äußerlich völlig allein da. Seine Einsamkeit und Verlassenheit *(Vater und Mutter gestorben)* und grenzenlose Armut *(war so arm)* erwecken Mitleid und lassen das Kind besonders schutzbedürftig erscheinen.

Aus seiner Isolation gelingt es um so besser und eindringlicher, Beziehungen und Verständnis zu den Personen herzustellen, die ihm begegnen und gleichsam als Prüfung an es herangetragen werden. Das Mädchen handelt – aus sich selbst heraus – richtig (Bewährung).

3. Welche Bedeutung hat die Darstellung der unbegrenzten Freigebigkeit des kleinen Mädchens? Was charakterisiert sein Handeln? (UG)

Die Freigebigkeit ist Ausdruck seiner Frömmigkeit und Güte, aber auch des Vertrauens in Gott; denn sonst wäre es kaum möglich gewesen – ohne jedes Mittel – auf Wanderschaft zu gehen und das wenige auch noch abzugeben.

4. Kann man sich mit der Lösung zufrieden geben? Vergleichen Sie dieses Märchen mit dem von Büchner! (GA)

„Eines der auffälligsten Stilmerkmale des Märchens besteht darin, zwischen Wirklichkeit und Wunder nicht zu unterscheiden. [...] Die Märchenhelden empfinden weder Angst noch Staunen in der Begegnung mit ‚jenseitigen' Figuren." (Christa Bürger, Sage und Märchen, S. 40f.)

So selbstverständlich, wie das Mädchen seine letzte Habe hingibt, nimmt es das Wunder an. Ohne Erstaunen sammelt es die Taler ein und zieht das neue Hemd aus feinsten Linnen an. Obwohl das Wunder und die fraglose Hinnahme zum Wesen des Märchens gehören, sollte das Märchenhafte hervorgehoben werden, wenn Literaturunterricht aufklärerisch sein will und die gesellschaftliche Funktion literarischer Werke durchschaubar werden soll. Auf das Märchen bezogen bedeutet das, den in der Rezeptionsgeschichte verschütteten Protest des Märchens aufzudecken. (Vgl. auch Frage 4, Georg Büchner, Märchen)

Literatur

Christa Bürger, Die soziale Funktion volkstümlicher Erzählformen – Sage und Märchen. In: Projekt Deutschunterricht 1. Stuttgart: Metzler 1972.

Iring Fetscher, Wer hat Dornröschen wachgeküßt? Das Märchen – Verwirrbuch. Frankfurt: Fischer 1974 (= Fischer Taschenbuch 1446).

Hermann Gerstner, Brüder Grimm in Selbstzeugnissen und Bilddokumenten. Reinbek: Rowohlt 1973 (= rowohlts bildmonographien 201).

Gerhard Köpf, Märchendichtung. Stuttgart: Metzler 1978 (= M 166).

Siegfried Schödel (Hrsg.), Märchenanalysen. Arbeitstexte für den Unterricht. Stuttgart: Reclam 1977 (= RUB 9532).

GEORG BÜCHNER, **Märchen**

Lernziele

Die Schüler sollen
- die thematische Verknüpfung zum Sterntalermärchen (Brüder Grimm) erkennen, die jeweiligen Unterschiede analysieren und begründen (Volksmärchen – Kunstmärchen);
- erkennen, daß der Dichter mit Mitteln und Motiven des Volksmärchens innerhalb des Dramas „Woyzeck" ein Gleichnis für die einsame und hoffnungslose Situation des Menschen gestaltet (fünf Stationen des kleinen Mädchens);
- den Ausgang dieses Märchens reflektieren und mit dem „Sterntalermärchen" vergleichen.

Arbeitshinweise

1. *Welchen Weg geht das verlassene kleine Kind?*
2. *Was findet es bei den einzelnen Stationen vor? Welche Erfahrungen muß es machen?*
(StA, TB)

Ausgangspunkt ist die totale äußere und innere Einsamkeit und Verlassenheit *(hat kei Vater und kei Mutter, war alles tot...)* des kleinen Mädchens. Auf seinem Weg, Trost und Geborgenheit zu finden, überwindet es wie selbstverständlich menschliche Grenzen: es wendet sich von der verödeten Erde zum Himmel; aber er erweist sich als eine Täuschung. Bei Mond, Sonne und Sternen findet das Kind keine Hilfe und empfängt keine Wunder, sondern stößt auf das Zerfallende, Abstoßende – das Nichts; die Märchenwelt wird entzaubert (Anti-Märchen).

„Was sich hier ereignet, ist die *Selbstaufhebung des Märchens. Das Märchen verkehrt sich tragisch in sein Gegenteil, in das Anti-Märchen*. Die Dinge bedeuten etwas anderes, als sie scheinen. Aber es ist umgekehrt wie im eigentlichen Märchen. Sie bedeuten nicht mehr, sondern weniger. [...] Greift man hinter den Schein, so stößt man nicht auf das Wesen, sondern nur noch auf das Nichts". (Benno von Wiese, Georg Büchner. Die Tragödie des Nihilismus. In: Die deutsche Tragödie von Lessing bis Hebbel, hrsg. von Benno von Wiese. Hamburg: Hoffmann und Campe ⁶1964, S. 533)

Das Waisenkind ist einer Welt totaler Hoffnungslosigkeit ausgesetzt:

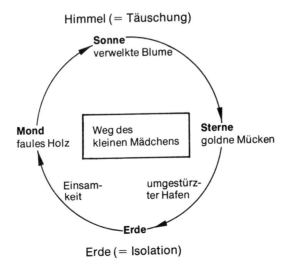

3. Was charakterisiert das Handeln dieses Kindes? Berücksichtigen Sie die sprachlichen Gestaltungsmittel! (UG)

Die Darstellung enthält Stilmittel des Volksmärchens: Die Figur des Mädchens bleibt ohne Konturen (Name, Alter, Gestalt). Wiederholungen kennzeichnen sein Handeln und werden so besonders hervorgehoben *(es ist hingangen und hat gesucht Tag und Nacht; war ganz allein; hingesetzt; da sitzt es noch und ist ganz allein).*

„Und" verbindet als einzige Konjunktion die Sätze. Eine Erzählform, wie sie der Volksmund bevorzugt.

Die Aussagen des Dichters erhalten – durch die Darstellung im Gewand des Märchens – Allgemeingültigkeit; ein Zusammenhang des Dramas „Woyzeck" ist nicht mehr nur *ein arm Kind,* das verlassen auf der Erde lebt, sondern der leidende Mensch, der keine Geborgenheit findet und angesichts der Hoffnungslosigkeit resigniert.

„Es ist tragische Ironie, wenn Büchner die Form des Märchens, also der Illusion und des Zaubers wählt, um seine illusionslose und entzauberte Welt in ein mythisches Gleichnis zu fassen." (Benno von Wiese, S. 533)

4. Vergleichen Sie den Ausgang mit dem „Sterntalermärchen"! (GA, TA)

Brüder Grimm
- Vertrauen auf Gott
- der Himmel belohnt
- goldene Taler
- Hoffnung
- Reichtum
- Geborgenheit

↓

| Wärme, Glück, Leben |

Georg Büchner
- ohne Vertrauen
- Himmel erweist sich als Täuschung
- Enttäuschungen
- Hoffnungslosigkeit
- Armut
- Isolation

↓

| Kälte, Unglück, Resignation |

Literatur

Heinz Ludwig Arnold (Hrsg.), Text + Kritik. Sonderbände. Büchner I/II/III. München: edition text + kritik 1976/1981.

Georg Büchner. Gedanken über Leben, Werk und Tod. Bonn: Bouvier 1976.

Ludwig Fischer (Hrsg.), Zeitgenosse Büchner. Stuttgart: Klett 1979 = LGW 39.

Dietmar Goltschnigg (Hrsg.), Materialien zur Rezeptions- und Wirkungsgeschichte Georg Büchners. Kronberg: Scriptor 1974.

Gerhard P. Knapp, Georg Büchner. Stuttgart: Metzler 1977 = M 159.

Hans Mayer, Georg Büchner. Woyzeck. Vollständiger Text und Paralipomena. Dokumentation. Frankfurt: Ullstein 1963 (= Dichtung und Wirklichkeit 11).

Hans Ritscher, Büchner. Woyzeck. Frankfurt: Diesterweg [6]1973 (= Grundlagen und Gedanken zum Verständnis des Dramas).

Wolfgang Salzmann, Stundenblätter „Woyzeck". Eine literatursoziologische Analyse. Stuttgart: Klett [3]1979.

Rainer Maria Rilke, **Der Panther**

Lernziele

Die Schüler sollen
- poetische Grundbegriffe (Lyrik) kennenlernen und ihre Bedeutung für die Aussage des Gedichts analysieren;
- die von außen dargestellte, aber im Inneren empfundene Gebrochenheit eines Tieres erkennen;
- die Situation des Panthers als Gefangener in einem Käfig erkennen.

Grundbegriffe zur Form

3 Strophen

4 Verse (Zeilen)

fünfhebige regelmäßige Jamben: auf eine unbetonte Silbe (= Senkung) folgt eine betonte Silbe (= Hebung).

Kadenz: 1. Verszeile: Stäbe: Versausgang endet mit einer unbetonten, weiblichen Silbe (= a)

2. Verszeile: hält: betonte, männliche Silbe (= b)

Endreim: a b a b (= Kreuzreim)

Arbeitshinweise

1. Wodurch wird die Gebrochenheit des Raubtiers dargestellt? (Was will Rilke durch das „Vorübergehn der Stäbe" zum Ausdruck bringen?)

I. Ruhelose Wandern

Das ruhelose Wandern des Tieres wird durch das Bild vom *Vorübergehn der Stäbe* dargestellt – also vom Tier selbst her gesehen (der Dichter versetzt sich ganz in die Seele des Panthers). Das Tier geht nicht selbst an den Stäben vorüber, sondern ihm geschieht dieses Vorübergehen.

Die Stetigkeit der Bewegung wird durch die Wiederholungen des Wortes *Stäbe* dargestellt, und durch die Übertreibung *tausend* wird die Unermeßlichkeit besonders betont.

Der stumpfe Ausdruck des Auges wird ebenfalls aus der Perspektive des Panthers erklärt *(sein Blick ist ... so müd geworden, daß er nichts mehr hält)*, also nichts mehr in sich aufnimmt, was jenseits des Käfigs (Stäbe) geschieht; also auch nicht den Betrachter im Zoo, der allerdings nicht erwähnt wird.

II. Charakteristik des Schreitens

Die Monotonie und Art der Bewegung *(geschmeidig)* wird durch den Wechsel von weichen und harten Konsonanten unterstrichen *(der weiche Gang geschmeidig starker Schritte)*. Die Eintönigkeit der Kreisbewegung wird durch die Bilder *(im allerkleinsten Kreise dreht; Tanz von Kraft um eine Mitte)* betont.

Der Eindruck der Ent-Individualisierung – die Gebrochenheit des Panthers – wird in der 4. Zeile vollzogen, wenn der *große Wille*, der einst das Tier in der freien Wildnis beherrschte, nun *betäubt* ist.

III. Resignation
In den seltenen Augenblicken, in denen das Tier für kurze Zeit seine alte Kraft wiedergefunden zu haben scheint und sich das Auge öffnet (wieder von außen gesehen: *manchmal schiebt der Vorhang der Pupille sich lautlos auf*), erscheint das Bild vom hin und wieder stehenbleibenden Tier *(der Glieder angespannte Stille)*.

Doch was das Auge wahrnehmen kann, erreicht nicht mehr das Wesen des Tieres, denn es *hört im Herzen auf zu sein*.

2. Was bedeutet es, daß das Tier hin und wieder seine alte Kraft zurückzugewinnen scheint? (UG)

In allen drei Strophen wird das Eingeschlossensein, die Gebrochenheit und Ausweglosigkeit des in einem Käfig gefangen gehaltenen Raubtiers zum Ausdruck gebracht.

Wenn auch für kurze Zeit die alte Kraft des Tieres wieder durchzubrechen scheint – jedoch nur als Augenblicke der Unterbrechung ohne eigene aktive Handlung (III, 1, 2) – der Panther ist aber innerlich tot (gebrochen), lebendig nur noch in der unsteten Kreisbewegung als aussichtsloser Reflex auf seine Existenz als Gefangener in einem Käfig.

3. Untersuchen Sie das Metrum! Worin liegt die Bedeutung dieses Versmaßes? Beachten Sie dabei die letzte Strophe!

4. Inwiefern ergänzen sich Form und Inhalt? (StA, UG)

Der Dichter hat die 3 Strophen nach metrischen Gesetzen komponiert; die inhaltlichen Aussagen werden durch die sprachlichen Mittel unterstützt (Jambus, Abbrechen des Versmaßes in III, 4).

∪ — ∪ — ∪ — ∪ — ∪ — ∪
Sein Blick ist vom Vorübergehn der Stäbe
∪ — ∪ — ∪ — ∪ — ∪
so müd geworden, daß er nichts mehr hält.

Fünfhebige regelmäßige Jamben; dadurch keine Abweichung vom Sprechrhythmus: eintönig, monoton, entsprechend dem Gleichmaß der in I, II und III geschilderten Bewegung; der Müdigkeit und Resignation entspricht auf sprachlicher Ebene der fallende Fluß der Jamben.

In der 4. Verszeile der 3. Strophe wird die Regelmäßigkeit abgebrochen: das Verlöschen des Bildes im Panther wird sprachlich durch das Weglassen der letzten Hebung betont (inhaltlich: *und hört im Herzen auf zu sein*).

Literatur
Jörg Hinger/Rudolf Knauf (Hrsg.), Deutsche Gedichte von Andreas Gryphius bis Ingeborg Bachmann. Göttingen: Vandenhoeck & Ruprecht 1969, S. 149f.

Rudolf Nikolaus Maier, Das Gedicht. Düsseldorf: Schwann [3]1963.

FRANZ KAFKA, **Der Nachbar**

Lernziele

Die Schüler sollen
- den Aufbau der Erzählung erkennen (Gliederung);
- die Situation des Ichs beschreiben und seine Wandlung nachvollziehen;
- die Gründe der Furcht analysieren;
- das Grundgefühl der Angst als Folge für die Verdächtigungen und Mutmaßungen erkennen;
- einsehen, daß menschliche Kontakte (Kommunikationsbereitschaft) im Zusammenleben einer Gemeinschaft unumgänglich sind.

Arbeitshinweise

1. *Wie ist die Erzählung aufgebaut? (Erstellen Sie eine Gliederung!)*

I. Kennzeichnung der Lage des Ichs
II. Der Nachbar
III. Formen der Begegnung
IV. Veränderung der eigenen Situation – bedingt durch die dünnen Wände (Telefon abhören)
V. Unsicherheit bei geschäftlichen Entscheidungen
VI. Mutmaßungen (Verdächtigungen) über den Nachbarn

2. *Wer erzählt die Geschichte? Wie sieht sich das Ich im 1. Absatz? (StA, TB)*

In der Form des Monologs werden die Gedanken eines Ich-Erzählers (junger Geschäftsmann) über seinen Nachbarn, den er nicht kennt, entwickelt.

I. Zu Beginn gibt sich das Ich sehr sicher und selbstbewußt *(Mein Geschäft ruht ganz auf meinen Schultern ... so einfach zu überblicken, so leicht zu führen ... die Geschäfte rollen vor mir her).*

Das rein Geschäftliche scheint unproblematisch zu sein; bedenklich erscheint jedoch die Wiederholung *Ich klage nicht. Ich klage nicht.* Diese Beteuerung läßt geradezu ein Bedrohtsein erahnen.

3. *Wie sieht die Beziehung des Ichs zum Nachbarn aus? Wodurch wird diese besondere Beziehung gekennzeichnet? (Beachten Sie vor allem die Wortwahl!) (StA, TA)*

II. Der neue Nachbar hat entschlossen und schnell gehandelt *(frischweg gemietet)*, während das Ich *ungeschickterweise so lange zu mieten gezögert* hat, und *kleinliche Bedenken* seine Verhaltensweise prägen.

Über den neuen Nachbarn erfährt der Leser nur sehr wenig: Name, ungefähres Alter und seine nicht eindeutige Tätigkeit. Erkundigungen werden nur auf geschäftlichem Wege – ohne Ergebnis – eingeholt.

III. Die Begegnung erfolgt *manchmal ... außerordentlich eilig.* Der Nachbar *huscht* an ihm vorüber: *wie der Schwanz einer Ratte ist er hineingeglitten ...*

Das Ich beobachtet das Namensschild an der Tür häufiger als eigentlich beabsichtigt (Ersatz für das Kennenlernen des anderen?).

IV. *Die elend dünnen Wände* sind der Vorwand zu der Feststellung, daß sie den Sinn hätten, die Ehrlichen zu *verraten*, die *Unehrlichen* aber zu *decken*.

Die metaphorische Umschreibung seiner Art zu telefonieren *(umtanzen)* verrät Unsicherheit und Angst. Der Kaufmann glaubt, daß sein Nachbar auf jedes Wort laure und versuche, seine Geschäftsgeheimnisse zu erfahren.

V. Diese Vorstellungen und Mutmaßungen verändern die Einstellung des Ichs, das *unsicher* und *zittrig* wird; Übertreibungen dominieren, obwohl sich kein Beweis für die negative Haltung des Nachbarn finden läßt.

Das Ich trifft einige nicht zu begründende Feststellungen über den Nachbarn: *braucht kein Telefon, er benutzt meines . . . hat . . . sein Kanapee an die Wand gerückt und horcht.* Dagegen schroffe Feststellungen des Ich-Erzählers: *zum Telefon laufen . . . entgegennehmen . . . Entschlüsse fassen . . . ausführen . . . Bericht erstatten.*

VI. Im letzten Absatz überwiegen reine Vermutungen: in der Phantasie des Kaufmanns entsteht ein Bild des Konkurrenten, Gegners, Feindes, dem das Ich ausgeliefert ist. Die Wiederholung des *vielleicht* entlarvt das Gegenstandslose und Vage des Argwohns.

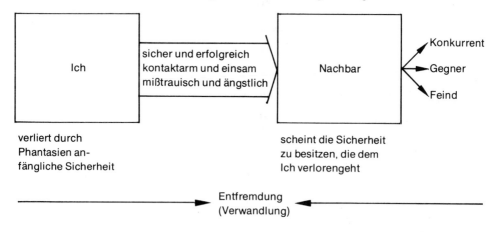

4. *Welche Wandlung geht in dem Ich vor? Aus welchen Gründen? (UG)*

In dem Ich vollzieht sich eine Wandlung: aus einem selbstbewußten, sicheren Ich wird ein mißtrauischer Mensch, der in seinem Nachbarn nur noch den Feind sieht, verursacht durch Angst, Konkurrenzdenken und fehlende Kontaktbereitschaft. Das Grundgefühl ist die Angst; sie erscheint konkretisiert in der Furcht vor dem Nachbarn.

5. *Welche Bedeutung hat die Küche? (Diskussion)*

Der Erzähler verzichtet auf die Wohnung, weil er *die Küche* nicht gebrauchen kann. Der Nachbar dagegen mietet die Wohnung trotzdem *frischweg*. Die Küche evoziert den entscheidenden Unterschied. „Der Nachbar Harras ist also das andere ungebrochene Sein des Kaufmanns, das die ‚Küche', das Leben, besitzt." (Albach, S. 55). Dem Erzähler gelingt der Durchbruch zur Freiheit, zum zweckfreien Sein nicht.

Literatur

Horst Albach, Zum Bild des Kaufmanns bei Kafka. In: DU 20 (1968), Heft 5, S. 52–60.

Jürgen Born u. a. (Hrsg.), Franz Kafka, Kritik und Rezeption zu seinen Lebzeiten 1912–1924. Frankfurt: Fischer 1979.

Ludwig Dietz, Franz Kafka. Stuttgart: Metzler 1975 = M 138.

Siegfried Hajek, Die moderne Kurzgeschichte im Deutschunterricht. Franz Kafka, Der Nachbar. In: DU 7 (1955), Heft 1, S. 5–12.

Franz Kafka, **Der Kübelreiter**

Lernziele

Die Schüler sollen

- den Aufbau (Struktur) der Parabel erkennen und den Text gliedern können;
- Besonderheiten der Prosa Kafkas erkennen und Grenzüberschreitungen der Wirklichkeit bestimmen (Realität – Irrealität);
- die unterschiedliche soziale Lage der Personen analysieren können;
- die Reaktion der Mitmenschen auf den Hilfesuchenden reflektieren;
- die Metaphorik entschlüsseln können.

Arbeitshinweise

1. *Wie ist der Text aufgebaut? (StA, TA)*

Aufbau

I. Die Situation des Kübelreiters (kaltes Zimmer; Plan, Kohle zu beschaffen)
II. Ritt auf dem Kübel („scharf zwischendurch reiten")
III. Gespräche über die Treppe
IV. Vertreibung ins „Eisgebirge"

2. *Ist die Erzählung realistisch? Wo sind Grenzüberschreitungen der Wirklichkeit zu erkennen? (StA, UG)*

Wenn man einige Aussagen als Phantasien bzw. Traumvisionen deutet, kann die Erzählung realistisch gesehen werden. Die Erzählweise Kafkas zeigt aber deutlich Grenzüberschreitungen der Wirklichkeit (immer im Zusammenhang mit dem „Kübelreiter"):

... infolgedessen muß ich scharf zwischendurch reiten und in der Mitte beim Kohlenhändler Hilfe suchen.
Meine Auffahrt schon muß es entscheiden ... bis ... Und außergewöhnlich hoch schwebe ich vor dem Kellergewölbe des Händlers.
Was für ein Glockenklang sind die zwei Worte ...
Alle Vorzüge eines guten Reittieres hat mein Kübel ...
Und damit steige ich in die Regionen der Eisgebirge und verliere mich auf Nimmerwiedersehen.

3. *Was bedeutet die Frage des Händlers an seine Frau: „Höre ich recht? Eine Kundschaft?"*

4. *Welche Bedeutung hat die Antwort der Frau: „Ich höre gar nichts." (Diskussion)*

Während der Kohlenhändler – einerseits teils aus Geschäftsinteresse *(eine alte Kundschaft)* und zum anderen aus moralischen Erwägungen *(die mir so zum Herzen zu sprechen weiß)* – wenigstens bereit ist, sich die Wünsche des Kübelreiters anzuhören, leugnet seine Frau sogar die Anwesenheit. Als der Kohlenhändler dem Kübelreiter entgegengehen will, hindert seine Frau ihn daran, indem sie kategorisch befiehlt: *Du bleibst;* dabei täuscht sie die Besorgnis um die Gesundheit des Mannes nur vor und wirft ihm vor – sie selbst ist nur auf geschäftliches Wohlergehen aus –, er sei nur am Geschäft interessiert und würde dafür sogar seine Familie vernachlässigen.

5. *Vergleichen Sie, in welchen Verhältnissen der Kübelreiter, der Kohlenhändler und seine Frau leben und was über sie gesagt wird! (GA, TA)*

Kübelreiter	Kohlenhändler	Frau
– Armut	– Reichtum	– Geborgenheit
– Kälte	– Hitze	– Verlorenheit
– Gefahr des Erfrierens	– Überfluß	– Bösartigkeit
– Einsamkeit	– Familiengemeinschaft	– Härte
– Wille zum Überleben	– beeinflußbar	
– Not		

⸺ sucht Hilfe ⟶ will als Geschäftsmann helfen ⟵ verhindert Hilfe ⸺

6. *Was sucht der Mann mit dem Kübel? (Diskussion)*

Vordergründig benötigt der Kübelreiter Kohlen, um sein kaltes Zimmer beheizen zu können; aber es ist nicht nur die physisch zu spürende Wärme, die er benötigt, sondern Wärme im übertragenen Sinn, d. h. Verständnis, Freundschaft, Liebe, Geborgenheit.

7. *Welche Probleme will der Autor durch diesen Text zum Ausdruck bringen? (Diskussion)*

Kafka spricht in dieser Erzählung das Verhältnis des Individuums (Kübelreiter) zur Gesellschaft (Familie des Kohlenhändlers) an. Das Ich versucht, in einer Notlage Kontakte zur Gesellschaft aufzunehmen und um Hilfe zu bitten, wird aber abgewiesen. Es bleibt nur noch die Flucht in die Traumwelt durch Phantasien, denn auch von Gott kommt keine Hilfe *(der Himmel, ein silberner Schild gegen den, der von ihm Hilfe will).*

Tafelbild

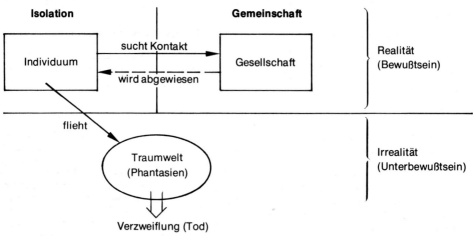

Literatur

Interpretationen moderner Prosa. Frankfurt: Diesterweg 1955.
Ernst Goette, Die Parabel im Deutschunterricht oder: Mathematik in der Germanistik? Franz Kafka, Der Kübelreiter. In: EWuB 28 (1980), Heft 3, S. 347.

GOTTFRIED BENN, Nur zwei Dinge

Lernziele

Die Schüler sollen
- die Bedeutung der Form (Aufbau, Struktur, Rhythmus) des Gedichts erkennen;
- das Verhältnis des Dichters zum Ich, Du und Wir analysieren;
- eine Antwort auf die ewige Frage „wozu?" finden;
- die „zwei Dinge", die es nur gibt (Leere und gezeichnetes Ich), erkennen;
- die resignative Bewußtseinslage dieses Gedichts reflektieren.

Arbeitshinweise

1. Erläutern Sie die Form des Gedichts! (StA, UG)

„Nur zwei Dinge" gehört zu den späten Gedichten Benns. In den Versen wird die reife, strenge Formkraft als bewußtes Gestaltungsmittel deutlich. Über die Bedeutung der Form hat sich der Dichter selbst geäußert: „Ich verspreche mir nichts davon, tiefsinnig und langwierig über die Form zu sprechen. Form, isoliert, ist ein schwieriger Begriff. Aber die Form ist ja das Gedicht. Die Inhalte eines Gedichtes, sagen wir Trauer, panisches Gefühl, finale Strömungen, die hat ja jeder, das ist der menschliche Bestand, sein Besitz in mehr oder weniger vielfältigem und sublimem Ausmaß, aber Lyrik wird daraus nur, wenn es in eine Form gerät, die diesen Inhalt autochthon macht, ihn trägt, aus ihm mit Worten Faszination macht. Eine isolierte Form, eine Form an sich, gibt es ja gar nicht. Sie ist das Sein, der existentielle Auftrag des Künstlers, sein Ziel." (Gottfried Benn, Probleme der Lyrik. In: G. B., Gesammelte Werke Bd. 4. Reden und Vorträge. München: dtv 1975, S. 1071 f.)

Das Gedicht ist in 3 Strophen zu je 4 Verszeilen aufgebaut (Ausnahme II, 4; Gedankenstriche verdeutlichen optisch den Einschub). Die Verse sind durch einen fortlaufenden Dreiertakt charakterisiert; der Rhythmus wird vor allem durch den Wechsel zwischen zwei- und dreisilbig gefüllten Takten bestimmt. Diese Bewegung wird durch den Versausgang (Kreuzreim: Wechsel von weiblicher (a) und männlicher (b) Kadenz) fortgesetzt (Ausnahme in II, 2–4: umgreifender Reim b a a b).

2. Wie steht Benn zum Wir, zum Du, und wie wird das Ich gesehen? (Lehrervortrag, TA)

Bereits der 1. Vers vermittelt – hervorgehoben durch die Partizipialkonstruktion – den Eindruck des Zurückblickens auf den bisherigen Weg des Lebens: die Stationen sind *Formen*, die als *Ich*, *Wir* und *Du* näher charakterisiert werden – nicht in einer aufzählenden Abfolge, sondern gleichwertig, nebeneinanderstehend, durch das beiordnende *und* gekennzeichnet.

Ich	Wir	Du
In diesem Zusammenhang muß darauf hingewiesen werden, daß sich Benn zeitlebens mit der Thematik „Verhältnis des Ich zur Welt" beschäftigt hat: In „Das späte Ich" (1920) und „Das verlorene Ich" (1943) hat Benn z. B. den Zerfall zwischen Ich und Welt dichterisch dargestellt.	Aus dem Gefühl der Vereinzelung (expressionistische Epoche) suchte der Dichter ein Verhältnis zur Gemeinschaft, das er zunächst vermeintlich in der nationalsozialistischen Bewegung zu finden glaubte. Freunde und eigene Erfahrungen ließen ihn kritisch werden und schließlich zur Umkehr veranlassen.	Das Verhältnis Benns zum Du ist geprägt durch die Isolation des Ich; die Grundstimmung seines Lebensgefühls ist überschattet von Schwermut, Ratlosigkeit und hoffnungsloser Einsamkeit; die Individuation läßt den Schritt zum Du nicht mehr zu. Benn hat in einem Brief geäußert: „das späte Ich ist ein einsames Ich, auf sich selbst gestellt und nur sich selbst erlebend."

3. Ermitteln Sie die Bedeutung der Frage „wozu?"! (UG)

Die zweite Strophe beginnt mit der Feststellung, daß diese Frage eine Kinderfrage sei: naiv, aber auch mit unerbittlicher Selbstverständlichkeit immer wieder *(ewig)* gefragt. Die Antwort – belehrend, beschwörend, geradezu überredend – ist an ein persönliches Gegenüber *(Du)* gerichtet *(es gibt nur noch eines: ertrage – ob Sinn, ob Sucht, ob Sage – dein fernbestimmtes: Du mußt)* und ermöglicht keine Entscheidungsfreiheit mehr.

Vom Erleiden der Formen des Lebens zum Ertragen des Leids spannt Benn die ihn beschäftigende Thematik: Verhältnis des Ich zur Welt – eindrucksvoll dargestellt durch Dreierrhythmus, Alliteration und Assonanz *(– ob Sinn, ob Sucht, ob Sage –)*; ergänzt und doch in die Strophe integriert von einschließenden Bindestrichen.

Menschliches Leben und Handeln bleibt – als Fragliches und Fragwürdiges zugleich – ein Erleiden, gekennzeichnet durch das resignierende *wozu*.

4. Welches sind die „zwei Dinge", die es nur gibt? Nehmen Sie zu dieser Aussage Stellung!

Im 1. Vers der 3. Strophe wird formal die rhythmische Reihung von Substantiven, eingeleitet durch Alliteration und gekennzeichnet von Assonanz *(Ob Rosen, ob Schnee, ob Meere)*, noch einmal aufgegriffen; von Bedeutung ist aber die Zusammenfassung in dem folgenden *alles* und die antithetische Gegenüberstellung *(was alles erblühte, verblich)*.

In den beiden letzten Versen des Gedichts werden die beiden Alternativmöglichkeiten, *die Leere* und *das gezeichnete Ich*, noch einmal kontrapunktisch hervorgehoben (Resümee Benns). Das erkenntniskritische Moment der beiden letzten Verse erfährt noch eine besondere Bedeutung durch die formale Gestaltung: „Der Zerdehnung des 3. Verses (die Leere noch unterstreichend) steht eine synkopische Verkürzung des 4. Verses gegenüber, den rhythmischen Schwerpunkt ganz auf das ‚gezeichnete Ich' legend [. . .]". (Kompaß, Analysen, S. 356)

Literatur

Didaktisch-methodische Analysen. Handreichungen für den Lehrer zum Lesebuch Kompaß. 9./10. Schuljahr. Paderborn: Schöningh 1973, S. 352–356.

Friedrich Kienecker, Der Mensch in der modernen Lyrik. Eine Handreichung zur Interpretation. Essen: Ludgerus [5]1975.

Walter Lennig, Gottfried Benn in Selbstzeugnissen und Bilddokumenten. Reinbek: Rowohlt 1962 = rowohlts bildmonographien 71.

Friedrich Wilhelm Wodtke, Gottfried Benn. Stuttgart: Metzler [2]1970 = M 26.

HEINRICH BÖLL, **Über mich selbst**

Lernziele

Die Schüler sollen
- dem Essay wichtige biographische Daten und Fakten (Elternhaus und Jugendjahre, Eindrücke der Kriegs- und Nachkriegszeit, Vaterstadt Köln und Verhältnis zum Schreiben) entnehmen;
- erkennen, daß durch das Kriegserlebnis Bölls schriftstellerische Ambitionen geweckt wurden und daß Bölls „Sensibilität" gegenüber der Schuldfrage (Krieg) auf eigene Erfahrungen und Erlebnisse zurückzuführen sind;
- die historisch-politischen Aussagen des Essays analysieren können und ihre Bedeutung für die Beziehung Biographie – Werk erkennen.

Arbeitshinweise

1. Welche wichtigen biographischen Daten lassen sich diesem Essay entnehmen? (StA, TA)

Biographisches
- geboren in Köln, am 21. Dez. 1917
- väterliche Vorfahren waren Schiffszimmerleute (bevorzugten das Leben in der Stadt)
- mütterliche Vorfahren waren Bauern und Bierbrauer
- Jugendjahre wurden geprägt durch die Folgen des 1. Weltkrieges
- Einstellung des Elternhauses war durch Humanität, Katholizismus und Verachtung gegenüber jeder Art von Militarismus und Gewalt gekennzeichnet

2. Welche historischen Ereignisse werden von Böll angedeutet? Wodurch verdeutlicht er die jeweilige Epoche (Sprache, Bilder)? Warum arbeitet der Autor mit diesen sprachlichen Mitteln? (StA, TA)

1. Kaiserreich:
- Wilhelm II *(kaiserlicher Narr, in Doorn Holz hackt)*
- 1. Weltkrieg *(Landsturmmann, Hungerjahr 1917)*

2. Niedergang der Monarchie:
- Hindenburgs heimkehrende Armee *(grau, ordentlich, trostlos)*

3. Weimarer Republik:
- Inflation *(Zuckerstange für 1 Billion Mark, Lohngelder im Leiterwagen)*
- Währungsreform *(stabilisierte Mark)*
- Arbeitslose *(Unruhen, Streiks, rote Fahnen)*

4. Nationalsozialismus:
- Hitler, Göring *(heraufziehende Mechanik des Unheils ... Hitler mit Blumentöpfen bewarf, Göring öffentlich verlachte ...)*
- germanische Straßennamen *(Teutoburger-, Eburonen-, Veledastraße)*
- Arbeitslose untergebracht *(Soldaten, Rüstungsarbeiter)*
- KZ *(Henker)*

5. Krieg:
- Unheil *(bezahlt wurden die Rechnungen später ...)*
- Vernichtung *(Summe des Leidens war zu groß ...)*

Die persönliche Affinität zwischen dem Satiriker und dem Humoristen Böll und dem *bürgerlichen Unernst der Stadt* wird erkennbar: Abneigung gegen alles Dogmatische, dessen letztes Produkt die *Mechanik des Unheils* ist.

3. Wie kritisiert der Autor die jeweilige historische Epoche? (UG)

Bölls Vater hatte den Sohn schon früh auf das Standbild des „kaiserlichen Narren" (Wilhelm II) aufmerksam gemacht: ‚*Dort oben . . . reitet er immer noch auf seinem Bronzegaul westwärts, während er doch schon lange in Doorn Holz hackt'*. (Der Kaiser war gegen Ende des 1. Weltkrieges in die kleine holländische Stadt Doorn geflüchtet.) Diese Worte verdeutlichen die Haltung: Abneigung gegen den Militarismus der Wilhelminischen Epoche.

Hitler wurde in der aufgeschlossenen Stadt Köln *(wo weltliche Macht nie so recht ernst genommen worden ist, geistliche Macht weniger ernst, als man gemeinhin in deutschen Landen glaubt)* mit Blumentöpfen beworfen; und Göring, der blutrünstige Geck, *der es fertigbrachte, sich innerhalb einer Stunde in drei verschiedenen Uniformen zu präsentieren,* wurde öffentlich verlacht.

Die schweren Jahre der untergehenden Weimarer Republik schildert Böll durch seine Erlebnisse als Junge beim Vater in der Werkstatt der Mietskaserne (Umzüge, Lohngelder im Leiterwagen), beim Spielen mit Schulkameraden (Betteln um ein Stück Brot) und dem Erleben, wie und wo die Arbeitslosen *untergebracht* wurden (Soldaten, Polizisten, Henker im KZ).

4. Analysieren Sie die Bedeutung der Aussage des Schriftstellers über ‚sein' Schreiben! (Diskussion)

Aus dem letzten Satz des Essays wird deutlich, daß Böll immer gern schreiben wollte und daß er es auch schon früh versucht hat, die Worte aber erst später fand.

Das Erlebnis des Krieges stand zwischen dem Wunsch und der Möglichkeit des Schreibens. Bölls Engagement resultiert auch vor allem aus seinen Erlebnissen mit der Vergangenheit. Seine Eindrücke sind in dem Essay farbig wiedergegeben.

Als Moralist und Humanist kann sich der Autor nicht von dem lösen, was er während der nationalsozialistischen Herrschaft und in seiner sechsjährigen Zeit als Soldat erlebt hat. Und es ist eigentlich Bölls Verdienst, „daß er nicht bereit ist, zu vergessen. Jedes seiner Bücher [. . .] empfängt seinen moralischen Impuls aus dem Bewußtsein dessen, was war". (Günter Blöcker, Kritisches Lesebuch. Literatur unserer Zeit in Probe und Bericht. Hamburg: Leibniz 1962)

Hinweis

Die autobiographische Skizze kann mit den Angaben in einem Lexikon und/oder Interview verglichen werden.

Literatur

Der Schriftsteller Heinrich Böll. Ein biographisch-bibliographischer Abriß, hrsg. von Werner Lengning. München: dtv [5]1977 = dtv 530.

Im Gespräch. Heinrich Böll mit Heinz Ludwig Arnold. München: Boorberg 1971 = edition text + kritik.

In Sachen Böll. Ansichten und Einsichten, hrsg. von Marcel Reich-Ranicki. München: dtv [2]1971 = dtv 730.

Heinrich Böll/Christian Linder, Drei Tage im März. Ein Gespräch. Köln: Kiepenheuer & Witsch 1975 = pocket 65.

Klaus Schröter, Heinrich Böll in Selbstzeugnissen und Bilddokumenten. Reinbek: Rowohlt 1982 (= rowohlts bildmonographien 310).

Hermann Stresau, Heinrich Böll. Berlin: Colloquium 1968 = Köpfe des XX. Jh. 35.

Jochen Vogt, Heinrich Böll. München: Beck 1978 = AB 12.

CHRISTA REINIG, **Gott schuf die Sonne**

Lernziele

Die Schüler sollen erkennen, daß
- die Wirkung des Gedichts in der schlichten Gestaltung begründet ist;
- dem Menschen in Gottes Ordnung (Schöpfung) eine besondere (= isolierte) Stellung zugewiesen wird.

Arbeitshinweise

1. Wie ist das Gedicht aufgebaut (Struktur, Reim)? Erklären Sie den Aufbau der einzelnen Strophen! Inwiefern unterscheidet sich die letzte Strophe von den anderen? (StA)

Die Grundstruktur des Gedichts ist sehr einfach und erinnert an schlichte Kinderlieder. Der Aufbau der ersten 3 Strophen (je vier Verszeilen) ist stereotyp; in der letzten Strophe wird das Prinzip verändert.

Die Reimbildung (a b a b = Kreuzreim) unterstreicht den schlichten Charakter des Gedichts (Ausnahme: vierte Strophe).

2. Wonach wird in dem Gedicht gefragt? Wie heißen die Antworten? (UG, TA)

„Die Überschrift scheint auf eine im Willen Gottes gegründete Schöpfungsordnung und Schöpfungsharmonie hinzudeuten. Gott ist es, der Wind, Sonne und Sterne schuf, aber auch den Menschen, und alles sollte in dieser Ordnung miteinander füreinander dasein." (Kienecker, S. 72)

Der Mensch fragt nun nach der Ordnung Gottes und erhält von Wind, Sonne und Sternen eine Antwort; der Mensch dagegen schweigt.

Frage (Ruf)	**Antwort**	
I. ich rufe wind	ich bin bei dir	⟶ berechenbar
II. ich ruf sonne	ich bin bei dir	⟶ vertraut
III. ich rufe sterne	wir sind alle bei dir	⟶ verläßlich
IV. ich rufe mensch	es schweigt/nichts antwortet	⟶ unberechenbar

3. Warum erhält der Fragende zum Schluß von „den Menschen" keine Antwort? (UG)

Dem Fragenden werden in der 4. Strophe zum erstenmal unpersönlichere Wendungen als Antwort gegeben *(es schweigt, nichts antwortet).*

Der Mensch hat nicht die Fähigkeit – in der Ordnung Gottes –, Echo und Antwort auf den Ruf des Fragenden zu sein (Verlust der Schöpfungsordnung, Zerstörung der Schöpfungsharmonie). „Er fällt heraus aus dem Gefüge der Schöpfung. Weit entfernt davon, Mund und Vorbild aller Kreatur zu sein, ist er – sich selbst entfremdet – auch in einen Widerspruch zu allem übrigen Sein geraten. [...] Es ist nicht die Attitude des vordergründigen politischen Protestes, sondern die verbindlichere Geste des Anspruchs auf ein radikal zu veränderndes menschliches Selbstbewußtsein. [...] Selbstbewußtsein heißt aber im Horizont menschlichen Verständnisses: Erkenntnis und Übernahme von Verantwortung. Solche Verantwortung wiederum wäre der wahrhaft *menschliche* Gestus der *Antwort* auf den Ruf, aller bewußtlosen Antwort von Wind, Sonne und Sternen um eine Dimension überlegen." (Kienecker, S. 73)

Literatur

Friedrich Kienecker, Der Mensch in der modernen Lyrik. Eine Handreichung zur Interpretation. Essen: Ludgerus ⁵1975.

FRANÇOISE SAGAN, **Die Einsamkeit der Brigitte Bardot**

Lernziele

Die Schüler sollen erkennen, daß

- die Erwartungshaltungen an die berühmte Filmschauspielerin ihr eigenes wirkliches Leben zerstören;
- zwischen Individuum und Rolle ein Spannungsverhältnis besteht;
- Françoise Sagan unterschiedliche Mittel verwendet, um Brigitte Bardot Aussagen zu entlocken.

Arbeitshinweise

1. *Wie deutet Brigitte Bardot ihren Lebensweg? Beschreiben Sie die beiden Pole Beruf und Privatleben! (StA, TA)*

Beruf	**Privatleben**
– Erfolgreiche Karriere	– Versäumtes Privatleben
– Reichtum	– Auf der Suche nach dem „wirklichen" Leben
– Streben nach Unabhängigkeit	– Leben bisher nur ewiges „Hin und Her"
– Keine Liebe zum Beruf	– Liebe ist ein Geheimnis
– Harte Arbeit (Erschöpfung)	– Liebe zu den kleinen, einfachen Dingen
– Tun belangloser Dinge wurde verlangt (Bild zu sein)	– Isolierung *(Sperre)*
– Unechtheit	– Natürlichkeit
– Berühmtheit (gehört der Allgemeinheit)	– Ich (= Individuum)
– Reisen (= Reportagen)	– Reisen (= unerkannt sein wollen)
– Öffentlichkeit	– Einsamkeit

          Objekt   Mensch

Brigitte Bardot sagt über sich selbst resümierend: *BB, diese Frau, die ich nicht kenne . . . Also, der Mythos BB, das ist vorbei. Aber Brigitte, das bin ich.*

2. *Welches Verhältnis hat BB zu anderen Menschen? Wie ist es zu erklären? (StA oder UG)*

a) Reiche Leute können *alles kaufen*. Der Mensch wird zur Ware.

b) Eine Beziehung zwischen BB und einem Mann *in normaler Position* hat einen *falschen Klang*, weil immer die bekannte Person hervorsticht; der Freund ist kein Individuum, sondern der *Liebhaber von BB*. Die Beziehungen sind also unecht, unnatürlich.

c) Liebe muß für BB von Geheimnis und Stille umgeben sein *(Privatangelegenheit)*.

d) Freund und Liebhaber wurden gewechselt, wenn durch lange Drehzeit Trennung erfolgte.

e) Ein positives Verhältnis wird am Beispiel Picasso deutlich. Dabei ist zu berücksichtigen, daß zwischen ihm und BB ein enormer Altersunterschied besteht und BB damals noch unbekannt war. Aber vielleicht vermag auch der Künstler am ehesten den Zugang zum Menschen finden; das Verhältnis von BB zur Sagan ist ja auch nicht durch die genannten Probleme belastet.

3. Welches ist das zentrale Problem der BB? (UG)

Der einzelne Mensch ist nie ganz das, was er „ist". Er erfüllt verschiedene Rollen (z. B. als Vater, Lehrer, Vereinsmitglied, Kirchenmitglied). An jede Rolle werden bestimmte Verhaltenserwartungen geknüpft. Zwischen den verschiedenen Rollen gibt es Konflikte (z. B. der Lehrer, der seinen eigenen Sohn in der Klasse unterrichtet). Aber es gibt darüber hinaus den Konflikt zwischen dem Individuum und seinen Rollen (und den daran geknüpften Erwartungen). Der Mensch ist immer „mehr" als seine Rollen.

Im Fall der BB wirkt nun in sehr hohem Maße eine Erwartungshaltung der anderen Menschen auf sie ein. Bestimmte Vorstellungen, die man sich von ihr gemacht hat, werden so dominierend und engen den Spielraum individueller Eigenart ein. BB wird zu einem Objekt, zu einer Frau, die sich selbst nicht kennt, zu einem Mythos.

4. Wie gelingt es der Interviewerin, BB zu Aussagen zu bringen? (StA)

Fragen zur Selbstreflexion: *Wer bist du wirklich?*

Provokation: *reich und unabhängig*

Bestätigende Zwischenbemerkungen: *Er ist eine Art Prinzgemahl*

Eigene Meinungsäußerungen: *Ich kann Gewalttätigkeit, Blut und Sex nicht mehr sehen.*

Suggestive Fragen: *Du glaubst doch nicht...?*

Vergleich zwischen beiden Frauen: *Komisch, in vielen Dingen haben wir dieselben Reaktionen; im Grunde sind wir beide entsetzlich normal...*

Stellungnahmen: *Das ist schade! Donnerwetter! Das ist schlimm!*

Insgesamt wird deutlich, daß Françoise Sagan verständnisvoll, freundschaftlich, sich mit BB solidarisierend fragt.

Hinweis

Das Interview (= engl.-amerik. *Unterredung*, nfrz. entrevue = *Treffen*, frz. entrevoir = *einander kurz sehen, sich treffen*) ist eine publizistische Textform, in der ein Journalist eine (zumeist wichtige) Person nach ihren Erlebnissen, Meinungen oder Absichten oder zu bestimmten Sachverhalten und Problemen befragt. Im **dialogischen Interview,** das in Zeitungen, Magazinen, Rundfunk- und Fernsehsendungen erscheint, wechseln Fragen des Interviewers und Antworten des Interviewten miteinander ab, wobei der Journalist (Interviewer) durch seine Fragetechnik die Antworten steuern kann, aber auf die Mitteilungsbereitschaft des Interviewten angewiesen ist.

Beim Interview sind verschiedene Frageformen möglich:

1. **gezielte Fragen** (W-Fragen, z. B. *Was haben Sie künftig vor?*), die meist nur mit ausführlichen Angaben beantwortet werden,
2. **Entscheidungsfragen,** die Ja/Nein-Antworten erfordern (z. B. *Sind Sie verheiratet?*),
3. **Suggestivfragen,** die dem Partner die Antwort fast in den Mund legen oder Gegenpositionen provozieren (z. B. *Halten Sie nicht auch die Kosten für zu hoch?*),
4. **Unterbrechungsfragen,** die bei langen Antworten zum Thema zurück- oder zu einem andern Aspekt führen sollen,
5. ‚**tote' Fragen** (Feststellungen, die Antworten veranlassen),
6. **kombinierte Fragen** (= einleitende Feststellungen und gezielte Fragen, z. B. *Die Unfallziffern steigen wieder. Was soll dagegen getan werden?*)

15. VORURTEIL

Autor	Titel	Textform	Eigenart	Inhalt	Seite
	Flugblatt für weiße Schüler	Flugblatt	pathetisch	Rassentrennung	382/264
Fred Marcus	Schwarze und Weiße*	Karikatur	satirisch-anklagend	Rassismus	383/265
Eugen Helmlé	Rassismus	Hörfunkserie	dialogisch	Einstellung gegenüber Fremden	383/265
A. Paul Weber	Das Gerücht*	Lithographie	grotesk-satirisch	Anziehungskraft von Gerüchten	387/269
Franz Fühmann	Das Judenauto	Erzählung	Ich-Erzählung	Menschliche Schwäche und Vorurteil	388
Max Frisch	Der andorranische Jude	Tagebuchnotiz	erzählend	Vorurteil prägt Menschen	394/270
Max Frisch	Du sollst Dir kein Bildnis machen	Tagebuchreflexion	theoretisch-philosophisch	Bedingungen der Vorurteilslosigkeit	396
Bertolt Brecht	Wenn Herr K. einen Menschen liebte	Aphorismus	pointiert	Entwurf zum Zweck der Veränderung des Menschen	398
Carl Zuckmayer	Schuster Voigt	Dramenausschnitt	mundartlich	Situation von Strafgefangenen	398/275
Günter Weisenborn	Zwei Männer	Kurzgeschichte	bilderreich	Verhältnis von sozial und rassisch unterschiedlichen Menschen in einer Grenzsituation	404/272
Udo Jürgens	Ein ehrenwertes Haus	Chanson	kritisch	Vorurteile im Alltag	407/281
Max Frisch	Überfremdung	Zeitungsartikel	ironisch-kritisch	Gastarbeiterbild und Eigenstereotyp	409
Rolf Oerter	Vorurteile gegen Außengruppen	Wissenschaftliche Abhandlung	theoretisch-diskursiv	Entstehung von Vorurteilen	411/283
Klaus Staeck	Sozialfall*	Plakat	provokatorisch	Alter	413/285

Flugblatt für weiße Schüler

Lernziele
Die Schüler sollen erkennen, daß
- dieses Flugblatt rassistische Gedanken enthält;
- sich hinter diesem Rassismus Unsicherheit und Angst verbergen;
- das Flugblatt von der Behauptung ausgeht, daß die Unterschiede zwischen den Menschen von Gott gewollt sind, aber auch Beschwichtigungsziele verfolgt (was durch die Sprache zum Ausdruck kommt).

Arbeitshinweise
1. Wie heißen die Thesen dieses Flugblattes? Wie werden sie begründet? (GA, TA)

Hauptthese: Weiße und Schwarze sollen getrennt leben (Gottes Wille).

Argumente (Behauptungen)

die Weißen	die Farbigen
– haben das Land aufgebaut, die USA gegründet	– wollen für sich leben
– Gesetze (Verfassung) festgelegt	– haben ihren eigenen Stadtteil
– immer hart gearbeitet (Wälder gerodet)	– eigenen („südlichen") Lebensstil
– immer freundlich zu Negern gewesen	
– möchten kein Zusammenleben, um das Land stark und frei zu halten	

◄──────── Gott will die Trennung von Weißen und Farbigen ────────►

2. Was halten sie von den vorgebrachten Argumenten? (UG)

Daß Gott die Trennung von Weißen und Farbigen will, ist eine nicht beweisbare Behauptung und läßt sich durch die Bibel nicht belegen.
Die Behauptung, daß nur die Weißen etwas geschafft haben, ist insofern falsch, als auch die Neger durch ihre Arbeit am Aufbau des Landes teilhatten. Dem Argument (Gesetz, Verfassung) liegt die Auffassung zugrunde, daß die Mächtigen immer recht haben. Das Argument *Neger wollen für sich leben* entlarvt sich durch das Beispiel: *Der Neger hat daher seinen eigenen Stadtteil.* Daher? – Es ist ihm immerhin verwehrt worden, sich in anderen Teilen anzusiedeln.

3. Welcher Sprache bedient sich das Flugblatt? (StA, UG)

Die Sätze fangen oft immer wieder gleich an: *Gott wollte; Der weiße Mann; wir; Der Neger; wißt ihr; diese Leute* – mehrfach wiederholt. Der aufzählende Charakter erhöht den Beschwörungseffekt. Gott dient als Bekräftigung. Jene Leute, die anderer Meinung sind, werden als Teufel hingestellt. Das Flugblatt ist eine Aneinanderreihung von nicht zu beweisenden Behauptungen.

4. Wie läßt sich der in dem Flugblatt zum Ausdruck kommende Haß gegenüber den Negern erklären? (UG)

Der letzte Satz und der beschwörende Charakter des Textes verdeutlichen, daß die Verfasser des Flugblatts Angst haben, daß sie unfrei und schwach werden könnten, wenn die Neger gleiche Rechte erhielten. In Wirklichkeit wollen diese Leute nur ihre Privilegien bewahren.

5. *Was ist ein Vorurteil? Warum gibt es sie? (Diskussion)*

Diese Fragen können hier zunächst kurz angesprochen werden; eine Vertiefung erfolgt durch die weiteren Texte im „Kritischen Lesebuch".

Die Weißen fühlen sich unsicher.

Ein Vorurteil ist ein vorschnelles Urteil, das gefällt wird, bevor alle Informationen oder Argumente sachlich geprüft wurden, um zu einem ausgewogenen und richtigen Urteil zu gelangen. Im Alltag muß man ständig auch schnell urteilen, ohne sich immer umfassend informieren zu können. Aber besonders problematisch ist jenes vorgefaßte und negative Urteil über einzelne oder Gruppen, das gefühlsmäßig bedingt ist und mit der Wirklichkeit nicht übereinstimmt.

6. *Gibt es das in dem Flugblatt angesprochene Problem auch in der Bundesrepublik? (Diskussion)*

In der Bundesrepublik leben zwar kaum Neger, wenn auch diesen gegenüber bei uns durchaus negative Vorbehalte herrschen. Problematischer sind jedoch Vorurteile gegenüber Gastarbeitern, Gammlern, Randgruppen (Behinderte), Juden (Religionen). Vgl. auch den Text von Eugen Helmlé, Rassismus (KL, S. 383).

Tafelbild

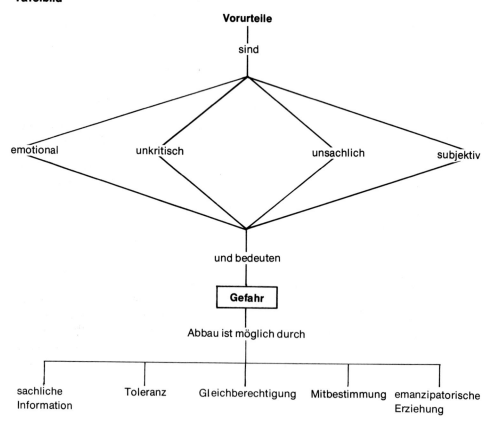

EUGEN HELMLÉ, **Rassismus**

Lernziele

Die Schüler sollen erkennen, daß
- von Vorurteilen (Rassismus) belastetes Denken zur Diskriminierung der anderen Menschen führt und als unwürdiges Verhalten abzulehnen ist;
- der Vater bei seinen Antworten ständig von Vorurteilen belastet ist, die durch das Insistieren des fragenden Sohnes aufgedeckt werden;
- Vorurteile mit Respekt, Toleranz und Vertrauen gegenüber anderen – durch Initiativen des einzelnen – überwunden und abgebaut werden können.

Arbeitshinweise

1. Was erklärt der Vater seinem Sohn auf dessen Fragen? (StA, TA)

Sohn	Vater
Rassisten	— gibt es überall, nicht nur bei uns
Rassismus	— jeder versucht den anderen abzuwerten, um sich aufzuwerten
Unterdrückung von Schwarzen	— nicht bei uns – bei den anderen
Vermieten an Neger	— Schwarze reagieren überempfindlich, bekommen alles in den falschen Hals
Unterschiede zwischen Schwarz und Weiß	— Schwarze: bessere Sportler und Musiker Weiße: überlegen in geistiger Hinsicht
Intelligenz	— kann pauschal nicht gesagt werden, aber nach der Leistung läßt sich annehmen, daß Weiße intelligenter sind
Heirat	— im Prinzip nichts dagegen, aber ein Mädchen ist hier bei uns bald unten durch
Kinder	— sind dümmer bzw. geistig bedürfnisloser (Mischlinge erben die schlechten Eigenschaften beider Rassen)

Jede Rasse soll für sich bleiben!

2. Analysieren Sie die Bedeutung der Fragen des Sohnes und der Antworten des Vaters! Was überzeugt, was nicht? Warum? (StA, UG)

Mit der Formel „Papa, Charly hat gesagt..." versucht ein Junge seinen manchmal etwas barsch reagierenden Vater auszufragen und aus der Ruhe zu bringen. Er will ihm seine Meinung zu Problemen entlocken, mit denen er selbst im Alltag – vor allem bei seinem Freund Charly – konfrontiert wird.

Mit einer Portion Pfiffigkeit, kindlicher Schläue und Frechheit gelingt es dem Sohn immer wieder, den Vater in Widersprüche zu verwickeln, die durch die nächste Frage entlarvt werden. Zu Beginn betont der Vater, daß er jede Art von Rassendiskriminierung ablehnt; bei seinen näheren Erläuterungen wird die von Vorurteilen geprägte Haltung aber immer deutlicher *(wissenschaftlich ist die Überlegenheit unserer Rasse über die anderen noch nicht bewiesen).*

Rassisten gibt es zunächst überall; bei der konkreten Frage, ob bei uns auch Schwarze unterdrückt werden, antwortet der Vater: *Nein, das gibt es bei uns nicht. In Amerika gibt's das, in Südafrika...*

3. Warum entlarvt sich der Vater selbst? Welche Vorurteile werden bei ihm deutlich? (UG)

Die Inkonsequenz der Haltung des Vaters wird besonders deutlich, wenn er die Ebene rationaler Argumentation verläßt und unreflektiert, emotionsgeladen antwortet: *Im Prinzip ja ... aber; einerseits – andererseits; körperlich – geistig; das ist allgemein bekannt ...*
Als der Sohn seinen Vater nach den Verhältnissen bei Hitler fragt, weicht er mit den üblichen Ausreden aus *(ist schon lange her ... andere Zeiten ... ich war ja damals noch viel zu jung)*; schließlich lenkt er dann sogar vom Thema ab *(puste mir nicht in die Briefmarken ... faß mir keine an, mit deinen schmutzigen Fingern)*.

4. Diskutieren Sie im Zusammenhang mit diesem Text Art. 3 des GG der Bundesrepublik!

Bei der Diskussion muß berücksichtigt werden, daß die Realität oft noch anders aussieht, als es durch die Artikel des GG angestrebt wird. Rassenvorurteile rekrutieren aus unterschiedlichen kulturellen und zivilisatorischen Entwicklungen; Probleme, die sich aus dem Zusammenleben von Menschen aus unterschiedlichen Kulturkreisen ergeben, sollten offen angesprochen werden. Wege und Möglichkeiten zur Erreichung der in GG Art. 3, Abs. 3 propagierten Norm können durch Initiative des einzelnen angeregt werden. Wichtig ist die Erkenntnis, daß der Wert des Menschen nicht von der Zugehörigkeit einer bestimmten Rasse abhängt.

GG, Art. 3 (Gleichheit vor dem Gesetz)

(1) Alle Menschen sind vor dem Gesetz gleich.
(2) Männer und Frauen sind gleichberechtigt.
(3) Niemand darf wegen seines Geschlechtes, seiner Abstammung, seiner Rasse, seiner Sprache, seiner Heimat und Herkunft, seines Glaubens, seiner religiösen oder politischen Anschauungen benachteiligt oder bevorzugt werden.

Zur Diskussion

Karikatur *(Aus: Der Spiegel vom Dez. 1973.)*

Ausländer auf Wohnungssuche

„Hier integrieren wir drei Italiener, acht Spanier oder zwölf Türken"

Franz Fühmann, **Das Judenauto**

Lernziele

Die Schüler sollen erkennen
- wie Vorurteile durch das Zusammenkommen von allgemeinem Gerede und persönlichem Versagen entstehen und sich verstärken;
- daß Vorurteile die Funktion von Sündenböcken haben;
- daß die Entwicklung des Jungen (Verwirrung durch erste Konfrontation mit Erotik) bestimmende Faktoren für seine Einstellung sind.

Arbeitshinweise

1. Wer erzählt die Geschichte? (UG)

Die Geschichte wird von einem Ich-Erzähler erzählt, der sich an seine Jugendzeit erinnert, besonders an das Erlebnis mit dem Judenauto; er war damals 9 Jahre alt.

2. In welcher Zeit hat sich das Erzählte zugetragen? Suchen Sie alle Zeit-Angaben heraus! (StA, TA)

Das Hauptgeschehen spielt im Sommer 1931. Die ersten drei Absätze erinnern an Erlebnisse vor dieser Zeit: *Wie tief hinab reicht das Erinnern?* – Zigeuner; auf den Knien eines heruntergekommenen Großbauern; Natur und Menschen (Schule).

a)	Vormittag in der Schule:	– Erzählung der Schülerin Gudrun vom Judenauto
		– Traum des Jungen
		– Nachsitzen
b)	Spaziergang des Jungen:	– Forschen nach dem Judenauto
		– Verwirrung durch die Erinnerung an das Mädchen
		– ‚Auftauchen' des Judenautos
		– Davonlaufen des Jungen
c)	Nächster Tag in der Schule:	– Bericht seiner Erlebnisse vom Judenauto
		– Liebe zu dem braunäugigen Mädchen
		– Entlarvung durch das Mädchen
		– Festsetzen des Vorurteils

3. Auf welche historischen Ereignisse wird angespielt? (UG)

Krise – gemeint ist die Weltwirtschaftskrise der Jahre 1930–1932, in deren Verlauf viele Arbeiter arbeitslos wurden und viele Gewerbetreibende in Schwierigkeiten gerieten. Der Vater des Erzählers ist Drogist und hat auch wirtschaftliche Probleme. Die Weltwirtschaftskrise war eine der ausschlaggebenden Ursachen für den Aufstieg der Nationalsozialisten. Hitler kam im Januar 1933 an die Macht.

4. An welchen Stellen ist von dem braunäugigen Mädchen die Rede? Welche Beziehung hat der Ich-Erzähler zu dem Mädchen? Welche Bedeutung hat dieses Verhältnis für das Geschehen? (GA oder StA)

a) Der Erzähler erinnert sich nur noch an ein *braunäugiges Mädchengesicht mit schmalen, kaum geschwungenem Mund und kurzem hellem Haar über der hohen Stirn.* Dieses Mädchen hat ihn zum erstenmal *verwirrt.* Es ist so etwas wie eine erste stille Liebe.

b) Nachdem die Schülerin Gudrun von dem Judenauto erzählt hat, gerät der Junge während des Unterrichts ins Träumen. Dabei träumt er, daß die Juden sein braunäugiges Mädchen töten wollten; er hört ihr Schreien, und es gelingt ihm, sie zu retten. Er betrachtet das Mädchen in seiner Phantasie genau: *mir war, als sei dies Gesicht immer verhüllt gewesen, und ich sähe es das erstemal nackt.*

c) Nach dem Nachsitzen geht der Junge durch die Felder, um dem Judenauto nachzuforschen; er vergißt dieses Vorhaben jedoch wieder, weil er an sein braunäugiges Mädchen denken muß. Wie er die Natur in diesem Moment sieht, verrät die Verwirrung seiner Sinne: *Die Wiesen dufteten sinnverwirrend, das pralle Fleisch der Glockenblumen schwang blau in der Höhe meiner Brust; der Thymian sandte wilde Wellen betäubenden Duftes, Wespenschwärme brausten bös, und der Mohn neben den blauen Raden glühte, ein sengendes Gift, in hitzigstem Rot... und ich war verwirrt... Ich war nicht mehr Erde und nicht mehr Gras und Baum und Tier; die Grillen schrien, und ich mußte daran denken, daß sie beim Zirpen die Flügel aneinanderrieben, und plötzlich kam mir das schamlos vor, und plötzlich war alles verändert und wie zum erstenmal gesehen...*
Die Natur wird sinnlich, fast erotisch erlebt. Der Junge fühlt sich als etwas Fremdes. Er kommt in die Phase der Pubertät und ist zunächst verwirrt, weil alles so anders ist.

d) Am nächsten Morgen erzählt der Junge in der Schule voll Stolz von seinen gefährlichen Erlebnissen mit dem Judenauto: *Ich wollte nur einen Blick und wagte doch nicht, ihn zu suchen.* Er erzählt die Geschichte, um dem Mädchen zu imponieren; aber natürlicher Kontakt kommt aufgrund seiner Unsicherheit nicht zustande. Ihre Reaktionen mißversteht er: *mein Herz schwamm fort. Das war die Seligkeit.* Aus dieser Traumwelt wird er jäh durch die kurze Darstellung der Wahrheit herausgeholt. Das überlegen-grausame Lächeln des Mädchens führt zu der panischen Reaktion des Jungen.

Von besonderer Bedeutung ist die Tatsache, daß der Junge durch seine stille Liebe zu dem Mädchen aufgewühlt und verwirrt ist, wodurch die Phantasiegeschichte mit dem Judenauto psychologisch motiviert ist. Zum anderen ist die Blamage des Jungen um so größer.

5. *Woher bezieht der Junge seine Informationen über die Juden? Wie kommt die Meinungsbildung zustande? (StA, TA)*

Ich hatte zwar noch keinen Juden gesehen, doch ich hatte aus den Gesprächen der Erwachsenen schon viel über sie erfahren (vgl. dazu auch: Oerter, Vorurteile gegenüber Außengruppen).

Bild der Juden
- krumme Nase
- schwarzes Haar
- schuld an allem Schlechten in der Welt
- zogen den ehrlichen Leuten mit gemeinen Tricks das Geld aus der Tasche
- hatten die Krise gemacht, die meines Vaters Drogenhandlung abzuwürgen drohte
- ließen den Bauern das Vieh und Korn wegholen
- kauften von überall Getreide zusammen, gossen Brennspiritus drüber
- schütteten es ins Meer, damit die Deutschen verhungern sollten
- haßten uns Deutsche über alle Maßen
- wollten uns alle vernichten

Deutlich wird, daß sich der Vater mit seiner Drogerie in Schwierigkeiten befindet (Krise). Da man ungern selbst die Schuld an Schwierigkeiten zugibt (sie manchmal auch wirklich nicht hat) und andere Lösungen nicht akzeptiert (Berufswechsel), benötigt man zur Rechtfertigung seines Schicksals einen Sündenbock, dem die Schuld aufgeladen werden kann. Hier sind es die Juden, die natürlich an allem in der Welt Schuld haben. Die Absurdität der Vorwürfe ist nicht im geringsten hinderlich für die Ausbreitung dieser Vorstellungen.

6. *Analysieren Sie das Erlebnis des Jungen mit dem Judenauto! (UG)*

Hierzu sollte folgender Abschnitt herangezogen werden: *Da ich es wahrnahm ... bis ... Judenauto spurlos verschwunden war.*

Am Beispiel der Autofarbe und der Personenzahl wird deutlich, wie sich die Realität wandelt. Die vorgestellte Welt wird für den Jungen realer als die Wirklichkeit. Das Auto ist zunächst *braun*, dann *mehr gelb als braun*, dann *eigentlich gelb*, schließlich *ganz gelb, grellgelb*.

7. *Wie reagiert der Junge auf die Entlarvung seiner Traumwelt durch das braunäugige Mädchen! Analysieren Sie die verschiedenen Reaktionen! Warum reagiert er so? (StA, TA)*

Reaktionen
- Brüllen: die blöde Gans spinne ja
- Hinausstürzen aus der Klasse aufs Klosett
- Tränen
- Schweigen
- Plötzliches Wissen: Sie waren schuld!
- Vielfache Wiederholungen: Juden. Judenjudenjuden. Sie waren daran schuld.
- Haß

Der Schuldvorwurf wird vielfach gesteigert und zeigt nur um so deutlicher, daß er die eigene Unzulänglichkeit, seine Blamage, seine Lüge verbergen will. Nicht er selbst, so will er sich einreden, hat schuld an dem Versuch, durch die Erzählungen von dem Judenauto dem geliebten Mädchen zu imponieren, sondern die Juden wollten ihm etwas Schlechtes antun. Das Erlebnis eigenen Versagens läßt das vorhandene Stereotyp *(schon viel über Juden erfahren)* wirksam werden.

8. *Wie entstehen und verstärken sich Vorurteile gegenüber anderen Menschen? (Diskussion)*

„Wenn das Kind aus der Stube der Eltern in die Schule kommt und unter Fremden sich bewähren soll, muß es seine eigene Schwäche, sein Heimweh bekämpfen. Um das zu leisten, wird ihm Schwäche zum Feind, es entdeckt und schlägt sie überall lieber bei den anderen, als in sich. Die ganze Klasse ist dem Schwächsten und dem Mamakindlein auf der Spur. Wer sich am meisten dabei hervortut, das je gefundene Opfer zu verhöhnen, und sich besonders aufzuspielen weiß, den plagt die Schwäche, die er beim anderen findet, damit er sie in sich vergessen kann. Soldaten, die im Krieg leicht im anderen den Feigling sehen und den Zuhausegebliebenen als Drückeberger denunzieren, pflegen ein hohes Maß uneingestandener Angst zu haben. Wer möchte sich vor Schmerz, Verstümmelung und Tod nicht drücken? Wissenschaftlich heißt das heute Projektion." (Horkheimer)

Ergänzend möchten wir hinzufügen: Besonders in Zeiten von Depressionen, bei Krieg, Hungersnot, Revolution, schlechter Geschäftslage verstärken sich die Beweggründe, einen „Sündenbock" zu suchen.

Rationale Erklärungsversuche sind machtlos. Das zeigt sich auch in dieser Geschichte: Der Lehrer dringt nicht durch, ebenso die Erzählung des Mädchens über die Wahrheit. Nur eine Erziehung zu Selbstbewußtsein und Selbständigkeit, zum Erkennen und Akzeptieren der eigenen Schwächen könnte den hier aufgezeigten Mechanismus durchbrechen.

Literatur

Max Horkheimer, Über das Vorurteil. In: M. Horkheimer und Th. W. Adorno, Sociologica II. Frankfurt: Europäische Verlagsanstalt 1962.

Marcel Reich-Ranicki, Deutsche Literatur in West und Ost. Prosa seit 1945. München: Piper 1963.

Literatur der DDR in Einzeldarstellungen, hrsg. von Hans Jürgen Geerdts. Stuttgart: Kröner 1972.

Max Frisch, Der andorranische Jude

Lernziele
Die Schüler sollen erkennen,
- welche Bedeutung der Aufbau des Textes hat;
- wie Vorurteile entstehen und welche Auswirkungen sie haben;
- daß Vorurteile den Menschen in seiner Entfaltung prägen und einengen können;
- daß eine Gefahr darin liegt, sich von anderen Menschen ein Bild zu machen.

Arbeitshinweise

1. Wie ist der Text aufgebaut? Welche Funktion haben die kurzen Sätze zwischen den Absätzen? (StA, TA)

   I. Vermeintliche Eigenschaften des für einen Juden gehaltenen Mannes
   II. Haltung der ‚aufgeklärten' Andorraner
   III. Der „Jude" ist ein Andorraner wie die anderen
   IV. Vergleich der Andorraner mit Judas
   V. Erkenntnis

Zwischen den Absätzen stehen einzelne Sätze oder Satzteile; sie deuten und kommentieren den jeweils vorangegangenen Absatz. Sie sind – mit Ausnahme des letzten – voller Ironie und Kritik.

Gestaltung: Auf eine Ausmalung der Geschichte wird verzichtet. Möglichkeiten einer weiteren Durchführung werden angedeutet: *Zu erzählen wäre* ... Es handelt sich um eine Tagebuchnotiz.

Anschauliche Vergleiche: *Münze, Watte.*

2. Wie sieht das Bild aus, das sich die Andorraner von dem Juden machen? Welcher Zusammenhang besteht zwischen diesem Bild und dem Juden? (StA, TA)

Bild von dem Juden
- kein Gemüt
- Schärfe seines Intellektes
- Verhältnis zum Geld (stets daran denken)
- kauft Vaterländer, hat aber kein Vaterland
- kein Takt
- Anbiederung und Buhlen um Gunst und Vorteile
- keine Liebe, nur Kälte des Verstandes
- keine Wärme des Vertrauens, kein Gemüt
- Trotz und Stolz

fertiges Bildnis

■ Das Bild ist schon fertig, es braucht nur angewandt zu werden.

Der Andorraner, der für einen Juden mit den oben genannten Eigenschaften gehalten wird, verändert sich, wie das Vorurteil es will. Er wird so, wie die anderen ihn sehen. Daß er sich zunächst bemüht, nicht so zu sein, wie die Andorraner ihn sehen wollen, sondern so, wie sie sind und er in Wirklichkeit ist, verübeln sie ihm. Schließlich nimmt der Andorraner die ihm zudiktierte Rolle an.

3. Wie verhalten sich die Menschen den Juden gegenüber? Welche Menschengruppen werden unterschieden? Wie reagieren die Andorraner auf die Wahrheit? (UG)

Im Zwischensatz der ersten beiden Absätze heißt es noch harmlos: *Die meisten Andorraner taten ihm nichts.* Die Harmlosigkeit wird aber durch den folgenden Satz zerstört: *Also auch nichts Gutes.*

Im zweiten Absatz ist von einer Menschengruppe die Rede, von der man ein anderes, besseres Verhalten erwartet *(Andorraner freieren und fortschrittlichen Geistes).* Diese Andorraner sind zwar ‚aufgeklärt', human, fortschrittlich, haben jedoch genau solche Vorurteile gegenüber dem Juden wie die anderen. Im Unterschied zu ihnen bewerten sie allerdings die „Eigenschaften" des Juden positiv *(gerade um seiner jüdischen Eigenschaften willen).* Sie halten sogar bis zu einem gewissen Grade zu ihm. Aber sie werden dadurch schuldig, daß sie sich auch ein Bild machen. Sie verfallen also ebenso einem Klischee.

Die Andorraner entsetzen sich zwar über den grausamen Tod des Juden. Aber in genauer sprachlicher Differenzierung nimmt Frisch diese Reaktion weitgehend wieder zurück:
— daß sich auch jene Andorraner entsetzten
— sie beklagten ihn eigentlich nicht
— sie vermißten ihn nicht
— sie empörten sich nur über jene, die ihn getötet hatten, und über die Art, wie das geschehen war, vor allem die Art

Zug um Zug entlarvt Frisch das Verhalten der Andorraner als grausam. Daß der Jude getötet wurde, ist für sie nicht so entscheidend, nur hätte es nicht so „grausam" geschehen sollen. Der Zwischensatz *(Man redete lange davon)* kritisiert ihre pharisäerhafte Haltung, die an der Wurzel des Übels nichts ändert.

Als bekannt wird, daß der ‚Jude' kein Jude ist, schweigen sie betreten *(Man redete nicht mehr davon).* Nur wenn sie in den Spiegel schauen, ergreift sie *Entsetzen* (Bezug zu Judas, der Jesus verraten hat). Sie fühlen dann ihre Schuld, bekennen sich aber nicht offen zu ihr.

4. Worin besteht die Schuld der Menschen? (Diskussion)

Die Sünde der Andorraner liegt darin, daß sie den anderen Menschen festlegen und nicht als lebendiges Individuum ansehen. Ein Mensch wird hier Opfer der Charakterschwäche, der Lieblosigkeit, des Egoismus seiner Mitmenschen.

Literatur

Didaktisch-methodische Analysen. Handreichungen für den Lehrer zum Lesebuch Kompaß 9./10. Schuljahr. Paderborn: Schöningh 1973, S. 507–510.

Über Max Frisch, hrsg. von Thomas Beckermann. Frankfurt: Suhrkamp 1971 (= edition suhrkamp 404).

Rolf Eckart, Max Frisch, Andorra. Interpretation. München: Oldenbourg 1969.

Wolfgang Hegele, Max Frisch: Andorra. In: DU 20 (1968), Heft 3, S. 35–50.

Klaus Habermann, Max Frisch. In: Dietrich Weber, Deutsche Literatur seit 1945 in Einzeldarstellungen. Stuttgart: Kröner 1970 = KTA 382, S. 364–395.

Alexander Stephan, Max Frisch. München: Beck 1983.

Jürgen H. Petersen, Max Frisch. Stuttgart: Metzler 1978 = M 173.

Max Frisch, Du sollst dir kein Bildnis machen

Lernziele
Die Schüler sollen erkennen, daß
- fertige Bildnisse den anderen Menschen festlegen;
- Liebe von Frisch als Bereitschaft, den anderen nicht festzulegen, definiert wird, und das gegenteilige Verhalten vom Autor als „Verrat" angesehen wird;
- der Autor das „Bildnis" als etwas Einschränkendes und Statisches bezeichnet.

Arbeitshinweise
1. Wie sieht – nach Frisch – das Verhältnis von „Liebenden" aus? (StA, TA)

Liebe
- Aussagen über den anderen sind nicht möglich
- Schwebe des Lebendigen
- Bereitschaft, einem Menschen in allen seinen Entfaltungen zu folgen
- befreit von jeglichem Bildnis
- kein Fertigwerden
- alles Möglichen voll, aller Geheimnisse voll
- Rätsel

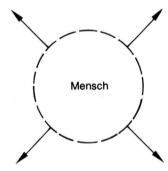

Liebe ist also etwas Dynamisches, Unfaßbares, Offenes. Sie ist zugleich anregend und belastend. Wenn wir meinen, aussagen zu können, wie der Mensch, den wir lieben, sei, ist die Liebe schon zu Ende.

2. Was versteht der Autor unter „Verrat"? (StA, TA)

Verrat
- Bildnis machen
- das andere kennen
- keine Bereitschaft, auf weitere Verwandlungen einzugehen
- Verweigerung des Anspruchs alles Lebendigen
- sich für etwas halten
- müde geworden

Das Bildnis schränkt den Menschen also in seinen Möglichkeiten ein, prägt ihn in ein Schema. Der Mensch kann sich nicht mehr entfalten, er orientiert sich – gleichgültig ob zustimmend oder ablehnend – an dem Bild. An die Stelle der Dynamik tritt Statik.

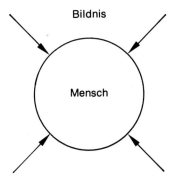

Vgl. dazu auch folgende Fortsetzung des Textes von Frisch:
„Kassandra, die Ahnungsvolle, die scheinbar Warnende und nutzlos Warnende, ist sie immer ganz unschuldig an dem Unheil, das sie vorausklagt?
Dessen Bildnis sie entwirft.
Irgendeine fixe Meinung unsrer Freunde, unsrer Eltern, unsrer Erzieher, auch sie lastet auf manchem wie ein altes Orakel. Ein halbes Leben steht unter der heimlichen Frage: Erfüllt es oder erfüllt es sich nicht. Mindestens die Frage ist uns auf die Stirne gebrannt, und man wird ein Orakel nicht los, bis man es zur Erfüllung bringt. Dabei muß es sich durchaus nicht im geraden Sinn erfüllen; auch im Widerspruch zeigt sich der Einfluß darin, daß man so nicht sein will, wie der andere uns einschätzt. Man wird das Gegenteil, aber man wird es durch den andern.
Eine Lehrerin sagte einmal zu meiner Mutter, niemals in ihrem Leben werde sie stricken lernen. Meine Mutter erzählte uns jenen Ausspruch sehr oft; sie hat ihn nie vergessen, nie verziehen; sie ist eine leidenschaftliche und ungewöhnliche Strickerin geworden, und alle die Strümpfe und Mützen, die Handschuhe, die Pullover, die ich jemals bekommen habe, am Ende verdanke ich sie allein jenem ärgerlichen Orakel! ...
In gewissem Grad sind wir wirklich das Wesen, das die andern in uns hineinsehen, Freunde wie Feinde. Und umgekehrt! Auch wir sind die Verfasser der andern; wir sind auf eine heimliche und unentrinnbare Weise verantwortlich für das Gesicht, das sie uns zeigen, verantwortlich nicht für ihre Anlage, aber für die Ausschöpfung dieser Anlage. Wir sind es, die dem Freunde, dessen Erstarrtsein uns bemüht, im Wege stehen, und zwar dadurch, daß unsere Meinung, er sei erstarrt, ein weiteres Glied in jener Kette ist, die ihn fesselt und langsam erwürgt. Wir wünschen ihm, daß er sich wandle, o ja, wir wünschen es ganzen Völkern! Aber darum sind wir noch lange nicht bereit, unsere Vorstellung von ihnen aufzugeben. Wir selber sind die letzten, die sie verwandeln. Wir halten uns für den Spiegel und ahnen nur selten, wie sehr der andere seinerseits eben der Spiegel unsres erstarrten Menschenbildes ist, unser Erzeugnis, unser Opfer –." (Max Frisch, Tagebuch. 1946–1949. Frankfurt: Suhrkamp 1950, S. 33–34.)

3. Wie beurteilen Sie die Aussagen von Max Frisch? (Diskussion)

Festgelegtsein bedeutet nach Frisch den Verzicht auf unzählige andere Möglichkeiten der Lebensgestaltung. Die Abgrenzung wird für ihn zu einem quälenden Problem. Er sehnt sich nach einem offenen, unbeschränkten Sein, das es in der Jugend einmal gegeben hat.

„Die Fixierung auf ein Unwandelbares ist für Frisch geradezu widernatürlich und unmenschlich, und am schlimmsten dort, wo sie den Menschen zu typisieren und zu etikettieren beginnt. Für ihn ist das vom ‚Bildnis Gottes' übernommene Gebot auch ein Befehl, das ‚Lebendige und Unnennbare' in jedem Individuum gleichermaßen zu respektieren, auf das die Zeitläufe dabei keinen Einfluß nehmen dürfen. [...] Alles Menschliche erscheint als ein Besonderes, Überwindung des Vorurteils, die einzige mögliche Überwindung, die sich kein Bildnis macht." (Petersen, S. 35 f.)

Literatur

Hans Jörg Lüthi, Max Frisch. Du sollst Dir kein Bildnis machen. München: Francke 1981 = UTB 1085.
Carol Petersen, Max Frisch. Berlin: Colloquium ³1970 (= Köpfe des XX. Jahrhunderts 44).
Eduard Stäuble, Max Frisch. Ein Schweizer Dichter der Gegenwart. Versuch einer Gesamtdarstellung seiner Werke. Anniswill: Bodensee-Verlag ²1960.
Monika Wuntsch-Spiess, Zum Problem der Identität im Werk Max Frischs. Zürich: Juris 1965.
Volker Hage, Max Frisch in Selbstzeugnissen und Bilddokumenten. Reinbek: Rowohlt 1984 = rororo bildmonographien 321.

BERTOLT BRECHT, Wenn Herr K. einen Menschen liebte

Lernziele

Die Schüler sollen erkennen, daß
- die pointierte aphoristische Erzählform im Dienst der Dialektik Brechts steht;
- nach Brecht der Mensch als veränderbar gesehen wird;
- bei Brecht Liebe und Veränderung miteinander korrespondieren;
- zwischen dem „Bildnis" (Frisch) und dem „Entwurf" (Brecht) differenziert werden muß.

Arbeitshinweise

1. Zeigen Sie auf, welches Verhältnis zwischen Herrn K., dem Gesprächspartner und dem Entwurf besteht! (StA, TA)

Herr K./Entwurf	Gesprächspartner/Entwurf
– macht einen Entwurf von dem Menschen, den er liebt	– nimmt an, daß man den Entwurf dem Menschen anpassen muß
– sorgt dafür, daß dieser Mensch dem Entwurf ähnlich wird	

2. Vergleichen Sie die Haltung von Frisch und Brecht gegenüber dem Bildnis bzw. dem Entwurf! Wo liegt der entscheidene Unterschied? (GA, TA)

Frisch	Brecht
– Bildnis = Verrat, Lieblosigkeit	– Anpassung des Menschen an den Entwurf = Liebe
– kein Bildnis = Liebe, Menschlichkeit	– Anpassung des Entwurfs an den Menschen = keine Liebe

Brecht und Frisch scheinen absolut gegensätzliche Auffassungen zu haben. Aber man muß darauf achten, daß „Bildnis" und „Entwurf" nicht völlig identisch sind: **Bildnis** meint Vorurteil, Klischee, ist etwas Starres, das den anderen Menschen festlegt, ihn in seinen Möglichkeiten einschränkt. **Entwurf** ist ein Plan, ein Gedanke, eine Idee.

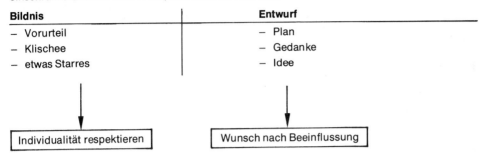

Bildnis	**Entwurf**
– Vorurteil	– Plan
– Klischee	– Gedanke
– etwas Starres	– Idee

| Individualität respektieren | Wunsch nach Beeinflussung |

Allerdings bleibt folgender Unterschied: Frisch hat Angst, daß man den anderen Menschen in seiner Entfaltung hemmt. Brecht dagegen möchte den anderen beeinflussen, prägen, erziehen, verändern. Für Frisch ist Liebe die Bereitschaft, den anderen so zu nehmen, wie er ist. Für Brecht ist Liebe der Versuch, den anderen zu verändern. Bei Brecht sollte berücksichtigt werden, daß er als Marxist die Meinung vertritt, daß es Aufgabe der marxistischen Philosophie ist, den anderen Menschen zu verändern, zu verbessern. Das Wissen um den richtigen Weg zur Zukunft und die Liebe zum Menschen lassen Herrn K. den Versuch machen, den Menschen auf diesen Weg zu führen.

Es sollte dabei auch auf die Gefahr hingewiesen werden, die entsteht, wenn jemand den Anspruch erhebt, über den anderen zu verfügen.

Hinweis

Für Brechts Standpunkt kann folgende Keuner-Geschichte „Das Wiedersehen" ergänzend Aufschlüsse geben:

„Ein Mann, der Herrn K. lange nicht gesehen hatte, begrüßte ihn mit den Worten: ‚Sie haben sich gar nicht verändert.' ‚Oh!' sagte Herr K. und erbleichte."

(Aus: Bertolt Brecht, Gesammelte Werke, Bd. 12. Frankfurt: Suhrkamp 1967 (= werkausgabe edition suhrkamp), S. 383.)

In dieser Keuner-Geschichte geht es um Veränderung. „Für den bürgerlichen ‚Mann' bedeutet es ein Kompliment, jemandem zu bestätigen, er habe sich nicht verändert. Für Herrn K., der konsequenterweise erbleicht, bedeutet es, daß er nicht an dem permanenten Prozeß der gesellschaftlichen Fortentwicklung teilgenommen hat." (Hopster, S. 239)

Der Leser kann die Wertung des Mannes als Ideologie entlarven oder den Mangel von Herrn K. als „gesellschaftliche Todsünde" interpretieren.

3. Welches sind die stilistischen Eigentümlichkeiten dieses Textes? (UG)

Zwei Fragen – zwei Antworten, die in einer überraschenden Pointe enden, die den Gedankenprozeß in Gang setzt, der vom Autor nicht ausgesprochen, aber intendiert ist (Prinzip der Dialektik).

„Die Keuner-Geschichten werden aber nur richtig gesehen, wenn hinter den zwei ‚Antworten', mit denen sie abschließen – die erste, naheliegende, die der Leser erwartet und die er selbst formulieren kann, und die zweite, Keuners ‚unerwartete' Antwort –, die Realdialektik von *bürgerlicher* Gesellschaft mit dem an sie gebundenen individualistischen Standpunkt und *soziali-*

stischer Gesellschaft mit dem klassenbewußten Standpunkt steht. Die nach Brechts Intention vom Leser zu leistende Aufgabe besteht darin, eine *Synthese* zu bilden. In dieser Synthese wird der vom klassenbewußten Individuum in der gesellschaftlichen Auseinandersetzung anzustrebende ‚höhere' Standpunkt faßbar. Entscheidend für das Verständnis der Keuner-Geschichten ist also, daß sie nicht auf die klassenlose Gesellschaft gemünzt sind, sondern auf die vorrevolutionäre Phase, in der gesellschaftliches Verhalten gelernt werden soll, wodurch Brecht sich einmal mehr als Didaktiker beweist." (Hopster, S. 239)

Literatur
Norbert Hopster, Individuum und Gesellschaft in Brechts „Geschichten vom Herrn Keuner". In: DD 4 (1973), Heft 13, S. 235–243.

CARL ZUCKMAYER, **Schuster Voigt**

Lernziele
Die Schüler sollen erkennen, daß
- die Polizeibehörde (in der Wilhelminischen Epoche) streng nach dem Gesetz handelt, ohne dem einzelnen zu helfen;
- gegenüber Straftätern Vorurteile bestehen;
- es in dem Dialog zu keiner Kommunikation kommen kann, weil ein Teilnehmer den anderen nicht verstehen will;
- Voigt in einen Kreislauf (Karussell) verstrickt ist, aus dem er sich mit eigener Kraft nicht mehr befreien kann.

Arbeitshinweise
1. Kennzeichnen Sie die Situation im Polizeibüro! (StA)
Büro
Typische Büroatmosphäre: muffige Luft, Akten, Verordnungen, Kaiserbild.
Oberwachtmeister
Nachdem der Oberwachtmeister die Uhrzeit kontrolliert hat, schließt er die vor ihm liegende Akte, um pünktlich zum Mittagessen gehen zu können. Den gerade eintretenden Voigt macht er auf die Dienstzeiten aufmerksam; vor allem verweist er aber auf seinen Dienstgrad, den man an den Knöpfen der Uniform erkennen kann. Dann erteilt er Anweisungen, wie man sich in einem Amtsraum zu verhalten hat: *Abstand zur diensttuenden Behörde* (Dienstgeheimnis).

Wachtmeister
Der Wachtmeister kommt nicht zu Wort; er ‚darf' einmal die Personalakte holen; nur zum Schluß der Szene bestätigt er die Worte seines Vorgesetzten, der Voigt nicht über den Weg traut: *Ich auch nicht, Herr Kommissär.*

2. *Charakterisieren Sie das Gespräch zwischen dem Oberwachtmeister und Voigt!* (StA, TA)

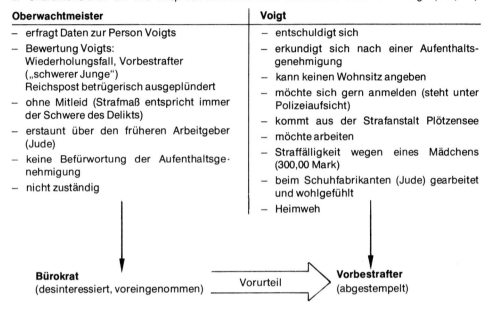

Oberwachtmeister	Voigt
– erfragt Daten zur Person Voigts	– entschuldigt sich
– Bewertung Voigts: Wiederholungsfall, Vorbestrafter („schwerer Junge") Reichspost betrügerisch ausgeplündert	– erkundigt sich nach einer Aufenthaltsgenehmigung
	– kann keinen Wohnsitz angeben
– ohne Mitleid (Strafmaß entspricht immer der Schwere des Delikts)	– möchte sich gern anmelden (steht unter Polizeiaufsicht)
– erstaunt über den früheren Arbeitgeber (Jude)	– kommt aus der Strafanstalt Plötzensee
– keine Befürwortung der Aufenthaltsgenehmigung	– möchte arbeiten
	– Straffälligkeit wegen eines Mädchens (300,00 Mark)
– nicht zuständig	– beim Schuhfabrikanten (Jude) gearbeitet und wohlgefühlt
	– Heimweh

Bürokrat (desinteressiert, voreingenommen) — Vorurteil → **Vorbestrafter** (abgestempelt)

Die Kommunikationssituation zwischen beiden Gesprächspartnern ist dadurch gekennzeichnet, daß sie sich nicht verstehen, nicht verstehen können, weil der Oberwachtmeister es gar nicht will; dadurch kommen auch die Mißverständnisse zustande *(schwerer Junge – werde immer leichter; schiefe Bahn – stimmt).*

3. *Worin liegt die Tragik des Schusters Voigt?* (UG, TB)

Der aus der Strafanstalt entlassene Voigt sucht Arbeit, um leben zu können. *(Ick muß doch arbeeten. Von wat soll ick denn leben?)*

Da aber überall *Meldepapiere* verlangt werden, bemüht er sich nun um eine Aufenthaltsgenehmigung; diese will man ihm aber nicht aushändigen, so lange er keinen Arbeitsplatz nachweisen kann. *(Also kommense mal wieder, wennse Arbeit haben.)*

Da Voigt aber ohne Arbeit auch keine Aufenthaltsgenehmigung bekommt, möchte er – trotz seines Heimwehs – wieder aus Deutschland fort; er muß es, denn man *kann ja nun mit de Füße nich in de Luft baumeln, det kann ja nur n Erhenkter!* Daher bittet Voigt um einen Paß mit Grenzvisum *(ick will nur n Papier haben. n Papier, det is doch mehr wert als de janze menschliche Konstitution . . .),* muß aber erfahren, daß man auf der Behörde nicht dafür zuständig ist.

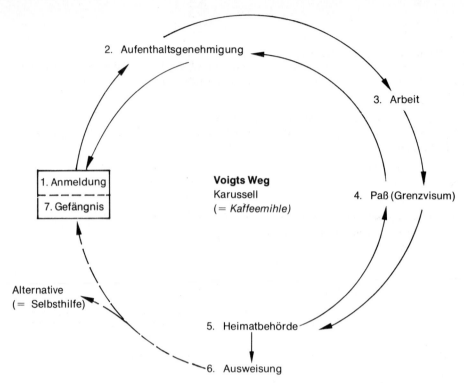

4. *Welche Vorurteile werden in dieser Szene aus Zuckmayers Drama angesprochen? (Diskussion)*

Der Oberwachtmeister ist der Meinung, daß ein Mensch, der einmal einen Fehler begangen hat, grundsätzlich schlecht ist. Man muß ihm mit Mißtrauen und Ablehnung begegnen. *(Wer einmal auf die schiefe Bahn gerät –)* Den Oberwachtmeister interessieren weder die Ursachen des Vergehens Voigts noch dessen Hilfsbedürftigkeit. *(Aha! Vorbestraft. So was ist nie vorbei ... Dem trau ich nicht übern Weg.)*

5. *Ist die Problematik des „Hauptmann von Köpenick" heute überholt? (Diskussion)*

Ausgangspunkt für die Diskussion können Voigts Worte sein: *Nee, nee, det is nu 'n Karussell, det is nu ne Kaffeemihle. Wenn ick nich jemeldet bin, krieg ich keene Arbeet, und wenn ick keene Arbeet habe, da darf ick mir nich melden. Denn will ick wieder raus.*

Dem einzelnen (Strafgefangenen) wird das Leben durch eine überbetonte Bürokratisierung (Nicht-Zuständigkeits-Erklärungen) erschwert bzw. unmöglich gemacht.

Problem: Resozialisierung von Strafgefangenen; Versuche in einigen Strafanstalten, die Strafgefangenen auf die Zeit nach der Entlassung vorzubereiten (Hamburg, Santa Fu).

Literatur

Thomas Ayck, Carl Zuckmayer in Selbstzeugnissen und Bilddokumenten. Reinbek: Rowohlt 1977 (= rowohlts monographien 256).

Siegfried Mews, Zuckmayer. Der Hauptmann von Köpenick. Frankfurt: Diesterweg 1972 (= Grundlagen und Gedanken zum Verständnis des Dramas).

Hartmut Scheible (Hrsg.), Carl Zuckmayer. Der Hauptmann von Köpenick. Erläuterungen und Dokumente. Stuttgart: Reclam 1977 (= RUB 8138).

Günter Scholdt/Dirk Walter, Stundenblätter. „Hauptmann von Köpenick". Stuttgart: Klett 1979.

Hans Wagener, Carl Zuckmayer. München: Beck 1983 = AB 34.

GÜNTER WEISENBORN, **Zwei Männer**

Lernziele

Die Schüler sollen
- den Aufbau der Kurzgeschichte erkennen und sie gliedern können;
- den engen Zusammenhang zwischen der sprachlichen Gestaltung und dem Inhalt erarbeiten (inhaltliche und formale Kriterien);
- den Gehalt von Texten erkennen;
- das Verhalten und Reagieren von zwei Männern in Lebensgefahr (Grenzsituation) beschreiben und erklären;
- den tieferen Wert einer symbolischen Geste (Teilen der letzten Zigarette) erkennen;
- die Einsicht gewinnen, daß Vorurteile abzubauen sind.

Arbeitshinweise

1. Wie ist die Geschichte aufgebaut? Wo liegt der Höhepunkt? (UG, TA)

Der Dichter führt den Handlungsverlauf konsequent unter dem Gesichtspunkt steigender Spannung bis zu dem Punkt der Katastrophe, an dem eine Entscheidung getroffen werden muß.

Auf dem Höhepunkt erfolgt das Teilen der letzten Zigarette; hier liegt zugleich der Wendepunkt (Neuanfang für beide Männer).

Die Kurzgeschichte läßt sich in 2 Teile mit je 3 Sinnabschnitten gliedern:

I. Die Überschwemmung
 1. Situation nach dem Wolkenbruch
    (Land des Farmers unter Wasser, Tod der Familie des Peóns)
 2. Gefahr durch den Paraná
 3. Steigen des Wassers
    (Todesurteil für die Männer von Santa Sabina)

II. Kampf der Männer auf dem Strom
 1. Männer flüchten gemeinsam auf das Schilfdach
    (Zug des Todes)
 2. Kampf und Bewährung
 3. Rettung und Neuanfang

2. Wie ist die Beschreibung der Natur zu deuten? Welche Bilder und Vergleiche verwendet der Autor? Warum?

3. Suchen Sie alle Stellen aus dem Text, die zu dem „Zug des Todes" passen! (StA, TA)

Das Donnern des Paraná bedeutete das Todesurteil für die Männer; das Wasser wird wie ein mythisches Ungeheuer geschildert, vor dem es kein Entrinnen gibt. „Mit starker Lautsymbolik und sich steigernder Ausdruckskraft schildert der Dichter diesen wahrhaft gespenstischen ‚Zug des Todes', der talwärts fuhr, einem undurchsichtigen Ende entgegen." (Nentwig, S. 83) Die Schilderung der Natur erfolgt parallel zur Handlung: geheimnisvoll, dunkel, unheimlich.

Tiere: Puma
            Korallenschlange
            Jaguar   } gefährlich, hinterlistig
            Kobra
            schwarze Aasgeier

Wasser: bösartig wie hundert Schlangen
Blasen: Sinnbild für heimtückisches, lautloses, aufgeblähtes Wasser
Zerplatzen der Blasen – Zerplatzen der Hoffnungen

4. Charakterisieren Sie das Verhältnis der zwei Männer zueinander! Was siegt am Ende? (UG, TB)

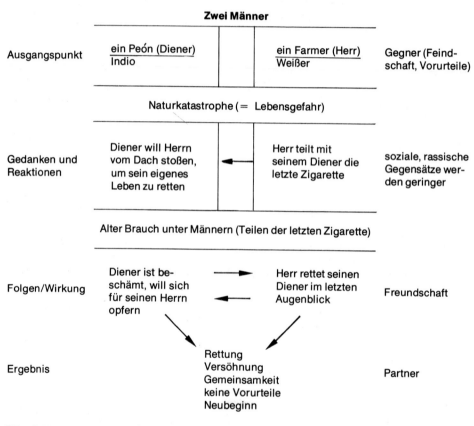

■ Zwei Menschen verschiedener Rasse und Herkunft stehen sich nach einem gemeinsamen Erlebnis (Existenzkampf) vorurteilslos und freundschaftlich gegenüber.

5. *Welche Wirkung erzielt die Sprache? In welcher Beziehung steht sie zum Inhalt? (StA, TA)*

I.1 Kennzeichnung der Ausgangsposition

    Ort: Südamerika: Argentinien (Santa Sabina, Paraná, Peón);
    Zeit: damals im Februar, morgens;

Ausmaß der Überschwemmung: Wiederholung von *stand unter Wasser* und Gegenüberstellung *endlose Teefelder – endloses Meer;*

Wortpaare: *Wasser und Wind, Pauken und Posaunen*

Leitmotiv der Blasen *(Der Peón hatte 3 Blasen gezählt)* deutet auf das kommende Unheil.

I.2 Der Farmer rechnet mit seinem Tod *(... gab sich noch eine Nacht).* Er schickt sich an, nach *Mannes Art und nach Männer Brauch* zu handeln, daß man sich in gewissen Lagen die letzte Zigarette teilt.

Leitmotiv: (Teilen der letzten Zigarette = Zeichen der Freundschaft) In Gefahr werden rassische und soziale Unterschiede abgebaut.

Das Herannahen des Stromes: In vier Sätzen mit der Anapher *Sie hatten* wird die bisherige Überlegenheit der Männer über die Gegner (Tiere der Wildnis) gezeigt; aber gegenüber der Gefahr des heimtückischen Wassers sind sie machtlos *(Es biß nicht, es stach nicht, das Wasser, es suchte sich eine Stelle am Mann, seinen Mund ...)*

Vergleiche: *bösartig wie hundert Schlangen; todesdurstig wie der größte Puma.*

I.3 In kurzen Sätzen wird das Herankommen des Stromes und das Steigen des Wassers geschildert: *Aber plötzlich stand der Schuh ... im Wasser.*

a-Laute unterstreichen die Gefahr und betonen die Gewalt des Wassers: D̲a̲s w̲a̲r alles, aber d̲a̲s w̲a̲r der Par̲aná.

II.1 Die gefahrvolle Situation (Flucht der Männer auf das Dach/Zug des Todes) wird durch **Verben der Bewegung** unterstrichen: *Das Wasser ... stieß um; das Dach stürzte ... schaukelte ... krachte ... trieb hinaus; ... ging ... fuhr kreisend ... trieb ... segelte; schossen davon; trieben hinab, fuhren talwärts.*

II.2 Äußeres Chaos (Flutkatastrophe) und inneres Chaos (Kampf ums Überleben) werden parallel gesetzt. Es bedeutet zugleich Höhepunkt und Wendepunkt. **Erlebte Rede:** *Wenn nur ein Mann auf dem Dach sitzt, so hält es natürlich länger, nicht wahr ...*

II.3 Nach der Hoffnungslosigkeit der Situation, dem Opferwillen des Peón und der Hilfsbereitschaft des Farmers – beide haben ihre Schicksalsprobe bestanden – gelingt ihre Rettung und befähigt die zwei Männer zu einem neuen Anfang. *(Morgen gehen wir zurück und fangen wieder an.)*

Verben der Bewegung	charakterisierende Adjektive	ausmalende Adverbien
– stürzen, treiben	– saftgrünes Vermögen	– tausendmal ... geblickt;
– schaukeln	– kaltstrahlendes Gesicht	– saßen ... schweigend zornglühend;
– krachen, brechen, flüchten	– endlose Teefelder	– todesdurstig
	– mannshohe Jerbabüsche	

Literatur

Paul Nentwig, Die moderne Kurzgeschichte im Unterricht. Interpretationen und methodische Hinweise. Braunschweig: Westermann [4]1967 (= Westermann Taschenbuch 45).

Interpretationen zu Erzählungen der Gegenwart. Frankfurt: Hirschgraben 1969.

Interpretationen moderner Prosa. Frankfurt: Diesterweg [3]1957.

Robert Ulshöfer, Einführung in den Interpretationsaufsatz im 9. und 10. Schuljahr. In: DU 17 (1965), Heft 1, S. 50ff.

Konrad Weber, Günter Weisenborn. Zwei Männer. Interpretation und didaktisch-methodische Erschließung einer modernen Kurzgeschichte. In: Neue Wege 2 (1967), S. 59–70.

Udo Jürgens, **Ein ehrenwertes Haus**

Lernziele

Die Schüler sollen

— das heuchlerische Verhalten der Bewohner des „ehrenwerten" Hauses aufdecken und ihr Handeln gegenüber dem jungen Paar als Vorurteil entlarven;

— Inhalt, Aussage und Gehalt von Schlagertexten (Chansons) differenziert analysieren können;

— den Realitätsgehalt überprüfen und Alternativen überlegen.

Arbeitshinweise

1. *Wie verhalten sich die Mieter des Hauses? Wie beurteilen Sie ihre Verhaltensweisen?*
2. *Warum paßt das Paar nicht in dieses Mietshaus? (StA, TA)*

Verhalten der Mieter

I. Mieter (Nachbarn) schreiben in einem Brief, daß das junge Paar nicht ins Haus passe	— Anmaßung	
II. die Gemeinschaft aller Mieter erregt sich über die wilde Ehe	— Spießbürger	
III. Frauen schwatzen, spionieren jeden aus; Kerl schlägt seine Tochter	— Spionage, Brutalität	Vorurteile Heuchelei
IV. Hund wird verwöhnt, Tochter vergessen; an Verbote erinnert	— Ungerechtigkeit	
V. junge Frau wird angestarrt; Schwarze dürfen nicht einziehen; vor Fremden ausziehen	— Schamlosigkeit, Rassentrennung, Unmoral	

Aber alle Mieter (Nachbarn) schämen sich für das junge Paar, dessen einziges Vergehen darin liegt, ohne Trauschein zusammenzuleben.

Der Grund für den Auszug des jungen Paares wird in der letzten Strophe (gegenüber den anderen verkürzt) genannt: Einer hält *diese* Heuchelei nicht länger aus; deshalb packen sie ihre Sachen und ziehen fort.

3. *Handelt es sich um ein „ehrenwertes" Haus? Worin sehen Sie die Bedeutung der häufigen Wiederholung des Adjektivs „ehrenwert"? (UG)*

Aus dem Verhalten der einzelnen Mieter wird offensichtlich, daß es sich gerade **nicht** um ein „ehrenwertes" Haus handelt, im Gegenteil.

Um die Scheinheiligkeit zu betonen (vielleicht auch um dem schlechten Gewissen etwas entgegenzuhalten), wird das „ehrenwert" bewußt am Ende jeder Strophe wiederholt. Das nicht ehrenwerte Verhalten der Mieter kann in dieser Form verdeutlicht werden; gleichzeitig ist Kritik an ihrer Handlungsweise intendiert.

Die ablehnende Haltung gegenüber dem jungen Paar erweist sich als vordergründiges Vorurteil; die eigene Verhaltensweise ist nicht ehrenwert.

4. *Wodurch unterscheidet sich dieser Text von anderen Schlagertexten? (UG)*

Viele Schlagertexte dienen **nur** der Unterhaltung; ihr Aussagegehalt ist wertlos, oft realitätsfern und kitschig (Hauptkriterium ist der Reim). Die Grundstimmung ist unkritisch, optimistisch; der Schlager lähmt Aktivität und Initiative, weicht aus in Traum und Illusion (Schnulze). Auch

dieser Schlager will unterhalten; aber er regt durch seinen Inhalt auch zum Nachdenken an. Udo Jürgens äußerte selbst einmal: „Ich habe, zugegeben, selbst Bla-Bla gemacht. Man muß mal anfangen, wichtige Dinge im Text populärer Musik auszusprechen."
Die Schüler sollten über ihre eigenen Erfahrungen berichten (5. Frage als Anregung) und überlegen, ob die Flucht aus dem Haus die einzige und richtige Lösung des Problems darstellt oder ob es nicht richtiger wäre, mit den Mietern zu diskutieren und sie durch sachliche Argumente zu überzeugen.

5. Analysieren Sie das Autorenporträt von Udo Jürgens. Berücksichtigen Sie die Reaktion der Zuschauer!
6. Können Sie die hier wiedergegebenen Beobachtungen bestätigen? Welche Konsequenzen würden Sie ziehen? (Diskussion)
7. Überprüfen Sie anhand eines Mietvertrags, welche Rechte und Pflichten der Mieter/Vermieter hat! (GA)

Literatur
Werner Klose, Die Sprache des Schlagers. Dortmund: Crüwell ²1972 (= Sprachhorizonte 9).

MAX FRISCH, **Überfremdung**

Lernziele
Die Schüler sollen erkennen, daß
− das Gastarbeiterproblem auch ein „Bildnis"-Problem ist;
− Frisch hier die Bilder der Schweizer, von sich selbst und über die Italiener zu zerstören versucht (Ironie, Zusammenstellung heterogener Elemente);
− Gastarbeiter, die ins eigene Land gerufen werden, gleichberechtigte Partner sind und als solche behandelt werden sollten.

Arbeitshinweise
1. Wer ist mit „man" gemeint, wer mit „sie"? (UG)

Mit *man* sind die Schweizer gemeint, die die Ausländer gerufen haben und nun über die Folgen klagen. Stark kontrastierend steht dazu das *sie*, das deutlich hervorgehoben wird (häufig am Satzanfang): Gemeint sind die Gastarbeiter.

2. Welche Meinung hat man über sich selbst? Welches Bildnis macht man sich über die ausländischen Arbeitnehmer? (GA, TA)

„man" (die Schweizer)	„sie" (die Italiener)
– kleines Herrenvolk sieht sich in Gefahr – benötigt Gastarbeiter als Arbeitskräfte (unerläßlich für den Wohlstand, will aber die Menschen nicht haben) – fühlt sich überfremdet, ist nicht rassistisch, möchte aber unter sich bleiben – ist human und tolerant – verurteilt aus Tradition die Allüren anderer Länder – Eigenlob	– Gastarbeiter oder Fremdarbeiter? – fremde Arbeitskräfte, keine Gäste – schlechte Unterkünfte – keine Gefangenen, nicht einmal Flüchtlinge – als Käufer nützlich – sind tüchtig, sparen – sind anders, fremd, fallen auf (haben ein Auge auf Mädchen und Frauen)

Gefahr: „Bildnis" vom eigenen Volk (= Selbstgerechtigkeit) ⟵ Überfremdung? ⟶ Gefahr: „Bildnis" über Gastarbeiter (= Überfremdung)
Vorurteile?

3. *Wodurch ist die Sprache dieses Textes gekennzeichnet? (StA)*

Wiederholungen: *wo sie auch singen durften – die Fremden singen;*
sie sind da – aber sie sind einfach da;
es sind einfach zu viele – vor allem am Sonntag sind es plötzlich zu viele.

Ironie: *Ausbeutung ist ein verbrauchtes Wort, es sei denn, daß die Arbeitgeber sich ausgebeutet fühlen.*
Es geht nicht ohne strenge Maßnahmen, die keinen Betroffenen entzücken, nicht einmal den betroffenen Arbeitgeber.
Es herrscht Konjunktur, aber kein Entzücken im Lande.

Es werden ständig Sätze von entgegengesetzter Tendenz miteinander konfrontiert, wodurch die Aussage des ersten Satzes (oder Teiles) in neuem Licht erscheint: *man hat Arbeitskräfte gerufen* (Reaktion des Lesers: so ist es), *und es kommen Menschen* (Reaktion: unangenehm berührt).

4. *Wie ist es zu erklären, daß so viele Menschen behaupten, Südländer seien faul? (Diskussion)*

Der Fleiß der Italiener, der auch im Text von Frisch erwähnt wird, verbreitet bei vielen Angstgefühle. Die sogenannte Faulheit ist im wesentlichen eine Schutzbehauptung, bzw. ein Rechtfertigungsversuch der eigenen Unzulänglichkeiten.

5. *Gegen welche Erscheinungsformen wendet sich Frisch? (Diskussion)*

Frisch wendet sich gegen eine verlogene Humanität, gegen Selbstsucht, gegen Selbstgerechtigkeit der kleinbürgerlichen Gesellschaft seines Landes. Die Schweizer machen sich ein Bild von den Italienern und eines von sich selbst. Beide sind falsch und engen ein.

6. *Was bedeutet „Überfremdung"? Erörtern Sie das Problem der Gastarbeiter! (Diskussion)*

Der Begriff „Überfremdung" geht von der Voraussetzung aus, daß es nicht gut ist, wenn Menschen verschiedener Völker in einem Land zusammenleben. Den Höhepunkt dieser rassischen Vorstellungen stellte das 3. Reich dar. In Wirklichkeit handelt es sich um mangelnde Bereitschaft, andere zu akzeptieren und sich entfalten zu lassen.

Hinweis

Wenn hier auch die Schweiz mit einigen ihrer besonderen Probleme angesprochen wird, so treffen die wichtigsten Aspekte genauso auf andere Länder (auch Deutschland) zu. Was die Schweiz betrifft, so sollte darauf hingewiesen werden, daß es schon drei Volksabstimmungen zu diesem Problem gegeben hat, in denen die große Mehrheit der Schweizer gegen die Ausweisung der Italiener und damit gegen die sog. Überfremdungsinitiative gestimmt hat.

Zur Diskussion
Franz Josef Degenhardt, Tonio Schiavo

Das ist die Geschichte von Tonio Schiavo,
geboren, verwachsen im Mezzo-giorno.
Frau und acht Kinder, und drei leben kaum,
und zweieinhalb Schwestern in einem Raum.
Tonio Schiavo ist abgehaun.
Zog in die Ferne,
ins Paradies,
und das liegt irgendwo bei Herne.

Im Kumpelhäuschen oben auf dem Speicher
mit zwölf Kameraden vom Mezzo-giorno
für hundert Mark Miete und Licht aus um neun,
da hockte er abends und trank seinen Wein.
Und manchmal schienen durchs Dachfenster rein
richtige Sterne
ins Paradies,
und das liegt irgendwo bei Herne.

Richtiges Geld schickte Tonio nach Hause.
Sie zählten's und lachten im Mezzo-giorno.
Er schaffte und schaffte für zehn auf dem Bau.
Und dann kam das Richtfest, und alle waren blau.
Der Polier, der nannte ihn „Itaker-Sau".
Das hört er nicht gerne
im Paradies,
und das liegt irgendwo bei Herne.

Tonio Schiavo, der zog sein Messer,
das Schnappmesser war's aus dem Mezzo-giorno.
Er hieb's in den harten Bauch vom Polier,
und daraus floß sehr viel Blut und viel Bier.
Tonio Schiavo, den schnappten gleich vier.
Er sah unter sich Herne,
das Paradies,
und das war gar nicht mehr so ferne.

Und das ist das Ende von Tonio Schiavo,
geboren, verwachsen im Mezzo-giorno:
Sie warfen ihn siebzig Meter hinab.
Er schlug auf das Pflaster, und zwar nur ganz knapp
vor zehn dünne Männer, die waren müde und schlapp,
die kamen grad aus der Ferne – aus dem Mezzo-giorno –
ins Paradies,
und das liegt irgendwo bei Herne.
(Aus: Franz Josef Degenhardt, Spiel nicht mit den Schmuddelkindern. Reinbek: Rowohlt 1969 (= rororo 1168), S. 69–70.)

Literatur
Hartmut König, Analyse eines Protestsongs und ihre didaktischen Konsequenzen für die Planung einer Unterrichtseinheit. In: DD (1976), Heft 28, S. 193–201.

Rolf Oerter, **Vorurteile gegen Außengruppen**

Lernziele

Die Schüler sollen
- die Ursachen für die Entstehung von Vorurteilen erkennen;
- einsehen, welche Folgen die Entstehung von Vorurteilen in der Kindheit haben;
- die Kennzeichen der wissenschaftlichen Fachsprache analysieren können.

Arbeitshinweise

1. *Welche Thesen stellt der Wissenschaftler auf? Wie belegt er sie? Welche Aussagen bleiben offen? (StA, TA)*

Thesen:
1. Vorurteile entstehen, weil Mitglieder einer sozialen Gruppe vorhandene, aber unerwünschte Verhaltensweisen leugnen und auf Minderheiten projizieren.
2. Die Entstehung von Stereotypen findet während der Kindheit statt.
3. Kinder übernehmen die vorherrschende Haltung der Umgebung, sie ist ihnen nicht angeboren.

Besonders die zweite und dritte These wird an mehreren Beispielen belegt:
  a) Schulkinder reagierten auf die Wörter *Neger* und *Jude* negativ, obwohl sie nicht wußten, was ein Neger oder Jude ist.
  b) Dreijährige können zwar schon die Hautfarbe unterscheiden, aber erst etwa Sechsjährige können den Zusammenhang zwischen Hautfarbe und der Vorstellung über Neger in Verbindung bringen.
  c) Fünfjährige wollen durchaus noch gern mit Negern spielen.

2. *Worin liegt die Gefahr, daß oft schon Kinder Vorurteile haben? (UG)*

Vorurteile entstehen, bevor eigene Erfahrungen gemacht werden können. Damit sind unbefangene Erfahrungen gar nicht mehr möglich. (Vgl. dazu Franz Fühmann, Das Judenauto).

3. *Wodurch unterscheidet sich ein solcher wissenschaftlicher Text von einem literarischen? (UG)*

Es werden Thesen aufgestellt, die durch wissenschaftliche Untersuchungen belegt werden (Zitieren von Sekundärliteratur).
Kennzeichnend ist eine besondere Fachsprache: *projizieren, Minoritätsgruppe, Stereotype, Revision.*

4. *Diskutieren Sie, welche Vorurteile es gibt (Schule, Familie, Heimatort, Land, Rasse, Religion, Generation) und wie sie entstehen können! (GA)*

Literatur

Oomen/Schmid, Vorurteile gegen Minderheiten. Die Anfänge des modernen Antisemitismus am Beispiel Deutschlands. Stuttgart: Reclam 1978 = RUB 9543.

16. SPRACHE UND KOMMUNIKATION

Autor	Titel	Textform	Eigenart	Inhalt	Seite
Johannes Bobrowski	Sprache	Gedicht	metaphorisch	Möglichkeiten der Sprache	414
Peter Bichsel	Ein Tisch ist ein Tisch	Kurzgeschichte	Sprachspiel	Verständigungsschwierigkeiten	415/289
Hans Magnus Enzensberger	bildzeitung	Gedicht	Montage	Manipulation	419/293
Bild am Sonntag*		Titelseite	appellativ	Schlagzeilen	421/295
Paul Flora	Sprache*	Karikatur	nachdenklich-kritisch	Gefahren der Sprache	422/296
Peter Handke	Die drei Lesungen des Gesetzes	Gedicht	juristische Fachsprache (Montage)	Veränderungen von Gesetzestexten (Manipulation durch Sprache)	423/297
Ernst Jandl	schtzngrmm	Gedicht	Konsonantenkombinationen (experimentell)	Schützengraben	425/299
Joan Miró	Kleine Blonde im Park der Attraktionen*	Ölgemälde	surrealistisch	Phantasie	427/303
Eugen Gomringer	worte sind schatten	Gedicht	Konstellationen (konkrete Poesie)	Möglichkeiten des Wortes	428/301
Konrad Balder Schäuffelen	da kannten die soldaten kein pardon mehr	Gedicht	optisch-visuell	Notstandsgesetzgebung	429/301
Friedrich Wolf	Kunst ist Waffe	Essay	agitatorisch	Kunst und Politik	431
Arwed Gorella	Wolf Biermann*	Grafik	illustrierend, provokatorisch	Wolf Biermann als politischer Liedersänger	435/252
Erich Kästner	Sinn und Wesen der Satire	Essay	theoretisch	Definition der Satire	435
Kurt Tucholsky	Ratschläge für einen schlechten Redner	Feuilleton	parodistisch	Gestaltung einer Rede	438/304
Basil Bernstein	Die Sprache der Mittel- und Unterschicht	Wissenschaftliche Abhandlung	theoretisch	Beziehungen zwischen Sprache und Schicht (elaborierter-restringierter Code)	439

Johannes Bobrowski, **Sprache**

Lernziele

Die Schüler sollen

– die Bedeutung der Leitwörter für die Aufschlüsselung der lyrischen Bilder erkennen;
– die Beziehungen der drei Strophen untereinander analysieren und erkennen, daß sie durch den Gedanken der Sprache eine Einheit bilden;
– die Bedeutung der Sprache für den Menschen als Verständigungsmittel (auf dem Weg zum Hause des Nachbarn) einsehen.

Arbeitshinweise

1. Analysieren Sie die Bilder dieses Gedichts! Welche Bedeutung bekommen die Leitwörter „Baum, Steine, Sprache" unter Berücksichtigung des Titels? (StA oder GA, TA)

Im Gedicht wird in 3 Bildern – scheinbar unverbunden, aber doch einander zugeordnet – nach dem Sinn der Sprache gefragt. Bei der Auflösung der Assoziationen des Dichters können die Leitwörter helfen, das Gemeinte zu verdeutlichen:

I. Der Baum
Kraft
Erhabenheit, Größe
ausgreifende Geborgenheit
} Lebendige der Sprache (Atem)

II. Die Steine
Tragende
Widerstandsfähigkeit
Dauer, Ewigkeit
Bestand
} Festigkeit der Sprache (das Gewordene)

III. Sprache
ständig unterwegs
abgehetzt
Unruhe
auf der Suche
} Wandel der Sprache (Alltagssprache)

2. Was wird in den 3 Strophen über die Sprache gesagt? Was vermag sie zu tun? Ist Bobrowski eher optimistisch oder pessimistisch? (UG)

Das Gedicht zeigt eine deutliche Dreiteilung (3 Strophen zu je 5 Verszeilen); in den beiden ersten Strophen werden – fast mythisch – Bilder aus der Natur beschrieben; erst die letzte Strophe verdeutlicht den direkten Bezug zur Sprache. Man vermißt zunehmend die fehlenden Satzaussagen, jegliches Verb. So klingt der Satz – kaum angefangen – bereits wieder ab; man erwartet dann das Prädikat; aber auch in der 2. Strophe bleibt nach voll klingendem Anfang das Schweigen, Nebeneinander, Ungewisse, Ewige erhalten.

Die 3. Strophe – auch formal von den beiden anderen abgehoben – bricht mit Wirklichkeitsreflexion und Leiden am Sprachverbrauch ein – rhythmisch gestaltet durch Übergang vom alternierenden, auftaktlosen Einsatz (Sprache/abgehetzt ...) im Gegensatz zu (Der Baum .../ Die Steine ...) über zwei Doppelauftakte zum schleppenderen Fließen (Daktylus) der beiden letzten Zeilen: „dort das ‚Geflüster über/der Stille' – ‚der Steine Schlaf [...] der Bäume Schlaf, im Dunkel geht ihre Rede' (wie Bobrowski es in einem anderen Gedicht ausdrückt) – hier der vereinsamende Mensch, verbrauchtes Gerede und wohl auch verlorene Verständigungssuche ‚auf dem endlosen Weg/zum Hause des Nachbarn'" (Lothar Bornscheuer, Sprache als lyrisches Motiv, S. 19)

Die Sprache ist gegenwärtig – wie der Baum und die Steine, aber auch zugleich zu etwas da; sie hat eine Aufgabe; deshalb ist sie unterwegs, will etwas vermitteln, das Gespräch mit dem Nachbarn ermöglichen.

In der 1. Strophe spendet der in die Höhe wachsende Baum – weiten Schatten werfend *(größer als die Nacht)* – Geborgenheit. Dieser Vergleich mit dem Baum macht die Vorstellung von der Sprache bedeutsam und groß.

Dagegen sind die Steine (2. Strophe) unter dem Fuß des Menschen; man geht ständig auf ihnen: Sie könnten also abgetreten sein, aber die *leuchtenden Adern* bleiben ihnen *ewig*. Auch die Sprache ist immer gegenwärtig – ein widerstandsfähiges Element – wie die Steine. Der Staub des Vergessens kann ihr nichts anhaben; sie behält ihre Ausstrahlungskraft.

Bobrowski spannt den Bogen vom Großen, der Weite der Erhabenheit der Natur zur Alltagssprache, nicht resignierend, sondern offenbarend, die Möglichkeiten der Sprache aufzeigend.

3. Wie sind die letzten beiden Verszeilen des Gedichts zu verstehen: „auf dem endlosen Weg/zum Hause des Nachbarn"? (Diskussion)

Die Sprache ist in ständiger Unruhe *(abgehetzt)*, unterwegs auf dem *endlosen* Weg zum Mitmenschen *(Nachbarn)*. In dieser Aussage scheint ein Gegensatz zu liegen: die Sprache kann das Nahe (den Nachbarn) nicht erreichen, aber versucht es unermüdlich *(endlos)*. Dadurch daß sie ständig in Bewegung ist, gewinnt sie auch an Größe und kann neben der wirklichen Natur (Baum, Steine) bestehen. „Ihre Dauer heißt Mühe und ihre Schönheit Veränderung. So gleicht sie dem Menschen selbst." (Wolf, S. 41)

Literatur

Gerhard Wolf, Johannes Bobrowski, Leben und Werk. Berlin: Volk und Wissen 1967 (= Schriftsteller der Gegenwart 19).

Lothar Bornscheuer, Sprache als lyrisches Motiv. Lehrerheft. Karlsruhe: Braun ³1972 (= Sprachhorizonte 1), S. 19–20.

Alfred Behrmann, Facetten. Untersuchungen zum Werk Johannes Bobrowskis. Stuttgart: Klett 1977 = Klettbuch 3939.

Peter Bichsel, **Ein Tisch ist ein Tisch**

Lernziele

Die Schüler sollen

- die Übergänge von der Erzählsprache zur Spielsprache aufzeigen und das angestrebte Ziel (Überwindung der Einsamkeit) erkennen;
- das Verhältnis des alten Mannes zu den Mitmenschen analysieren und die Gründe für seine Einsamkeit (Isolation) aufzeigen;
- die Bedeutung der Sprache für den Kommunikationsprozeß einsehen und die Gründe für das Scheitern des Sprachspiels daraus ableiten können;
- sich der Bedeutung von Sprachbarrieren bewußt werden, über ihre Folgen reflektieren (soziale Lage) und Alternativen zur Überwindung anbieten können;
- andere Gruppen, die sich einer eigenen Sprache bedienen, aufzeigen und deren Motivation analysieren.

Arbeitshinweise

1. *Welches Verhältnis besteht zwischen dem alten Mann und seinen Mitmenschen? Warum verstehen sie sich nicht? Was unternimmt der alte Mann?*
2. *Inwieweit ist die Situation des alten Mannes kennzeichnend für die Menschen in unserer Zeit? (UG, TA)*

Situation des alten Mannes

Einsamkeit/Freudlosigkeit	*(sagt . . . kein Wort mehr)*
Resignation	*(zu müd . . . zu müd . . .)*
Bedeutungslosigkeit	*(lohnt sich fast nicht, ihn zu beschreiben)*
Monotonie	*(grau; morgens einen Spaziergang und nachmittags; das ändert sich nie)*

Obwohl der alte Mann an einem besonders schönen Tag zu allem, was er auf seinem Spaziergang sieht, positiv eingestellt ist und sich vornimmt, alles in seinem bisherigen Leben zu ändern, muß er – als er in sein kleines, bescheiden eingerichtetes Zimmer zurückkehrt – erkennen, daß alles beim alten bleibt: die Gründe dafür sind in seinem Alter, der isolierten Wohnung, der wenigen nur flüchtigen Kontakte zu den Mitmenschen (Umwelt) zu sehen. In unserer modernen, technisch orientierten Industriegesellschaft werden den alten Leuten, die nicht mehr direkt am Produktionsprozeß beteiligt sind, zu wenig Möglichkeiten geboten, ein sinnvolles Leben zu führen.

Aufgrund dieser Erfahrungen beschließt der alte Mann, sich einen kleinen eigenen Bereich zu schaffen, und beginnt, eine neue Sprache zu konstruieren. Diese Aufgabe erfüllt ihn ganz, und in seiner euphorischen Stimmung bemerkt er nicht, daß er immer mehr in die Isolation gerät. *(Man sah ihn nur noch selten auf der Straße.)*

3. *An welchen Stellen im Text wird der Spielcharakter der Sprache deutlich? Nennen Sie Beispiele für die Veränderung der Erzählsprache zur Spielsprache!*
4. *Welche Folgen ergeben sich aus seiner neuen Sprache? (StA, TB)*

Nachdem der alte Mann für sich selbst feststellt: *Jetzt ändert es sich*, beginnt er zunächst die Gegenstände (Substantive) in seinem Zimmer umzubenennen. Später verändert er auch die Tätigkeiten (Verben). Der Autor verdeutlicht die Veränderungen, indem er die Zusammenstellung der neuen Wörter und Begriffe auch optisch aus dem Text hervorhebt:

Substantive: *Dem Bett sagte er Bild...*
Verben: *läuten heißt stellen...*

Veränderungen durch Sprachspiel

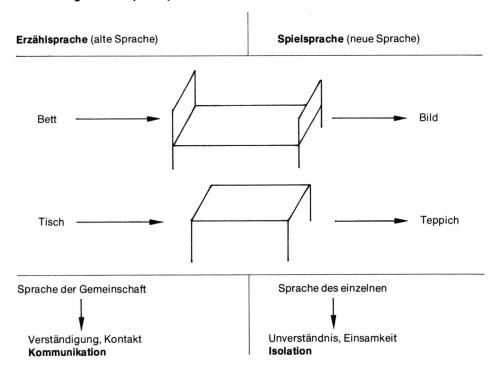

5. *Warum schreibt Bichsel: „Aber eine lustige Geschichte ist das nicht."? (UG)*

Der alte Mann hat sich nach einiger Zeit eine ganz neue Sprache konstruiert, die ihm ganz allein gehört, aber er hat seine alte Sprache fast vergessen. Es bereitet ihm Furcht, mit den Leuten zu sprechen, der alte Mann versteht seine Mitmenschen nicht mehr und sie ihn nicht. *Und deshalb sagte er nicht mehr.*

Der Grund für sein Sprachspiel, sich das monoton gewordene Leben etwas abwechslungsreicher zu gestalten und einfach etwas zu tun, ist verfehlt. Das Gegenteil des Angestrebten wird erreicht: die Konsequenzen seines Handelns bedeuten eine Verschlechterung seiner Lage; der alte Mann ist noch isolierter und einsamer als vorher, daher ist die Feststellung des Autors *(aber eine lustige Geschichte ist das nicht)* berechtigt, obwohl die Sprachkonstellationen *(am Morgen verließ also der Mann das Bild...)* zum Schmunzeln geeignet sind.

6. Kennen Sie Menschen (Gruppen), die in der Verwendung von Wörtern von dem, was sprachüblich ist, abweichen? (UG, TA)

Sprachebene bedingt durch soziale Schicht:

Arbeiter (= Umgangssprache)   vgl. Erika Runge, Erna E.
Wissenschaftler (= Fachsprache)   vgl. Rolf Oerter, Vorurteile gegen Außengruppen; Hermann Rauhe, Schlager als Lebenshilfe

Sprachebene bedingt durch Alter:

Jugendgruppen (Rocker)   vgl. Udo Lindenberg, Cowboy-Rocker
Kleinkinder (Unverständnis)

Sprachebene bedingt durch Sachzwänge:

Geheimsprache (Morsen, Codes)   –   Geheimdienste
Militär (Jargon)   –   Soldaten

Sprachebene bedingt durch Experiment:

Zeichensprache (optisch-phonetisch)   vgl. Texte der konkreten Poesie

Aber auch in kleineren, privaten Gruppen (Familie, Freundeskreis) wird zum Teil eine Sprache gesprochen, die für Außenstehende nicht unmittelbar verständlich ist (z. B. Kosenamen).

7. Unter welchen Bedingungen ist Kommunikation nur möglich? Berücksichtigen Sie die Abbildungen auf der 2. Umschlagseite und der Seite 1! (UG, TA)

Die Bedingungen der Kommunikation können an einem Kommunikationsmodell erläutert werden (vgl. 2. Umschlagseite des „Kritischen Lesebuchs"):

Kommunikationsmodell

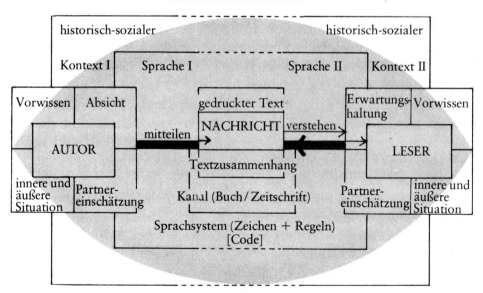

(Aus: Karl-Heinz Fingerhut/Norbert Hopster, Politische Lyrik. Arbeitsbuch. Frankfurt: Diesterweg ³1981, S. 21.)

Sprache ist Mittel der Kommunikation; beim Kommunikationsprozeß werden Informationen zwischen Personen (Sender/Sprecher – Empfänger/Hörer) ausgetauscht; Ziel ist die Verständigung. Der Sender (Sprecher) muß die sprachlichen Symbole (Zeichen) in der Form auswählen und anordnen, daß sie sowohl die Information (Mitteilung), als auch seine Absicht (Intention) repräsentieren, während der Empfänger (Hörer) das Mitgeteilte so aufnehmen muß, daß er das vom Sender zum Ausdruck Gebrachte richtig verstehen kann.
Voraussetzung ist die Übereinkunft eines gemeinsamen Codes (verbale und averbale Zeichen). Da sich Handlungen zwischen Menschen immer auch in historischen und sozialen Zusammenhängen vollziehen, von denen sie sowohl abhängen, als auch Einfluß zu nehmen versuchen, ist der politische, ökonomische, kulturelle (gesellschaftliche) Kontext (Situation) zu berücksichtigen. Wenn wenigstens Teile des jeweiligen Zeichenvorrats von Sender und Empfänger übereinstimmen (miteinander korrespondieren), ist Kommunikation und damit Verständigung möglich.

Hans Magnus Enzensberger, bildzeitung

Lernziele

Die Schüler sollen erkennen, daß
- sich Enzensberger gegen die Manipulation des „Bewußtseins" wendet und die Leser aufruft, ihre Kritikfähigkeit zu schärfen;
- besondere sprachliche Mittel (Montage, Wortkombinationen, Märchenmotive) verwandt werden und ihre Gestaltung assoziationsreiche Mehrdeutigkeit bewirkt;
- eine kritische Haltung gegenüber der Sprache als Kommunikationsmittel (Manipulation, Beeinflussung) von großer Bedeutung ist.

Arbeitshinweise

1. *Wer wird jeweils in den ersten drei Strophen angesprochen? Woran erkennen Sie den jeweiligen Adressaten?*
2. *In welcher Beziehung steht die vierte Strophe zu den ersten drei? Was kritisiert Enzensberger? (GA, TA)*

I. Mann – Reichtum

markenstecher uhrenkleber (= Markenkleber, Uhrenstecher) sind Menschen, die – auf Sozialversicherung angewiesen – täglich bei ihrer Arbeit eine Kontrollkarte in die Stempeluhr „stechen" müssen (lohnabhängige Arbeiter).

Dem „kleinen Mann von der Straße" wird Reichtum versprochen, indem die Möglichkeit des Totospiels angedeutet und damit die Möglichkeit eines hohen Geldgewinns suggeriert wird *(mittelstürmer ... um eine mark geköpft ... unfehlbarer tip).* Aber das wöchentliche Glücksspiel „Toto" ist ein Märchen, da die Gewinnchancen zu gering sind. Enzensberger hat die Figur der Prinzessin Turandot (Heldin einer Geschichte aus „1001 Tage") einmontiert; auf diese Weise wird der banalen Wirklichkeit des Gedichts die Welt des Märchens gegenübergestellt und in den Ablauf eingefügt, so daß vielfältige Bezüge entfaltet werden können.

Die Märchenfigur bedeutete auch Reichtum (ihre Mitgift war ein Kaiserreich) oder den Tod; denn sie ließ alle Prinzen köpfen, die ihre gestellten Rätsel nicht lösen konnten. So bedeutete das „Spiel" auch Gefahr (es kann den Kopf kosten; man kann „kopflos" werden).

Das Märchenelement wird noch einmal durch *tischlein deck dich* akzentuiert; diese Funktion hat in heutiger Zeit das Glücksspiel (Toto/Lotto) übernommen.

Wörter und Motive werden mehrdeutig, oft entsteht ein Doppelsinn. Enzensberger hat in einem Essay selbst von der Bedeutung polyvalent verwandter Vokabeln gesprochen: „Mehrwertig ist eine Vokabel dann, wenn sie es erlaubt, mehr als eine Beziehung zum gegebenen Text herzustellen". (Enzensberger, Entstehung eines Gedichts, S. 79)

II. Frau und Schönheit

manitypistin stenoküre (= Maniküre, Stenotypistin) verweisen auf Berufe, die stellvertretend für weibliche Angestellte gesehen werden können. Der Traum von Schönheit und Prestige *(Starruhm, Mißwahl)* wird suggeriert, aber den Erfolg bestimmt der Produzent; nur wenn er will, *wird die druckerschwärze salben,* was ihm Geld einbringt (Goldesel), wofür sich die Eselin aber auch selbst *strecken* muß (Assoziationsfeld: *zwischen schenkeln grober raster*).

Bei der auffälligen Wortkonstruktion *mißgewählter wechselbalg* wird sowohl auf die Wahl angespielt, bei der eine „Miß" gekürt wird, als auch auf das „Falsche", das bei solchen Veranstaltungen eine Rolle spielt (Korruption, Manipulation, Mißwirtschaft).

III. Masse und Stärke

sozialvieh stimmenpartner (= Sozialpartner, Stimm(en)vieh) verweisen auf Gewerkschaften, Wahlvolk. In dieser Strophe geht es um die Frage nach Stärke, Macht. Die Bevölkerung hat zwar ein Wahlrecht; ihre wirkliche Macht ist jedoch begrenzt (Stimme – Vieh).

Auch der „Sozialpartner" kann nur stark sein, wenn ein *präsident* es will (Tarifverhandlungen).

Assoziationsfeld: Der Präsident kann die Masse lenken wie ein Auto; Boxhandschuh als Symbol der Stärke; der Abhängige kann seine Aggressionen beim Autofahren ausleben *(gib doch zunder gib doch gas).* Wenn ein Präsident Gas gibt, fällt Blitzlicht auf sein „Henkerlächeln", und wenn er *knüppel aus dem sack* anordnet, werden noch weit gefährlichere Assoziationen geweckt (Unterdrückung, Polizeieinsatz, Brutalität, Machtmißbrauch).

IV. alle Menschen

In der letzten Strophe, die sich auch formal abhebt, wird jeder einzelne angesprochen: mit der imperativischen dreimal wiederholten Formel *auch du auch du auch du* sollen alle Betroffenen, denen in den ersten drei Strophen höhnisch durch die Perspektive der Bildzeitung „Märchen" erzählt wurden, gewarnt werden. Die Lockwörter erscheinen in einem anderen Licht, die Angesprochenen sind nun

reich   *an lohnstreifen und lügen* (= falsche Versprechungen)
stark   *erniedrigt durch musterungen und malzkaffee* (= ständig beobachtet, arm)
schön *besudelt mit strafzetteln, schweiß, atomarem dreck* (= staatliche Aufsicht, Arbeit, Umwelt)

Der realitätsbezogene Zusammenhang entlarvt die Versprechungen und Träume als Märchen und Lügen. Der Leser wird nicht nur durch übermäßigen Konsum von Zigaretten *(nikotin)* vernichtet, sondern auch durch die ständige Verleumdung, die mit der täglichen Lektüre der Zeitung verbunden ist.

Zum Schluß warnt der Autor ironisch davor, sich täglich *das leichentuch aus rotation und betrug* zu kaufen und sich von ihm einwickeln zu lassen.

I. Männer (Arbeiter)	– Reichtum	}	**Traumwelt/Märchenwelt**
II. Frauen (Angestellte)	– Schönheit		(Illusionen)
III. Masse (Wähler)	– Stärke (Macht)		

	Reichtum – Lügen	}	**Realität**
IV. alle Menschen	Schönheit – Besudelung		(Alltag)
	Stärke – Erniedrigung		

3. Was fällt an der sprachlichen Gestaltung des Gedichts auf? Versuchen Sie die Eigenarten zu deuten! (StA)

Kleinschreibung: Provokation, Abweichen von der Norm, Leserwiderstand, Chiffre der Gleichschaltung

Montage: Wortverdrehungen – Manipulation

Märchenmotive: Ironisierung und Entlarvung der Zusammenhänge als Unwahrheiten, Märchen

Verknüpfung konkreter Dinge mit abstrakten Begriffen:

rotation und betrug	Doppeldeutigkeit, Denken wird angeregt,
nikotin und verleumdung	Assoziationen werden geweckt, keine **ein-**
lohnstreifen und lügen	**deutige** Festlegung möglich

4. Warum trägt das Gedicht den Titel „bildzeitung"? Dieses Gedicht gehört zu dem Kapitel „böse Gedichte" des Bandes „Verteidigung der Wölfe". Versuchen Sie das zu erklären! (Diskussion)

Das sozialkritische Gedicht greift – unter Verzicht auf alles Stimmungshafte – aus der Perspektive der Bildzeitung ein Symptom der modernen Industriegesellschaft auf und entlarvt das manipulierte Wunschbild, das Boulevardzeitungen ihren Lesern immer wieder vorgaukeln.

Der Autor selbst hält den Titel für einen „unentbehrlichen Teil des Gedichts. Er kann als Nenner oder Schlüssel, aber auch als Falle oder Spiegel fungieren." (Enzensberger, Entstehung eines Gedichts)

Der Titel weist auf einen Teil der „Bewußtseinsindustrie" (Massenmedien) hin, den Enzensberger für die „eigentliche Schlüsselindustrie des 20. Jahrhunderts" hält. Indem „Meinungen, Urteile und Vorurteile" verbreitet werden, „versucht diese Art von Industrieerzeugnissen die existierenden Herrschaftsverhältnisse, gleich welcher Art sie sind, zu verewigen. Sie soll Bewußtsein nur induzieren, um es auszubeuten." (Enzensberger, Einzelheiten I, S. 13)

Enzensberger ist „böse", er will angreifen, deshalb kann das Gedicht im Sammelband „Verteidigung der Wölfe", in dem die einfachen, abhängigen Menschen vor Wölfen und Haien geschützt werden sollen, nicht unter den „freundlichen" oder „traurigen" Gedichten stehen, sondern unter den „bösen". Enzensberger richtet sich hier ebenso „gegen die Opfer der Macht wie gegen die Mächtigen selbst. Er wirft den Mißbrauchten ihre Lethargie vor. Fast haßt er Hinnahme des Mißbrauchs mehr als den Mißbrauch selbst. Dennoch kann der Titel ‚verteidigung der wölfe gegen die lämmer' nur ironisch verstanden werden. Enzensberger stellt sich nicht auf die Seite der Macht, nur weil er die sich ihr Beugenden verachtet. Gerade dieses Element seines Denkens verleiht seinen Gedichten den Ton revolutionärer Aufrufe". (Alfred Andersch, I (in Worten: ein) zorniger junger Mann. In: Über Hans Magnus Enzensberger, S. 12.)

5. Ist das Gedicht – wie Enzensberger gesagt hat – „überflüssig" geworden? (Diskussion)
Überträgt man den Gehalt des Gedichts allgemein auf das Problem „Manipulation", und sieht man von der eingrenzenden – nur ein Beispiel gebenden – Überschrift ab, ist das Gedicht zeitlich gelöst und immer aktuell. „Um so besser für das Gedicht."

Zur Diskussion

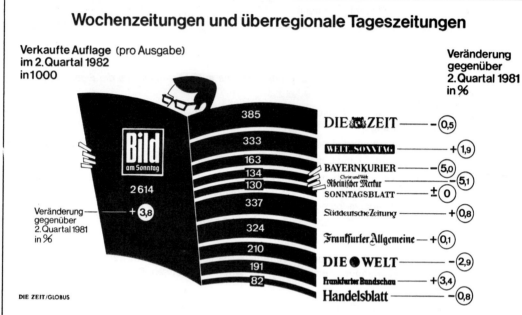

(Aus: Die Zeit, Nr. 34 vom 20.08.1982, S. 22.)

Literatur

Heinz-Otto Burger, Evokation und Montage. Göttingen: Sachse 1961.

Hans Magnus Enzensberger, Entstehung eines Gedichts. In: H. M. E., Gedichte. Frankfurt: Suhrkamp 1963 = edition suhrkamp 20, S. 79.

Klaus Gerth, Beiträge zum literarischen Unterricht in der Realschule 9./10. Klasse. Hannover: Schroedel [3]1970, S. 134–138.

Emmy Hannöver, Die Sprache des zeitkritischen Gedichts. In: DU 20 (1968), Heft 5, S. 22–37.

Otto Knörrich, Hans Magnus Enzensberger. In: Dietrich Weber, Deutsche Literatur seit 1945 in Einzeldarstellungen. Stuttgart: Kröner 1970 = KTA 382, S. 576–599.

Joachim Schickel (Hrsg.), Über Hans Magnus Enzensberger. Frankfurt: Suhrkamp 1970 = edition suhrkamp 403.

Günter Wallraff, Der Aufmacher. Der Mann, der bei Bild Hans Esser war. Köln: Kiepenheuer & Witsch 1977.

PETER HANDKE, **Die drei Lesungen des Gesetzes**

Lernziele

Die Schüler sollen
- Bedeutung von Normalschrift und Kursivschrift (Redner – Publikum) unterscheiden können;
- die Dreigliedrigkeit des Textes und den jeweils wachsenden Umfang der Lesungen analysieren (formale Erweiterung bedeutet inhaltliche Einschränkung des Gesetzestextes);
- die Veränderung der Publikumsreaktionen den Veränderungen des Rechts zuordnen und begründen;
- die Manipulationsmöglichkeiten von Sprache (Überredungskunst durch Wortwahl) in ihren Auswirkungen erkennen.

Arbeitshinweise

1. *Was wird in den 3 Strophen ausgesagt? Wodurch unterscheiden sie sich?*
2. *Welche Bedeutung haben die sprachlichen Erweiterungen? (StA oder GA, TA)*

I. In der 1. Lesung wird dem Publikum das Recht ohne Zusatz oder Konkretisierung durch das Gesetz vorgestellt – nur unterbrochen durch den in Kursivschrift dargestellten regelmäßigen Beifall:

Recht auf
- freie Entfaltung der Persönlichkeit
- Arbeit
- Freizeit
- Freizügigkeit
- Bildung
- Versammlung
- Unantastbarkeit der Person

Indem keine Bedingungen der Einlösung der garantierten Rechte genannt werden, behält das Gesetz in dieser Form den Charakter einer abstrakten Norm.

Das Publikum reagiert nur positiv, klatscht Beifall, der sich zum Schluß noch steigert *(starker Beifall).*

„Allgemein anerkannte Begriffe, Grundrechtsnormen bei Handke, finden, losgelöst von einer konkreten sozialen oder historischen Situation und emphatisch vorgetragen, stets Beifall. Der Redner kann das Publikum mit ihrer Hilfe leicht auf seine Seite bringen." (Eigenwald, S. 120)

II. In der 2. Lesung erfährt das Gesetz Konkretisierungen im Sinn von Einschränkungen der ursprünglich normativen Rechte. Der Redner setzt Rahmenbedingungen, Grenzen für den Geltungsbereich *(im Rahmen; entsprechend; nach Maßgabe; ausgenommen; soweit).*

Es werden Einschränkungen der Rechte mit der Begründung ‚gesellschaftlicher Erfordernisse' und ‚ökonomischer Verhältnisse' vorgenommen, die relativ konkret sind und den Standort des Redners verdeutlichen. Die Reaktion des Publikums ist weitgehend ablehnend.

„Die Überredungskraft der Positivbegriffe ist verlorengegangen, wird indes in der 3. Lesung wiederhergestellt, da alle Einschränkungen den Zuhörern wieder schmackhaft gemacht sind durch Hinweise auf allgemein akzeptierte moralische Normen, auf das Wohl der Allgemeinheit, auf die Abwehr drohender Gefahren, die anschaulich [...] benannt werden." (Eigenwald, S. 120)

III. Die einigende Kraft allgemein anerkannter Begriffe sowie die Angst vor drohenden Gefahren *(im Rahmen der guten Sitten; der Allgemeinheit dadurch Lasten entstehen; Abwehr einer drohenden Gefahr; Seuchengefahr; Brandgefahr; Naturkatastrophen)* wird aktiviert und schafft wieder Gemeinsamkeiten (Solidarität) zwischen dem Redner und seinem Publikum, wo vorher Widerspruch und Dissens herrschten.

Die Gegensätze scheinen überbrückt, das Publikum ist versöhnt und bereit zu allgemeinem, stürmischen, nichtendenwollenden Beifall, obwohl die Einschränkungen von der 2. zur 3. Lesung gravierender sind als von der 1. zur 2. Lesung.

Hinweis

Die Analyse der Veränderungen kann an einem Recht exemplarisch verdeutlicht werden; wegen der allgemeinen Bedeutung wird das Recht auf Freizügigkeit vorgeschlagen; die Schüler können dann selbständig die Veränderungen an anderen Beispielen (z. B. als Hausaufgabe) analysieren und aufzeigen.

Tafelbild

1. Lesung

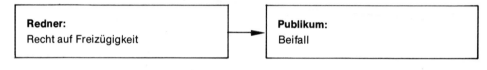

2. Lesung

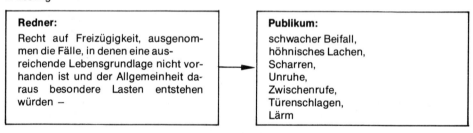

3. Lesung

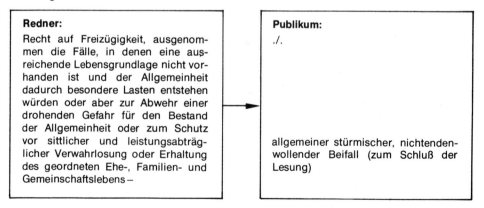

3. Was bedeuten die kursivgedruckten Anmerkungen? Beachten Sie die Unterschiede! Welche Bedeutung hat der Schlußbeifall? (UG)

Die Beziehungen zwischen Redner und Publikum – zwischen dem gesprochenen Wort und den Reaktionen – wird bereits äußerlich durch das unterschiedliche Schriftbild (Normal – und Kursivschrift) signalisiert. Weiterhin kann der äußeren Form des Textes entnommen werden, daß das Gesetz und der Beifall von Lesung zu Lesung eine Veränderung erfahren.

I. Das Publikum klatscht in regelmäßigem Abstand Beifall; zum Schluß verstärkt er sich.

Das Publikum reagiert nur zustimmend!

II. Der Beifall nimmt ab; Zwischenrufe *(Hört! Hört!)* kommen auf. Unruhe und Lärm verbreiten sich; zwischen Trampeln, Gebrüll und Platzen von Papiertüten sind nur noch vereinzelt Bravorufe zu vernehmen.

Das Publikum reagiert auf diese Fassung des Gesetzes differenziert; es ist während der 2. Lesung eine zunehmende Steigerung der ablehnenden Reaktionen festzustellen; die Kontroverse nimmt gegen Ende zu.

III. Das Publikum reagiert nur noch am Schluß. Allgemeiner stürmischer, nichtendenwollender Beifall wird registriert. Das Publikum ist überredet, überzeugt; die Skepsis ist beseitigt.

4. Vergleichen Sie diesen Text mit dem Grundgesetz, Artikel 11, (1), (2).

I. Die 1. Lesung entspricht dem GG, Art. 11, Abs. 1.

II. Die 2. Lesung entspricht ungefähr dem Anfang GG, Art. 11, Abs. 2; allerdings hat Handke durch Auslassungen („nur durch Gesetz") den Inhalt seines Gesetzes verschärft.

III. Die 3. Lesung ergänzt und verschärft die Aussagen von GG, Art. 11, Abs. 2.

Wenn der Gesetzestext „zum Schutze der Jugend vor Verwahrlosung oder um strafbaren Handlungen vorzubeugen" lautet, spricht Handke von *zum Schutz vor sittlicher und leistungsabträglicher Verwahrlosung oder zur Erhaltung eines geordneten Ehe-, Familien- und Gemeinschaftslebens.*

5. Was will der Autor mit diesem Text erreichen? (Diskussion)

Handke führt den einhelligen Beifall in der 1. Lesung auf einen undifferenziert-unkonkreten Gebrauch einzelner abstrakter Positivbegriffe zurück, während die Ablehnung sich im wesentlichen auf die „gesellschaftlich-notwendigen" Einschränkungen bezieht.

In der 3. Lesung wird die Überredungskraft durch Hinweise, die auf Emotionen der Menschen abgestimmt sind, wieder hergestellt.

Der Autor warnt vor der manipulativen Kraft des Wortes, der Überredungstechniken.

Literatur

Rolf Eigenwald, Überredungstechniken – Zum Selbstgebrauch in politischen, journalistischen und ökonomischen Texten. In: Heinz Ide (Hrsg.), Projekt Deutschunterricht 2. Stuttgart: Metzler 1972, S. 119f.

Peter Handke. In: Text + Kritik. Zeitschrift für Literatur, hrsg. von Heinz Ludwig Arnold, Heft 24/24a. München: Boorberg [2]1971.

Günter Heintz, Peter Handke. Die Innenwelt der Außenwelt der Innenwelt. Zur Verbindung von Literatur- und Sprachbetrachtung. In: DU 22 (1970), Heft 6, S. 41–50.

Peter Pütz, Peter Handke. Frankfurt: Suhrkamp 1982 = st 854.

Michael Scharang (Hrsg.), Über Peter Handke. Frankfurt: Suhrkamp 1972 = edition suhrkamp 518.

Ernst Jandl, **schtzngrmm**

Lernziele

Die Schüler sollen erkennen, daß
- Sprache auf ihre lautliche Substanz reduziert wird und primär das phonologische Gestaltungsprinzip vorherrscht;
- der Text ohne Vokale auskommt und der Autor nur mit der Variation von Konsonanten arbeitet;
- phonologische Ergebnisse auch ohne das normale Schriftdeutsch erzielt werden können;
- das Wort „Schützengraben" assoziiert werden kann (die phonologische Ausprägung also Rückschlüsse auf die Intention des Autors zuläßt);
- konkret Geräusche vom Kriegsschauplatz (Schützengraben) herausgehört werden können.

Arbeitshinweise

1. Was wird durch die variierende Kombination von Verschlußlauten mit „stimmlosen" Reibelauten zum Ausdruck gebracht? (UG)

Lautgedichte sind Sprechgedichte und sollten daher akustisch dargeboten werden. „das sprechgedicht wird erst durch lautes lesen wirksam." (Ernst Jandl für alle, S. 213)

Der Autor verzichtet auf traditionelle Formen der Lyrik; er arbeitet nur mit Konsonanten, die er – unter Ausschluß der Vokale – variiert. Sprache ist auf ihre lautlose Substanz reduziert:

sch, s, z	stimmlose Reibelaute
t	Verschlußlaut
r	Fließlaut
m, n	Nasale

Der Leser bzw. Hörer kann in der Kombination der Laute vielleicht mehreres assoziieren: Urlaute, Artikulationen von Tieren oder Kleinkindern und Geräusche vom Kriegsschauplatz (Schützengraben).

2. Untersuchen Sie aus den Lauten (Klang) des Textes, welches Thema der Autor ansprechen will! (StA, TA)

schtzn tsssss scht	– Zischen von Granaten, Raketen, Panzerfäusten, Leuchtkugeln	
grmm	– Brummen von Panzer- und Flugzeugmotoren	
t-t-t-t	– Rattern von Maschinengewehren	**Krieg**
grrrrrrt	– Einschlagen und Donnern von Bomben	
t-tt	– Tod (Todesschrei)	

3. Versuchen Sie das Wort „Schützengraben" mit dem Text in Verbindung zu bringen! Welche Wirkung erreicht der Autor? (UG)

Die Wiederholung des verkürzten Schlüsselwortes „Schützengraben" als akustisches Kürzel *(schtzngrmm)* kann die Konfrontation zweier Kampfgruppen, die sich gegenüberstehen, andeuten. Durch das Spiel mit dem Material Sprache (Wiederholung, Variation, Kombination von Konsonanten) werden die sich gegenseitig bedingenden Aktionen der Vernichtung (Angriff – Verteidigung) zum Ausdruck gebracht.

Der Autor erreicht – nur durch lautliche Wiedergabe – diese Wirkung, ohne daß der Kriegsschauplatz in irgendeiner Form beschrieben werden muß. (Rezitation von Ernst Jandl besonders eindrucksvoll)

Schallplatten

Ernst Jandl, „laut und luise". Ernst Jandl liest Sprechgedichte. Wagenbachs Quartplatte 2.
„Hosi + Anna". Wagensbachs Quartplatte 6.

Literatur

Ernst Jandl für alle. Neuwied: Luchterhand 1974.
Harald Hartung, Experimentelle Literatur und konkrete Poesie. Göttingen: Vandenhoeck & Ruprecht 1975 (= Kleine Vandenhoeck – Reihe 1405).
Rainer Weller (Hrsg.), Sprachspiele. Arbeitstexte für den Unterricht. Stuttgart: Reclam 1977 (= RUB 9533).
Wendelin Schmidt-Dengler (Hrsg.), Ernst Jandl. Materialienbuch. Darmstadt: Luchterhand 1982 = Sammlung Luchterhand 364.
Rainer Weller (Hrsg.), Sprachspiele. Arbeitstexte für den Unterricht. Stuttgart: Reclam 1977 = RUB 9533.

EUGEN GOMRINGER, **worte sind schatten**

Lernziele

Die Schüler sollen
– den experimentellen Charakter (Sprachspiel) des Textes erkennen, die kombinatorischen Gestaltungsmittel beschreiben, die Gesetzmäßigkeiten (Permutation) aufzeigen und die Bedeutung dieser Konstellationen analysieren;
– die enge Verbindung zwischen Inhalt, Form und gehaltlicher Aussage erkennen;
– einsehen, daß der formale, nicht sprachübliche Umgang mit dem Wortmaterial die Möglichkeiten eines semantischen Gehalts der Wortkombinationen beinhalten kann;
– die Aussagen Gomringers zur „Sprache" analysieren.

Vorbemerkung

Gomringers Text gehört zur „konkreten Poesie"; eine Dichtung, die das Wort nicht allein als Bedeutungsträger, sondern als Material einbezieht – als Visuelles (Schriftbild), Akustisches (Laut) oder Variation und Kombination (Konstellation).
Die Konstellationen Gomringers gelten heute als Grundlage der experimentellen Literatur.

Arbeitshinweise

1. Beschreiben Sie die Struktur des Textes (Aufbau, Syntax, Wortarten, Satzverbindungen)! (StA, UG, TA)

Aufbau:
Der Aufbau des Textes ist leicht erkennbar: sechs Strophen aus je zwei Verszeilen gleicher Länge unterstreichen die völlige Gleichförmigkeit. Kleinschreibung, fehlende Satzzeichen, keine Überschrift sind weitere formale Kennzeichen.

Syntax:

Die syntaktisch orientierte Analyse muß die beiden Doppelzeilen in Strophe I und II als einfache Aussagesätze von den vier folgenden der Strophen III und IV abheben, ob als Konditional- bzw. Kausalgefüge oder einfacher Fragesätze bleibt offen, weil die fehlende Interpunktion beide Möglichkeiten zuläßt. Jede Strophe kann als abgeschlossenes Satzgebilde aufgefaßt werden.

Wortarten:

Nur fünf verschiedene Wörter (3 Substantive, 2 Hilfsverben) werden variiert: die drei sprachlichen Grundelemente jeder Zeile sind *wort, schatten* oder *spiele; sind* oder *werden*. Die einzelnen Wortarten sind so aufgeteilt, daß in jeder Verszeile zwei Substantive *(worte* ist in jeder Zeile enthalten) und ein Hilfsverb enthalten sind.

Satzverbindungen:

Betrachtet man die beiden ersten Strophen (I, II) sowohl hinsichtlich der Zeilenfolge (1, 2, 3, 4), wie auch der Wortfolge jeder Zeile (a, b, c) als Grundform (A), ergeben sich für die Gruppe B (Zeile 5–8) und C (Zeile 9–12) folgende Regelmäßigkeiten:

A	I.	1	a b c		
		2	c b a		
	II.	3	a b c		
		4	c b a		
B	III.	5	b c a	(2)	für die Zeilenfolge gilt: die erste Zeile von A rückt an die letzte
		6		(3)	Stelle;
	IV.	7		(4)	für die Wortfolge gilt: das erste Wort der entsprechenden A-
		8		(1)	Zeile rückt an die letzte Stelle.
C	V.	9	c a b	(2)	für die Zeilenfolge gilt: die erste Zeile von A rückt an die letzte
		10		(3)	Stelle;
	VI.	11		(4)	für die Wortfolge gilt: das letzte Wort der entsprechenden A-
		12		(1)	Zeile rückt an die erste Stelle.

Alle Regeln entsprechen dem mathematischen Prinzip der „Permutation" von Elementenreihen.

2. Warum beschränkt sich der Autor auf die angewandten Möglichkeiten der Wortzusammenstellungen? (UG)

Da nicht alle – nach dem mathematischen Variationsgesetz (Permutation) – möglichen Verknüpfungen eingegangen werden, in jeder Zeile aber das Element *worte* enthalten ist, geht es dem Autor wohl um die Bedeutung der Sprache, um ihren „Spiele"- und „Schatten"-Charakter. Wenn Worte Spiele (= Gedanken, Einfall, Erkenntnis) sind, werden Schatten (= Dunkelheit, unselbständige, nicht erkennbare, nicht existente Gebilde) Worte. Auf diese Weise lassen sich im Sprachspiel (Experiment) Möglichkeiten und Grenzen der Sprache, des Wortes aufzeigen.

3. Welche Aussage macht Gomringer über die Sprache? (StA, TA)
   Was halten Sie von diesen Vorstellungen? (Diskussion)

Aussage	Bedeutung	Wertung
1. worte sind schatten (I.1)	Sprache ist ein dunkles (schwaches) Abbild der Wirklichkeit; nichts gesetzmäßig Festgelegtes (sein = Identifikation)	negativ
2. schatten werden worte (I.2)	Wirklichkeit wird erst – durch Sprache ausgefüllt – existent (werden = Entwicklung, Folge)	positiv
3. worte sind spiele (II.1)	Sprache lebt durch Aktion: Spiel des Geistes (= Einfall, Erkenntnis)	positiv
4. spiele werden worte (II.2)	freie (spielerisch) gewonnene Erkenntnisse werden durch die Sprache festgelegt (eingeschränkt)	negativ

Mit diesem Bezugsfeld kann der Inhalt der Verse verdeutlicht werden.
Grundlage des Gedichts sind zwei Aussagesätze; ihr Gehalt wird durch Umstellung, Kombination und Variation (verschiedenartige Konstellationen) ausgeschöpft.
Die beiden gewählten Aussagen enthalten Erklärungsversuche für das Wesen des Wortes; in beiden Fällen wählt Gomringer Metaphern.

„Diese bildhaft gemachten Aussagen stehen im Gegensatz zu zwei grundlegenden Sprachauffassungen, die seit der Antike diskutiert werden. In Platons Kratylos wird einmal die These des Sprachontologismus behandelt, die besagt ‚jegliches Ding habe seine von Natur ihm zukommende richtige Benennung'. Wort und Ding stimmen hiernach überein. Die in dem gleichen Dialog von einem andern Gesprächspartner verfochtene These läßt sich als Sprachkonventionalismus bezeichnen. Ihr liegt die Auffassung zugrunde, daß es ‚keine andere Richtigkeit der Worte gibt, als die sich auf Vertrag und Übereinkunft gründet'. Die Richtigkeit der Wörter ist durch Abmachung der Menschen bedingt. Zu beiden Thesen steht Gomringer in Gegensatz. Die Wörter sind nicht getreue Abbilder von den Dingen, sondern nur Schatten; sie sind nicht gesetzmäßig festgelegt, sondern sind ungebunden und unverbindlich. Schatten und Spiel sind nur Abbild eines andern. Das Spiel wird am Ernst gemessen, der Schatten am wirklichen Gegenstand. Nichts Eigentliches liegt der Sprache zugrunde. Unvollkommen als Schatten und unverbindlich als Spiel ist die Sprache letztlich untauglich. Der eine Satz richtet sich gegen die Theorie des Sprachontologismus, der andere gegen die des Sprachkonventionalismus; beide gegen die Ansicht von der Wahrheit und Richtigkeit der Sprache.

Nun stehen Gomringers Kernsätze auch miteinander in Beziehung. Sie begründen sich gegenseitig. Nur weil die Sprache die Dinge selbst doch nicht trifft, kann sie freies Spiel sein. Das sagt die dritte Strophe. Die vierte dreht das Verhältnis um und formuliert mit ebensoviel Anspruch auf Gültigkeit, daß Sprache deshalb Schattenbild bleiben müsse, weil die Wörter als Elemente eines Spiels aufgefaßt werden und weil gar keine Beziehung auf das Wesen der Dinge intendiert sei. Der in Gang gesetzte Variierungsprozeß kann nicht abgebrochen werden. Die Folgerung der einen Strophe wird zur Bedingung der anderen. Die letzte Zeile bezieht sich wieder auf die erste: Da nur die Schatten der Dinge Worte werden, sind auch die Worte selbst nicht mehr als Schatten. Daß die Sprache auf einen Gegenstand bezogen ist, den sie nicht eigentlich fassen kann, und daß sie gleichzeitig an eine Sprachgemeinschaft gebunden ist, die nicht im Besitz der ewigen Wahrheit ist, sind nur zwei Seiten einer Sache. Träfen die Worte die Dinge, so wäre die Sprache verbindlich: wäre die Sprache des Menschen wahr, so enthielte sie die richtige Bezeichnung für die Dinge. Der Mangel an dem einen bedingt den Mangel an dem anderen." (Pelster, S. 49)

Literatur

Lothar Bornscheuer, Eugen Gomringers ‚Konstellationen'. ‚Konkrete Poesie' als ‚universale Sprachgestaltung unserer Zeit'. In: DU 22 (1970), Heft 1, S. 59–78.
Lothar Bornscheuer, Sprache als lyrisches Motiv. Lehrerheft. Karlsruhe: Braun ³1972 = Sprachhorizonte 1, S. 17–19.
Burckhard Garbe, Experimentelle Texte im Sprachunterricht. Düsseldorf: Schwann 1976.
Theodor Pelster, Das Motiv der Sprachnot in der modernen Lyrik. In: DU 22 (1970), Heft 1, S. 38–58.
Peter Reichartz (Hrsg.), Experimentelle und Konkrete Poesie. Vom Barock bis zur Gegenwart. Textausgabe mit Materialien. Stuttgart: Klett 1981 = Editionen für den Literaturunterricht.
Anneliese Senger, konkrete poesie und Buchstabenspiele. In: PD (Sonderheft Oktober 1976), S. 19f., 69–84.

KONRAD BALDER SCHÄUFFELEN, **da kannten die soldaten kein pardon mehr**

Lernziele

Die Schüler sollen erkennen, daß
- es dem Autor gelingt, auf optischen Wegen zu verdeutlichen, welche Konnotationen ein Wort je nach Kontext haben kann;
- der Leser visuell zur Reflexion über die Möglichkeiten der Sprache angeregt wird (Visualisierung einzelner Wörter);
- das variierte Thema (Phrasen einer bestimmten Notstandsmentalität) Tendenzen kleinbürgerlichen Denkens kritisiert.

Vorbemerkung

In der Samstagsausgabe eines Münchener Boulevardblattes („tz" vom 12./13. Oktober 1968) – am Tag der Eröffnung der Olympischen Spiele von Mexico City, die von blutigen Unruhen begleitet war – stand folgender Bericht:

„Soldaten räumen mit den Rockers auf. Straßenschlachten in Kaufbeuren.
Den Einwohnern von Kaufbeuren/Allgäu sitzt die Angst im Nacken. Die Stadt zittert vor Rocker-Banden, die seit einigen Wochen ihr Unwesen treiben. Wahllos werden junge und alte Bürger zusammengeschlagen. In einigen Fällen gingen die Rockers mit unglaublichem Sadismus vor.
Für dieses Wochenende heißt die Parole in Kaufbeuren: ‚Zu Hause bleiben.' Es werden schwere Zusammenstöße zwischen Rockers und Soldaten des Fliegerhorstes Kaufbeuren erwartet. Nachdem die Rockers [...] es immer toller trieben, griffen am Donnerstagabend 250 Soldaten zur Selbsthilfe.

‚Wir räumen mit den Rockers auf', hieß das Motto auf dem Fliegerhorst. Gegen 19 Uhr sammelten sich 250 Soldaten in Zivil, denen sich noch einige Passanten anschlossen. Die Soldaten gingen nach einem genau ausgearbeiteten Plan vor. Zunächst wurden Abordnungen in die Rockerstammkneipen (Die Wirte jammern: ‚Wir müssen den Mund halten') entsandt, um mit den Burschen ein ernstes Wort zu reden.

Lachen und das Vorzeigen der Fäuste waren die Antwort. Da kannten die Soldaten kein Pardon mehr.

Ehe sich die Rockers versahen, wurden sie auf die Straße gezerrt. Dort wartete im Neptunbrunnen und im Schwanenweiher ein kaltes Bad auf sie. Anschließend wurden sie ihres Stolzes, der langen Haare, beraubt.

Bei den Rockers herrschte Heulen und Zähneknirschen. Um 22 Uhr war der Spuk vorbei.

Tropfnaß standen die Rockers auf der Straße und schworen fürchterliche Rache.

Drei Soldaten bekamen die Rache noch in der gleichen Nacht zu spüren. Mit Eisenketten wurden sie brutal zusammengeschlagen."

Arbeitshinweise

1. Was wird optisch in den Sätzen 1–9 dargestellt?

2. Durch welche gestalterischen Mittel gelingt es dem Autor, seine Intentionen zu verdeutlichen? StA, TA)

1. Furcht (vor Unruhen und Gewalt auf der Straße)
2. Angst (Zittern der Knie; typographisch durch das Auf und Ab der einzelnen Buchstaben dargestellt)
3. Gefahr, persönlichen Schaden durch eine bestimmte Gruppe zu erleiden (jemanden zusammenschlagen)
4. Ordnungshüter sind diszipliniert (Soldaten marschieren nur in Gruppen; Dreierformation entspricht der Dreier-Buchstabengruppe)
5. Selbstjustiz (Sieg Heil, Selbsthilfe, ‚Haue tot' in Form des Hakenkreuzes)
6. Tätlichkeit (mit dem Messer; akustische Untermalung durch das scharfe „s")
7. Sauberkeit, Ordnung (runter mit den langen Haaren)
8. Aufhetzen (durch die Zeitung TZ = Tageszeitung; tz = Boulevardblatt)
9. Sarkasmus (Phrase „dranglauben" wird durch das religiöse Symbol des Kreuzes dargestellt)

Die formale Darstellung kann als eine Art Informationsübermittlung angesehen werden, um die Intention des Autors zu veranschaulichen. Der Leser muß nicht nur lesen, sondern sieht auch, was geschehen ist; das Geschriebene, Dargestellte zeigt den Vorgang.

3. Welches Thema wird in dem Text angesprochen und variiert? (UG)

In den Sätzen werden Redewendungen einer bestimmten Notstandsmentalität – wie sie bei Teilen der Bevölkerung in der Bundesrepublik Deutschland vor allem bis zur Verabschiedung der Notstandsgesetze (1966) vorherrschten – wiedergegeben. Sie sind faschistisch orientiert: auftretenden Gefahren soll durch mehr Ordnung, Reglementierung und Selbstverteidigung entgegengetreten werden. Tendenzen dieser Denkungsart sind immer wieder zu beobachten, wenn bestimmte Privilegien gegen starke Interessengruppen abgebaut werden sollen.

„Eine diffamierte und gewalttätige Minderheit wird mit Gewalt bekämpft. Die geltenden Gesetze und Regeln werden außer Kraft gesetzt, auf eine Diskussion der Ursachen und Bedingungen, z. B. von Jugendkriminalität, wird verzichtet – recht hat der Stärkere, die Übermacht. In einem Akt

kollektiver Aggression und Euphorie wird das Erkennungszeichen der Rocker, das lange Haar, vernichtet. Die Reaktion auf Gewalt heißt also Gewalt. Der Konflikt wird nicht gelöst, sondern gewaltsam beendet, zumindest vorläufig, denn der Kreislauf der Gewalt wird weitergehen. [...]
Ein Modell im kleinen, gewonnen an einer lokalen Begebenheit in der Provinz, während in Mexico City die Olympischen Spiele feierlich und blutig eröffnet wurden." (Gramer, S. 440)

Literatur

Egon Gramer, Konrad Balder Schäuffelen: da kannten die soldaten kein pardon mehr! In: DD (1976), Heft 31, S. 437–440).

FRIEDRICH WOLF, **Kunst ist Waffe**

Lernziele

Die Schüler sollen
- den Vorwurf Wolfs an die Dichter und die Kunst in ihren überlieferten Formen und Inhalten erkennen und analysieren;
- die vom Autor kritisierte und propagierte Kunstauffassung erarbeiten und die Hauptkriterien seiner Kunstauffassung aufzeigen;
- den Text als Aufruf an die Arbeiter, Kunst als Waffe anzusehen, verstehen und seine Bedeutung für die revolutionäre Arbeiterbewegung erkennen.

Arbeitshinweise

1. Welche Vorwürfe macht Wolf den „Dichtern"? Was erwartet er von ihnen? (StA oder GA, TA)

Vorwurf	Erwartung
– von romantischen Vorstellungen geprägt	– Kunst soll für jeden verständlich sein
– besingen nur die Heldentaten großer Leute	– Kunst ist nicht nur für wenige, sondern für alle
– vernachlässigen die Probleme der Arbeiter	– Szenen und Reportagen (Themen) aus dem Alltag
– sollen nicht nur nach dem Textbuch gehen	– Auskunft über historische Vorgänge und Zusammenhänge
↓	↓
Themen der Kunst	Adressat der Kunst

2. *Worin sieht er die Schuld der Arbeiter? Wozu werden sie aufgerufen? (StA oder GA, TA)*

Schuld	Aufruf
– Arbeiter unterstützen durch ihr Verhalten elitäre Kunstauffassung – Kunst nicht nur passiv genießen	– Kunst als Machtmittel ansehen – das Kunstgeschehen aktiv miterleben – Teilnahme an Theater- und Filmverbänden
↓	↓
Passivität	Aktivität

3. *Welche Kunstauffassung kritisiert Wolf? Welche Aufgaben hat sie zu erfüllen? Wie versteht Wolf die Kunst? (GA, TA)*

Kritik (Vorwurf)	Aufgaben (Erwartung)
– Kunst als Luxus für wenige Auserwählte (elitär) – Ablenkung vom Alltag (Realitätsferne) – Erhebung und Erbauung – Bildungsmittel	– Kunst für jeden verständlich (Allgemeinheit) – Aufklärung, Enthüllen aktueller Probleme (Tagesgeschehen) – Instrument im Kampf der Weltanschauungen – politisches Machtmittel
Kunst und Politik sind nicht vereinbar	**Kunst ist Mittel und Politik**

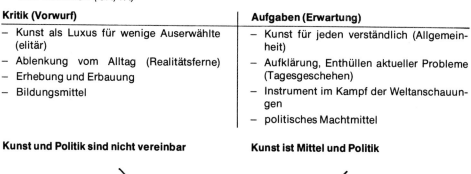

Die vertretene Kunstauffassung Wolfs ist durch die historisch-soziale Situation und das Engagement des Autors bestimmt:

Kunst ist Waffe!

4. *Was können – nach Wolf – Worte bewirken? (StA)*

Worte sind
– mehr als Gerede und Konversation
– Explosion
– Gefahr
– Waffe, Hämmer, Fackeln
– weder Angst noch Bildungsgegaffe

▎Worte können den **Kurs** bestimmen und das Leben derjenigen, die Worte als Waffe einsetzen, zu ihren Gunsten verändern.

„Das Hauptverdienst der Schrift ‚Kunst ist Waffe' besteht gerade darin, mit aller Leidenschaftlichkeit und Deutlichkeit diese Forderung der revolutionären Arbeiterbewegung an die Kunstschaffenden ausgesprochen zu haben. Klar wird von Wolf der marxistische Standpunkt vom Überbau- und Klassencharakter der Kunst vertreten. Er gibt zu verstehen, daß jede große Literatur und Kunst in erster Linie ihre Zeit richtig abzubilden und auf sie einzuwirken bestrebt war." (Jehser, Friedrich Wolf, S. 56)

5. Kann die Kunst nach Ihrer Meinung die von Wolf ausgesprochenen Aufgaben erfüllen? (Diskussion)

Wolfs Forderungen müssen aus der Zeit der Entstehung verstanden werden: 1928 hielt Friedrich Wolf auf einer Tagung des Arbeiter-Theaterbundes von Deutschland die Rede „Kunst ist Waffe", in der er Beispiele von Schriftstellern nennt, die mit ihren Werken als Verteidiger der Wahrheit an die Öffentlichkeit getreten sind. Die Tradition kämpferisch am Zeitgeschehen teilnehmender Dichter dient ihm als Grundlage für die Definition der Kunst und ihre Aufgabe:

„Erst aus allen diesen Vorgängen und Voraussetzungen können wir den heutigen politischen Weltanschauungskampf, können wir die heutige Wirklichkeit und lebendige Gegenwartsdichtung verstehen [...]. In dieser Zeitenwende sitzt der Dichter nicht mehr in seinem rosenumrankten Dachkämmerlein, in dieser Schicksalsstunde marschiert der Dichter als Trommler neben der Fahne." (Wolf, Kunst ist Waffe)

Die klar zu erkennende Parteinahme Wolfs für das Proletariat, sein Appell an die Dichter, ebenfalls Partei zu ergreifen, sowie seine Beschreibung der Aufgaben parteilicher Kunst im Klassenkampf können auch in der Gegenwart – in veränderter gesellschaftlicher Situation (Industriegesellschaft) – Auseinandersetzung über die Aufgaben der Kunst provozieren.

Zweifel an der Wirkungsmöglichkeit der Kunst auf die Gestaltung sozialer Prozesse und Einfluß auf das Bewußtsein der Menschen müssen diskutiert werden. (Vgl. Bertolt Brecht, Die Literatur wird durchforscht werden)

6. Welche Probleme sollen Schriftsteller in der heutigen Zeit behandeln? Diskutieren Sie dazu auch Wolfs Vorstellungen!

Die grundsätzliche Frage stellt sich auch heute: Soll der Schriftsteller aktiv in das politische Geschehen eingreifen, oder soll er nur rein literarisch interessierende Themen behandeln? Ist es angebracht, daß sich der Schriftsteller z. B. im Wahlkampf für eine bestimmte Partei engagiert einsetzt und sozialkritische Fragen offen anspricht, oder soll er sich darauf beschränken, in seinem literarischen Werk in verschlüsselter Form (= Dichtung) auf die Probleme aufmerksam zu machen? Es gibt verschiedene Vorstellungen vom Selbstverständnis des Dichters

– der aktive, politisch engagierte (z. B. Wolf, Brecht, Grass)
– der vor allem durch sein gesellschaftskritisches Werk aufklärend wirkende (z. B. Böll, Lenz)
– der ein zeitloses Werk (Allgemeingültigkeit) anstrebende (z. B. Eichendorff, Storm, Benn).

Die Grenzen zwischen den verschiedenen Typen sind natürlich fließend; so wollte z. B. Brecht selbstverständlich auch durch sein Werk Einfluß nehmen.

Literatur

Werner Jehser, Friedrich Wolf. Sein Leben und Werk. Berlin: Volk und Wissen 1968 (= Schriftsteller der Gegenwart 17).

Erich Kästner, Sinn und Wesen der Satire

Lernziele

Die Schüler sollen erkennen, daß
- die Satire darauf abzielt, Menschen zu belehren und zu bessern;
- Kästner die Erfolgsaussichten der Wirkung von Literatur nur sehr skeptisch beurteilt;
- die Menschen Satiren häufig ablehnen, weil sie nicht beunruhigt werden wollen und die Wahrheit nicht vertragen können;
- sich Kästner für seine Ausführungen zur Satire selbst satirischer Stilelemente bedient.

Arbeitshinweise

1. *Beschreiben Sie das Verhältnis des Satirikers zu seinem Publikum! GA, TA)*

Ziel der Leser	**Ziel des Satirikers**
– will betrogen sein	– statt Zucker Pfeffer
– braucht Phrasen	– Kritik an Schwächen und Lastern
– sucht das Positive und Aufbauende	– will das Falsche beim richtigen Namen nennen
– will Ruhe	
– Poesie soll vergolden (schöner Schein)	– stellt Dummheit, Bosheit, Trägheit an den Pranger
	– hält den Menschen einen Zerrspiegel vor Augen
	– will aufrütteln und unbequem sein

Satire ist böse, zersetzend, krankhaft
(Satiriker = Nestbeschmutzer)

Satire will durch Einsicht bessern
(Satiriker = Kritiker, Moralist)

2. *Was will Kästner mit „Zucker und Pfeffer" zum Ausdruck bringen? (StA, TA)*

Kästner differenziert die alte Redewendung, daß sich Menschen gern ‚Sand in die Augen' streuen, und meint, daß man nicht so plump sei. Man nimmt *klaren, raffinierten, sehr raffinierten sogar,* und wenn das nicht hilft, *Würfelzucker.*
Dem Satiriker unter den Schriftstellern ist es jedoch verhaßt, *erwachsenen Menschen Zucker in die Augen . . . zu streuen.* Er nimmt lieber Pfeffer; ihm ist es ein *Herzensbedürfnis,* die Fehler und Schwächen der Menschen beim Namen zu nennen und aufzudecken:

Zucker =	**Pfeffer =**
– süßer Betrug	– Wahrheit
– Phrasen	– Tatsachen
– Daunenkissen	– aufrütteln

3. *Welche Zielsetzung verfolgt der Autor mit der Satire? (UG)*

Mit der Satire verfolgt der Autor das Ziel, die Besserung der Menschen zu erreichen; der Satiriker hofft dabei auf die Einsicht der Menschen. *Die Satire gehört, von ihrem Zweck her beurteilt, nicht zur Literatur, sondern in die Pädagogik! Die satirischen Schriftsteller sind Lehrer, Pauker, Fortbildungsschulmeister.*

Das Ziel ist oft so schwer zu erreichen, weil die Erwachsenen sich nicht mehr gern belehren lassen und ihre *unverdiente* Ruhe haben wollen, außerdem sind sie empfindlich *(Unbequem sei bereits das Leben, die Kunst sei gefälligst bequem!).*

4. Inwieweit sind Satiriker Idealisten? (UG)

Kästner schätzt die Wirkungsmöglichkeit der Literatur gering ein: *Denn er* [der Satiriker] *glaubt, zumindest in seinen glücklicheren Stunden ..., daß nämlich der Mensch durch Einsicht zu bessern sei.* Ohne die Hoffnung darauf, daß die Menschen lernen, einsichtig zu werden, könnte ein Satiriker nicht schreiben. Satire ist also auch zugleich ein Prinzip Hoffnung.

5. An welchen Stellen ist Kästner satirisch? (StA)

Sprachspiel: *Es hat keinen Sinn, mir die Zähne zu zeigen, –/ ich bin gar kein Dentist.*

Vergleiche: *diese Autoren würfen ihrer Zeit die Schaufenster ein wie die Gassenjungen dem Bäcker; Phrasen – weich wie Daunenkissen.*

Ironie: *Wie aufbauend sie wirken, kann man, falls sie es vorübergehend zum Reichspropagandaminister* (gemeint ist Goebbels) *bringen, später bequem und mit dem bloßem Auge feststellen* (= totale Niederlage Deutschlands im 2. Weltkrieg); *Der Weg des satirischen Schriftstellers ist mit Hühneraugen gepflastert; Haarfarben ... schreien;*

Übertreibungen: *die Erwachsenen gehören zur Kategorie der Schwererziehbaren.*

6. In diesem Lesebuch sind satirische Texte abgedruckt; diskutieren Sie über ihre – oft hintergründige – Bedeutung!

In Gruppenarbeit können einzelne Satiren erarbeitet werden und mit Kästners Aufsatz in Beziehung gesetzt werden.

Literatur

Bernd Ballmann/Hartmut Löffel (Hrsg.), Satire in Text und Bild. Stuttgart: Klett 1972.

Helmut Kiesel, Erich Kästner. München: Beck 1981 = edition text + kritik.

Satire. In: Praxis Deutsch. Zeitschrift für den Deutschunterricht (1977), Heft 22. Seelze: Friedrich.

Rudolf Wolff (Hrsg.), Erich Kästner. Werk und Wirkung. Bonn: Bouvier 1983 = Sammlung Profile 1.

KURT TUCHOLSKY, **Ratschläge für einen schlechten Redner**

Lernziele

Die Schüler sollen
- die Ironie dieses Textes aufzeigen können;
- die schlechten Redesitten, die der Autor kritisiert, benennen;
- Gegenvorschläge machen können.

Arbeitshinweise

1. Durch welche Stilmittel verdeutlicht der Autor, daß der Text ironisch ist? (StA, UG)

Übertreibungen:	*drei Meilen vor dem Anfang, Schlaganfall*
Salopper Stil:	*Immer gib ihm Historie, immer gib ihm. Kinkerlitzchen, geschichtele nur*
Illustrierende Beispiele:	*Der lange Schachtelsatz; Hinweis auf 2000 Jahre chinesische Geschichte; die Steuerhöhe.*
Wortspiele:	*Sprich wie du schreibst. Und ich weiß, wie du schreibst. Der Anfang vor dem Anfang.*
Zusammenstellung entgegengesetzter Wörter:	*Immer schön umständlich.*

Es entsteht das satirische und karikierende Bild eines schlechten Redners.

2. Was wird verurteilt? Welche „Ratschläge" erteilt Tucholsky? (StA, TA)

„Ratschläge"
- Umständlicher Anfang
- Ankündigung des Themas
- Ablesen vom Blatt
- Rede (= Schreibe)
- Lange, komplizierte Sätze
- Ausführliche geschichtliche Ableitung
- Bücherwissen
- Mangelnder Kontakt zum Publikum
- Verlegung des Wichtigen in Nebensätze
- Ankündigung eines Witzes durch vorhergehendes Lachen
- Rede als Monolog
- Viel Statistik
- Mehrfache Ankündigung des Schlusses
- Mitteilung der Disposition
- Übermäßige Länge der Rede

3. Entwerfen Sie einen Katalog mit Ratschlägen für einen guten Redner! (HA)

Tucholsky entwarf selbst auch noch „Ratschläge für einen guten Redner":

Kurt Tucholsky, Ratschläge für einen guten Redner

Hauptsätze. Hauptsätze. Hauptsätze.
Klare Dispositionen im Kopf – möglichst wenig auf dem Papier.
Tatsachen, oder Appell an das Gefühl. Schleuder oder Harfe.
Ein Redner sei kein Lexikon. Das haben die Leute zu Hause.
Der Ton einer einzelnen Sprechstimme ermüdet; sprich nie länger als vierzig Minuten. Suche keine Effekte zu erzielen, die nicht in deinem Wesen liegen. Ein Podium ist eine unbarmherzige Sache – da steht der Mensch nackter als im Sonnenbad.

(Aus: Kurt Tucholsky, Ausgewählte Werke. Reinbek: Rowohlt 1965, Bd. 1, S. 189.)

Die wirksame und eindringliche Rede bedarf der sorgfältigen gedanklichen und sprachlichen Vorbereitung; für diese Vorüberlegungen kann man sich rhetorischer Mittel bedienen:

Rhetorische Mittel:	Wirkungsakzent:
1. Beispiel, Einzelheit	
2. Vergleich	
3. Bild (Metapher), Bildreihe	anschaulich
4. Erzählung (Narratio)	
5. Wiederholung	
6. Verdeutlichung	
7. Raffung	
8. Ausruf	eindringlich
9. Zitat	
10. Kreuzstellung (Chiasmus)	
11. Steigerung (Klimax)	
12. Gegensatz (Antithese)	
13. Kette	
14. Vorbehalt	spannend
15. Überraschung (Sustentio)	
16. Ankündigung	
17. Wortspiel	
18. Anspielung (Allusion)	ästhetisch
19. Umschreibung (Periphrase)	anschaulich
20. Übertreibung (Hyperbel)	
21. Scheinwiderspruch (Paradox)	
22. Einschub	
23. Vorgriff oder Einwandvorausnahme (Prolepsis)	kommunikativ
24. Scheinfrage (rhetorische Frage)	(= Zuhörer einbeziehend)
25. Mitverstehen (Synekdoche)	

(Aus: Heinz Lemmermann. Lehrbuch der Rhetorik. Eine Einführung in die Kunst der Rede. München: Goldmann o. J. (= Goldmann TB 10519), S. 98.)

Literatur

Irmgard Ackermann (Hrsg.), Kurt Tucholsky. München: edition text + kritik 1982.
Bryan P. Grenville, Kurt Tucholsky. München: Beck 1983.

BASIL BERNSTEIN, **Die Sprache der Mittel- und Unterschicht**

Lernziele

Die Schüler sollen erkennen, daß
- Bernstein von einem stark dichotomischen Bild der Gesellschaft ausgeht;
- der Wissenschaftler zwischen der Sprache der Mittel- und Unterschicht unterscheidet;
- die Sprache eine große Bedeutung für die soziale Entwicklung des Menschen hat;
- das Sprachverhalten nicht von der Intelligenz, sondern der sozialen Herkunft des einzelnen abhängig ist;
- die „öffentliche" Sprache (restringierter Code) den Schulerfolg gefährdet, die „formale" Sprache (elaborierter Code) Schüler nicht aus ihrer gewohnten Umgebung reißen darf und daher eine kompensatorische Spracherziehung notwendig ist.

Vorbemerkung

„Zum Thema ‚Sprachbarrieren' [...] eute in der Bundesrepublik Deutschland eine Fülle von Aufsätzen und Untersuch[ungen ...] hen sie davon aus, daß sich die Sprechweise der Unterschicht (US) von der der [... M]S) in feststellbarer Weise unterscheide, daß dies begründet sei in der sozialen [... der US] und MS und daß die verschiedenen Sprechweisen (mit den dazugehörigen Fa[ktoren ...] die Bildungs- und Aufstiegsmöglichkeiten des einzelnen auswirkten. Im Mitte[lpunkt ...] das Sprachverhalten der US, das weitgehend nicht dazu befähigt, den Anford[erungen der höh]eren Schulen und der Universität zu genügen. Die Untersuchungen decken als[o ...] uf, wenn sie die Sprechweise der US als ein Hindernis für sozialen Aufstieg – [... du]rch die soziale Situation – deuten. In der Feststellung des Mißstandes ist ma[n sich einig ...] dagegen in den Vorstellungen, wie er zu beheben sei: sie reichen von dem V[orschlag ...] le im Vorschulalter die Kinder auf MS-Sprache ‚umstellen', über die Meinu[ng ...] ch die übrigen Verhaltensweisen von Eltern und Kindern der MS anpassen, [um ...] die soziale Situation zu verbessern. Kritiker solcher Intentionen wollen dage[gen ...]sung an die Sprache und damit an die Verhaltensnormen und Wertvorstellunge[n der M]S verhindern, weil sie meinen, durch Anpassung werde das System, das für die Benachteiligung der US verantwortlich sei, stabilisiert. Diese unterschiedlichen gesellschaftspolitischen Vorstellungen schlagen sich jedoch nicht nur in der Zielformulierung, sondern bereits in den Untersuchungen selbst nieder: der Maßstab, an dem Sprache gemessen wird, ist einerseits die MS-Sprache, während andere sich bemühen, gerade diese der Kritik zu unterziehen; wird einerseits die MS-Sprache dadurch gerechtfertigt, daß sie ein besseres Instrument sei, den Anforderungen der modernen Leistungsgesellschaft zu genügen, so wird gerade dies wiederum von anderen negativ bewertet." (Barbara Uhle, Sprache und Schicht, S. 5)

Zu ergänzen ist noch, daß es im Unterricht nicht zu einer diskriminierenden Abwertung des restringierten Codes kommen darf. Die Beschäftigung mit diesem Problem sollte zu einer nüchternen funktionalen Beurteilung führen, nicht zu einer normativen Disqualifizierung.

Arbeitshinweise

1. Welches Bild vom Aufbau der Gesellschaft hat Bernstein? (UG)

Bernstein geht von einem dichotomischen Aufbau der Gesellschaft aus: Mittelschicht – Unterschicht. Es handelt sich dabei um eine starke Vereinfachung der in Wirklichkeit sehr differenzierten unterschiedlichen Strukturen unserer Gesellschaft.

2. *Wozu dienen die sprachlichen Beziehungen in der Mittel- und Unterschicht? (UG)*

In der *Mittelschicht* erfolgt die Kommunikation zwischen Mutter und Kind durch die Sprache, die dadurch stark differenziert ausgebildet werden kann.

In der *Unterschicht* geschieht Kommunikation mehr durch unmittelbare emotionale Reaktionen, weniger durch Sprache.

3. *Erarbeiten Sie die Merkmale der formalen (= elaborierten) und der öffentlichen (= restringierten) Sprache! (GA, TA)*

Merkmale

formale Sprache (= elaborierter Code)	öffentliche Sprache (= restringierter Code)
– schwierige Satzkonstruktionen (Konjunktionen)	– einfache, kurze Sätze (Wiederholung von Konjunktionen)
– Satzgefüge	– unfertige Sätze
– Präpositionen	– kurze Befehle und Fragen
– unpersönliche Pronomen („man", „es")	– persönliche Pronomen („ich", „wir")
– Adjektiv und Adverb als Mittel der Unterscheidung	– kaum Verwendung des Adjektivs bzw. Adverbs
– expressiver Symbolismus (Abstraktionsgrad)	– Symbolismus nur gering ausgeprägt
– indirekt: individuelle Qualifikation direkt: subjektive Absicht	– subjektiv-individuelle Wortwahl
– Sprechen einer komplexen begrifflichen Hierarchie angemessen	– Sprechen in gegenseitiger Übereinstimmung („im Kreis herum"); oft Verwechslung von Begründung und Folgerung

Durch die öffentliche Sprache wird das Gefühl einer sozialen Bindung (Zusammengehörigkeit = „Wir-Gefühl") verstärkt, von der andere soziale Gruppen ausgeschlossen sind. Die formale Sprache fördert dagegen den Individualismus.

4. *Warum sprechen Angehörige der Unterschicht nur den restringierten Code? (UG)*

Die sozialen Beziehungen in der Unterschicht erfordern nur den restringierten Code. Am Arbeitsplatz herrscht scharfe Rollentrennung (Vorgesetzter-Untergebener), der Arbeitsvorgang wird häufig durch standardisierte Signale geregelt (Fließband), die Beziehung zu Arbeitskollegen ist nur locker und beschränkt sich auf Solidaritätskundgebungen.

5. *In welchen Situationen sprechen Angehörige der Mittelschicht den restringierten Code? (UG)*

Nach Bernstein ist der restringierte Code nicht auf die Unterschicht beschränkt, sondern in bestimmten Fällen eine Kommunikationsform der Mittelschicht: „Konkret besagt dies, daß ein restringierter Code nicht notwendigerweise schichtspezifisch ist, er kann auch in geschlossenen Gemeinschaften wie in einem Gefängnis, einer militärischen Kampfeinheit oder auch zwischen engen Freunden, in der ‚peer-group' von Kindern oder Heranwachsenden entstehen. Tatsächlich entsteht er überall dort, wo die sozialen Beziehungen auf einem breiten Set gemeinschaftlich geteilter und festgefügter Identifikationen basieren, von denen sich die Mitglieder nicht distanzieren können." (Basil Bernstein, Soziale Schicht. System des Sprachgebrauchs und Psychotherapie. In: B. B., Soziale Struktur. Sozialisation und Sprachverhalten. Aufsätze 1958–1970. Amsterdam: Munter 1970, S. 89.)

6. *Erläutern Sie die Beziehungen zwischen Sprache und Intelligenz! (StA)*

Der restringierte Code hat nach Bernstein nichts mit der Intelligenz zu tun. Der Sprachwissenschaftler wehrt sich gegen eine Abwertung des Unterschichten-Sprachverhaltens, weil nach seiner Meinung Sprache in den verschiedenen Schichten lediglich unterschiedliche Funktionen hat.

7. Welche Folgen hat der restringierte Code für den Schulerfolg? Welche Schlußfolgerungen ergeben sich daraus? (Diskussion)

Für den schulischen Erfolg ist das sprachliche Können grundlegend. Viele Fächer sind stark auf differenzierte Verbalisierung angewiesen. Daher ist es nötig, Schüler mit restringiertem Code frühzeitig zu fördern (kompensatorische Spracherziehung). Dabei existiert aber die Problematik, daß man Kinder aus der Unterschicht aus ihrer sozialen Umgebung eleminiert und sie z. B. den Eltern entfremdet. Es kommt also darauf an, den Sprachgebrauch der Unterschicht nicht auszurotten, sondern zu ergänzen. Am besten ist es, wenn sich Kinder – je nach der Situation – in angemessener Form verschiedener Codes bedienen können.

8. Vergleichen Sie die Thesen Bernsteins zur Sprache mit den Texten von Thomas Mann (S. 71) und Erika Runge (S. 129)! Finden Sie die Aussagen des Wissenschaftlers in den Textbeispielen bestätigt? (GA)

Vgl. S. 63 und 96 dieses Interpretationsbandes.

Zur Diskussion

Merkmale der linguistischen Codes

1. **Artikulation:** Kinder der Unterschicht zeigen weniger genaue Artikulation und Unterscheidung der Laute. Daraus ergibt sich für sie die Schwierigkeit, klanglich ähnliche, aber bedeutungsverschiedene Wörter zu unterscheiden.

2. **Satzbau:** Im restringierten Code der Unterschicht überwiegen einfach gebaute Sätze, manchmal sind sie unfertig, d. h. ohne Verb. Es werden weniger Gliedsätze verwendet als im elaborierten Code der Mittelschicht. Auffällig ist ein Bestreben, statt hypotaktisch in paratakischen Bildungen zu sprechen (besonders bei der Umgehung von Relativsätzen). Wenn Nebensätze verwendet werden, dann häufig Temporalsätze („als", „wenn", „dann") oder auch Lokalsätze („wo"), vereinzelt sind auch Final- bzw. Konsekutivsätze („daß", „so daß") und Kausalsätze („weil") zu finden. Längere Sätze treten als Satzverbindungen, durch „und" angereiht, auf. Der elaborierte Code der Mittelschicht weist Nebensätze mit einer Vielzahl von Konjunktionen auf. Die Sätze sind außerdem durch Kontaktglieder und Rückbezüge untereinander verbunden. Diese fehlen im restringierten Code bei etwa der Hälfte der Sätze.

3. **Das Verb:** Die Zeitformen des Verbs im restringierten Code erscheinen meistens als Präsens oder Perfekt, selten als Präteritum. Die anderen Zeitformen sind im Gegensatz zum elaborierten Code kaum vorhanden. Indikativformen sind weitaus zahlreicher als Konjunktivformen, die indirekte Rede wird vermieden. Im elaborierten Code dagegen wird der Konjunktiv benutzt, da sowohl Modalverben verwendet als auch direkte Rede in indirekter wiedergegeben wird. Im restringierten Code finden wir häufigen Gebrauch von Hilfsverben in der Funktion von Vollverben. Aktivformen überwiegen.

4. **Das Adverb:** Temporaladverbien werden im restringierten Code nicht zur Einordnung in einen bestimmten zeitlichen Zusammenhang verwandt, sondern nur als allgemeine Angaben. Modaladverbien tauchen kaum auf, da der Sprecher selten eine subjektive, bewertende Stellung zu dem Dargestellten bezieht. Das steht wiederum im Gegensatz zum elaborierten Code, der Modaladverbien zur Kennzeichnung der subjektiven Einstellung und Bewertung verwendet.

5. **Adjektive:** Adjektive, auch ungewöhnliche, sind im elaborierten Code in großer Anzahl vorhanden, sie dienen einer näheren und differenzierenden Erklärung und Wertung. Häufig haben sie moralischen, sozialen, emotionalen und ästhetischen Bedeutungsinhalt. Im restringierten Code werden meist nur sehr gebräuchliche Adjektive wie „gut", „schön", „nett" usw., dazu häufig in feststehenden Verbindungen, verwandt.
6. **Das Personalpronomen:** Das Personalpronomen „ich" taucht im elaborierten Code häufig im Zusammenhang mit einer persönlichen Stellungnahme wie „ich finde" usw. auf. Die unpersönlichen Personalpronomina „es", „man" sind Ausdruck eines „Sichhineinversetzens" in die Rolle anderer und Ausdruck echter Verallgemeinerung. Insgesamt wird das Personalpronomen „ich" im elaborierten Code häufiger verwendet als im restringierten. Hier taucht es meistens im Zusammenhang mit Ereignissen und Handlungen auf. Das Pronomen „man" wird als Ersatz für „ich" verwendet und ermöglicht so dem Sprecher, auf eine eigene Stellungnahme zu verzichten.
7. **Wortschatz:** Der aktive Wortschatz ist im elaborierten Code größer als im restringierten.
8. **Solidaritätsfloskeln:** Im restringierten Code treten sehr häufig informationslose, Solidarität und Zustimmung erheischende Floskeln auf, durch die eine Diskussion verhindert und solidarische Sozialbeziehungen gesichert werden sollen („nicht?, woll?"). In der Mittelschicht dagegen herrschen mehr egozentrische Redefolgen vor („ich denke").
9. **Topoi:** Häufiger als im elaborierten werden im restringierten Code Topoi verwandt, also Redewendungen, Klischees, formelhafte Wendungen, Gemeinplätze („die da oben" − „wir hier unten"). Zwar hat jede Schicht ihre formelhaften Denk- und Ausdrucksformen; sie werden aber in der Unterschicht besonders intensiv verwendet. Da es schwer möglich ist, im restringierten Code ein differenziertes Selbst- und Wirklichkeitsverständnis zu entwickeln, liegt es nahe, feststehende Formeln zu verwenden, um in der komplizierten Welt eine Orientierungshilfe zu haben. Die Topoi werden in dem Bewußtsein gebraucht, daß sie kollektive Erfahrungen und gemeinsames Schicksal ausdrücken. Insofern wird durch das Aussprechen eines Topos auch Gruppensolidarität hergestellt bzw. sich ihrer vergewissert. Das heißt nicht, daß Topoi ein angemessenes Realitätsverhältnis fördern, möglicherweise verhindern sie gerade neue Erfahrungen. Wenn z.B. ein Lehrling im Betrieb bei ausbildungsfremden Arbeiten ausgenutzt wird, in Zorn darüber nach Hause kommt und dort hört „Lehrjahre sind keine Herrenjahre, uns ging es genauso", dann stellt sich über diesen Topos eine Solidarität her, die aber dadurch, daß sie beschwichtigt, zu keiner neuen Erkenntnis führt. Der Zorn verraucht, und eine rationale bzw. aktive Bewältigung der Situation bleibt aus.

(Nach: Uta Wernicke, Sprachwissen. Lehr- und Arbeitsbuch Deutsch. Sekundarstufe II. Hamburg: Handwerk & Technik ⁸1976, S. 115f.)

Literatur

Wulf Niepold, Sprache und soziale Schicht. Darstellung und Kritik der Forschungsliteratur seit Bernstein. Berlin: Spiess ³1971.

Barbara Uhle (Hrsg.), Sprache und Schicht. Materialien zum ‚Sprachbarrieren'-Problem. Frankfurt: Diesterweg 1973; seit der 3. Aufl.: Eva Neuland (Hrsg.), Sprache und Schicht. (Erweiterte Neufassung).

Ulrich Oevermann, Schichtenspezifische Formen des Sprachverhaltens und ihr Einfluß auf die kognitiven Prozesse. In: Heinrich Roth (Hrsg.), Begabung und Lernen. Stuttgart: Klett 1969 (= Deutscher Bildungsrat. Gutachten und Studien der Bildungskommission, Bd. 4).

Joseph Huber, Die elaborierten Knechte des restringierten Tyrannen. In: DD (1975), Heft 23, S. 278−288.

Literatur zur Didaktik und Methodik des Deutschunterrichts

Heinz Ludwig *Arnold*, Das Lesebuch der 70er Jahre. Kritik und Neuentwurf. Köln: Kiepenheuer & Witsch 1973 = pocket 43.

Alfred Clemens *Baumgärtner*, Literaturunterricht mit dem Lesebuch. 30 didaktische Modelle. Bochum: Kamp 1974 = Kamps pädagogische Taschenbücher 65/66.

Ortwin *Beisbart*/Dieter *Marenbach*, Einführung in die Didaktik der deutschen Sprache und Literatur. Donauwörth: Auer 1975.

Klaus *Berker*/Hartmut *Riemenschneider*, Literaturwissenschaft und Fachdidaktik. Methodische Prinzipien für den Unterricht. Düsseldorf: Schwann 1973.

Dietrich *Boueke* (Hrsg.), Deutschunterricht in der Diskussion. Forschungsberichte, 2 Bde. Paderborn: Schöningh 1974/1979 = UTB 403/909.

Peter *Braun* (Hrsg.), Neue Lesebücher. Analyse und Kritik. Düsseldorf: Bertelsmann Universitätsverlag 1972 = Literatur in der Gesellschaft 5.

Elke *Brunkenhövers*/Ernst *Goette*, Unterrichtsentwürfe. Gesellschaft – Literatur – Beruf. Rinteln: Merkur 1983.

Christa *Bürger*, Deutschunterricht. Ideologie oder Aufklärung? Mit drei Unterrichtsmodellen. Frankfurt: Diesterweg 1970.

Wilfried *Bütow* u. a. (Hrsg.), Methodik Deutschunterricht. Literatur. Berlin: Volk und Wissen 1977.

Theodor *Diegritz*/Elisabeth *Fuchshuber*/Ernst *Nündel*/Ingeborg *Sültemeyer* (Hrsg.), Perspektiven der Deutschdidaktik. Kronberg: Scriptor 1975 = Monographien Literatur + Sprache + Didaktik 3.

Erika *Dingeldey*/Jochen *Vogt* (Hrsg.), Kritische Stichwörter zum Deutschunterricht. Ein Handbuch. München: Fink 1974 = UTB 299.

Reinhard *Dithmer* (Hrsg.), Literaturunterricht in der Diskussion. Ein Reader in 2 Bdn. Kronberg: Scriptor 1974 = Scriptor-Taschenbücher S 6.

Erika *Essen*, Methodik des Deutschunterrichts. Heidelberg: Quelle ^{5}1962.

Hans Joachim *Frank*, Geschichte des Deutschunterrichts. Von den Anfängen bis 1945. München: Hanser 1973 [als Taschenbuch bei dtv; München: dtv 1979 = dtv WR 4271/4272].

Heinz *Geiger* (Hrsg.), Lesebuchdiskussion 1970–1975. München: Wilhelm Fink 1977 = UTB 641.

Ernst *Goette* (Hrsg.), Deutschunterricht. Theorie und Praxis in der berufsbildenden Schule. Rinteln: Merkur 1981.

Ernst *Goette*, Deutschunterricht. Lehrproben. Unterrichtsmodelle. Stundenverläufe. 4 Bde [Epik, Lyrik, Dramatik, Sachtexte]. Rinteln: Merkur 1981f.

Grundriß einer Didaktik und Methodik des Deutschunterrichts in der Sekundarstufe I und II. Herausgegeben vom Bremer Kollektiv. Stuttgart: Metzler 1974.

Franz *Hebel*, Literatur im Unterricht. Praxis und Theorie des Literaturunterrichts. Kronberg: Scriptor 1976 = Scriptor-Taschenbücher S 107.

Hermann *Helmers*, Didaktik der deutschen Sprache. Einführung in die Theorie der muttersprachlichen und literarischen Bildung. Stuttgart: Klett ^{5}1970.

Hermann *Helmers*, Geschichte des deutschen Lesebuchs in Grundzügen. Stuttgart: Klett 1970.

Hermann *Helmers* (Hrsg.), Die Diskussion um das deutsche Lesebuch. Darmstadt: Wissenschaftliche Buchgesellschaft 1969 = Wege der Forschung 251.

Peter *Henning* u. a. (Hrsg.), Fachdidaktik Deutsch. Diskussion. Neuansatz. Unterrichtsmodell. Braunschweig: Westermann 1975.

Otfried *Hoppe* (Hrsg.), Zur Kritik und Didaktik literarischen Verstehens. Kronberg: Scriptor 1976 = Scriptor-Taschenbücher S 103.

Heinz *Ide* (Hrsg.), Bestandsaufnahme Deutschunterricht. Ein Fach in der Krise. Stuttgart: Metzler 1970.

Ideologiekritik im Deutschunterricht. Sonderband Diskussion Deutsch. Frankfurt: Diesterweg 1972.

Hubert *Ivo*, Handlungsfeld: Deutschunterricht. Argumente und Fragen einer praxisorientierten Wissenschaft. Frankfurt: Fischer 1975 = Fischer Taschenbuch 1965.

Hubert *Ivo*, Kritischer Deutschunterricht. Frankfurt: Diesterweg ³1971.

A. *Kaiser*/R. *Kaiser*, Literaturunterricht zwischen Strukturanalyse und Ideologiekritik. Eine Einführung mit Beispielen. Düsseldorf: Schwann 1977.

Hannes *Krauss*/Jochen *Vogt* (Hrsg.), Didaktik Deutsch. Probleme. Positionen. Perspektiven. Opladen: Westdeutscher Verlag 1977.

Jürgen *Kreft*, Grundprobleme der Literaturdidaktik. Heidelberg: Quelle & Meyer 1977.

Manfred *Markefka*/Bernhard *Nauck*, Zwischen Literatur und Wirklichkeit. Zur Kritik der Literaturdidaktik – Theoretische Probleme eines Fachunterrichts. Neuwied: Luchterhand 1972.

Norbert *Mecklenburg* (Hrsg.), Zur Didaktik der literarischen Wertung. Frankfurt: Diesterweg 1975.

Harro *Müller-Michaels* (Hrsg.), Arbeitsmittel und Medien für den Deutschunterricht. Kronberg: Scriptor 1976 = Scriptor-Taschenbücher S 104.

Harro *Müller-Michaels*, Grundpositionen der Deutschdidaktik seit 1949. Königstein: Scriptor 1980 = Scriptor-Taschenbücher S 126.

Projekt Deutschunterricht. Stuttgart: Metzler [bisher 12 Bände].

Dietrich *Pukas*, Didaktik neuzeitlichen Deutschunterrichts. Rinteln: Merkur ²1982.

Reform des Literaturunterrichts. Eine Zwischenbilanz. Frankfurt: Suhrkamp 1974 = edition suhrkamp 672.

Reinhard *Schlepper*, Was ist wo interpretiert? Paderborn: Schöningh.

Karl *Stocker* (Hrsg.), Taschenlexikon der Literatur- und Sprachdidaktik. 2 Bde. Kronberg: Scriptor 1976 = Scriptor-Taschenbücher S 94.

Bernhard *Sowinski* (Hrsg.), Fachdidaktik Deutsch. Köln: Böhlau ²1980 = Böhlau-Studien-Bücher. Grundlagen des Studiums.

Tendenzen der Literaturdidaktik. Sonderband Diskussion Deutsch. Frankfurt: Diesterweg 1974.

Hans *Thiel* (Hrsg.), Deutschunterricht im Kurssystem. Anregungen für die Praxis der neugestalteten gymnasialen Oberstufe. Frankfurt: Diesterweg 1976.

Hans *Thiel* (Hrsg.), Reflexion über Sprache im Deutschunterricht. Beispiele für die Sekundarstufe (Klasse 5–13). Frankfurt: Diesterweg 1972.

Robert *Ulshöfer*, Methodik des Deutschunterrichts. Mittelstufe. 2 Bde. Stuttgart: Klett [verschiedene Auflagen].

Jochen *Vogt* (Hrsg.), Literaturdidaktik. Aussichten und Aufgaben. Düsseldorf: Bertelsmann Universitätsverlag ²1973 = Literatur in der Gesellschaft 10.

Günther *Waldmann*, Theorie und Didaktik der Trivialliteratur. München: Fink 1973 = Kritische Information 13.

Gisela *Wilkending*, Ansätze zur Didaktik des Literaturunterrichts. Darstellung. Analyse. Weinheim: Beltz ²1973.

Hermann *Zabel* (Hrsg.), Fachdidaktik Deutsch. Deutschunterricht zwischen Lernzielen und Lehrplänen. Düsseldorf: Schwann 1977.

Zur politischen Dimension des Deutschunterrichts. Sonderband Diskussion Deutsch. Frankfurt: Diesterweg 1973.

Zur Praxis des Deutschunterrichts. Stuttgart: Metzler [bisher 11 Bände].

AUTOREN- UND TEXTVERZEICHNIS

(Mit zwei** versehene Überschriften stammen von den Herausgebern.)

Andersch, Alfred
Der Junge** (73)

Andres, Stefan
Das Trockendock (137)

Bachmann, Ingeborg
Reklame (128)

Bartsch, Kurt
Sozialistischer Biedermeier (225)

Beauvoir, Simone de
Ehe (99)

Benjamin, Walter
Bürobedarf (121)

Benn, Gottfried
Nur zwei Dinge (275)

Bericht der Schulinspektoren Seiner Majestät über die Schule Summerhill (31)

Bernstein, Basil
Die Sprache der Mittel- und Unterschicht** (333)

Berufsausbildungsvertrag (116)

Bichsel, Peter
Ein Tisch ist ein Tisch (310)

Biermann, Wolf
Die Ballade von dem Drainage-Leger Fredi Rohsmeisl aus Buckow (223)

Binding, Rudolf G.
Ausbruch (182)

Bobrowski, Johannes
Sprache (308)

Böll, Heinrich
Anekdote zur Senkung der Arbeitsmoral (153)
Das „Sakrament des Büffels"** (247)
Über mich selbst (277)
Die Waage der Baleks (250)

Bongard, Willi
„Hurra – die Reklame ist abgeschafft!" (127)

Borch, Herbert von
New York (174)

Borchert, Wolfgang
Lesebuchgeschichten (45)
Nachts schlafen die Ratten doch (71)
Dann gibt es nur eins! (193)

Brecht, Bertolt
Der Augsburger Kreidekreis (90)
Fragen eines lesenden Arbeiters (22)
Legende von der Entstehung des Buches Taoteking auf dem Weg des Laotse in die Emigration (37)
Die Literatur wird durchforscht werden (47)
Die Seeräuber-Jenny (94)
Wenn Herr K. einen Menschen liebte (294)

Büchner, Georg
Märchen** (267)

Burckhardt, Carl Jacob
Im KZ Esterwegen** (197)

Celan, Paul
Espenbaum (206)
Todesfuge (211)

Degenhardt, Franz Josef
Horsti Schmandhoff (221)

Dehmel, Richard
Predigt ans Großstadtvolk (170)

Duden
Duden (Mannheim) – Duden (Leipzig) (227)

Eich, Günter
  Inventur (218)

Eichendorff, Joseph von
  Mondnacht (164)

Engels, Friedrich
  Bourgeoisie und Proletariat** (140)
  Die großen Städte** (163)

Enzensberger, Hans Magnus
  bildzeitung (313)
  konjunktur (219)
  ins lesebuch für die oberstufe (49)
  Das Plebiszit der Verbraucher (131)

Fallada, Hans
  Aus dem Leben eines Verkäufers** (111)

Floh de Cologne
  Rechte und Pflichten des Lehrlings (119)

Flugblatt für weiße Schüler (283)

Fontane, Theodor
  Effi Briest (86)

Ford, Henry
  Das Fließband** (145)

Forte, Dieter
  Ein Tag beginnt (151)

Frisch, Max
  Der andorranische Jude (290)
  Du sollst dir kein Bildnis machen (292)
  Überfremdung (303)

Fühmann, Franz
  Das Judenauto (287)

George, Stefan
  komm in den totgesagten park (172)

Gomringer, Eugen
  worte sind schatten (321)

Goethe, Johann Wolfgang
  Die drei Ehrfurchten** (34)
  Wer nie sein Brot mit Tränen aß (260)

Grass, Günter
  Der Ritterkreuzträger**, Zwei Reden** (184)
  In Ohnmacht gefallen (188)

Brüder **Grimm**
  Die Sterntaler (265)

Grün, Max von der
  Die Entscheidung (149)
  Fragen und Antworten (26)

Gryphius, Andreas
  Tränen des Vaterlandes. Anno 1636 (178)

Handke, Peter
  Die drei Lesungen des Gesetzes (317)

Hasenclever, Walter
  Die Mörder sitzen in der Oper (246)

Heine, Heinrich
  Das Fräulein stand am Meere (168)
  Die schlesischen Weber (243)

Heinemann, Gustav
  Rede zu den Studentenunruhen von 1968 (234)

Helmlé, Eugen
  Rassismus (285)

Hemingway, Ernest
  Alter Mann an der Brücke (191)

Heym, Georg
  Der Krieg (180)

Hildesheimer, Wolfgang
  Eine größere Anschaffung (133)

Hitler, Adolf
  Zur Erziehung der Jugend (28)

Höss, Rudolf
  Kommandant in Auschwitz (202)

Jandl, Ernst
   schtzngrmm (320)

Jürgens, Udo
   Ein ehrenwertes Haus (302)

Kafka, Franz
   Brief an den Vater (69)
   Der Kübelreiter (273)
   Der Nachbar (271)

Kant, Hermann
   Die erste Schulstunde** (39)

Kaschnitz, Marie Luise
   Die alten und die neuen Berufe (136)
   Hiroshima (189)

Kästner, Erich
   Im Auto über Land (158)
   Sinn und Wesen der Satire (329)

Kiesinger, Kurt Georg
   Rede zu den Studentenunruhen von 1968 (234)

Kincade
   Jenny Jenny (103)

Kleist, Heinrich von
   Das Bettelweib von Locarno (261)

Krüger, Horst
   Auf deutscher Autobahn (159)

Kusenberg, Kurt
   Schnell gelebt (160)

Lambert, Leonie
   Wir leben in der Großfamilie (102)

Langgässer, Elisabeth
   Saisonbeginn (208)

Leitsätze für Lehrlinge (114)

Lenz, Siegfried
   Ein Freund der Regierung (253)

Leonhardt, Rudolf Walter
   Argumente für und gegen Hausaufgaben (59)

Lessing, Gotthold Ephraim
   Der Rabe und der Fuchs (239)
   Ringparabel** (258)

Lindenberg, Udo
   Cowboy-Rocker (78)

Mailer, Norman
   Wir müssen es ändern (175)

Manger, Jürgen von
   Drei Maireden (143)

Mann, Heinrich
   Abdankung (67)

Mann, Thomas
   Tonio Kröger und Hans Hansen – zwei Freunde** (63)

Marx, Karl
   Bourgeoisie und Proletariat** (140)

Musil, Robert
   Der Verkehrsunfall** (155)

Neill, Alexander S.
   Die Schule Summerhill (31)

Oerter, Rolf
   Vorurteile gegen Außengruppen (306)

Packard, Vance
   Die geheimen Verführer (125)

Plenzdorf, Ulrich
   Echte Jeans** (76)

Zwei **Rätsel** (230)

Rauhe, Hermann
   Schlager als Lebenshilfe (80)

Reinig, Christa
   Gott schuf die Sonne (279)

Remarque, Erich Maria
   Im Westen nichts Neues (186)

Richtlinien für den Deutschunterricht (56)

Rilke, Rainer Maria
   Der Panther (269)

Runge, Erika
   Hausfrau Erna E., Bottroper Protokoll (96)

Sachs, Nelly
   Chor der Geretteten (215)

Sagan, Françoise
   Die Einsamkeit der Brigitte Bardot (280)

Schallück, Paul
   Deutschstunde** (51)

Schäuffelen, Konrad Balder
   da kannten die soldaten kein pardon mehr (324)

Schickele, René
   Großstadtvolk (171)

Schiller, Friedrich
   Geben Sie Gedankenfreiheit** (241)

Schnitzler, Arthur
   Fräulein Else (88)

Seghers, Anna
   Das Verhör** (204)

Silvia-Roman
   Liebe und Glück** (104)

Storm, Theodor
   Meeresstrand (166)

Tucholsky, Kurt
   Herr Wendriner erzieht seine Kinder (35)
   Ratschläge für einen schlechten Redner (331)

Vilar, Esther
   Liebe (100)

Wallraff, Günter
   Am Fließband (146)
   Hier und dort (226)

Walther von der Vogelweide
   Herzeliebez frouwelîn (83)
   Ich saz ûf eime steine (256)

Weerth, Georg
   Das Hungerlied (245)
   Der Lehrling (108)

Weisenborn, Günther
   Zwei Männer (299)

Weiss, Peter
   Meine Ortschaft (199)

Werbesprüche und Plakate (122)

Windmöller, Eva
   Ein Land von Musterschülern (42)

Wolf, Friedrich
   Kunst ist Waffe (326)

Wondratschek, Wolf
   Deutschunterricht (55)

Zuckmayer, Carl
   Schuster Voigt** (296)

Abkürzungen

GA	=	Gruppenarbeit
HA	=	Hausaufgabe
StA	=	Stillarbeit
TA	=	Tafelanschrieb
TB	=	Tafelbild
UG	=	Unterrichtsgespräch (implizit fragend-entwickelnd)
DD	=	Diskussion Deutsch (Frankfurt: Diesterweg)
DU	=	Der Deutschunterricht (Stuttgart: Klett)
EWuB	=	Erziehungswissenschaft und Beruf (Rinteln: Merkur)
NDL	=	Neue Deutsche Literatur (Berlin: Aufbau)
PD	=	Praxis Deutsch (Seelze: Friedrich)
WW	=	Wirkendes Wort (Düsseldorf: Schwann)

Goette/Goette

Kritisches Lesebuch

Texte und Materialien für den Deutschunterricht

456 Seiten (Halbleinen) ISBN 3-8120-0271-X

In diesem Lese- und Arbeitsbuch wird der Versuch unternommen, Folgerungen aus den Erkenntnissen der aktuellen didaktischen Diskussion im Fach Deutsch zu ziehen: Der Zusammenhang zwischen **Text** und **Gesellschaft** soll verdeutlicht werden. Die einzelnen Texte sind zu Lerneinheiten zusammengefaßt: Schule und Erziehung – Deutschunterricht – Jugend und Sozialisation – Emanzipation der Frau – Lehrjahre und Herrenjahre – Werbung und Konsum – Technik und Industrielle Arbeitswelt – Verkehr – Stadt und Natur – Krieg – Verfolgung und Widerstand – Nachkriegszeit – Macht und Gerechtigkeit – Der einzelne in der Gesellschaft – Vorurteil – Sprache und Kommunikation. Leitende Gesichtspunkte sind dabei die Verhältnisse und Beziehungen zwischen Macht und Herrschaft, Anpassung und Widerstand, Kommunikation und Isolation.

Bei der Auswahl handelt es sich nicht um eine Sammlung musterhafter Beispiele, sondern um Texte ganz unterschiedlicher Qualität. Der Schüler soll ihre Standortgebundenheit erkennen und in die Lage versetzt werden, die Interessen des Verfassers mit seinen eigenen kritisch in Beziehung zu setzen. Kritik wird verstanden als ein Begriff, durch den Demokratie definiert ist (Adorno). Mündigkeit beweist derjenige, der nachdenkt und nicht nur nachredet. Dazu dienen inhaltlich kontroverse, stilistisch verschiedenartige, aber auch provokatorische Beiträge. Die Konfrontation mit Texten aus der Vergangenheit soll die Schüler befähigen, die Probleme der Gegenwart historisch einzuordnen.

Alle Texte – dazu gehören auch die Abbildungen (Ölgemälde, Karikaturen, Fotos, Plakate u. a.) – werden durch Angaben über den Autor und seine Zeit eingeleitet. Fragen und Arbeitsvorschläge für Einzel- oder Gruppenarbeit sollen eine selbständige Erarbeitung ermöglichen und Anregungen für weitere Diskussionen bieten.

Das **Kritische Lesebuch** wendet sich an **alle** Schüler ab Jahrgangsstufe 10, insbesondere auch an die der mehrjährigen Berufsfachschulen (BFS, zweijährige HH, FOS, Gym, VH).

Kritisches Lesebuch – Kurzausgabe

Texte und Materialien für den Deutschunterricht

312 Seiten ISBN 3-8120-0290-6

Die **Kurzausgabe** des **Kritischen Lesebuches** legt das Schwergewicht auf die Gegenwart. Die einzelnen Beiträge dieses Lese- und Arbeitsbuches sind Problemkreisen zugeordnet, die für den Schüler relevant sind: Schule und Erziehung – Deutschunterricht – Jugend und Sozialisation – Emanzipation der Frau – Lehrjahre und Herrenjahre – Werbung und Konsum – Technik und Industrielle Arbeitswelt – Natur, Stadt und Verkehr – Macht und Gerechtigkeit – Vorurteil – Sprache und Kommunikation. Auch die Abbildungen (Ölgemälde, Karikaturen, Fotos, Plakate u. a.) werden als „Text" verstanden.

Die Gegenüberstellung kontroverser Texte (inhaltlich und formal) soll die Schüler zur Mitarbeit und Kritik anregen. Vor allem kann der Jugendliche, der sich auf einen Beruf vorbereitet bzw. kurz vor dem Eintritt in das Berufsleben steht, jene Wirklichkeit, wie er sie erfährt oder wie sie ihn erwartet, besser reflektieren und sich mit ihr auseinandersetzen.

Alle Texte werden durch Angaben über den Autor und seine Zeit eingeleitet. Der Zusammenhang zwischen **Text** und **Gesellschaft** soll verdeutlicht werden. Fragen und Arbeitsvorschläge ermöglichen eine selbständige Beschäftigung mit dem Arbeitsbuch und bieten Anregungen für Diskussionen.

Die **Kurzausgabe** des **Kritischen Lesebuches** wendet sich an **alle** Schüler ab Jahrgangsklasse 9, vor allem auch an die der Berufsfachschulen (BGJ, BAS, BFS, HH, FOS).

Goette/Brunkenhövers
Gesellschaft – Literatur – Beruf
Texte und Materialien für den Deutschunterricht

264 Seiten ISBN 3-8120-0259-0

Die Schwierigkeit der Integration von berufsorientierten und allgemeinbildenden Qualifikationen – bei wenig ausgeprägter Sprachkompetenz – kennzeichnet die Situation des Deutschunterrichts in berufsbildenden Schulen. In diesem Lese-, Arbeits- und Sprachbuch (Texte, Grammatik, Übungen) wird der Versuch unternommen, die Schüler durch Texte und Materialien zu motivieren, sich mit der sie umgebenden Realität in unserer Gesellschaft auseinanderzusetzen, indem sie Probleme erkennen, Zusammenhänge kritisch befragen und Alternativen aufzeigen können, aber auch mit den Grundlagen der Sprachlehre vertraut gemacht werden.

Die Auswahl der Unterrichtsinhalte berücksichtigt daher auch die immer wieder zu erkennenden sprachlichen Defizite – die wichtigsten Kapitel der Sprachlehre, integriert in thematisch fächerübergreifende Lehreinheiten, wurden aufgenommen.

Mit dieser Konzeption sollen Anregungen gegeben werden, Rechtschreibung, Zeichensetzung, Sprachlehre, Grammatik in den inhaltlichen Zusammenhang der Textarbeit zu stellen, um auch die inhaltliche gegenüber der regelhaft-abstrakten Funktion zu betonen. Diese Darstellung stellt den Versuch dar, ein Lese- und Arbeitsbuch anzubieten, mit dem die Arbeit am Text und an der Sprachlehre möglich ist.

1. Ausbildung – Schule und Beruf (Rechtschreibung, Bewerbung, Lebenslauf) 2. Arbeitsplatz und Arbeitswelt (Satzlehre: Arten der Sätze, Satzteile) 3. Werbung und Konsum (Wortarten, Wortfeld) 4. Umweltschutz und Umweltschmutz (Zeichensetzung) 5. Freizeit und Unterhaltung (Erörterung: Argumentation, Gliederung) 6. Sprache und Kommunikation (Protokoll) 7. Sozialisation und Emanzipation (Textanalyse: Inhaltsangabe, Interpretation).

Das Lese-, Arbeits- und Sprachbuch **„Gesellschaft – Literatur – Beruf"** wendet sich an **alle** Schüler ab Jahrgangsstufe 8, insbesondere auch an die der berufsbildenden Schulen (BS, BGJ, BFS [HH], BAS, FOS, Vorstufe Gym).